SOMMAIRE

W9-BTB-647

Les Environs de Paris . . . . p. 4

Renseignements pratiques 5
   Quelques livres — Tarifs et heures de visite 5

● **Carte des principales curiosités** . . . . **6 à 9**
   Sur cette carte figurent les localités, les curiosités, les routes touristiques, décrites p. 37 à 190.

● **Introduction aux promenades** . . . . **10 à 31**
   Physionomie des Environs de Paris . . . . 10 - 11
     La formation du Bassin Parisien et ses différents aspects.
   La forêt . . . . 12 - 13
     Les différentes sortes de forêts et les arbres qu'on y rencontre, leur aménagement, leurs hôtes.
   Les pays . . . . 14 - 15
     Pays, provinces et régions limitrophes des Environs de Paris.
   L'art en Ile-de-France . . . . 16 à 26
     L'architecture religieuse : caractéristiques de chaque style (roman, gothique, Renaissance, classique), vitraux . . . . 16 à 20
     Les monastères en Ile-de-France : création, ordres, règles et bâtiments monastiques 21
     L'architecture civile : aspect extérieur et décoration intérieure . . . 22 - 23
     L'art des jardins en Ile-de-France 24
     Les peintres et l'Ile-de-France . . . . 25 - 26
   D'illustres enfants de la région 26
   Quelques faits historiques 27
   Principales manifestations . . . . 28 - 29
   touristiques, religieuses ou sportives.
   Où goûter dans un cadre agréable . . . . 30 - 31

● **Ressources et distractions** . . . . **32 à 35**
   Carte et tableaux donnant les ressources (restaurants, terrains de camping) et les distractions des lieux cités.

Signes conventionnels **36**

● **Villes, curiosités, routes touristiques** . . . . . . **37 à 190**
   Selon l'importance touristique des localités, nous donnons :
   — les principaux faits de l'histoire locale ;
   — une description des «Principales curiosités» ;
   — une description des «Autres curiosités» ;
   — sous le titre « Excursion » : un choix de promenades au départ des principaux centres.

Index alphabétique . . . . **191 à 193**

Avec ce guide, utilisez :

les cartes routières Michelin

101	à 1/50 000
96	à 1/100 000
97	à 1/200 000

le guide Rouge France
(hôtels et restaurants) de
l'année

—————

75 — VILLE DE PARIS
92 — HAUTS-DE-SEINE
93 — SEINE-ST DENIS
94 — VAL-DE-MARNE
sont traités dans
le guide Vert
Paris et sa banlieue

LES ENVIRONS DE PARIS

Une fois franchie, non sans difficulté parfois, la barrière des banlieues, le Parisien en quête d'air pur voit s'ouvrir devant lui l'Ile-de-France : un beau nom et une réalité plus belle encore !

Une ceinture de forêts et de rivières. — L'amateur de nature aura sous les yeux des paysages très variés.

Le trait le plus typique des Environs de Paris est la ceinture boisée qui entoure la capitale. Elle est composée de grands massifs : Fontainebleau, Compiègne, Rambouillet...

Autre caractéristique de cette région : ses nombreuses vallées. Trois grandes rivières se présentent : la Seine majestueuse, la Marne capricieuse, l'Oise tranquille, toutes sinuant en méandres au pied des plateaux qu'elles ont entaillés. Comme leurs affluents, elles coulent parmi des prairies piquetées de saules et de peupliers, entre des versants le plus souvent boisés.

Les routes qui les suivent ont un charme discret et reposant. La plus célèbre vallée est celle de Chevreuse. Il y en a bien d'autres : Aubette, Automne, Bièvre, Grand Morin, Petit Morin, Ourcq, Sausseron.

Une parure d'églises et de châteaux. — L'amateur d'art trouvera autour de Paris une extraordinaire accumulation de richesses. Le Versailles du Roi-Soleil est fameux dans le monde entier. Des châteaux, qui sont aussi des musées, lui font un magnifique cortège : Chantilly, St-Germain, Maisons-Laffitte. D'autres résidences offrent le faste de leurs bâtiments, de leurs parcs, de leur ameublement : Vaux, Écouen, Champs, Dampierre, Rambouillet, Anet, etc.

Nulle région française n'a une pareille densité d'églises. A côté de monuments de premier ordre tels que Chartres, « l'Acropole de la France », Beauvais, le prodige de l'art gothique, Senlis, cent autres édifices sont dignes de retenir l'attention : St-Leu-d'Esserent, St-Sulpice-de-Favières, Meaux, Poissy, Pontoise, Taverny, etc.

D'anciennes abbayes, comme Royaumont, Chaalis, Maubuisson, Port-Royal, Longpont, Ourscamps, sont des évocations saisissantes d'un passé de foi ardente.

L'histoire de la France. — L'amateur d'histoire pourra évoquer, sur les lieux mêmes où ils se sont déroulés, des événements qui remplissent plus de 2 000 années de notre passé.

Dans ces arènes de Senlis, on met ses pas dans ceux des foules gallo-romaines ; dans ce réfectoire de Royaumont, Saint Louis a servi les moines de ses royales mains ; près de ce pont de Compiègne, Jeanne d'Arc fut faite prisonnière ; dans ce lit de Versailles, Louis XIV a couché ; dans cette salle du Jeu de Paume, à Versailles, la Révolution a pris son essor...

L'âge du béton. — Le remplacement des immeubles vétustes ou détruits durant la dernière guerre, le dépeuplement progressif de la capitale au profit de sa périphérie, et l'afflux d'immigrants étrangers, ont suscité la création, en région parisienne, de nouveaux ensembles urbains : dans la proche banlieue, comme à la Défense, St-Denis, Bobigny, Créteil *(voir le guide Vert Paris)*, et au-delà, qu'il s'agisse d'une rénovation partielle (Beauvais, Mantes) ou de l'adjonction à une localité de lotissements modernes allant parfois jusqu'à constituer tout un quartier supplémentaire, tel **Parly II** *(p. 186)*, voire une petite ville neuve à côté de l'ancienne, comme les cités de **Sarcelles-Lochères** *(p. 160)*, **Montereau-Surville** *(p. 123)* et l'extension, en cours, de **Chanteloup-les-Vignes** *(p. 121)*.

Quelques-uns de ces « grands ensembles », souvent construits en hâte, ont pu, par leur architecture uniforme et leur pauvreté originelle en équipements divers, s'attirer des qualificatifs désobligeants et engendrer chez leurs habitants un malaise lié à un sentiment d'isolement, d'insécurité et d'ennui. Certains (comme Sarcelles) sont parvenus, au fil des années, à pallier, au moins en partie, ces défauts de jeunesse ; d'autres (par exemple Créteil, Vélizy-Villacoublay) semblent avoir réussi à s'en préserver...

Les cités de l'an 2000. — Des grandes villes, à leur tour, plus mûrement élaborées et de conception originale, se construisent dans le voisinage de Paris - assez loin, espère-t-on, pour lui faire équilibre et constituer des pôles d'attraction nouveaux. Ce sont, dans l'ordre de l'avancement des travaux, les cinq « villes nouvelles » de **Cergy-Pontoise** *(p. 140)* au Nord-Est, **Évry** *(p. 86)* au Sud, **St-Quentin-en-Yvelines** *(p. 159)* au Sud-Ouest, **Marne-la-Vallée** *(p. 105)* à l'Est, **Melun-Sénart** *(p. 112)* au Sud-Est.

Ces futures « communautés régionales » de l'Ile-de-France disposent, chacune, d'une superficie comparable ou même supérieure à celle de Paris (10 540 ha) mais en prévision d'une population bien moins dense (200 000 à 300 000 âmes) dont les nouveaux-venus viendront occuper les aménagements modernes créés entre les bourgs anciens, bois, cours d'eau ou étangs, conservés à l'intérieur de ce périmètre.

Elles auront en commun d'autres caractéristiques : un centre urbain principal (sauf à Melun-Sénart) groupant les services publics et administratifs, l'enseignement, un complexe commercial... ; plusieurs « quartiers » ayant leur propre centre urbain, soustrait au trafic automobile, ainsi que des unités collectives d'habitation et des « cités pavillonnaires », le tout excluant gigantisme et entassement ; des espaces verts et des plans d'eau disposés entre les quartiers ; des secteurs d'équipement et d'activités (industrielles, « tertiaires », culturelles, sportives, etc.) ; une ou plusieurs bases de loisirs utilisant un plan d'eau naturel ou aménagé ; enfin d'importants moyens de desserte routière et ferroviaire.

Des résidents s'y trouvent déjà, logés au fur et à mesure de l'achèvement des travaux. *Dans chaque ville, un hall d'information présente une maquette d'ensemble et fournit tous renseignements utiles.*

RENSEIGNEMENTS PRATIQUES

TOURISME

Hôtels, restaurants, distractions. — L'amateur de bonne chère sera sollicité par de nombreuses bonnes tables *(consulter le guide Rouge France de l'année)*. Plusieurs se trouvent dans de jolis sites ou dans un cadre original. La cuisine de l'Ile-de-France, comme celle de Paris, est une synthèse des réussites provinciales.

La carte et les tableaux insérés de la page 30 à la page 35 du présent guide fournissent de multiples renseignements qui permettront à chacun de choisir les endroits agréables où passer le week-end, prendre un repas ou le thé. Au château même de Versailles *(p. 170)* ainsi que dans les parcs d'animaux de St-Vrain *(p. 88)* et Thoiry *(p. 167)*, les visiteurs pourront trouver sur place à s'attabler pour se restaurer ou se rafraîchir.

Petites routes pittoresques. — Pour apprécier les paysages de l'Ile-de-France, il convient de s'écarter des Nationales encombrées de voitures et de suivre des petites routes — pas toujours très bonnes — qui sinuent au flanc d'un coteau, le long d'une modeste rivière ou s'enfoncent dans les bois. La carte des pages 6 à 9 signale quelques-unes de ces petites routes pittoresques. Au hasard de ses promenades, le touriste en découvrira beaucoup d'autres, surtout s'il sait tirer parti des « parcours pittoresques » que les cartes Michelin nᵒˢ **101**, **96** et **97** signalent à son intention par un liseré vert.

QUELQUES LIVRES

Ouvrages généraux – Géographie – Tourisme

Ile-de-France, par B. CHAMPIGNEULLE *(Grenoble, Arthaud)*.

Vademecum du Botaniste dans la Région Parisienne, par H. E. JEANPERT *(Paris, Librairie du Muséum)*.

La Région Parisienne *(Paris, Presses Universitaires de France, coll. France de demain)*.

Les amateurs de promenades à pied utiliseront avec profit le topo-guide des circuits auto-pédestres de l'Ile-de-France, en vente aux bureaux du Touring Club de France *(à Paris : 65, avenue de la Grande-Armée)*.

Histoire – Art

L'Art roman en France : Ile-de-France, Champagne, Nord-Est, par G. GAILLARD *(Flammarion)*.

L'Ile-de-France, par J. PERRET *(Paris, Sun, coll. « Voir en couleurs »)*.

Merveilles des châteaux de l'Ile-de-France *(Hachette, coll. Réalités)*.

Visages de l'Ile-de-France *(coll. Horizons de France)*.

Monographies

D'intéressantes monographies relatives à Beauvais, Chantilly, la vallée de Chevreuse, Compiègne, Fontainebleau, Meaux, Nemours, Pierrefonds, Rambouillet, Rosny, Senlis, Versailles, la forêt de Villers-Cotterêts, sont également citées à l'article intéressé, de la page 37 à la page 190.

TARIFS ET HEURES DE VISITE

Les indications données dans ce guide concernant les conditions de visite (tarifs, horaires, jours ou périodes de fermeture) s'appliquent à des touristes voyageant isolément et ne bénéficiant pas de réduction. Les descriptions, de façon générale, ne tiennent pas compte des expositions temporaires ou itinérantes.

Dans certains monuments ou musées — en particulier lorsque la visite est accompagnée — il arrive que les visiteurs ne soient plus admis 1/2 h avant la fermeture.

Église. — Elles sont souvent fermées entre 12 h et 14 h. Elles ne se visitent pas pendant les offices.

Groupes. — Pour les groupes constitués, il est généralement possible d'obtenir des conditions particulières concernant les horaires ou les tarifs avec un accord préalable.

Visites-conférences, visites organisées. — A Beauvais, Chartres, Compiègne, Dourdan, Étampes, Évry, Moret-sur-Loing, Provins, Senlis, des visites de ville sont organisées de façon régulière, en saison touristique : s'adresser à l'Office de Tourisme ou au Syndicat d'Initiative.

En saison également, des visites commentées sont organisées dans les forêts de Compiègne, d'Ermenonville, de Fontainebleau et d'Halatte : s'adresser à l'Office National des Forêts (☎ 457 03 88 à Chantilly).

Enfin, des visites-conférences ont lieu aux châteaux de Chantilly, Compiègne, St-Germain-en-Laye, Versailles.

Participez à notre effort permanent de mise à jour

Adressez-nous vos remarques et vos suggestions.

Cartes et Guides Michelin — *46, avenue de Breteuil* — *75341 Paris Cedex 07*

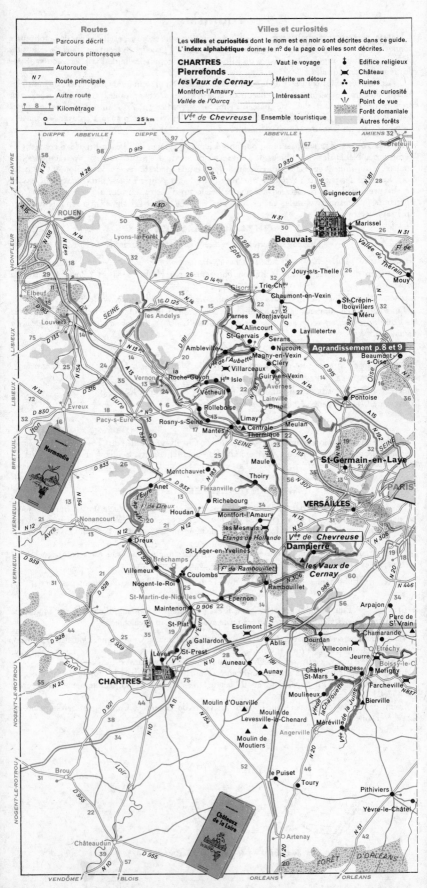

Routes

Parcours décrit
Parcours pittoresque
Autoroute
N 7 Route principale
Autre route
8 Kilométrage

0 ————— 25 km

Villes et curiosités

Les **villes** et **curiosités** dont le nom est en noir sont décrites dans ce guide.
L'**index** alphabétique donne le n° de la page où elles sont décrites.

CHARTRES _____ Vaut le voyage
Pierrefonds
les Vaux de Cernay } Mérite un détour
Montfort-l'Amaury _____ Intéressant
Vallée de l'Ourcq

Vée de **Chevreuse** Ensemble touristique

⛪ Edifice religieux
⚔ Château
∴ Ruines
▲ Autre curiosité
\|/ Point de vue
Forêt domaniale
Autres forêts

CURIOSITÉS

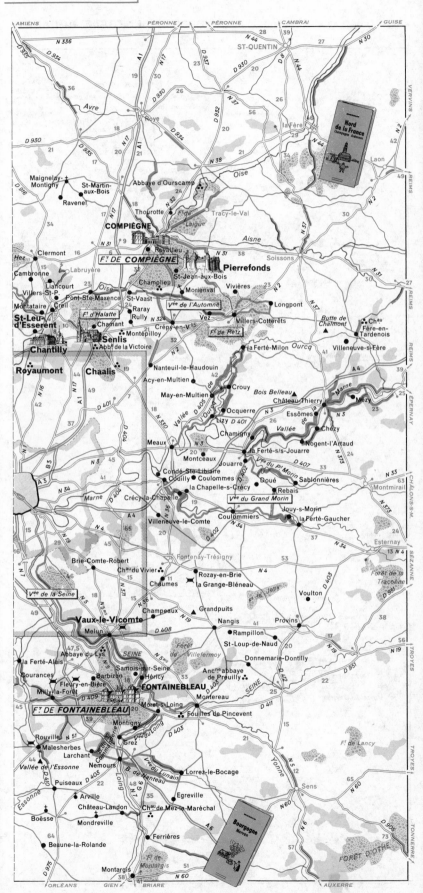

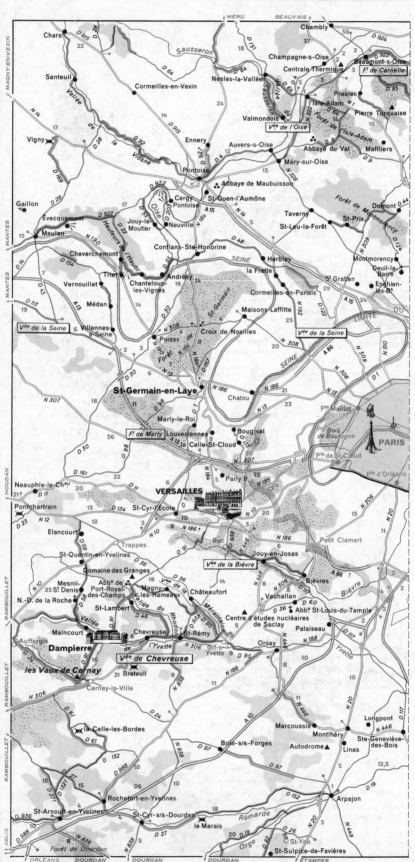

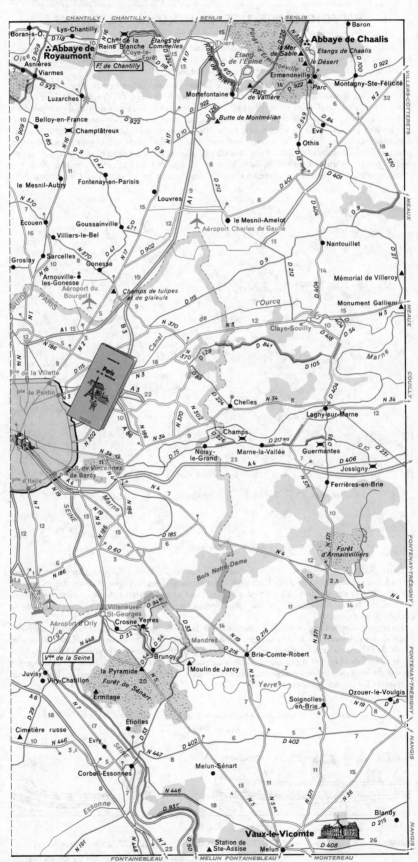

INTRODUCTION AUX PROMENADES

PHYSIONOMIE DES ENVIRONS DE PARIS

Les Environs de Paris forment le centre d'une vaste région, dite «Bassin Parisien», qui communique par la Flandre avec la plaine du Nord de l'Europe, par le seuil de Bourgogne avec le bassin du Rhône et par la vallée de la Loire avec l'Atlantique.

La formation du Bassin Parisien. — Le Bassin Parisien est au centre d'une vaste cuvette dont les rebords extrêmes sont les massifs anciens des Ardennes, des Vosges, du Morvan, du Nord du Massif Central et de la Bretagne. Des auréoles de côtes de calcaires durs séparent le centre du Bassin Parisien de ces massifs primaires. En gros, on pourrait comparer cette région à une série de plats, de plus en plus petits, emboîtés les uns dans les autres, l'ancienneté des plats diminuant avec leur taille. L'on aurait ainsi une série de rebords de moins en moins hauts et de plus en plus jeunes vers le centre. Pour être un peu plus exact, il faudrait ébrécher la pile vers le Nord-Ouest. En effet, l'apparition de la Manche, à la fin de l'ère tertiaire, a séparé la France de l'Angleterre où subsistent les parties anciennes des couronnes concentriques françaises.

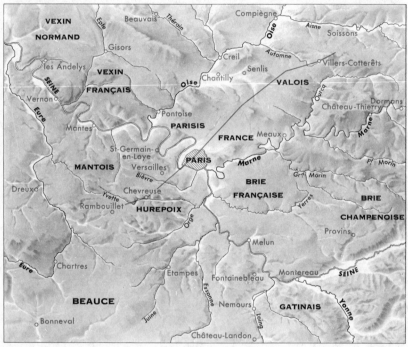

Relief des Environs de Paris.

Cette disposition régulière s'explique par la formation du Bassin Parisien. Au début de l'ère secondaire, il était un vaste golfe limité par les massifs anciens. La mer déposait des sédiments sur ses côtes et sur son fond. Peu à peu, elle diminuait ainsi la surface du golfe. Simultanément, le fond du bassin s'abaissait, par un lent effondrement, et les bancs de calcaires durs de la périphérie se relevaient.

La région décrite dans ce guide a pour limite le rebord intérieur : celui de la falaise d'Ile-de-France, des coteaux du Gâtinais et des collines du Perche. Tout ce bassin est constitué par un dépôt de sédiments tertiaires marins, lagunaires ou lacustres. La mer se retire peu à peu, ses alluvions isolent des lagunes d'eau salée, des lacs lui succèdent. Parfois, par suite d'un abaissement accusé du fond du bassin, sensible au centre et au Sud, la mer revient et recouvre de nouveaux sédiments les dépôts antérieurs.

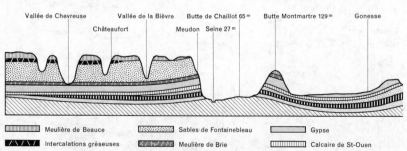

Coupe géologique simplifécrant du Bassin Parisien

La mer tertiaire laisse d'abord des calcaires coquilliers, puis de larges plaques de sables, dits de Beauchamp, qui sont à nu dans le Valois, enfin un calcaire dit de St-Ouen. La lagune qui vient ensuite superpose des gypses et des marnes vertes : il en subsiste des bancs épais dans le Pays de France et le Parisis. Un lac ajoute une couche de calcaire, plus tard meuliérisé : le dur calcaire de Brie. La mer envahit alors de nouveau le bassin et recouvre la meulière de sables dits de Fontainebleau dont la surface se transforme en grès. Un dernier lac occupe enfin cette région et y dépose le calcaire tendre dit de Beauce qui souvent se transforme en meulière.

(D'après photo Arthaud, Grenoble.)
Parc d'Ermenonville.

Le creusement du bassin provoque un tassement des couches de terrain qui glissent vers le centre et forment une série de petits plissements. L'érosion causée par les rivières achève de donner sa physionomie actuelle à la région de Paris. Au Nord et à l'Est, les eaux courantes entaillent largement sur leur passage les bancs de marnes, de gypses et de meulière et découvrent le calcaire grossier sur lequel les vents déposent du limon. Les couches de meulière et de gypse demeurées intactes forment alors des éminences ou de petits plateaux. Au Sud, un intense ruissellement attaque le calcaire tendre de Beauce et les grès de Fontainebleau qui disparaissent souvent ou subsistent par bancs couverts de marnes ou en chaos.

Partout où le sable, de Beauchamp au Nord ou de Fontainebleau au Sud, est mis à nu, la forêt qui recouvrait la région entière n'a pas été défrichée.

A la fin de l'ère tertiaire, avant la dernière période froide, le lit de la Seine était à 25 m au-dessous de son niveau actuel. Le fleuve a remblayé ce fossé et ce mouvement peut s'expliquer par un exhaussement du niveau des océans à la suite de la fonte des immenses glaciers qui couvraient le Nord de l'Europe au début de l'ère quaternaire. Aujourd'hui, la Seine recreuse son lit.

Les aspects des Environs de Paris. — Homogène dans sa structure : un bas plateau calcaire entaillé par des vallées limoneuses et plaqué çà et là de bandes sableuses, région soumise au climat atlantique : humide aux saisons intermédiaires, orageux en été, avec des hivers assez modérés, l'Ile-de-France est caractérisée par trois types principaux de paysages : les plateaux agricoles, les vallées verdoyantes, la forêt.

La traversée des plateaux couverts de riches champs de blé ou de betterave à perte de vue, aux agglomérations espacées, est monotone. Le parcours des vallées où se pressent cultures maraîchères, vergers et villages est, en général, pittoresque. Les massifs forestiers dont les plus belles futaies, de chênes et de hêtres, s'étagent sur les buttes calcaires dominant les sables des fonds, offrent de magnifiques buts d'excursions.

Un autre aspect de l'Ile-de-France, d'un intérêt très particulier, pourrait être encore envisagé, celui des centres industriels et des installations tendant à satisfaire les besoins croissants d'énergie. Ils sont rassemblés dans trois secteurs principaux : un anneau compact autour de Paris qui s'étire le long de la Seine en amont et en aval, la vallée du Thérain entre Beauvais et Creil, la région de Melun. Quant aux installations mêmes, certaines sont invisibles comme les réservoirs souterrains de Beynes et de St-Illiers-la-Ville où le gaz naturel est stocké dans une couche aquifère de sable que protège une couche étanche d'argile, située à plusieurs centaines de mètres de profondeur. D'autres utilisent des bâtiments familiers à nos yeux. Ainsi l'énergie thermonucléaire abrite un centre de recherches à Saclay. Et c'est à la poudrerie du Bouchet, dans la vallée de l'Essonne, au Sud-Ouest de Corbeil, qu'est extrait, du minerai, l'uranium pur alimentant les piles G 1 et G 2 de Marcoule.

De petits gisements pétrolifères sont exploités dans la région parisienne, notamment à Chartrettes, Chailly-en-Bière, Coulommes (entre Meaux et Coulommiers), Châteaurenard, St-Martin-de-Bossenay et Valence-en-Brie. Le gisement de Coulommes, avec une trentaine de puits en service, est le plus productif du Bassin Parisien (100 000 t d'huile par an). Le pétrole brut est évacué tout d'abord par pipe-line à la station de stockage de Fublaines, en Seine-et-Marne, dotée de réservoirs aériens, puis par camions-citernes vers la raffinerie de Grand Puits près Nangis.

A noter, enfin, que l'édification en cours des cinq « villes nouvelles » de la région parisienne *(voir p. 4)* intéresse de vastes superficies dont se transforme, à mesure, la physionomie.

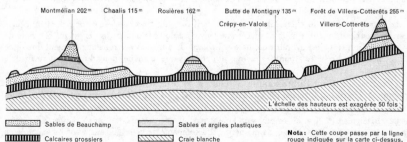

Montmélian 202 m   Chaalis 115 m   Rosières 162 m   Butte de Montigny 135 m   Forêt de Villers-Cotterêts 255 m
Crépy-en-Valois   Villers-Cotterêts

L'échelle des hauteurs est exagérée 50 fois

Sables de Beauchamp   Sables et argiles plastiques

Calcaires grossiers   Craie blanche

Nota : Cette coupe passe par la ligne rouge indiquée sur la carte ci-dessus.

de la vallée de Chevreuse à la forêt de Retz.   *(D'après M. A. Cholley.)*

LA FORÊT

L'Ile-de-France possède de magnifiques forêts. Celles de Compiègne et de Fontainebleau comptent parmi les plus belles de France.

Il n'est guère de touriste qui ne soit sensible au charme des bois. Certains préfèrent la fraîche verdure printanière, d'autres l'ombrage estival, les teintes d'automne ou l'étincellement du givre hivernal. Tel se plaît à y cueillir fleurs, fruits, champignons; tel autre se contente d'y pique-niquer. Mais chacun se sent tout au moins délassé par l'atmosphère calme et pure de la forêt. Il y a des admirateurs plus fervents encore : ils observent les bois, en comprennent la vie, en saisissent l'infinie variété. Chez eux, le plaisir sentimental se double des joies de la connaissance. Pour cela, quelques notions suffisent.

Forêts domaniales et forêts privées. — Les forêts sont de trois sortes : domaniales (qui appartiennent à l'État), communales, privées.

Les plus intéressantes, pour les touristes, sont les forêts domaniales, aménagées par le service des Eaux et Forêts. Leurs futaies centenaires offrent de magnifiques couverts; leur accès est libre, facilité par un bon réseau de routes, chemins et sentiers; elles sont entretenues avec plus de science, exploitées avec plus de modération que les forêts privées. Les plus belles d'entre elles offrent des « réserves artistiques » : ce sont des parcelles où les arbres meurent de vieillesse, leurs squelettes étant même conservés s'ils présentent une silhouette imposante. Dans ces coins privilégiés, le pittoresque est roi.

Les forêts privées, en dehors des routes officielles qui les traversent, sont le plus souvent interdites aux promeneurs.

Chêne.

Hêtre.

Les arbres. — Comme tous les êtres vivants, les arbres se nourrissent, respirent et se reproduisent. Par leurs racines, ils puisent dans le sol les sels minéraux dont ils se nourrissent et la sève qui circule dans le tronc et les feuilles les diffuse dans l'arbre.

Tous les terrains ne conviennent pas également à tous les arbres. Le châtaignier, par exemple, ne peut vivre sur un sol calcaire que le chêne préfère.

Comme les autres plantes, l'arbre respire par ses feuilles et se reproduit par ses fleurs. Celles-ci donnent des fruits à condition d'être fécondées par le pollen de leur espèce. En général, les arbres n'ayant pas des fleurs mixtes, à la fois femelles et mâles, comme le sont la rose, l'œillet, l'acacia, etc., le pollen est transporté d'une fleur mâle sur la fleur femelle par le vent ou les insectes.

Les arbres peuvent encore se reproduire par « rejet ». Quand un tronc encore assez jeune est coupé au ras de terre, des « rejets » poussent autour de la souche. L'ensemble forme une « cépée ». Les résineux ne rejettent jamais.

En Ile-de-France, les arbres se divisent en deux grandes catégories : les feuillus et les résineux ou conifères.

Les feuillus. — Ces arbres perdent leurs feuilles chaque automne et les retrouvent au printemps. Le hêtre, le chêne, le charme, le bouleau, le châtaignier sont de ce groupe.

Les résineux. — Leurs feuilles se réduisent à des aiguilles. Ils ne se renouvellent pas toutes à la fois, mais ils en perdent à tous moments de l'année et elles vivent de quatre à cinq ans. Leur sève est chargée de résine. Leurs fruits ont, en général, la forme de cônes.

Les pins, les sapins, les cyprès, les cèdres font partie de cette famille. Le mélèze aussi, mais ses aiguilles tombent tous les ans.

Les arbres des forêts de l'Ile-de-France. — La plupart des essences feuillues se rencontrent dans les environs de Paris; cependant, les espèces suivantes dominent :

Le chêne. — C'est l'un des plus beaux arbres de la forêt. Son bois est très apprécié pour sa beauté par les ébénistes et pour sa solidité par les charpentiers. Son écorce est utilisée par les tanneurs. Il peut atteindre de 30 à 35 m de hauteur et son diamètre, à hauteur d'épaule (1 m 30), 3 m. Normalement, il vit environ 250 ans.

Le hêtre. — Rival du chêne, il est moins massif que lui. Son bois est principalement utilisé par l'industrie du meuble courant et comme traverses de chemins de fer. C'est un bon bois de chauffage. Son tronc est cylindrique, lisse et brillant. Les très jeunes rameaux forment une ligne brisée noueuse. Le hêtre atteint les mêmes dimensions que le chêne, mais il ne vit guère au-delà de 120 ans.

Le charme. — C'est l'arbre robuste et résistant par excellence, d'où l'expression « se porter comme un charme ». Il ressemble au hêtre, mais il est plus petit et son tronc est strié de cannelures. Sa longévité est voisine de celle du hêtre.

Le châtaignier. — Cet arbre puissant atteint parfois des dimensions gigantesques: son tronc peut mesurer plusieurs mètres de diamètre. Il est capable de vivre 300 ans, mais on le coupe en général beaucoup plus jeune car son bois est apprécié en tonnellerie et en charpente. Il ne pousse qu'en terrain siliceux.

Le bouleau. — Très gracieux avec son tronc toujours mince, même s'il atteint 25 m de hauteur, avec son feuillage frémissant et son écorce blanche qui s'enlève par feuilles minces, le bouleau se plaît dans les fonds sablonneux et humides. C'est un excellent bois de chauffage.

Le pin sylvestre et le pin maritime. — Ce sont les seuls conifères courants en Ile-de-France. Ils se contentent de terrains très pauvres et préfèrent le sable. Ils atteignent de 25 à 30 m de hauteur et vivent en moyenne 80 ans. Le pin sylvestre a des aiguilles courtes (4 à 6 cm) et de petits cônes (3 à 5 cm); son fût est souvent rougeâtre. Le pin maritime a des aiguilles longues (10 à 20 cm) et de gros cônes (12 à 18 cm).

L'aménagement des forêts. — Si la forêt est livrée à elle-même, elle dégénère. Il est certain que la forêt primitive renfermait de moins beaux arbres que nos forêts domaniales. En effet, certains arbres, comme le chêne, ont besoin du soleil pour grandir, tandis que le hêtre et le charme demandent de l'ombre. Pour atteindre de belles dimensions, l'arbre doit être dégagé et placé dans les meilleures conditions convenant à ses exigences.

S'il faut boiser un terrain épuisé, on y plante tout d'abord des sapins. Ceux-ci se contentent de peu et fournissent du bois rapidement. Leurs racines retiennent la terre que les eaux de ruissellement ont tendance à enlever et leurs aiguilles s'agglomèrent en couches épaisses. Des essences plus exigeantes, charmes, bouleaux, hêtres, succèdent aux résineux et accroissent la richesse de l'humus. Enfin le chêne s'implante, mais le hêtre n'est jamais abandonné, étant d'un bon rapport.

La révolution. — L'essentiel pour les forestiers est d'avoir des arbres toujours prêts à être exploités. Ils aménagent donc la forêt de telle sorte qu'à un secteur abattu corresponde un secteur renaissant. Supposons qu'il existe une forêt de 100 ha peuplée de hêtres. Cet arbre est en plein rendement à 50 ans. Si l'on décide de faire des coupes tous les cinq ans, il faudrait dix secteurs de 10 ha pour que la plus jeune plantation ait 50 ans quand les neuf autres plus âgées auront été coupées.

Tous les cinq ans, on abattra les 10 ha les plus âgés et la forêt sera entièrement renouvelée en cinquante ans sans avoir cessé d'être exploitable. Ce cycle de renouvellement, de cinquante ans dans ce cas, est dit : révolution. En fait, les forestiers évitent de mettre à nu tout un secteur. Des plantes touffues, mûriers, noisetiers, etc., s'emparent très vite de la zone dénudée et pourraient étouffer les jeunes pousses intéressantes. Au sein d'un même secteur, on échelonne donc deux, trois ou quatre séries d'âges voisins et l'on fait effectuer les coupes par éclaircies dans la masse boisée. Ainsi, jamais une aire importante ne se trouve dépeuplée.

Quelle que soit la révolution fixée pour une forêt, son aspect peut différer profondément par la densité de ses arbres et par le développement que les forestiers leur permettent d'atteindre. C'est ainsi que l'on rencontre la futaie, le taillis et le taillis sous futaie.

La futaie. — Le terrain a été ensemencé. La sélection naturelle élimine les pousses les plus faibles, celles-ci étant étouffées par les plus fortes. Les arbres, encore serrés, commencent à se développer en hauteur. Des éclaircies sont effectuées pour dégager les plus beaux sujets. Quand il ne subsiste plus que ceux-ci, assez espacés, on a une futaie appelée régulière ou pleine. Tous les arbres ont le même âge. La révolution peut être assez longue : cinquante ans, quatre-vingts ans, si l'on veut avoir de très grands arbres.

Dans la futaie jardinée, on a effectué semis et coupes de telle sorte que des arbres d'âge divers soient mélangés. On les exploite successivement, en commençant par les plus âgés.

Quand la futaie atteint un âge avancé, ses fûts magnifiques, ses voûtes de feuillage, ses jeux d'ombre et de lumière font une impression profonde, voisine de celle que l'on ressent à l'intérieur d'une cathédrale gothique.

Le taillis. — Les arbres sont plus jeunes. La révolution est de cinq à trente ans suivant que l'on veut obtenir du bois de fagot, des rondins de chauffage ou des poteaux de mine.

Un taillis est le résultat d'une coupe à ras de terre d'arbres encore en pleine force. Les rejets autour des souches produisent une multitude de jeunes arbres, touffus. Ce genre de forêt est peu pittoresque.

Le taillis sous futaie. — Si, au cours d'une coupe de taillis, on laisse debout les plus beaux sujets, ils dominent les nouveaux rejets et s'ils survivent à plusieurs coupes successives du taillis, ces arbres deviennent très forts.

Les taillis sous futaie donnent à la fois des bois de feu, provenant des taillis, et des bois d'industrie fournis par les grands arbres réservés.

Les hôtes de la forêt. — La forêt n'est pas seulement le domaine des arbres. Une foule de plantes et d'animaux vit sous ses ombrages. C'est un monde grouillant de vie.

Dans certaines forêts, des chasses à courre sont toujours données. Le spectacle d'un équipage galopant au son des trompes est des plus pittoresques. Le touriste désireux d'y assister trouvera, sur ce sujet, des renseignements utiles p. 28 et 29.

Si la forêt est le royaume du chasseur, elle est aussi celui de l'herboriste. Pour cent bêtes, il y a des milliers de plantes. Mousses, lichens, champignons, herbes, fleurs, arbustes, fougères pullulent sur le riche humus forestier, la terre la plus féconde.

Le promeneur trouve là d'innombrables buts de promenades : pour cueillir fleurs, feuillages ou fruits, pour ramasser les champignons.

Les fleurs. — En *avril*, c'est la saison des cytises, des renoncules, des jacinthes et des jonquilles. En *mai* viennent l'aubépine, le muguet, l'ancolie et les chatons du noisetier.

Juin apporte genêts, bruyères, campanules, scabieuses et œillets sauvages.

Les feuillages d'automne sont aussi chatoyants que les fleurs, ainsi que les hautes fougères.

Les fruits. — En *juillet-août*, on trouve les savoureuses fraises des bois et les framboises parfumées. Les mûres, plus rustiques, abondent en *août et septembre*.

Septembre est le mois des noisettes et *octobre* celui des prunelles et des châtaignes.

Les champignons. — Certaines espèces : la russule verte ou violette, la girolle, le mousseron sont comestibles en tous pays; mais bien d'autres sont suspectes ou difficiles à identifier avec certitude, aussi le ramasseur de champignons ne doit-il pas hésiter à se renseigner auprès d'un mycologue compétent, voire à lui soumettre sa cueillette.

LES PAYS

Les différences du sol aux environs de Paris et les événements historiques ont créé des « pays » dont l'individualité subsiste encore, en dépit des transformations administratives opérées en 1790 par la création des départements. Cinq provinces se partageaient les pays compris dans les limites de ce guide : l'Ile-de-France, l'Orléanais, la Champagne, la Normandie et la Picardie.

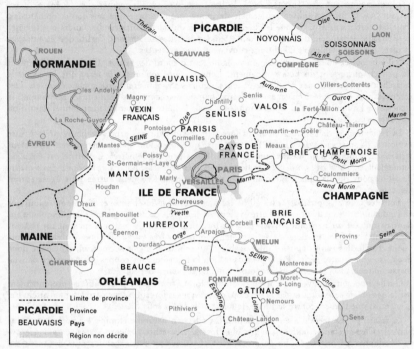

Les pays et provinces des environs de Paris.

L'Ile-de-France. — Avec l'Orléanais, elle forma, sous l'autorité de Clovis, le royaume des Francs : la première France. Soissons et Compiègne, plus que Paris, en étaient les capitales. Les descendants de Clovis évincés du pouvoir en 751 par Pépin le Bref, son fils Charlemagne est sacré roi des Francs. En 843, l'empire de Charlemagne partagé, la France devient l'ensemble des pays situés à l'Ouest des provinces bordant la Meuse, la Saône et le Rhône. L'ancien royaume franc n'est plus que le duché de France auquel sont rattachés les comtés d'Orléans et d'Étampes. Ce n'est que quatre siècles plus tard que le duché est appelé Ile-de-France pour sa ceinture de rivières : l'Epte, l'Aisne, la Marne, l'Yonne, l'Eure, qui la délimitent approximativement. Au cours de l'invasion normande, le duc de France s'illustre dans la défense de Paris et c'est de sa maison qu'est issu Hugues Capet, élu roi de France à Senlis en 987. Pour la troisième fois, la couronne royale revient donc au suzerain de l'Ile-de-France. La descendance d'Hugues Capet a régné jusqu'en 1848 sauf de 1793 à 1814, pendant la période révolutionnaire et l'Empire.

A l'exception du Laonnais et d'une partie du Soissonnais et du Noyonnais, l'Ile-de-France est comprise dans les limites de ce guide dont elle constitue la partie essentielle.

Pays de France. — Ce plateau agricole, qui s'étend entre St-Denis, Luzarches et la côte de Dammartin-en-Goële, fut le centre du domaine royal. Sa fertilité provient de la couche de marnes qui recouvre le sous-sol. Ce n'est pas une région de tourisme. Les immenses champs de blé ou de betterave ne sont pas extrêmement pittoresques; mais quelques jolies églises peuvent intéresser l'amateur d'archéologie. La visite du château d'Écouen s'impose.

Parisis. — Il est compris entre l'Oise, la Seine et le Pays de France. C'est la tribu gauloise qui habitait cette région qui lui a donné son nom ainsi qu'à Paris. Plaine alluviale inclinée vers la Seine et traversée de nombreuses rivières, le Parisis est dominé par des buttes calcaires recouvertes de meulière ou de sable. Ces différents terrains ont déterminé l'aspect de la région.

Une fois dépassée la banlieue industrielle de Paris, les cultures maraîchères se partagent la plaine avec des vergers qui escaladent les pentes calcaires, des forêts occupant les zones sableuses.

C'est la butte de Cormeilles et les forêts de Montmorency et de Carnelle; ce sont les riants vergers évoquant les tableaux nuancés de Claude Monet et, du haut des buttes, de verdoyants panoramas. Des vestiges d'abbayes, de nombreuses églises, d'innombrables souvenirs historiques, héroïques ou truculents, font du Parisis l'un des plus agréables pays proches de Paris.

Senlis. — Cette région, souvent incluse dans le Valois par les géographes et les historiens, est en réalité une partie du domaine royal, noyau central de l'Ile-de-France. Limité par l'Oise, la côte de Dammartin-en-Goële et le Valois proprement dit, le Senlisis est l'un des plus pittoresques pays des environs de Paris. Les parties limoneuses de la région de Senlis portent de belles cultures, tandis que les nombreuses zones sableuses sont couvertes de forêts. De fraîches rivières, la Nonette et le ru de St-Martin, drainent des étangs bordés de grands arbres.

Les abbayes de Royaumont et de Chaalis, le donjon de Montépilloy, les parcs de Vallière et d'Ermenonville, les étangs de Commelles, de Chaalis, de Mortefontaine, le château de Chantilly, la cathédrale de Senlis, les forêts d'Ermenonville, de Chantilly, d'Halatte composent la parure du Senlisis.

Valois. — Ce pays, au nom bien connu en France, a été important dès l'époque romaine. Limité par l'Oise, le Senlisis, l'Ourcq et l'Aisne, le comté, puis duché, de Valois a compté de bonne heure parmi les plus honorables de France. Deux fois, il fut donné à un frère du roi et deux fois les descendants de ces princes du sang, dits de Valois, sont montés sur le trône.

C'est une région fort pittoresque dont les coins les plus marquants sont la vallée de l'Automne qui sinue au pied d'un plateau à flanc boisé, l'abbaye de Longpont, les donjons de Vez et de la Ferté-Milon, l'église de Morienval, les forêts de Compiègne et de Retz.

Noyonnais. — Situé aux confins de la plaine de la Picardie, dont il faisait autrefois partie, le Noyonnais est une région pittoresque aux aspects variés dont seule une petite partie entre dans les limites de ce guide.

L'abbaye d'Ourscamps attire plus particulièrement les touristes.

Beauvaisis. — A la limite de la Picardie, le Beauvaisis est une région aux riches limons, exploités intensivement par les cultures de céréales et de betteraves. La vallée du Thérain est, par contre, un centre industriel actif : constructions mécaniques, brosserie, travail des peaux. Les centres touristiques sont rares : Beauvais est le principal.

Vexin français. — Il s'étend à l'Ouest de l'Oise. C'est une plate-forme calcaire limitée par l'Oise, l'Epte et la Seine. Le limon, très fertile, qui recouvre le calcaire est une excellente terre à blé. Les rivières ont profondément creusé le plateau. Dans leurs vallées, où croissent de nombreux peupliers, se concentre l'élevage. Entre Marines et Vallangoujard, une butte sableuse porte quelques forêts ainsi que la zone bordant la Seine vers l'Epte. Pontoise, capitale du pays, mérite une visite ainsi que de nombreuses églises comme celles de Chars, d'Ennery, de Magny.

Mantois. — Situé entre l'Eure et la Seine, ce vaste plateau, cultivé à l'Ouest, est couvert de forêts à l'Est. Entaillé par de nombreux ruisseaux, il a pris un aspect vallonné très riant. C'est une grande région de tourisme, dont les centres les plus fameux sont : Versailles, St-Germain, Mantes, Poissy, Rambouillet, Marly, Maintenon.

Le pays de Dreux, le Drouais, à cheval sur l'Eure, prolonge le Mantois vers l'Ouest.

Hurepoix. — Il est limité par le Mantois, la Seine et la forêt de Fontainebleau. Comme dans toute l'Ile-de-France, les rivières en creusant leurs vallées ont laissé, intactes, de nombreuses buttes dont la surface est généralement composée de calcaires. Parfois, le revêtement érodé a découvert le grès, puis le sable sous-jacent. Sables, grès et calcaires des collines, marnes des dépressions provoquent ainsi une grande diversité de végétation. Cette variété des paysages du Hurepoix en fait le charme. Les cultures maraîchères occupent les vallées : celles de la Bièvre, de l'Yvette, de l'Essonne ; des bois couvrent les collines et les bas-fonds sont tapissés de prairies.

Chevreuse, Montlhéry, Dourdan, St-Sulpice-de-Favières attirent de nombreux touristes.

Gâtinais. — Limité par la Seine, le Hurepoix, l'Orléanais et la Champagne, le Gâtinais est, pour sa partie Nord décrite dans cet ouvrage, un plateau argileux à l'Est du Loing, une région de sables et de grès à l'Ouest. Cette dernière partie est recouverte par la forêt de Fontainebleau dont les chaos gréseux et les belles futaies ont fait la réputation. La verdoyante vallée du Loing est jalonnée par de pittoresques petites villes : Château-Landon, sur le rebord du plateau, Nemours, Montigny-sur-Loing et Moret.

Brie française. — Comprise entre le Grand Morin et la Seine, la Brie française se prolonge au Nord par la Brie champenoise qui n'en diffère que par ses origines historiques. L'une était au comté de Champagne, l'autre au roi de France. De rares rivières, la Marne, les deux Morins, la Seine drainent le plateau de leurs cours sinueux. Sur une couche de marnes imperméables, qui entretient l'humidité, s'étend un revêtement de calcaires siliceux et de meulière : le calcaire de Brie, lui-même recouvert de limon fertile. Peu pittoresque, cette région, divisée en importantes exploitations de 250 à 400 ha, est consacrée à la grande culture du blé et de la betterave à sucre. Des boqueteaux rompent la monotonie des vastes pièces cultivées.

Là où le limon a disparu existent des forêts : celles de Sénart, d'Armainvilliers. Vaux, Champs, Blandy, méritent une visite. Les vallées offrent souvent de jolis paysages.

La Champagne. — Cette province, rattachée à la Couronne de France en 1314, n'entre dans les limites de ce guide que pour la **Brie champenoise.** Celle-ci, en tous points comparable à la Brie française, offre aux touristes le souvenir des batailles de la Marne et surtout deux vieilles villes pittoresques : Meaux et Provins. Château-Thierry, à la limite de la Brie, les ruines du château de Fère présentent de l'intérêt.

L'Orléanais. — Ce fut la seconde province du fief des ducs de France. Le seul de ses pays qui soit compris dans ce guide est la Beauce, dont la partie Nord formait le comté d'Étampes.

Beauce. — C'est un vaste plateau, rigoureusement plat. De très rares rivières le traversent. Il est composé de deux épaisseurs de calcaire tendre, le calcaire de Beauce, séparées par une mince couche d'argile. Ce banc épais repose sur les grès dits de Fontainebleau. En général, un limon très fertile recouvre la table calcaire. Avec la Brie, la Beauce est l'un des principaux « greniers » de la France. Les cultures de blé, de betterave à sucre et de fourrages artificiels s'étendent à perte de vue. Les exploitations comme en Brie sont très importantes. Les arbres étant très rares, les villages espacés, aucune autre région de France ne donne aussi puissamment l'impression d'infini de la plaine. A dix-huit kilomètres de Chartres, on voit déjà sa cathédrale, « par-delà la profonde houle et l'océan des blés » comme l'a chanté Péguy. Seules, Chartres, Étampes et Yèvre-le-Châtel attirent le touriste dans cette immense exploitation agricole.

La Picardie. — L'essentiel de la Picardie est décrit dans le guide Nord de la France. Le plateau picard a pour ressources touristiques la visite de ses églises souvent élégantes dont l'importance surprend parfois. Pour la faible partie comprise dans ce guide, le touriste verra avec plaisir, parmi tant d'autres, celles de St-Martin-aux-Bois, de Maignelay, de Ravenel.

L'Ile-de-France possède de beaux édifices religieux ou civils.
Vous les visiterez avec plus d'intérêt, si vous avez lu
les pages 16 à 26 : **L'art en Ile-de-France.**

L'ARCHITECTURE RELIGIEUSE

Le plan des églises. — Une église est essentiellement un chœur, réservé au clergé, où se trouvent le maître-autel et les reliques, et une nef où se tiennent les fidèles. Parfois, un porche précède la façade. Les églises primitives, de plan rectangulaire, dit « basilical », ne comprennent que ces éléments.

Les architectes romans ont créé l'église catholique type dont le plan rappelle la forme de la croix. A l'entrée, un narthex reçoit les non-baptisés, puis les pèlerins pour des offices spéciaux. Des bas-côtés ou collatéraux agrandissent la nef. Dans les églises de pèlerinage, il faut que les visiteurs puissent honorer les reliques sans traverser le chœur : les collatéraux le contournent, formant le déambulatoire. Cette allée, simple ou double, est pratique pour le déroulement des processions. Deux nefs perpendiculaires à la grande nef, les bras du transept, facilitent la circulation des fidèles au cours des grandes cérémonies.

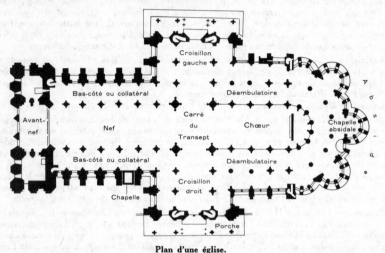

Plan d'une église.

Quand un clergé nombreux dépend d'une église, on installe des autels, avec les reliques vénérées, dans des chapelles rayonnant autour du déambulatoire ou ouvertes sur les bras du transept.

Les architectes gothiques, puis classiques, ne changèrent rien à un plan aussi pratique pour la célébration des offices que pour le maître d'œuvre. Les bas-côtés soutiennent la nef ; le déambulatoire : le chœur ; les chapelles : le déambulatoire, ce qui crée extérieurement un harmonieux étagement. Dès la fin du 13e s., de grands personnages ou des corporations, en récompense d'une aide financière importante accordée pour la construction ou l'entretien de l'église, obtiennent le privilège d'y aménager une chapelle, mais sur les bas-côtés. Du 14e au 17e s., de nombreuses églises furent ainsi élargies.

ART ROMAN

Dans la région de Paris, l'art roman est loin d'avoir connu l'essor qu'il prit dans le reste de la France et l'élan gothique fut tel qu'il entraîna la reconstruction de nombreux monuments de cette époque dans le nouveau style. Cependant, les églises de St-Leu-d'Esserent, St-Loup-de-Naud et Morienval, ainsi que le portail Royal de Chartres, sont de remarquables réalisations d'un art qui fut abandonné en Ile-de-France dans la seconde moitié du 12e s.

Art roman.
Morienval (p. 128).

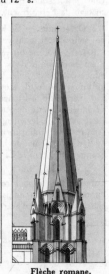

Flèche romane.
12e s. — Chartres (cath.)
Le « Clocher Vieux ».

La voûte d'arêtes est l'un des principaux modes de couverture romans. Elle est formée par la pénétration à angle droit de deux berceaux de même dimension. Le berceau dans l'axe de la nef repose sur le doubleau (1), celui qui est perpendiculaire s'appuie sur les grandes arcades (2) ou l'une d'elles et un renforcement du mur (3).

Voûte d'arêtes.

ART GOTHIQUE

L'art gothique est né en Ile-de-France ; c'est là qu'il a produit la plupart de ses chefs-d'œuvre mais il s'est développé parallèlement dans le Nord, en Champagne et en Normandie.

Les découvertes gothiques. — Il n'y eut pas de rupture brutale entre le style roman et le style gothique. L'un vient de l'autre. L'art gothique, ou ogival, est né pour répondre à un besoin primordial chez les maîtres d'œuvre français : construire des églises à la fois vastes, hautes et très claires.

La technique romane pouvait satisfaire aux deux premières conditions. Par contre, son mode normal de couverture : la voûte de pierre en berceau, d'arêtes ou en coupole, avait l'inconvénient d'exercer de très fortes pressions tout le long des murs. Celles-ci tendaient à la fois à écraser les murs et à les renverser. Le premier danger était évité en réduisant les fenêtres au minimum de surface, le second en soutenant la nef jusqu'à la retombée de ses voûtes par des bas-côtés, surmontés de tribunes. Ce procédé interdisait l'éclairage direct de la nef.

Légère, la couverture de charpente permettait d'élever des bas-côtés de moindre hauteur ; mais cet avantage était considérablement déprécié par le risque d'incendie. A Chartres, par exemple, la cathédrale fut six fois ravagée par le feu.

L'ogive. — Vers la fin du 11e s., la voûte d'arêtes était la plus employée ; comme elle était difficile à construire et se lézardait, des architectes anglais, milanais et de l'Ile-de-France prirent l'habitude de renforcer les arêtes. Ils découvrirent ensuite qu'en construisant d'abord ces renforts ou ogives, il suffisait de les recouvrir d'un léger assemblage de petites pierres ou de briques pour obtenir une voûte à la fois solide et légère. Les poussées étaient donc supportées et transmises par les arcs et, conséquence capitale, le murs ne subissaient plus d'effort qu'aux points où retombaient les ogives. Les parties intermédiaires pouvaient ainsi être évidées sans danger.

Les architectes s'empressèrent d'exploiter leur découverte. L'art ogival ou gothique était né.

L'arc-boutant. — Les premiers architectes gothiques soutiennent les piliers de la nef par des maçonneries dissimulées dans les tribunes. Au cours du 12e s., ils réduisent ces murs à de simples arcs épaulés par de robustes culées. Peu après, les tribunes elles-mêmes sont remplacées par une rangée d'arcs-boutants et la nef peut être ainsi éclairée par des baies très hautes.

Désormais, l'ossature d'une haute église est devenue une cage de pierre formée de colonnes portant les arcs d'ogives et épaulée par deux ou trois étages d'arcs-boutants légers retombant sur de hauts piliers dont la tête est lestée d'un pinacle.

Voûtes spéciales. — La voûte d'ogives étant aisée à monter sur une travée carrée, les premiers architectes gothiques se trouvèrent parfois embarrassés quand ils eurent à couvrir des travées rectangulaires. En effet, l'élargissement des nefs ne permettait plus de faire des travées carrées : les piliers qui arment les murs auraient été trop espacés. Ces maîtres d'œuvre tournèrent la difficulté en couvrant deux travées à la fois, ce qui reformait le carré. Un doubleau supplémentaire réduisait la surface des secteurs latéraux de la voûte. Ces voûtes supportées par trois arcs d'ogives sont dites sexpartites.

Avec le style flamboyant, des arcs purement décoratifs, sans rôle utilitaire, s'ajoutent aux arcs d'ogive et les clefs de voûte sont souvent pendantes.

Voûte sur croisée d'ogives.

1) Arcs-diagonaux. — 2) Doubleaux.
3) Formerets. — 4) Arcs-boutants.

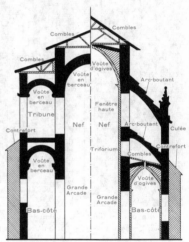

Église romane.   **Église gothique.**

Voûte à liernes et tiercerons.

1) Arcs-diagonaux. — 2) Liernes.
3) Tiercerons.

L'évolution de l'art gothique.

L'évolution de l'art gothique. — Elle a duré quatre siècles et a conduit des sombres églises romanes du 12e s. aux lumineuses églises du 13e s., puis à celles du 15e s. aux lignes d'une exubérante fantaisie.

Le gothique de transition (A). — La voûte d'ogives est utilisée ; la nef est directement éclairée par de petites fenêtres hautes. Au-dessous, le triforium, étroite galerie de circulation, et la tribune contribuent à épauler les murs le plus haut possible. En général, des baies sont ouvertes derrière la tribune, mais jamais derrière le triforium qui donne sous les combles de la tribune. Parfois, les arcs sont encore en plein cintre.

Les piliers des grandes arcades sont tantôt constitués par une grosse colonne, tantôt par deux jumelées, sur lesquelles retombent les arcs et les colonnettes des parties hautes.

Cette transition dure de 1125 à environ 1190.

Le gothique lancéolé (B). — Les arcades et les arcs des fenêtres sont devenus aigus : en lancettes. Une baie ronde surmonte les fenêtres hautes. La tribune a disparu : les arcs-boutants la rendent inutile.

Les nombreuses colonnettes qui descendent des voûtes s'arrêtent sur la pile portant l'arc des grandes arcades. Cette pile est, en général, constituée par une grosse colonne ronde flanquée de quatre colonnettes.

Commencée vers 1180 et terminée vers 1250, c'est la période des grands chefs-d'œuvre : Chartres, Reims, Amiens.

Le gothique rayonnant (C) et (D). — La technique gothique atteint son apogée. Les murs se réduisent au minimum. Les fenêtres hautes ne laissent plus de place à la maçonnerie : de solides arcs de décharge doublent les formerets qui supportent la voûte. Le mur de fond du triforium est garni de vitraux. Les lignes verticales des fenêtres prolongent celles du triforium (C).

Quand le chœur n'a pas de déambulatoire, fenêtres hautes, triforium et fenêtres du rez-de-chaussée ne forment plus qu'une seule immense verrière (D). Les roses envahissent la partie médiane de la façade.

Très souvent, les colonnettes des étages s'élèvent dès le sol où elles entourent le pilier des grandes arcades. Deux légères moulures : au niveau des grandes arcades et à la retombée des voûtes, rompent seules leur fuite vertigineuse, car ces édifices sont généralement très hauts. Le spectacle de ces gerbes de colonnes s'affinant au fur et à mesure que des arcs s'en détachent est impressionnant.

Cette période débute vers 1250, sous le règne de Saint Louis. Elle se termine vers 1375, au cours de la guerre de Cent Ans qui suspend presque totalement l'essor des bâtisseurs médiévaux.

Le gothique flamboyant (E) et (F). — C'est la dernière manifestation de l'art gothique, c'en est aussi une déformation. Les voûtes se couvrent de multiples arcs, les remplages des baies et des roses prennent des formes tourmentées : comme des flammes. Le triforium disparaît, annexé par les fenêtres hautes. Les arcs se perdent dans les colonnes (E) ou se transforment en nervures en arrivant aux piliers que ne ceinturent plus des colonnettes (F). Parfois, ces nervures dessinent une spirale autour de la colonne. L'art flamboyant caractérise le 15e s. et survit encore une partie du 16e s.

La Renaissance exerçant parallèlement son influence, des remplages arrondis et des sculptures classiques apparaissent (F).

Transition (12e s.).
Laon (G. Nord de la France).

Lancéolé (début 13e s.).
Chartres. — Cathédrale.

Rayonnant (fin 13e s. - début 14e s.).
Beauvais. — Cathédrale.   *St-Sulpice-de-Favières.*

Flamboyant (15e et 16e s.).
Beauvais. — Égl. St-Étienne.   *Gisors (G. Normandie)*

Les églises gothiques. — L'évolution de l'art gothique ayant duré quatre siècles, il est assez rare de rencontrer un monument qui soit d'un style pur. Le cas de Chartres, construit en trente ans, est exceptionnel. L'édification d'une église était une œuvre très longue et très onéreuse. La technique et le goût se transformaient tandis que les travaux se poursuivaient. D'ailleurs, les maîtres d'œuvre se tenaient au courant des progrès réalisés par leurs confrères et en tiraient profit, quand ils n'imitaient pas purement et simplement ce qui leur avait plu.

Les façades et les flèches gothiques. — L'évolution de l'art s'est traduite aussi bien dans la composition des façades que dans l'élévation des flèches.

Les façades. — Elles sont, en général, orientées vers l'Ouest. Les contreforts soutiennent les murs des nefs. A chacune correspond un portail. La rose éclaire la grande nef; il est rare que les bas-côtés en aient une. Au fur et à mesure que les verrières prennent de l'importance, la façade s'ajoure. A la base des tours, une galerie rompt la rigueur de la perspective verticale créée par les contreforts et les clochers.

Normalement, la façade devait recevoir une riche décoration sculptée. Comme cette partie de l'édifice était le plus souvent la dernière construite, il est arrivé que l'argent ait manqué pour l'orner ou pour élever les tours.

Parfois, les croisillons des transepts ont des façades remarquables.

Les flèches. — Les architectes gothiques ont ajouré les flèches comme ils ont ajouré les murs des nefs. Avec le style flamboyant, une riche décoration couvre la maçonnerie.

L'ART RENAISSANCE
16ᵉ s.

Sous l'influence italienne, qui a mis à la mode l'imitation de l'antiquité, l'art gothique est abandonné. Des voûtes en berceau ou des plafonds à caissons remplacent le plus souvent les voûtes sur croisées d'ogives. Les colonnes ont des chapiteaux antiques, de préférence ioniques ou corinthiens. Les baies sont en plein cintre ou rectangulaires. Des consoles renversées se substituent aux arcs-boutants. Une abondante décoration sculptée couvre les façades et parfois les côtés de l'église.

De petits dômes et des lanternes succèdent aux flèches.

L'ART CLASSIQUE
17ᵉ et 18ᵉ s.

L'influence antique s'accroît. Les grandes arcades sont parfois colossales. Les façades sont sobres. Des dômes imposants s'élèvent à la croisée du transept. Une colonnade précède souvent la nef.

La cathédrale St-Louis, à Versailles, est un des rares exemples de ce style en Ile-de-France.

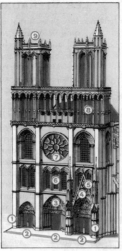

12ᵉ et 13ᵉ s. — *Mantes.*
La collégiale.

15ᵉ s. — *Senlis.*
Église St-Pierre.

1) Contreforts. Nus aux 12ᵉ et 13ᵉ s., ils sont ornés au 15ᵉ s. — 2) Portails. Le tympan (3) est décoré. — 4) Gâble du 14ᵉ s. A cette époque, il est une dentelle de pierre aux rampants (5) ornés de crochets. — 6) Fenêtres. — 7) Rose. Réduite au 13ᵉ s., elle couvre la façade dès le 14ᵉ s. — 8) Galerie. Elle se réduit à une balustrade au 15ᵉ s. — 9) Tour à plate-forme. — 10) Pignon : il est très orné au 15ᵉ s.

Flèches gothiques.

13ᵉ s. — *Senlis.*
Ancienne cathédrale.

16ᵉ s. — *Chartres (cath.).*
Le « Clocher Neuf ».

Art Renaissance.

Bellou.

Pontoise. — Cath. St-Maclou.

LES VITRAUX

Dès le haut Moyen Age, les fenêtres des églises furent ornées de vitraux en couleur. Il semble qu'il ne subsiste rien des verrières de cette époque.

Dans l'art gothique, les maîtres verriers jouent un rôle essentiel dans l'achèvement des églises et créent les merveilleux ruissellements de lumière chatoyante sans lesquels le sanctuaire demeurerait inerte et froid. Le vitrail n'a pas seulement un rôle décoratif; il doit aussi instruire les fidèles. C'est un exposé imagé du catéchisme, de l'Histoire sainte ou de la vie des saints.

L'art du vitrail. — Un vitrail est un assemblage de morceaux de verre colorés dans la masse et retenus entre eux par des plombs. Pour donner de la solidité au vitrail, on le divise en panneaux. La mosaïque de verres colorés constituée, le verrier y dessine les détails des figures et les ombres par des touches de grisaille; celle-ci est une couleur brune où entre de la silice qui s'incorpore au verre par cuisson. Il est ensuite remonté et posé. Cependant, il n'est pas encore achevé: l'artisan qui le parachèvera est le temps. Des poussières, des graines, des suies venues des fumées de la ville ou de l'encens et des cierges vont se coller au vitrail et adoucir sa vivacité première, velouter sa lumière.

Des lichens pousseront aussi sur les vitrages et arriveront à les perforer en trois ou quatre siècles. En un siècle, ils auront déjà désagrégé les plombs.

Si beaucoup de vitraux anciens ont disparu, la faute en est cependant moins à l'érosion qu'aux hommes qui, au 18e s., leur ont préféré des vitrages incolores permettant de lire dans les nefs.

L'évolution du vitrail. — En dehors des transformations du goût qui ont surtout influé sur le style des sujets traités, l'évolution technique de l'art du vitrail a été commandée à la fois par la recherche de l'économie des frais dans l'exécution et par le désir de composer des verrières de plus en plus claires.

Vitrail des 12e et 13e s.

Chartres. — Cathédrale.
Notre-Dame de la Belle-Verrière
(p. 58).

Les trois panneaux centraux sont du 12e s. Le reste du vitrail date du 13e s.

12e siècle. — Les vitraux sont de dimensions réduites. Les bordures encadrant les sujets sont assez importantes. Il y a peu de décor architectural autour des personnages.

13e siècle. — Les dons affluent pour édifier de belles églises; leur parure de vitrail est très soignée. Pour fixer solidement le vitrail aux plombs robustes, les armatures sont scellées dans les murs par du plomb coulé dans des manchons de chêne encastrés à force dans la pierre.

De grands personnages, isolés, occupent les fenêtres hautes. Dans les ouvertures plus basses sont placés des médaillons représentant des scènes. Un décor architectural et mobilier, plus de vérité dans les attitudes animent ces compositions. Les bordures sont importantes. Les grisailles, enjolivées de rosaces de couleurs vives, sertissent les médaillons historiés. Les miniatures inspirent le plus souvent les décorateurs de ces médaillons. Des anecdotes rappelant la vie quotidienne des artisans sont souvent retrouvées dans ces vitraux. En général, les vitraux inférieurs sont divisés en panneaux dont l'assemblage dessine un motif géométrique : étoiles, trèfles, etc.

14e siècle. — Les églises sont moins riches et la surface vitrée est devenue considérable.

Par économie, la surface des grisailles s'accroît. De fines hachures ou de gracieux feuillages en adoucissent la nudité. Des anges, des enfants ailés meublent les parties trop dégarnies ou de grands personnages tracés en bistre. Les bordures se réduisent.

Dans la seconde moitié du 14e s., les verriers découvrent que le jaune d'argent employé en rehaut permet de jeter des taches lumineuses dans les compositions ; jaunes sur fond blanc, vert clair sur bleu, orangé sur rouge.

15e siècle. — Désormais, au lieu d'être fabriqués au rabot, les plombs sont étirés dans une sorte de filière. Plus fins, ils sont plus souples. On y sertit des morceaux de verre plus minces et plus grands que naguère. Les verriers emploient souvent des verres plus clairs. Les couleurs sont moins vives que par le passé. Les grisailles occupent parfois les deux tiers du vitrage, des dais gothiques aux hauts gâbles et pinacles en dentelle remplissent ces panneaux. La virtuosité des dessinateurs est extrême. Pour la première fois, ils signent leurs œuvres et recherchent l'originalité.

16e siècle. — Les vitraux sont inspirés par les tableaux des grands peintres, ou par des gravures. Les verriers, très habiles dans le découpage du verre, au diamant et non plus au fer chaud, sont également des virtuoses dans l'emploi des émaux.

L'ensemble du vitrail tend à devenir un tableau transparent, soigné dans les détails, la composition des scènes, la perspective. Le caractère religieux des thèmes développés est parfois perdu de vue et des scènes antiques apparaissent dans les églises.

Vitrail du 16e s.
Beauvais. — Cathédrale (p. 42).

17e et 18e siècles. — L'emploi des verres colorés est à peu près abandonné. les vitraux sont décorés et teintés à l'émail.

LES MONASTÈRES EN ILE-DE-FRANCE

Le touriste qui parcourt l'Ile-de-France peut être surpris d'y rencontrer tant de vestiges d'abbayes, de prieurés et de couvents, sans parler de la multitude de lieux-dits et de noms de rues qui témoignent d'un nombre encore supérieur de communautés totalement disparues.

Les abbayes et l'Ile-de-France. — La naissance d'une abbaye est conditionnée par la vivacité de la foi qui assure les vocations monastiques. Elle ne l'est pas moins par l'octroi de domaines aux religieux. En effet, dès le 5e s., après le partage des terres gallo-romaines entre les envahisseurs germains, l'établissement des moines aurait été impossible sans donations. La multiplicité des communautés religieuses en Ile-de-France a donc dépendu presque essentiellement de la munificence de donateurs, puisque les vocations n'ont guère manqué jusqu'au 18e s. L'Ile-de-France ayant eu pour suzerain le plus puissant seigneur de France : le roi, la « magnifique floraison » de monastères s'explique sans peine.

Dans les premiers siècles de la chrétienté, vers la fin du 4e s. en France, l'Ile-de-France, couverte de forêts, mais fertile, avait évidemment attiré les moines soucieux à la fois de vivre en paix et de ne pas être exposés à la famine. Peu après, la monarchie mérovingienne, qui avait dû son essor à l'appui du clergé, avait encouragé les pieuses fondations et les avait dotées richement (Château-Landon). Les Carolingiens, plus opulents, amplifient cet essor monastique et les Capétiens, imités par leurs grands vassaux, l'entretiennent pendant huit siècles (Chaalis, Compiègne, Dammarie-lès-Lys, Royaumont).

Si les monarques favorisent le monachisme, c'est que primitivement les moines étaient des défricheurs de terres incultes et que, constamment, les monastères ont prié pour leurs protecteurs. Dans ces siècles de vive foi – du 10e au 17e s. –, un roi dote une abbaye en remerciement d'une victoire, pour expier une faute grave vis-à-vis de l'Église, par piété personnelle ou pour doter une reine douairière ou une princesse royale qui prend le voile.

Si l'époque gothique vit une floraison de monastères, le 18e s. fut une importante période de construction monastique (Chaalis).

Les ordres religieux. — Par une erreur communément répandue, le titre d'abbaye est décerné à toute communauté chrétienne, d'hommes ou de femmes, dont les religieux vivent en dehors du monde et austèrement. Une abbaye est une communauté d'hommes ou de femmes, moines ou moniales, qui se sont groupés sous l'autorité d'un abbé ou d'une abbesse pour vivre suivant une règle de vie approuvée par le pape. Cette règle partage généralement l'emploi du temps des religieux, d'une part en activités matérielles assurant l'existence commune, d'autre part en activités spirituelles et liturgiques correspondant au but essentiel de l'association : louer et prier Dieu le plus solennellement et le plus fréquemment possible, pour tous les chrétiens et infidèles qui manquent à ce devoir, ou qui n'en ont pas le loisir.

L'abbé ou l'abbesse ont, en général, rang d'évêque. Il n'y a pas d'abbaye sans abbé. Celui-ci, élu par ses compagnons, est le chef spirituel et temporel de l'abbaye. A partir du 16e s., le pape concéda au roi de France le droit de nommer directement des abbés et abbesses. Ces prélats qui vécurent surtout à la Cour sont appelés abbés commendataires.

Quelquefois, pour gérer de nouveaux domaines, ou pour répondre au vœu d'un donateur qui désire avoir des moines sur ses terres, les abbés créent un prieuré, petite communauté dont les moines sont placés sous la direction d'un prieur, qui dépend de l'abbaye.

Les règles monastiques. — L'ordre qui a connu le plus grand essor est celui des Bénédictins, dont la règle fut établie par saint Benoît à la fin du 6e s. Les Bénédictins et Bénédictines fondèrent plus de mille abbayes en France. Deux réformes de la règle de saint Benoît donnèrent naissance à deux puissants rameaux. Le premier prit naissance à Cluny, en Bourgogne, à la fin du 10e s., celui des Clunysiens. Il a disparu avec la Révolution. Le second, plus important et encore très puissant, est celui des Cisterciens. C'est à saint Bernard de Cîteaux, également en Bourgogne, qu'il doit son origine, au 11e s. Cet abbé accrut l'austérité bénédictine en proscrivant le luxe des édifices religieux et des cérémonies. Au 17e s., l'abbé de Rancé transforme la règle cistercienne en rendant plus rigoureuse la vie matérielle des moines. Cette nouvelle règle est dite de la Trappe, du nom du monastère percheron où elle fut établie.

Les autres ordres principaux qui fondèrent des abbayes en France sont les Augustins et les Prémontrés dont les règles datent du 12e s.

Chez les Bénédictines, sous l'impulsion de sainte Claire, disciple de saint François d'Assise, se fonda, au 13e s., l'ordre des Clarisses où le vœu de pauvreté est des plus rigoureux.

Les autres communautés chrétiennes, carmélites, franciscaines, dominicaines, oratoriennes, jésuites, lazaristes, etc., ne forment pas des abbayes. Elles ont une activité principale différente de celle des communautés monacales. L'apostolat, la prédication, l'enseignement, les soins aux malades sont l'objectif principal de ces religieux. Ils forment des maisons ou couvents que dirigent des supérieurs.

Une collégiale est une communauté de chanoines dépendant d'un évêque.

Les bâtiments monastiques. — Le centre d'une abbaye est le cloître. Ses quatre galeries, qui entourent généralement le cimetière, permettent aux moines ou aux religieuses de se promener à l'abri. Un des côtés du cloître est adossé à l'église abbatiale, un autre à la salle capitulaire où les religieux se réunissent pour discuter des intérêts de la communauté. Sur le troisième côté ouvre le réfectoire et sur le quatrième le chauffoir. C'est la seule pièce chauffée dans l'abbaye, les religieux y étudient ou se livrent à des travaux manuels. Un chauffoir se voit encore à Longpont (Aisne). Le dortoir est, généralement, au-dessus de la salle capitulaire; il communique avec l'église afin que les moines puissent se rendre directement aux offices de la nuit ou de l'aube.

Les frères convers, religieux n'ayant pas reçu les ordres sacrés et employés aux travaux domestiques, ont leur dortoir et leur réfectoire propres; ils n'ont accès ni au chapitre, ni au chœur de l'église, réservés aux moines pendant les offices; ils se tiennent dans la nef comme, éventuellement, les domestiques et hôtes de l'abbaye.

Les étrangers à l'abbaye ne peuvent pénétrer dans le cloître; ils sont reçus à l'hostellerie. Les pauvres sont hébergés dans l'aumônerie.

Il existe également une infirmerie, un noviciat, parfois des écoles et les nombreux bâtiments d'exploitation, granges, celliers, pressoirs, écuries, étables, nécessités par la vie matérielle de la communauté.

L'ARCHITECTURE CIVILE

En Ile-de-France, venus d'une lente évolution de l'art de la Renaissance, sont nés trois grands styles qui ont été vivement admirés et imités en Europe : les styles Louis XIV, Louis XV et Louis XVI.

Écouen (p. 80).

Rosny (p. 151).

Style Renaissance (16ᵉ s.). — Dès le 15ᵉ s., les maîtres d'œuvre français transforment des châteaux forts en résidences de plaisir en accroissant les dimensions des fenêtres, en entourant baies et portes de sculptures. Sous l'influence italienne, les architectes s'inspirent des proportions antiques. Tout d'abord, les châteaux gardent leurs tours qui ne jouent plus qu'un rôle décoratif (Chambord, Azay-le-Rideau) ; dans la seconde moitié du 16ᵉ s., elles disparaissent. Des colonnes superposées donnent de la grandeur au monument. Statues et bandes sculptées décorent la façade. Les toits sont hauts et à pente unique pour chaque versant.

Style Louis XIII (1580-1640). — On désigne par cette expression le style des édifices construits sous les règnes de Henri IV et de Louis XIII. Il est caractérisé par l'emploi de panneaux de briques sertis dans un appareil de pierres blanches qui dessinent sur les façades les grandes lignes du bâtiment. La symétrie du corps du bâtiment est devenue rigoureuse. A l'extérieur, la décoration sculptée est très réduite, sinon supprimée ; celle qui subsiste est souvent burlesque. Les lignes de l'édifice sont d'une grande simplicité. En général, les châteaux cessent de former un carré autour d'une cour et se composent d'un corps principal terminé par des pavillons.

Maisons-Laffitte (p. 110).

Versailles (p. 173).

Style Louis XIV, première période (1640-1660). — Le style Louis XIV est majestueux. François Mansart (1598-1666), le premier, s'éloigne de l'amabilité de la Renaissance qui survivait encore dans le style Louis XIII pour rechercher la grandeur. Dès lors, l'architecte songe moins à la commodité de l'habitation qu'à la majesté de ses lignes. Les proportions sont amples et calculées pour adapter le château au site où il s'érige. Les façades sont peu ornées ; colonnes et pilastres, très employés, ne dépassent pas la hauteur d'un étage, les frontons triangulaires ou cintrés apparaissent, les toits sont encore hauts et les cheminées nombreuses.

Seconde période (1660-1710). — Ce château, dans son état actuel, est l'œuvre de Le Vau (1612-1670) et J. Hardouin-Mansart (1646-1708). C'est le chef-d'œuvre du style Louis XIV.

Le rez-de-chaussée est élevé, le premier étage très haut, mais le second modeste. Le toit plat est dissimulé par une balustrade.

De puissantes colonnes rompent la monotonie des lignes horizontales. Elles créent une perspective verticale, accusée par l'importance donnée aux fenêtres, hautes et nombreuses. La sculpture ne s'impose au regard que sur les arêtes supérieures de l'édifice pour en briser la raideur et au faîte des avant-corps. La statuaire est inspirée de l'antiquité.

Chantilly. — Grandes Écuries (p. 54).

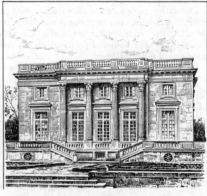

Versailles. — Petit Trianon (p. 185).

Style Louis XV (1700-1750). — Dès 1700, le style Louis XIV s'assouplit, des courbes adoucissent la rigueur des angles droits. Sous Louis XV, la courbe triomphe. Les enjolivements des fenêtres et des frontons se compliquent. Les proportions deviennent modestes. En général, la colonne disparaît. Les toits sont à double pente.

Style Louis XVI (1750-1793). — L'élégance Louis XV ne disparaît pas, mais l'abus des courbes a redonné le goût des droites. La colonne réapparaît. La décoration extérieure devient extrêmement sobre. L'antiquité est souvent imitée de près, ce qui prépare l'avènement du style pompéien (1790-1804) et du style Empire aux lignes sobres et aux hautes colonnades.

Fontainebleau (p. 92).

Renaissance : décor à l'italienne. — La décoration est très riche. Les lambris sont hauts. Des panneaux peints les surmontent, encadrés par des motifs de stuc. Les plafonds sont à poutres apparentes et caissons.

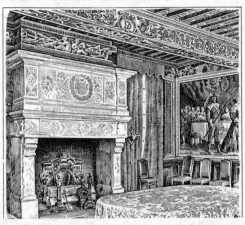

Gros Bois (guide Paris).

Style Louis XIII. — La décoration est devenue plus discrète. Au-dessus des lambris, de grandes tapisseries ou des fresques couvrent le mur.

Le plafond est à poutres apparentes, mais en général sans caissons entre elles.

Versailles (p. 174).

Style Louis XIV. — La décoration est somptueuse par les matériaux employés mais sobre dans les lignes où les angles droits jouent un rôle prépondérant. Des panneaux de marbre ornent les murs. Le plafond est divisé en grands compartiments peints, par des motifs de stuc doré.

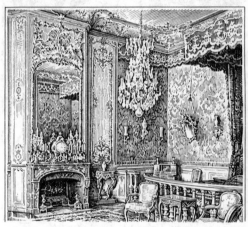

Champs (p. 49).

Style Louis XV. — L'angle droit est banni. Courbes, rinceaux et arabesques brisent la rigueur des lignes droites.

Les lambris, peints de couleurs claires, ont remplacé les marbres. Les plafonds sont généralement bleu pâle ou restent blancs.

Rubans et faisceaux de jonc sont les éléments essentiels des moulures entourant les panneaux décorés.

Compiègne (p. 68).

Style Louis XVI. — La décoration est toujours élégante et claire, mais les droites dessinent les grandes lignes de l'ornementation. Des arabesques et des guirlandes adoucissent la sévérité des panneaux rectangulaires. L'antiquité se manifeste dans la décoration du panneau.

Gros Bois (guide Paris).

Style Empire. — Les lambris ont perdu leur importance. Des tentures les remplacent pour décorer les murs. La ligne droite règne toujours, avec l'arc en plein cintre, sans la moindre fantaisie pour atténuer la rigueur de leur tracé. En général, les moulures et motifs, dorés, se détachent sur une boiserie sombre et les tentures sont vert antique ou rouge cramoisi.

De lourdes tentures drapent souvent l'encadrement des fenêtres.

L'ART DES JARDINS EN ILE-DE-FRANCE

En Ile-de-France, trois styles ont déterminé successivement la composition des jardins.

16e siècle. — Les jardins sont de simples dépendances d'un château. Ils n'en sont pas le cadre. En général, ils ont une forme géométrique régulière et ressemblent à un échiquier. Sur chaque compartiment, des fusains et des buis, taillés très courts, dessinent des arabesques et des motifs géométriques. Ces motifs s'appellent des broderies.

Une sorte de cloître, de maçonnerie ou de verdure, entoure l'ensemble. C'est de ce promenoir que l'on jouit du jardin dont les allées sont colorées par des débris de marbre, de poterie ou de brique. L'eau ne joue pas de rôle dans la décoration générale. Des bassins et fontaines se trouvent souvent dans le jardin, mais entourés de balustrades ou de hautes plantes. Ils sont faits pour être vus en détail, pour les statues qui les ornent et leurs jeux d'eaux.

17e siècle. Jardin à la française. — Le Nôtre (1613-1700) crée le jardin à la française. Celui-ci est à la fois conçu pour mettre en valeur le château qu'il précède et pour offrir, des appartements, un majestueux spectacle. Les eaux, les grands arbres, les fleurs, les statues, des terrasses, une longue perspective en sont les éléments essentiels.

(D'après photo Aéro-Photo.)

Vaux-le-Vicomte (p. 169).

Devant le château est posé un « tapis de Turquie » : des parterres où fleurs et broderies de buis dessinent leurs arabesques. Des bassins symétriques, animés de jets d'eau, aux margelles basses, souvent ornées de statues, les agrémentent et couvrent la terrasse portant le château et l'aire qui lui fait suite, amorçant la perspective ouverte dans l'axe de l'édifice. Cette perspective, encadrée par des massifs réguliers de hauts arbres, est constituée par un tapis vert ou un canal.

Les massifs d'arbres délimitant la perspective principale sont aussi symétriques que possible. Des allées les traversent ; aux carrefours, la vue se perd dans la fuite de ces percées. Ces allées sont bordées de charmilles : murs de feuillages qui dissimulent les troncs des grands arbres et servent de fond à des statues de marbre. La plupart de ces charmilles fragiles et d'un entretien coûteux,

ont disparu ou leur hauteur primitive, de 6 à 8 m, a été très réduite.

Chaque massif recèle une curiosité : une fontaine aux jeux compliqués, une colonnade, un groupe sculptural. Grâce à la grande variété que permet le dessin de parterres et l'ornementation des massifs, la monotonie se trouve évitée dans ces jardins au tracé géométrique. Le plaisir que l'on en tire est d'ordre intellectuel. Il naît de la majesté des perspectives et des proportions, de la savante composition du tracé des jardins, de la beauté de leurs détails.

18e siècle. Jardin paysager. — On ne force plus la nature pour lui imposer le joug des compositions géométriques : on imite ses paysages. C'est le jardin paysager, dit encore anglais, composé de collines verdoyantes parsemées de rochers et de grands arbres, parcourues par des ruisseaux égayés de cascatelles, de prairies. Un pont rustique enjambe la rivière qui se jette dans un étang fleuri de nénuphars, bordé de saules. Un moulin, une laiterie donnent un air agreste à l'ensemble. Un penchant pour la philosophie facile – le 18e s. est le siècle des philosophes – agrémente le parc de monuments symboliques : les **fabriques**. Les temples à l'antique ont un grand succès, comme les ruines féodales. La mode des tombeaux s'impose peu avant la Révolution. Les monuments chinois ou turcs sont aussi très appréciés. Il arrive qu'une pagode voisine avec une tour en ruine : symbole de la fragilité des œuvres humaines ; un temple inachevé : symbole des limites de la science.

Méréville, au 18e s.

Les romans passionnés, tableaux sentimentaux, comédies larmoyantes ont la vogue. Les jardins suivent aussi cette tendance à la sensiblerie. Il y a la grotte du « rendez-vous secret », le banc de la « mère fatiguée », le tombeau de « l'amant malheureux », etc.

Beaucoup de ces parcs ont été gravement endommagés par la Révolution ; les fabriques, assez fragiles, ont généralement disparu.

LES PEINTRES ET L'ILE-DE-FRANCE

Si de nombreux peintres ont travaillé dans les innombrables châteaux et abbayes de l'Ile-de-France, ses paysages n'ont guère intéressé les artistes qu'au 19e s. Cette tardive consécration n'est pas humiliante. Jusque-là, en effet, deux types de paysages surtout avaient eu l'honneur d'inspirer des tableaux : ceux de Hollande au 17e s. et ceux des environs de Rome au 18e s.

La peinture de paysage. — Les paysages flamands avaient retenu l'attention des peintres locaux parce que les maîtres hollandais, poursuivant une tradition nationale qui se plaisait à représenter les scènes de la vie familière, étaient passés des tableaux de genre aux scènes en plein air. Les sites italiens avaient été étudiés parce que la campagne romaine ou les sites de Tivoli étaient des paysages aménagés par l'homme et riches en vestiges antiques.

En effet, du 13e au 18e s., la grande peinture a essentiellement utilisé le paysage pour meubler le fond des tableaux. Chez certains maîtres, il ne joue qu'un rôle décoratif et chez d'autres, la composition et la tonalité du décor paysager sont conçues pour donner l'« atmosphère » de la scène représentée.

L'art paysager, représenté en France au 17e s. par Cl. Lorrain et N. Poussin, était considéré en Italie comme un genre dépendant de la peinture historique. Il arrivait d'ailleurs qu'un artiste exécute un portrait ou une scène et charge un paysagiste de faire le fond : travail où la main du maître ne semblait pas plus nécessaire que pour le broyage des couleurs.

Jusque vers 1830, il était tout à fait exceptionnel, même en Hollande, que l'artiste aille s'installer dans la nature avec son chevalet. Des croquis, des aquarelles pris sur place préparaient l'exécution du paysage à l'atelier.

Camille Corot (1796-1875). — C'est le véritable créateur de l'art paysagiste français moderne.

De 1830 à 1835, Corot s'installe à Barbizon. Il a peint en forêt de Fontainebleau et travaillé partout en Ile-de-France. Il étudie les oppositions et les adoucissements de la lumière dans les sous-bois, les allées et à l'orée de la plaine. Il recherche ensuite des effets plus subtils et se passionne pour la peinture des étangs. Ceux de Ville-d'Avray seront toujours ses préférés pour leur éclairage nuancé. La Seine à Mantes, les étangs de Mortefontaine lui plaisent aussi.

L'école de Barbizon. — Cette école s'inspire des paysages forestiers de Fontainebleau et de la plaine de Beauce qui l'avoisine. Théodore Rousseau (1812-1867) est le chef de l'école. Installé dans une chaumière paysanne en 1847, il y meurt vingt ans plus tard. Diaz, Ziem, Troyon sont ses compagnons, joyeux et facétieux malgré leur impécuniosité car leurs toiles ne se vendent pas cher, faute d'amateurs. Le succès ne vient que vers la fin du Second Empire. Troyon (1810-1865) se spécialise dans les tableaux animés par des bestiaux.

Millet, qui est resté à Barbizon, où il s'était installé en 1848, jusqu'à la fin de ses jours, et Courbet qui s'y plaisait beaucoup, sont les peintres de la vie rurale et ouvrière.

En général, tous ces artistes aiment à peindre les teintes sombres des troncs et des sous-bois obscurs. La tombée du jour, les lumières tamisées, les ciels orageux leur conviennent. Ils peignent au « jus de pruneau » disent leurs adversaires pour railler la tonalité sombre de leurs œuvres.

L'impressionnisme. — Des peintres de la génération suivante veulent, au contraire, que leurs toiles produisent une impression lumineuse, qu'elles traduisent la vibration des couleurs. Pour railler leurs prétentions, en 1874, un journaliste qualifie ces artistes d'« impressionnistes ». Ils acceptent cette épithète qui définit assez bien la double révolution qu'ils opèrent en peinture.

La révolution impressionniste. — Elle bouleverse la tradition picturale à la fois en négligeant forme et dessin et en instaurant une nouvelle technique.

Jusque-là, un peintre ayant choisi un thème : scène, paysage, nature morte, portrait, ne se serait pas permis de négliger le dessin et le modelé des objets représentés. La reproduction des formes était fondamentale. L'artiste se souciait bien de l'éclairage et de ses effets, mais celui-ci n'était qu'un élément de la conception du tableau dont le sujet était l'essentiel. Avec les impressionnistes, c'est l'éclairage qui devient le sujet principal par l'analyse et le rendu de ses effets. Tout le reste, formes, scènes ou personnages, n'est qu'un prétexte à jeux de lumière. La peinture religieuse, historique, familière, ne les intéresse donc plus en elle-même, mais tout ce qui fait jouer la lumière : les eaux, la neige, les tissus, les chairs, les fleurs, les feuilles, les fruits, les brumes et les fumées.

Ils veulent traduire l'impression de profondeur infinie du ciel, le papillotement de la lumière sur une rivière, une robe, un visage ou, dans un sous-bois, l'impression de frémissement des teintes vibrant au soleil, le chatoiement des couleurs vives quand varie leur éclairage, le flou des formes et l'indécision des nuances au travers de la brume ou de la fumée.

Les procédés traditionnels de la peinture ne conviennent donc plus à ces artistes pour rendre des effets aussi fugitifs et imprécis. La couleur suivant rigoureusement le tracé des formes, le modelé, déjà sont condamnés par la prééminence accordée à la lumière qui vibre autour des contours. La technique coutumière avec sa couche de peinture, lentement étalée et assez longue à prendre sa teinte définitive par solidification de l'huile, avec les vernis qui donnent de la profondeur à la couleur et créent des effets de transparence, est trop lente pour permettre de saisir promptement les fugaces jeux de lumière observés sur place. Les impressionnistes ont cherché patiemment un procédé qui leur soit pratique. Partis de la technique ancienne, ils aboutissent à un métier nouveau où la couleur est à peine imprégnée d'huile et le vernis inutile. Les couleurs sont posées par taches, en touches rapides. La nuance exacte est obtenue par le rapprochement des teintes posées sur la toile, c'est l'œil qui opère le mélange.

Cruellement raillés, insultés même, les impressionnistes finissent par imposer leurs œuvres après vingt ans de lutte. L'Ile-de-France avec ses rivières, ses étangs, ses jardins, ses vergers, ses pluies et ses brumes, ses élégances et ses régates leur a offert d'innombrables sujets d'inspiration.

Les peintres impressionnistes. — L'école naquit à Honfleur. Claude Monet (1840-1926) et Sisley (1839-1899) y travaillent avec le Hollandais Jongkind et Boudin, deux disciples éloignés de Corot. Ils se plaisent à rendre la luminosité des paysages de l'estuaire de la Seine. Ils ne négligent pas non plus la forêt de Fontainebleau. A Paris, un aîné, Édouard Manet (1832-1883), prend la tête du groupe qu'ils ont formé avec des camarades d'atelier, Pissarro (1830-1903), Cézanne (1839-1906), Bazille (1841-1870), et les encourage dans leur recherche de la peinture claire. En 1863, après les premiers combats contre le public et les salons officiels, l'école est née.

En 1871, sans cesser d'échanger leurs observations et de se soutenir mutuellement devant le public et la presse, le groupe se scinde en deux équipes. L'une avec Pissaro et Cézanne s'installe à Pontoise. L'autre avec Renoir (1841-1919), Monet, Sisley, Degas (1834-1917) qui a d'abord été un disciple d'Ingres, se rend à Louveciennes et à Argenteuil. Manet, qui jusque-là a peint d'une manière assez traditionnelle, adopte la technique révolutionnaire de Monet qui devient le chef de l'école. Berthe Morisot (1841-1915) suit Manet.

Désormais, malgré les sarcasmes et par des sacrifices courageusement supportés, le mouvement impressionniste a pris sa place dans l'histoire de l'art.

Après 1880, le groupe se disperse; mais tous restent fidèles à la peinture claire.

Sisley, séduit par le Loing, s'installe à Moret, Monet à Giverny au bord de l'Epte, Pissaro, qui préfère l'Oise, va à Éragny.

Cézanne part pour Aix-en-Provence. Son métier se transforme. Avec de larges touches lumineuses, il bâtit des figures qui ont un contour et un relief accentués mais des volumes relativement simplifiés, presque géométriques.

Renoir voyage en Algérie et en revient par Venise qui lui inspire quelques-unes de ses plus belles toiles. Degas et Toulouse-Lautrec (1864-1901) demeurent Parisiens ; mais ils s'intéressent surtout aux théâtres ou aux cirques dont les éclairages bizarres éclaboussent de lueurs complexes le tournoiement des danseuses et des artistes.

Les disciples. — Les disciples se séparent aussi de leurs maîtres et leur évolution les entraîne loin de l'impressionnisme. Gauguin (1848-1903), qui peint ses sujets par à-plats de couleur franche cernés de filets sombres, part pour l'Océanie. Van Gogh (1853-1890) va en Provence puis revient à Auvers-sur-Oise; il y meurt après avoir laissé une œuvre éblouissante de lumière, composée par de vigoureuses hachures de couleur pure.

Seurat (1859-1891) reste à Paris, mais il travaille beaucoup dans ses environs et sur les côtes de la Manche. Il dépasse la minutie de l'analyse de ses maîtres en peignant par petits points qui décomposent les masses colorées en une multitude de touches aux savants rapports; Pissaro le suit un moment et Signac adopte sa méthode.

De nos jours encore, le charme de l'Ile-de-France continue à y attirer de nombreux artistes : Cocteau a travaillé à Milly, Vauboyen est un foyer d'art moderne...

D'ILLUSTRES ENFANTS DE LA RÉGION

Louis IX, ou **Saint Louis** – 1214 (Poissy, ou la Neuville-en-Hez) 1270 — Roi de France.

Philippe IV, le Bel – 1268 (Fontainebleau) 1314 — Roi de France.

Jeanne Hachette – 1456 (Beauvais) — L'héroïne qui fit reculer le Téméraire. *P. 41.*

Anne de **Montmorency** – 1493 (Chantilly) 1567 — Le Grand Connétable. *P. 50.*

Princes de **Bourbon** et **Condé** – 16e s. (la Ferté-sous-Jouarre) — *P. 104.*

Charles IX – 1550 (St-Germain-en-Laye) 1574 — Roi de France.

Duc de **Sully** – 1560 (Rosny-sur-Seine) 1641 — Le sage ministre de Henri IV. *P. 151.*

Mathurin **Régnier** – 1573 (Chartres) 1613 —Poète. Ses Satires sont un modèle de naturel.

Louis, François et Charles **Couperin** – 17e s. (Chaumes-en-Brie) — Musiciens. *P. 62.*

Louis XIII, le Juste – 1601 (Fontainebleau) 1643 — Roi de France.

Jean de **Rotrou** – 1609 (Dreux) 1650 — Poète-auteur dramatique. *P. 80.*

Jean de **La Fontaine** – 1621 (Château-Thierry) 1695 — L'inégalable fabuliste. *P. 61.*

Louis XIV, le Grand – 1638 (St-Germain-en-Laye) 1715 — Roi de France.

Jean **Racine** – 1639 (la Ferté-Milon) 1699 — L'immortel auteur d'Athalie. *P. 88.*

Louis XV, le Bien-Aimé – 1710 (Versailles) 1774 — Roi de France.

Abbé de l'**Épée** – 1712 (Versailles) 1789 — Inventeur du langage par signes des sourds-muets.

Duc de **Penthièvre** – 1725 (Rambouillet) 1793 — L'ami des pauvres. *P. 147.*

Jean-Antoine **Houdon** – 1741 (Versailles) 1828 — Sculpteur (bustes de Voltaire, Diderot).

Comte de **Mirabeau** – 1749 (le Bignon) 1791 — Le fougueux tribun révolutionnaire.

Maréchal **Berthier** – 1753 (Versailles) 1815 — Général et prince du 1er Empire.

Louis XVI – 1754 (Versailles) 1793 — Roi de France.

Louis XVIII – 1755 (Versailles) 1824 — Roi de France.

Charles X – 1757 (Versailles) 1836 — Roi de France.

Général **Hoche** – 1768 (Versailles) 1797 — Le pacificateur de la Vendée.

Général **Marceau** – 1769 (Chartres) 1796 — Glorieux soldat de la Révolution.

Étienne **Geoffroy Saint-Hilaire** – 1772 (Étampes) 1844 — Naturaliste, père de l'embryologie.

Joseph **Bara** – 1779 (Palaiseau) 1793 — L'enfant qui mourut pour la République. *P. 136.*

Louis XVII – 1785 (Versailles) 1795 — Le petit Dauphin victime de la Révolution.

Jacques **Daguerre** – 1787 (Cormeilles-en-Parisis) 1851 — Un des pionniers de la photographie.

Alexandre **Dumas père** – 1802 (Villers-Cotterêts) 1870 — Le populaire romancier. *P. 188.*

Ferdinand de **Lesseps** – 1805 (Versailles) 1894 — Le promoteur du canal de Suez.

Louis **Braille** – 1809 (Coupvray) 1852 — Inventeur de l'alphabet des aveugles. *P. 75.*

André **Theuriet** – 1833 (Marly-le-Roi) 1907 — Romancier (Le Bleu et le Noir).

Claude **Debussy** – 1862 (St-Germain-en-Laye) 1918 — Un grand nom de la musique française.

Paul **Claudel** – 1868 (Villeneuve-sur-Fère) 1955 — Poète et dramaturge. *P. 87.*

André **Derain** – 1880 (Chatou) 1954 — Peintre. Fit, un temps, partie des « fauves ».

Jean **Cocteau** – 1889 (Maisons-Laffitte) 1963 — Cultiva les lettres et les arts. *P. 121.*

Si vous cherchez un nom dans ce guide,
consultez l'**index alphabétique** à la fin du volume.

QUELQUES FAITS HISTORIQUES

LES CELTES ET LES ROMAINS

AVANT J.-C.

6e s.	De nombreuses tribus celtes se groupent le long des vallées du Bassin Parisien.
4e s.	Sur l'Oise et l'Aisne s'installent les Belges, Celtes venus d'Outre-Rhin.
52 à 51	César conquiert la région du Bassin Parisien.

APRÈS J.-C.

Vers 250   Saint Denis évangélise les environs de Paris.

DES MÉROVINGIENS AUX VALOIS

486   Clovis bat l'armée romaine à Soissons et s'installe sur un territoire allant de la Somme à la Loire ; son royaume s'appelle Francia en latin.

843   La France (Melunois, Parisis, Vexin, Roumois et pays de Caux) est donnée à Charles le Chauve à la suite du traité de Verdun.

911   Le traité de St-Clair-sur-Epte met fin aux incursions des Normands en Ile de France.

987   Hugues Capet, duc et suzerain des pays entre Somme et Loire, est élu roi de France à Senlis *(p. 163)*.

1087   Guillaume le Conquérant se blesse mortellement après avoir brûlé Mantes *(p. 111)*.

1108-1137   Louis VI le Gros lutte contre ses vassaux.

1180-1223   Philippe Auguste annexe les comtés de Valois, Clermont et Meulan.

1307   Le Conseil de Philippe le Bel, à l'abbaye de Maubuisson *(p. 159)*, décide l'arrestation des Templiers.

1337-1453   Guerre de Cent Ans. L'Ile-de-France est ravagée périodiquement par les combats.

1419   Assassinat du duc de Bourgogne à Montereau *(p. 123)*.

1430   Jeanne d'Arc est faite prisonnière à Compiègne *(p. 66)*.

1441   La libération de Pontoise *(p. 139)* met un terme à la mainmise anglaise sur l'Ile-de-France.

1465   Bataille de Montlhéry, entre Louis XI et Charles le Téméraire.

1472   Siège de Beauvais *(p. 41)*.

1539   Promulgation de l'Ordonnance de Villers-Cotterêts *(p. 188)*.

1544   L'empereur Charles Quint s'empare de Villers-Cotterêts.

1547   François 1er meurt à Rambouillet *(p. 146)*. Henri II lui succède.

1561   Colloque de Poissy *(p. 138)*.

1566   Mort de Diane de Poitiers à Anet *(p. 37)*.

DES BOURBONS A LA RÉVOLUTION

1593   Henri IV se convertit au catholicisme *(p. 111)*, après avoir conquis presque toute l'Ile-de-France ; il est reconnu roi de France.

1640   Port-Royal-des-Champs, bastion du jansénisme *(p. 142)*.

1661   Arrestation de Fouquet *(p. 169)*. Louis XIV décide de faire construire un grand palais à Versailles.

1671   Naissance d'une ville : Versailles *(p. 185)* — Suicide de Vatel *(p. 51)*.

1682   Bossuet devient évêque de Meaux *(p. 117)*.

1715   Mort de Louis XIV à Versailles. Louis XV roi de France.

1763   L'abbé Prévost, auteur de « Manon Lescaut », meurt à Royaumont *(p. 152)*.

1774   Mort de Louis XV à Versailles. Louis XVI monte sur le trône.

1778   Mort de Jean-Jacques Rousseau à Ermenonville *(p. 82)*.

1783   Le traité de Versailles met fin à la guerre d'Amérique *(p. 186)*.

5 mai 1789   Réunion des États Généraux à Versailles *(p. 186)*.

DU Ier AU SECOND EMPIRE

1808   Joseph Bonaparte, promu roi d'Espagne, quitte Mortefontaine *(p. 128)*.

1812   Le pape Pie VII, prisonnier de Napoléon, est exilé à Fontainebleau.

1814   Invasion de la France. Napoléon essaie d'éviter la prise de Paris. Le 6 avril, il abdique sans condition à Fontainebleau *(p. 91)*.

1834   Mort de La Fayette à la Grange-Bléneau *(p. 152)*.

1837   Inauguration de la voie ferrée Paris-le Pecq *(p. 156)*.

1870 et 1871   Batailles autour de Paris qu'assiègent les Allemands.

1871   Le 18 juin, proclamation de l'Empire allemand dans la Galerie des Glaces *(p. 175)*. Le gouvernement français s'installe à Versailles pour 7 ans.

DE LA IIIe A LA Ve RÉPUBLIQUE

1875   La constitution organisant la IIIe République est votée à Versailles.

1890   Le peintre Van Gogh se suicide à Auvers *(p. 39)*.

1898   Mort du poète Stéphane Mallarmé à Héricy *(p. 101)*.

1914   Le sort de la France se joue sur les rives de la Marne et de l'Ourcq *(p. 116 et 133)*.

1918   Seconde victoire de la Marne.

11 nov.   L'Armistice est signé en forêt de Compiègne *(p. 72)*.

1919   Traité de Versailles, mettant fin à la Grande Guerre.

1937   Mort du compositeur Maurice Ravel à Montfort-l'Amaury *(p. 123)*.

1940-1945   La seconde guerre mondiale cause de graves destructions en Ile-de-France.

1940   Le 22 juin, armistice franco-allemand à Rethondes *(p. 72)*.

1951   Fondation du Centre d'Études Nucléaires de Saclay *(p. 168)*.

1963   Mort de Jean Cocteau à Milly-la-Forêt *(p. 121)*.

1964   Trois nouveaux départements : Essonne, Val-d'Oise, Yvelines, remplacent celui de la Seine-et-Oise.

1965   Le Schéma Directeur d'Aménagement et d'Urbanisme de la Région Parisienne prévoit la création en Ile-de-France de cinq villes nouvelles *(p. 4)*.

PRINCIPALES

touristiques, religieuses

MANIFESTATIONS ORGANISÉES PLUSIEURS FOIS PAR AN

LIEU	DATES	PAGE (1)	MANIFESTATION
Chantilly	En juin.	50	Courses hippiques.
Chartres	Juin et septembre, les samedis (renseignements S. I. Parvis de la Cathédrale ☎ 21.54.03).	56	« Samedis musicaux » : musique de chambre et solistes, au musée.
Chatou	Du 5 au 14 mars, dernière semaine de septembre et 1re semaine d'octobre, les dimanches.	101-⑬	Grande foire nationale à la brocante et aux jambons.
Compiègne	D'octobre au 15 avril, les mercredis et samedis.	66	Chasses à courre.
Dammarie-lès-Lys .	D'avril à juillet et de sept. à nov., les dimanches.	96-㊴	Régates.
Enghien-les-Bains .	De janvier à juillet et de septembre à novembre, les dimanches.	81	Régates.
	De février à décembre.	. . . .	Courses hippiques.
Fontainebleau . . .	De novembre à avril.	89	Chasses à courre en forêt.
Jouarre	Voir détails à Jouarre.	103	Liturgie bénédictine à l'abbaye.
Lavacourt	De janvier à juillet et de septembre à novembre, les dimanches.	97-⑭	Régates.
Limon (Vauhallan).	Voir détails à Vauhallan.	168	Liturgie bénédictine à St-Louis-du-Temple.
Longpont-sur-Orge.	Lundi de Pentecôte et 2e dimanche de septembre.	105	Ostension.
Maisons-Laffitte . .	De mars à novembre.	109	Réunions hippiques.
Marly (Parc de) . .	De juin à sept. les 4e dimanches du mois, à 16 h 30.	114	Le Grand Jet de Marly. Fanfares et trompes de chasse.
Montlhéry	De mars à octobre.	124	Nombreuses compétitions : auto, moto et cycles.
Moret-sur-Loing . .	Du 1er juillet au 15 septembre, les samedis soirs sur les bords du Loing.	127	Spectacle de l'Été (Son et Lumière).
Mureaux (Les). . .	De mars à juillet et de sept. à novembre, les dimanches.	120	Régates.
Rambouillet. . . .	Fin septembre à début octobre.	146	Courses hippiques.
Retz (Forêt de) . .	Du 1er octobre au 15 avril, les mardis et samedis à 12 h.	189	Chasses à courre.
Royaumont	En mai, juin, septembre et octobre, les samedis à 20 h 15 (renseignements : siège social de la Fondation ☎ 527.21.73).	152	Concerts à l'abbaye.
St-Quentin (Étang de) . . .	De janvier à juillet et de septembre à novembre, les dimanches.	159	Régates.
Seine-Port	D'avril à juillet et de sept. à nov., les dimanches.	96-㊳	Régates.
Triel	De janvier à juillet et de sept. à nov., les dimanches.	167	Régates.
Vaires	D'avril à juil. et de sept. à nov., les dimanches.	97-⑰	Régates.
Versailles	Voir détails p. 180.	170	Grandes eaux dans le parc. Fêtes de nuit au bassin de Neptune.
Viry-Châtillon . . .	De janvier à juillet et de sept. à nov., les dimanches.	190	Régates.
Ville différente chaque dimanche chaque année	Dimanches de mai et juin (renseignements : Fédération Française de Tir à l'Arc ☎ 606.46.87).	. . . .	Fête d'Archerie et « Bouquet provincial ».

(1) Pour les localités non décrites dans le guide, nous indiquons le n° de la carte Michelin et le n° du pli.

MANIFESTATIONS

et sportives

MANIFESTATIONS ORGANISÉES UNE FOIS PAR AN

DATES	LIEU	PAGE (1)	MANIFESTATION
Le dimanche suivant le Mardi Gras	Chambly	48	Fête folklorique du « Bois-Hourdy ».
Lundi de Pâques	St-Augustin	97-50	Pélerinage à sainte Aubierge.
Avril à septembre	Fontainebleau . . .	89	Concours hippiques.
1er mai	Compiègne	66	Fête du muguet.
Fin avril-début mai . . .	Chartres	56	Grand pèlerinage des étudiants.
Mai	Rambouillet	146	Fête du muguet.
31 mai	Chartres	56	Procession nocturne à N.-D.-du-Pilier.
Mai ou juin (renseignements: ☏ 508.19.75)	Versailles	170	« Mai de Versailles » : concerts, représentations d'art lyrique.
1er dimanche de juin (le 2e en 1976)	Brie-Comte-Robert . .	45	Fête des Roses.
1er ou 2e dimanche de juin .	Chantilly	50	Prix du Jockey Club.
Mi-juin	Fontainebleau . . . (Hippodrome du Grand Parquet)	89	Concours hippique.
2e ou 3e dimanche de juin .	Chantilly	50	Prix de Diane.
Dernier ou avant-dernier dimanche de juin . . .	Conflans-Ste-Honorine	74	Pardon National de la Batellerie : messe sur l'eau.
Dernier dimanche de juin .	Château-Thierry . . .	61	Fête de Jean de La Fontaine.
Dernier dimanche de juin .	Beauvais	41	Fête de Jeanne Hachette.
Juin	Provins	143	Festival de théâtre, variétés, musique.
Début juillet	Compiègne	66	Grand Prix.
Fin juillet et septembre .	Chantilly	50	Courses hippiques.
3 premières semaines d'août	Fontainebleau . . .	89	Représentations théâtrales au château, salle des Colonnes.
15 août	Chartres	56	Procession des Vœux de Louis XIII à travers le centre-ville.
Septembre	Compiègne	66	Course et concours hippique.
Les trois premiers samedis et dimanches de septembre	Chantilly	50	Concours hippique.
8 septembre	Chartres	56	Nativité de la Vierge.
Mercredi de la 3e semaine de septembre	Fontainebleau . . . (Hippodrome de la Solle)	89	Grand Prix.
Du vendredi avant au premier lundi après le 3e dimanche de septembre . .	Arpajon	38	Foire aux haricots.
2e semaine d'octobre . . .	Fontainebleau . . . (Hippodrome du Grand Parquet)	89	Championnats de France de concours hippiques.
Novembre	Barbizon	39	Prix de peinture.
1er ou 2e samedi suivant le 3 novembre (renseignements : M. Chauvin ☏ 96.02.75 à Villers-Cotterêts).	St-Jean-aux-Bois . . / Forêt de Retz . . . (localité différente chaque année)	73 / 189	Messe de St-Hubert. / Messe de St-Hubert.
1er samedi suivant le 3 novembre	Rambouillet	146	Messe de St-Hubert.

(1) Pour les localités non décrites dans le guide, nous indiquons le n° de la carte Michelin et le n° du pli.

LOCALITÉS ou LIEUX-DITS (voir carte p. 32 et 33)	Page du guide ou n° de la carte Michelin et n° du pli	ÉTABLISSEMENTS			Cadre et agrément ⋘ Vue étendue ou intéressante
		Nom de l'établissement et n° de téléphone	Très confortable ••• / Confortable •• / Simple •		
Ballancourt	96-㊲	Parc Fleuri ☏ 498.20.29		•	Parc ombragé et fleuri.
Barbizon	39	Angelus ☏ 066.42.42.		••	Sous les arbres dans un parc.
Bazoches-sur-Guyonne .	96-㉔	Host. La Campagne ☏ 486.04.24 à Montfort-l'Amaury.		••	Jardin, terrasse donnant sur la campagne.
Bougival	116	Coq Hardi ☏ 969.01.43		•••	Jardins fleuris en terrasse et intérieur élégant.
Chailly-en-Bière	40	Chalet du Moulin ☏ 066.43.42. .		•••	Cadre de verdure. Chalet savoyard.
Chapelle-en-Serval (La) .	96-⑧	La Roseraie ☏ 454.60.17		••	Roseraie.
Chaumontel	96-⑦⑧	Château de Chaumontel ☏ 471.00.30		••	Parc.
Chennevières-sur-Marne	101-㉘	Ecu de France ☏ 933.00.03. . .		•••	Terrasse fleurie au bord de la rivière.
Compiègne	66				
(Clairière de l'Armistice)	71	Relais de Carandeau ☏ 440.17.05		••	⋘ forêt, jardin.
(à Royallieu)	67	Host. Royal-Lieu ☏ 420.10.24. .		•••	Terrasse fleurie, jardin.
Coye-la-Forêt	96-⑧	Étangs ☏ 458.60.15		••	Jardin ombragé.
		Château du Regard ☏ 458.60.16.		••	Parc.
Dampierre	78	La Puszta ☏ 052.14.25		••	Décor rustique hongrois, jardin.
Ermenonville	82	Ermitage ☏ 454.00.25		••	Grand jardin fleuri.
Essarts-le-Roi (Les) . .	96-㉔	Auberge des Essarts ☏ 483.60.13		•	Frais jardin.
Franchard (Gorges de) .	97	Franchard ☏ 422.29.69		•	Installation rustique en forêt.
Gif-sur-Yvette	101-㉝	Vallée de l'Yvette ☏ 928.50.92 .		•	Jardin ombragé.
Gué-des-Grues	97-㉔	Auberge Gué des Grues ☏ 38.50.25		•••	Jardin ombragé, ⋘ Eure et campagne.
Guernes	96-②⑫	Au Bon Accueil ☏ 477.41.01 . .		•	Coquet jardin au bord de la Seine.
Isle-Adam (L')	101	Le Cabouillet ☏ 469.00.90 . . .		•••	Terrasse au bord de l'Oise.
		La Métairie ☏ 469.01.14		•	Cottage dans un jardin.
Lys-Chantilly	54	Clairière aux Chênes ☏ 457.51.17		••	Parc fleuri.
		Hostellerie du Lys ☏ 421.50.19 .		••	Jardin fleuri en forêt.
Maisons-Laffitte . . .	109	Vieille Fontaine ☏ 962.01.78 . .		••	Jardin.
		Le Tastevin ☏ 962.11.67		••	Jardin.
Moncourt (Fromonville)	97-㊵	Le Chaland qui passe ☏ 428.25.25		••	Terrasse ombragée au bord de l'eau.
Montigny-sur-Loing . .	128	Vanne Rouge ☏ 424.82.10 . . .		•••	Terrasse au bord du Loing.
Morainvilliers.	96-⑭	Aub. Provençale ☏ 975.87.57		•••	Terrasses ombragées.
Nemours	129	Bords du Loing ☏ 428.02.24 . .		•	Au bord de l'eau. Spécialité de bières.

UN CADRE AGRÉABLE

LOCALITÉS ou LIEUX-DITS (voir carte p. 32 et 33)	Page du guide ou n° de la carte Michelin et n° du pli	ÉTABLISSEMENTS		
		Nom de l'établissement et n° de téléphone	Très confortable · Confortable · Simple ·	Cadre et agrément ≪ Vue étendue ou intéressante
Orgeval	101-⑪	Moulin d'Orgeval ℡ 975.85.74 .	●●	Gd parc ombragé, site champêtre.
Perray-en-Yvelines (Le)	96-㉓㉔	Forêt Verte ℡ 484.80.28	●●	Gd jardin, tonnelles ombragées.
Piscop	101-⑤	Robin des Bois ℡ 990.19.21 . .	●●	Ancien manoir écossais dans un parc.
Poincy	97-⑱	Moulin de Poincy ℡ 433.05.51 .	●●	Jardin fleuri au bord de la Marne.
Pontchartrain	139	L'Aubergade ℡ 489.02.63	●●●	Beau jardin fleuri, intérieur rustique.
		Chez Sam ℡ 489.02.05	●●●	Gd jardin fleuri.
— (Mousseaux) .		Auberge de la Dauberie ℡ 487.80.57	●●●	Coquette hostellerie dans un cadre champêtre et fleuri.
Rambouillet	146	Relays du Chasteau ℡ 483.90.49	●	Intérieur ancien. Grande terrasse.
Robinson	101-㉕	Ermitage ℡ 630.13.34	●●	≪ banlieue parisienne.
Rolleboise	152	La Corniche ℡ 479.91.24	●●	≪ vallée de la Seine. Terrasse.
St-Cyr-sur-Morin . . .	136	Moderne ℡ 023.80.03	●	Petit musée d'outils briards, jardin.
St-Germain-en-Laye . .	153	Pavillon Henri IV ℡ 963.20.66 .	●●●	≪ Seine et Paris.
— (Forêt)	156	Cazaudehore ℡ 963.08.93 . . .	●●●	Beau jardin fleuri en forêt.
		Pavillon Croix de Noailles ℡ 962.53.46	●●	En forêt.
St-Nom-la-Bretèche . .	101-⑪	Aub. de la Forêt ℡ 460.80.63 .	●●	Terrasse.
St-Prix	126	Lapin Sauté ℡ 960.09.32	●	Maison en forêt.
St-Rémy-lès-Chevreuse .	64	La Cressonnière ℡ 052.00.41 . .	●●	Grand jardin fleuri et ombragé.
		Lac ℡ 052.00.43	●	Site champêtre près du lac.
Senlis	163	Chalet de Sylvie ℡ 453.00.87 . .	●●	Salle rustique. Terrasse.
Senlisse	101-㉛	Auberge du Pont Hardi ℡ 052.50.78	●●●	Grande terrasse ombragée.
Sucy-en-Brie (aux Bruyères) . . .	101-㉘	Aub. de Tartarin ℡ 902.42.61 . .	●	En forêt.
Toutevoie	96-⑦	Pavillon St-Hubert ℡ 457.07.04 .	●●	Terrasse ombragée au bord de l'Oise.
Triel	167	Coq au Vin ℡ 965.60.69	●●	Terrasse au bord de la Seine.
Valmondois	160	Le Sausseron ℡ 469.06.58 . . .	●	Terrasse ombragée au bord de l'eau.
Varennes-Jarcy . . .	103	Moulin de Jarcy ℡ 900.89.20 . .	●●	Ancien moulin avec fraîche terrasse au bord de l'eau.
Vaudrampont (Carrefour de) . .	96-⑩	Bon Accueil ℡ 441.84.04	●●	Jardin fleuri en forêt.
Versailles	170	Trianon Palace ℡ 950.34.12 . .	●●●	≪ , parc.
		La Flottille ℡ 951.41.58	●●	Terrasse ombragée près du grand canal.
Vésinet (Le)	101-⑬	Les Ibis ℡ 966.17.41	●●●	Terrasse dans le parc.
Villennes-sur-Seine . .	168	L'Embarcadère ℡ 975.82.22 . .	●●	≪ Seine.

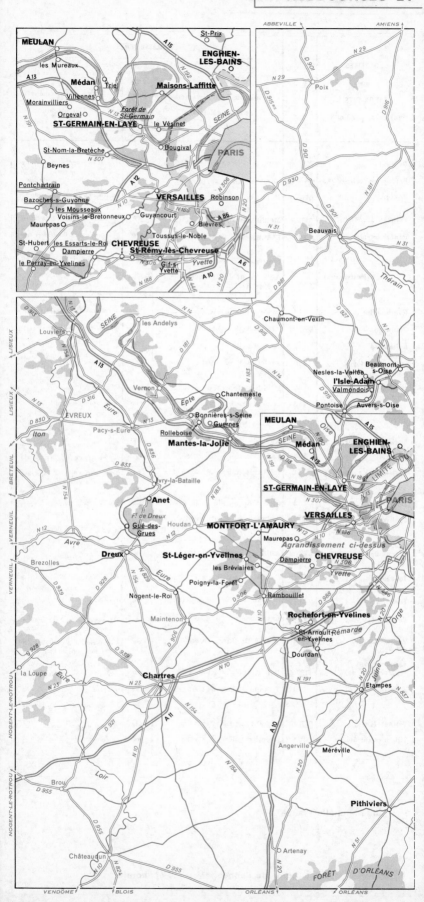

DISTRACTIONS

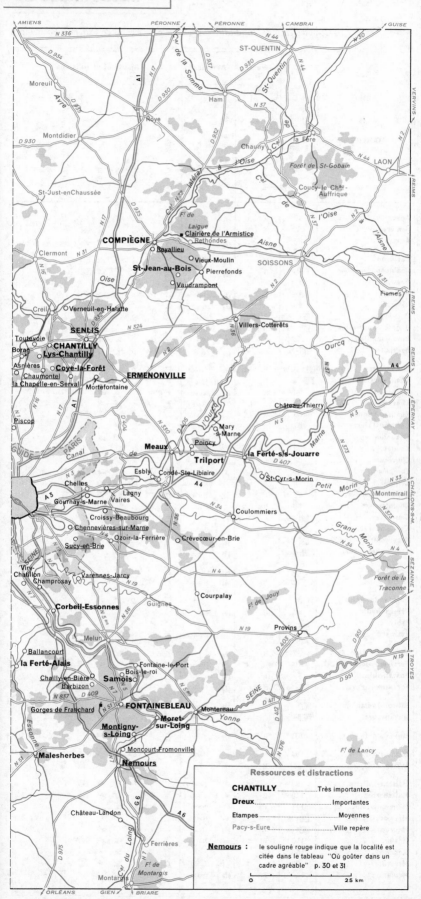

Ressources et distractions

CHANTILLY	Très importantes
Dreux	Importantes
Etampes	Moyennes
Pacy-s-Eure	Ville repère

Nemours : le souligné rouge indique que la localité est citée dans le tableau "Où goûter dans un cadre agréable" p. 30 et 31

0   25 km

Compter en plus, éventuellement, au fur et à mesure de leur mise en service,

NOM de la LOCALITÉ	Page du guide ou renvoi à la carte Michelin	Ressources (1) Restaurant = R	Camping = C	Agrément Bois à proximité	Cours d'eau ou étang (2)	Piscine, baignade (3)	Canotage	Club de voile	Tennis	Équitation	Sentiers de promenade	Golf et nombre de trous	Baptême de l'air / Vol à voile (4)	Tir aux pigeons
Anet	37	R	C	🌲	Eure		🛶		🎾		🚶			
Asnières	132			🌲			🛶				🚶			
Auvers	39	R		🌲	Oise					🏇	🚶			
Barbizon	39	R		🌲						🏇	🚶			
Beaumont-sur-Oise	40	R		🌲	Oise	🏊		⛵	🎾	🏇	🚶		✈	
Beauvais	41	R	C		Thérain	🏊		⛵	🎾	🏇			✈	
Beynes	96 - ⑭			🌲	Mauldre						🚶		✈	
Bièvres	45			🌲	Bièvre					🏇	🚶			🕊
Bois-le-Roi	96 - ㊴	R		🌲	Seine			⛵	🎾	🏇	🚶			
Bonnières-sur-Seine	96 - ②	R		🌲	Seine	🏊	🛶		🎾	🏇	🚶			
Boran-sur-Oise	132			🌲	Oise	🏊	🛶	⛵						
Bréviaires (Les)	96 - ㉓		C	🌲	étangs	🏊	🛶	⛵	🎾		🚶			
Champrosay	101 - ㊱㊲	R		🌲	Seine	🏊	🛶	⛵	🎾	🏇	🚶			
Chantemesle	96 - ②③	R		🌲	Seine	🏊	🛶			🏇	🚶			
Chantilly	50	R		🌲	Nonette	🏊			🎾	🏇		⛳18		🕊
Chartres	56	R			Eure	🏊			🎾	🏇				
Château-Landon	60	R			Fusain				🎾	🏇				
Château-Thierry	61	R	C		Marne		🛶		🎾	🏇			✈	
Chaumont-en-Vexin	62	R			Troesne				🎾	🏇		⛳		
Chelles	63	R			Marne	🏊								
Chevreuse	63	R		🌲	Yvette				🎾	🏇	🚶			🕊
Compiègne	66	R	C	🌲	Oise	🏊	🛶		🎾	🏇	🚶	⛳18	✈	
Condé-Ste-Libiaire	75	R			Marne		🛶							
Corbeil-Essonnes	75	R			Seine	🏊	🛶	⛵	🎾	🏇		⛳18		
Coulommiers	76	R			Gd Morin	🏊	🛶		🎾		🚶		✈	
Courpalay	97 - ㉚					🏊			🎾	🏇	🚶			
Coye-la-Forêt	96 - ⑧	R		🌲	Thève						🚶			
Crèvecœur-en-Brie	97 - ㉙		C		Bréon		🛶							
Croissy-Beaubourg	101 - ㉙㉚			🌲	étang		🛶						✈	
Dourdan	78	R	C	🌲	Orge	🏊	🛶		🎾	🏇	🚶			
Dreux	79	R		🌲	Blaise	🏊	🛶			🏇	🚶		✈	
Enghien-les-Bains	81	R			lac		🛶	⛵						
Ermenonville	82	R	C	🌲	Launette				🎾	🏇	🚶		✈	
Esbly	96 - ⑳	R			Marne		🛶				🚶		✈	
Étampes	83	R			Juine	🏊			🎾					🕊
Ferté-Alais (La)	87	R	C	🌲	Essonne	🏊			🎾		🚶		✈	🕊
Ferté-sous-Jouarre (La)	104	R	C		Marne	🏊	🛶		🎾					
Fontainebleau	89	R		🌲	canal	🏊			🎾	🏇	🚶	⛳18		
Fontaine-le-Port	96 - ㊵			🌲	Seine		🛶		🎾					
Gif-sur-Yvette	101 - ㉝			🌲	Yvette				🎾	🏇				
Guyancourt	101 - ㉒			🌲	étangs	🏊	🛶			🏇	🚶		✈	🕊
Isle-Adam (L')	101	R		🌲	Oise	🏊	🛶	⛵	🎾	🏇				
Lagny-sur-Marne	104	R			Marne		🛶	⛵	🎾					
Lys-Chantilly	54	R							🎾	🏇	🚶	⛳18		
Maisons-Laffitte	109	R	C	🌲	Seine	🏊	🛶		🎾	🏇	🚶			
Malesherbes	110	R	C	🌲	Essonne	🏊	🛶		🎾	🏇	🚶			
Mantes-la-Jolie	111	R			Seine	🏊	🛶		🎾					
Mary-sur-Marne	97 - ⑲				Marne		🛶							
Maurepas	96 - ㉔			🌲										
Meaux	117	R			Marne	🏊	🛶	⛵	🎾	🏇				🕊
Médan	168	R			Seine	🏊	🛶		🎾	🏇				🕊
Méréville	86				Juine	🏊			🎾	🏇	🚶			🕊
Meulan	120	R		🌲	Seine	🏊	🛶	⛵	🎾				⛳18	

les équipements et les bases de loisirs des cinq « villes nouvelles » (voir p. 4).

NOM de la LOCALITÉ	Page du guide ou renvoi à la carte Michelin	Ressources (1) Restaurant = R	Camping = C	Agrément Bois à proximité	Cours d'eau ou étang (2)	Sports et distractions
Montereau	123	R	..	..	Seine	
Montfort-l'Amaury	123	R	..	♠♠♠	étang	
Montigny-sur-Loing	128	R	..	♠♠♠	Loing	
Moret-sur-Loing	127	R	..	♠♠♠	Loing	
Mortefontaine	128	..	..	♠♠♠	étang	
Mureaux (Les)	96-④	..	..	♠♠♠	Seine	
Nemours	129	R	C	♠♠♠	Loing	
Nesles-la-Vallée	131	..	C	..	Sausseron	
Nogent-le-Roi	131	R	..	♠♠♠	Eure	
Ozoir-la-Ferrière	101-㉚	R	..	♠♠♠	..	
Perray-en-Yvelines (Le)	97-㉓㉔	R	..	♠♠♠	étang	
Pierrefonds	136	R	..	♠♠♠	étang	
Pithiviers	137	R	C	..	Oeuf	
Poigny-la-Forêt	150	R	..	♠♠♠	étangs	
Poincy	97-⑱	R	..	..	Marne	
Pontoise	139	R	..	..	Oise	
Provins	143	R	..	..	Voulzie	
Rambouillet	146	R	C	♠♠♠	étangs	
Rochefort-en-Yvelines	150	R	..	♠♠♠	Rabette	
St-Arnoult-en-Yvelines	153	R	..	♠♠♠	Remarde	
St-Germain-en-Laye	153	R	..	♠♠♠	Seine	
St-Hubert	149	..	..	♠♠♠	étang	
St-Jean-aux-Bois	73	R	..	♠♠♠	étang	
St-Léger-en-Yvelines	149	R	..	♠♠♠	étang	
St-Nom-la-Bretèche	101-⑪	R	..	..	..	
St-Rémy-lès-Chevreuse	64	R	..	♠♠♠	Yvette	
Samois-sur-Seine	160	R	C	♠♠♠	Seine	
Senlis	163	R	..	♠♠♠	Nonette	
Toussus-le-Noble	101-㉒	..	..	..	..	
Triel	167	R	..	..	Seine	
Trilport	97-⑲	R	..	♠♠♠	Marne	
Vaires	97-⑰	..	..	♠♠♠	Marne	
Vaudrampont	96-⑩	R	..	♠♠♠	..	
Verneuil-en-Halatte	97-⑥	R	C	♠♠♠	Oise	
Versailles	170	R	..	♠♠♠	..	
Vésinet (Le)	101-⑬	R	..	..	Seine	
Vieux-Moulin	73	R	..	♠♠♠	étang	
Villennes-sur-Seine	168	..	C	..	Seine	
Villers-Cotterêts	188	R	..	♠♠♠	..	
Viry-Châtillon	190	R	..	..	Seine	
Voisins-le-Bretonneux	101-㉑㉒	..	..	..	..	

(1) D'après les guides Michelin France et Camping Caravaning France. R : un ou plusieurs restaurants (ou hôtels servant des repas aux touristes de passage); C : un ou plusieurs terrains de camping.

(2) Nom en rouge : avec plage.

(3) Signe rouge : ski nautique autorisé.

(4) Signe noir : terrain d'aviation. Signe rouge : terrain de vol à voile.

Pour tout ce qui fait l'objet d'un texte ou d'une illustration dans ce guide (villes, sites, curiosités, rubriques d'histoire ou de géographie, etc.), reportez-vous à l'index alphabétique, à la fin du volume.

SIGNES CONVENTIONNELS

***	Vaut le voyage	**CHARTRES**	N Route nationale.
**	Mérite un détour	**Chantilly**	D Chemin départemental.
*	Intéressant	Meaux	RF Route forestière.
A voir éventuellement		Boran	AR Aller et retour.
Localité repère		Labruyère	

97 - ④ N° et pli de la Carte Michelin à 1/200 000
96 - ③ N° et pli   —   — à 1/100 000
101 ⑧ N° et pli   —   — à 1/50 000
8841 h. Nombre d'habitants.

Plans et Schémas

Repère commun à la Carte Michelin et aux plans.

Rue de traversée.

Ville } Itinéraires de visite.
Parc }

Rue large.

Rue mi-large.

Rue étroite.

Rue à sens unique

Rue interdite ou impraticable.

Rue bordée d'arbres.

Rue en escalier.

Passage sous voûte, porte.

Lettres localisant une zone du Plan

Lieu de stationnement.

Point de départ de la visite.

Chemin de fer.

Passage : au-dessus } de la
      au-dessous } voie
      à niveau } ferrée.

Pont à charge limitée.

Route pittoresque

Route principale

Parcours recommandé

Variante ou excursion

Route de viabilité incertaine

Parcours à faire à pied

Autoroute

Autres routes

Sentier de grande randonnée ou circuit "auto-pédestre"

Allée forestière, sentier

Kilométrage

Montées - Descentes
(les flèches dans le sens de la montée)

4 à 7 °/₀   7 à 12 °/₀   plus de 12 °/₀

Établissement « où goûter dans un cadre agréable » (voir tableau p. 30-31).

Édifice religieux intéressant.

Monument intéressant avec entrée principale.

Château intéressant.

Ruines intéressantes.

Panorama, vue.

Forêt domaniale.

Autre forêt.

Belles séries d'essences : feuillues, résineuses.

Rocher intéressant.

Marais. Curiosités diverses.

Bureau principal des P. T. T. (poste restante).

Hôpital

Cimetière } avec entrée

Caserne } principale.

Jardin public }

Jardin privé

Monument, statue.

Remparts, fort.

Calvaire.

Château }

Ruines }

Bâtiment public } repères

Église, Chapelle }

Fontaine, Château d'eau.

Usine

Marché couvert.

Piscine : de plein air - couverte

Golf

Hippodrome, Tennis.

Aérodrome.

G Gendarmerie.

H Hôtel de Ville.

J Palais de Justice.

M Musée.

P Préfecture, sous-préfecture.

T Théâtre.

POL. Police (dans grandes villes, Commissariat central).

VILLES, CURIOSITÉS
ROUTES TOURISTIQUES

*Pour la proche banlieue de Paris – départements des Hauts-de-Seine,
de la Seine-St-Denis et du Val-de-Marne – utiliser le guide Vert Michelin « Paris et sa banlieue ».*

ANET ★ – Carte Michelin n° 96 - pli 11 – 1 781 h. (les Anetais) – *Ressources et distractions p. 34* – Paris 80 km.

De tous les châteaux que fit surgir la Renaissance française, Anet eut la réputation d'être le plus harmonieux et le mieux orné.

Une reine sans couronne. — Issue d'une grande maison, femme de Louis de Brézé, Grand Sénéchal de Normandie et châtelain d'Anet, Diane de Poitiers remporte sa première victoire sur un roi de France en 1523, quand elle obtient de François Ier la grâce de son père impliqué dans la trahison du connétable de Bourbon. En 1531, Diane est veuve. Toute sa vie, elle portera le deuil de son mari, mais peut-être parce que la majesté des parures noires et blanches est celle qui convient le mieux à son élégance altière.

Peu après son arrivée à la cour, Diane a conquis le cœur de Henri, second fils de François Ier, de 20 ans plus jeune qu'elle. Belle, imposante, ayant le goût des arts, intelligente et froide,

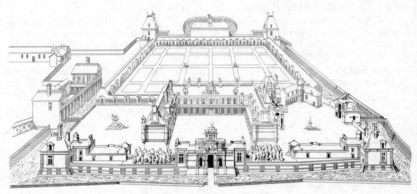

Anet. — Le château au 16e s.
Il ne subsiste aujourd'hui que les constructions dessinées en noir.

Diane l'a conquis sans peine car la femme de Henri, « une Médicis », n'est que la fille de banquiers florentins. Diane avait 32 ans quand elle a plu au dauphin, elle le fascine tout autant quand il devient Henri II; elle ne l'a pas encore déçu, en 1559, âgée de 60 ans, quand il est tué en tournoi par Montgomery.

Toujours aussi séduisante, grâce à une vie très régulière et à son bain froid quotidien, elle a régné douze ans sur le souverain, la Cour, les artistes et les finances royales et elle a fait reconstruire Anet, le témoin de sa puissance et de son goût. Mieux encore, c'est elle qui a élevé les enfants du roi et de la reine. En 1559, Catherine de Médicis lui reprend Chenonceau mais lui laisse Anet. C'est là que Diane de Poitiers se retire et meurt, en 1566, ayant achevé d'embellir son château, la première œuvre du style Henri II.

Une œuvre française. — Les travaux ont commencé vers 1548. **Philibert Delorme** en est l'architecte. Jusque-là, et c'est le style François Ier, les artistes ont construit suivant les traditions de l'architecture française et décoré à l'italienne. A Anet, l'apport italien est intégré dans les conceptions architecturales, notamment par l'emploi des pilastres et colonnes.

Les plus grands artistes du temps ont travaillé à embellir Anet : les sculpteurs Jean Goujon, Germain Pilon, Benvenuto Cellini, l'émailleur Limosin *(voir : Chartres, musée p. 59)*, les tapissiers de Fontainebleau. Un atelier de vitriers est installé à Anet et fabrique des vitraux très admirés dont les dessins semblent dus au Primatice. Contrairement à la légende, aucune effigie de la déesse Diane, très souvent représentée à Anet, n'est un portrait de la duchesse.

Au 17e s., des transformations sont faites par le duc de Vendôme, petit-fils de Henri IV et de Gabrielle d'Estrées. Le duc fait disparaître les galeries des jardins, les vitraux et les meneaux des fenêtres. Il ajoute un avant-corps et un escalier d'honneur à l'aile gauche du château. Pour fermer la cour de Diane, il fait élever deux pavillons réunis par une arcade en hémicycle.

Les destructions. — La Révolution épargne Anet, mais l'intérieur est pillé. En 1795, les restes de Diane sont retirés de son tombeau et jetés dans une fosse. Un siècle plus tard, ils sont rassemblés et inhumés au cimetière, contre l'église paroissiale (un cénotaphe signale cet emplacement). Au début du Consulat, des spéculateurs de biens nationaux ravagent le château. En 1811, une émeute des habitants d'Anet contraint les démolisseurs à cesser leurs déprédations. Malheureusement, elles sont très graves; il ne reste plus du vaste château que la façade d'entrée, l'aile gauche de la cour d'honneur, la chapelle et les petits bâtiments du 17e s. Depuis, les propriétaires successifs du château se sont activement employés à restaurer les bâtiments qui subsistent.

LE CHATEAU★ *visite : 1/2 h*

Visite du 1er mars au 31 octobre, les mercredis, jeudis, dimanches et jours fériés de 10 h à 11 h 30 et de 14 h 30 à 18 h 30, et en outre les veilles de fêtes de 14 h 30 à 18 h 30 ; le reste de l'année, les dimanches et jours fériés de 10 h à 11 h 30 et de 14 h à 17 h, et en outre les veilles de fêtes de 14 h à 17 h. Entrée : 5 F.

Portail d'entrée. — Dû à Philibert Delorme. Au-dessus de l'arche centrale, le tympan est constitué par un moulage du bas-relief en bronze de Benvenuto Cellini, qui est au Louvre : Diane couchée. Dans le couronnement de la porte se trouve une horloge que domine un cerf tenu aux abois par quatre chiens. Ces statues sont des moulages. Jadis, ces animaux sonnaient l'heure : les chiens en aboyant, le cerf en frappant du pied. Sur les ailes en terrasses flanquant la porte, des cheminées surmontées par des sarcophages témoignent de la constance du deuil de Diane de Poitiers.

Franchir le pont de pierre remplaçant l'ancien pont-levis.

Aile gauche de l'ancienne cour d'honneur★. — Le vestibule d'entrée, au dallage noir et blanc, et l'**escalier★** ont été ajoutés au 17e s. par le duc de Vendôme. A droite dans le salon rouge se trouvent des souvenirs de Diane. On visite la salle des Faïences qui a gardé une partie de son carrelage primitif, puis la grande salle à manger.

Au 1er étage, dans la salle des Gardes, belles boiseries du 16e s. et **tapisseries★** de la même époque, œuvres des ateliers de Fontainebleau, consacrées à Diane. Dans la chambre d'honneur est réinstallé le lit de Diane de Poitiers. Il a conservé ses belles tentures anciennes.

Chapelle du château★. — En forme de croix grecque, elle est l'œuvre de Philibert Delorme. Un dôme coiffé d'un lanternon couvre la nef circulaire ; c'est l'un des premiers construits en France. A l'intérieur, de beaux bas-reliefs de Jean Goujon représentent des anges portant les attributs de la Passion. Les douze Apôtres sont des moulages des statues originales.

Chapelle funéraire de Diane de Poitiers. — *Entrée place du Château, à gauche lorsqu'on regarde le portail principal. Visite du 1er mars au 31 octobre de 9 h 30 à 11 h 30 et de 14 h 30 à 18 h 30 ; de 9 h à 11 h 30 et de 14 h à 17 h le reste de l'année. Fermée le mardi. Entrée : 1,50 F.*

La chapelle construite sur les plans de Claude de Foucques, architecte des princes de Lorraine, fut commencée juste avant la mort de Diane, en 1566, et terminée en 1575. La **statue★** en marbre blanc, qui représente Diane agenouillée sur un haut sarcophage de marbre noir, est attribuée à Pierre Bontemps, ainsi que le retable de l'autel.

Église St-Lain. — 13e s. Diane l'a fait transformer dans le goût du 16e s. Seul, le chevet du 13e s. subsiste. Le corps de Diane repose contre l'église, entre deux contreforts de l'abside.

Achetez le guide Vert Michelin **Jura.**

ARMAINVILLIERS (Forêt d') – Carte Michelin nº 🗺🗺-plis ㉙ ㉚.

D'une superficie d'environ 5 000 ha, traitée en taillis sous futaie *(voir p. 13)*, elle s'étend sur le plateau de Brie. Il n'y a pas d'accidents de terrain et les routes qui la longent ou la traversent ne vont pas sans quelque monotonie.

Des châteaux *(on ne visite pas)*, que se transmettent des familles de financiers, englobent de très vastes étendues. De grosses exploitations agricoles leur sont adjointes.

ARPAJON – Carte Michelin nº 🗺🗺-pli ㉖ – 8 127 h. (les Arpajonnais) - Paris 31 km.

Cette petite ville est bâtie au confluent de l'Orge et de la Rémarde.

Jusqu'en 1720, la localité s'est appelée Châtres. Un nouveau seigneur lui donna alors le nom de son fief d'Arpajon, dans le Cantal. Afin de diffuser plus vite cette appellation, il interrogeait les passants : « Quel est le nom de ce lieu ? » Ceux qui répondaient « Châtres » recevaient des coups de canne, ceux qui disaient « Arpajon » touchaient une pièce d'argent.

Arpajon est au centre d'une région de culture maraîchère. Une célèbre « foire aux haricots » s'y tient chaque année en septembre. La spécialité locale est le « chevrier », variété de flageolets créée en 1878 par un cultivateur de Brétigny-sur-Orge nommé Chevrier.

Halles. — Sur la place du Marché, ces halles, en charpente et à trois nefs, datent du 17e s.

AUNEAU – Carte Michelin nº 🗺🗺 - pli ㉝ – 2 791 h. (les Alnélois ou Aunelliens) - Paris 67 km.

Ce bourg, important marché beauceron, est situé sur la rive gauche du ruisseau d'Aunay. Auneau, comme Aunay, vient des « aulnes » qui bordent le petit cours d'eau.

Château. — *On ne visite pas.* On en a une belle vue d'ensemble de l'avenue de Paris. On aperçoit, dans un décor de verdure, l'ancien donjon (11e s.), surmonté plus tard d'un dôme à lanternon et, à côté, le château, aux lignes sobres, bâti au 14e s. par un ministre de Charles VI, Bureau de la Rivière, le créateur de l'artillerie française.

EXCURSIONS

Au Sud d'Auneau, près d'**Ouarville** *(d'Auneau, 16 km par D 19, D 17, Ouarville et D 334 à l'Ouest)*, de **Moutiers** *(19 km par Ouarville, D 107, Moutiers et D 107 au Sud — carte nº 🗺 - pli ㊲)* et de **Levesville-la-Chenard** *(22 km par D 19, Levesville et D 142² à l'Est — carte nº 🗺 - pli ㊲)*, on peut voir trois moulins à vent encore en service, derniers des quelques 3 000 moulins qui animaient toute la Beauce au 19e s.

Aunay-sous-Auneau. — 886 h. *4,5 km au Sud-Est.* Église des 12e et 13e s., remaniée au 15e s. Sous une petite tribune, à gauche devant le chœur, trois poutres sont ornées de sculptures très fouillées.

Ablis. — 1 115 h. *7,5 km au Nord-Est.* L'église, dont la nef est romane, possède deux verrières du 16e s. et des retables des 16e et 17e s.

AUTOMNE (Vallée de l') ★ – Carte Michelin n° 97 - plis ⑦ ⑧ ⑲.

L'Automne prend sa source près de Villers-Cotterêts. Elle coule entre les deux branches du croissant de la forêt de Villers-Cotterêts, puis longe la lisière Sud de la forêt de Compiègne et se jette dans l'Oise. Le fond de la vallée est occupé par des prairies où les peupliers et les saules dessinent le cours capricieux de la rivière; des coteaux calcaires, aux pentes raides, l'encadrent. Des industries diverses animent les localités de la vallée inférieure.

DE VILLERS-COTTERÊTS A ST-VAAST-DE-LONGMONT
30 km – environ 2 h 1/2 – schéma ci-dessus

Quitter Villers-Cotterêts *(p. 188)* par ⑤ du plan, puis traverser la N 2.
Le D 231 court sur un plateau couvert de riches cultures.

Largny-sur-Automne. — 319 h. Église du 12e s. avec porche en charpente du 16e s. Descente en lacet vers le D 32 qui suit le cours de la rivière.

Vez★. — *Page 187.*

Abbaye de Lieu-Restauré★. — *Page 187.*

Morienval★. — *2 km au Nord d'Élincourt. Description p. 128.*

Orrouy. — 451 h. Église intéressante. Beau clocher roman, nef du 12e s., chœur du 16e s. avec cinq remarquables vitraux du 16e s.

Béthisy. — 3 670 h. Cette double agglomération est un petit centre d'industrie. L'humble église de Béthisy-St-Martin a des croisées d'ogives très anciennes (de 1140 environ). Béthisy-St-Pierre, qui s'étage sur la colline, a une église des 12e et 16e s. Haute tour du 16e s. surmontée d'une flèche de pierre. Dans le chœur du 12e s., chapiteaux historiés.

Saintines. — 671 h. Église à double nef possédant un joli clocher roman et un beau retable flamand.

A 1 km de Saintines, quitter la vallée de l'Automne et tourner à gauche pour gagner St-Vaast.

St-Vaast-de-Longmont. — 300 h. Ce village possède une église du 12e s. Les voussures du portail occidental, précédées d'un auvent du 16e s., sont de beaux exemples de décoration romane. Le chœur est surmonté d'une tour carrée du 12e s. portant une flèche de pierre de la même époque.

AUVERS – Carte Michelin n° 96 - pli ⑥ – 6,5 km au Nord-Est de Pontoise – 5 808 h. (les Auversois) - *Schéma p. 132 – Ressources et distractions p. 34* – Paris 32 km.

Des abords de ce village situé en amont de Pontoise, on a de jolies vues sur la rivière.

Au siècle dernier, Daubigny, le peintre de l'Oise, mort en 1878, eut sa maison ici. Pour mieux saisir les effets de lumière, il s'était fait construire un bateau-atelier sur lequel il passait la belle saison. Daumier, Corot, Cézanne, Pissarro et Vlaminck travaillèrent aussi à Auvers.

Van Gogh à Auvers. — Le peintre, soigné à Auvers pour une maladie mentale par le docteur Gachet, ami des artistes, termine en 1890, à 37 ans, par le suicide, une vie dramatique. Après s'être tiré une balle dans la poitrine, en plein champ, devant son chevalet, il meurt dans une chambre du café Ravoux qui s'appelle maintenant « A Van Gogh ».

Église. — Située sur une terrasse, à flanc de coteau, elle date du 12e s. Elle a été agrandie au 13e s. et la chapelle de la Vierge transformée au 16e s. C'est derrière le chevet que l'on a la meilleure vue de l'édifice. Remarquer le contraste entre la sobre chapelle romane, à droite, et celle de gauche qui accuse la Renaissance. Les fenêtres du chœur, en gothique rayonnant, complètent la présentation des divers styles architecturaux. Clocher du 12e s. à toit en bâtière.

A l'intérieur, curieux chapiteaux romans dans le chœur. Dans la chapelle à droite du chœur, Vierge en pierre du 14e s., restaurée vers 1870.

Tombe de Van Gogh. — Le peintre Van Gogh est enterré dans le cimetière situé sur le plateau, au-dessus de l'église. Sa tombe est contre le mur gauche. A côté, repose son frère Théo qui fut son fidèle soutien et mourut de chagrin peu après lui.

Monument de Van Gogh. — *Dans le parc « Van Gogh », rue du Général-de-Gaulle.* La statue de Van Gogh est l'œuvre de Zadkine.

BARBIZON ★ – Carte Michelin n° 96 - plis ㉟ ㊴ – 9,5 km au Nord-Ouest de Fontainebleau – 1 189 h. (les Barbizonnais) - *Schémas p. 95 et 161 – Ressources et distractions p. 34* – Paris 56 km.

Ce modeste village connut la gloire, au siècle dernier, quand il fut fréquenté par les peintres paysagistes *(voir p. 25)*. Corot s'y était installé le premier de 1830 à 1835.

Le groupe de Barbizon. — Vers 1830, **Théodore Rousseau**, et à sa suite d'autres peintres, décident de s'éloigner du romantisme *(voir p. 25)*. Ils veulent « rendre la réalité à son plus haut degré de puissance ». Th. Rousseau se fixe à Barbizon en 1847, puis Millet, Daumier, Troyon, Diaz. Musset, George Sand, les Goncourt viennent fréquemment leur rendre visite.

BARBIZON★

CURIOSITÉS *visite : 3/4 h*

Barbizon est une longue rue bordée d'hôtels, de restaurants et de villas. A chacune de ses vieilles demeures s'attachent les souvenirs des peintres qui y séjournèrent depuis 1830.

Trois de ces demeures, aménagées de façon presque identique — une ou deux salles réservées aux paysagistes qui y vécurent, une salle dans laquelle sont présentées les œuvres des peintres actuels — peuvent être visitées. Leur cadre est resté presque intact.

Dans la Grande-Rue, la première à gauche en venant de Fontainebleau, est la **maison de Millet**. *Visite de 10 h à 18 h ; fermée le mardi.*

La **maison de Théodore Rousseau** est située du même côté de la rue, derrière le monument aux Morts. *Visite de Pâques à la Toussaint de 10 h à 18 h, de 11 h à 17 h le reste de l'année.*

A l'extrémité de la rue, à droite, est l'**ancienne auberge du Père Ganne** où mangeaient la plupart des artistes. *Visite de Pâques au 31 octobre, sauf mardis, de 10 h à 18 h ; le reste de l'année, les mercredis, vendredis et dimanches de 11 h 30 à 16 h.*

EXCURSION

Chailly-en-Bière. — 1 315 h. *2 km au Nord par le D 64.* C'est à Chailly que Millet peignit son fameux «Angelus», actuellement au musée du Louvre.

Le peintre est inhumé au cimetière du village, sous un bouquet d'arbres, à côté de Rousseau dont le tombeau est un amas de rochers.

BARON – Carte Michelin n° 97 - pli ⑱ – 12 km à l'Est de Senlis - 598 h. – Paris 49 km.

Dans la Grand'Rue, à l'extrémité de l'agglomération (vers Nanteuil-le-Haudoin), est située la maison du compositeur Albéric Magnard, qui y fut tué et brûlé, le 3 septembre 1914, en se défendant contre les Allemands.

Église. — Cet édifice des 12e et 13e s. a un beau clocher dont la flèche de pierre est du 15e s. A l'intérieur, une Vierge de pierre du 14e s. et de remarquables **boiseries**★ du 18e s., dues aux frères Slodz, proviennent de l'abbaye de Chaalis. Jeanne d'Arc communia dans cette église la veille de la bataille qu'elle livra aux Anglais sous Montépilloy *(p. 122)*.

BEAUMONT-SUR-OISE – Carte Michelin n° 96 - plis ⑥ ⑦ – 8 271 h. (les Beaumontais) – *Schémas p. 46 et 132* – *Ressources et distractions p. 34* – Paris 39 km.

Cet ancien bourg fortifié s'étage sur un coteau, en bordure de l'Oise. Pour en avoir une **vue d'ensemble**, franchir le pont reliant Beaumont à Persan.

Terrasse et château. — La terrasse est établie sur les anciens remparts. La vue sur l'Oise et sa vallée est gâtée par les usines de Persan qui occupent le premier plan. Sur la place qui précède la terrasse subsiste l'enceinte du château féodal, démantelé en 1522.

Église St-Laurent. — L'édifice, bien situé, domine l'Oise. Bâti aux 12e et 13e s., il possède une belle tour carrée Renaissance que couronne un dôme surmonté d'un lanternon octogonal.

Ce qui frappe, en entrant, c'est la largeur du vaisseau, aux doubles collatéraux. Les chapiteaux à crochets sont ornés de beaux feuillages. Beau triforium à doubles colonnettes. La voûte de la nef est moderne. Le chœur (12e s.), à chevet plat, est plus bas que la nef.

Château de Nointel. — *1,5 km au Sud. On ne visite pas.* Le château de Nointel, construit à la lisière du village, est entouré d'un vaste parc. Du chemin menant à l'église paroissiale (ancienne chapelle du château), belle vue sur le château, qui a gardé son style du 17e s., malgré des transformations subies aux 18e et 19e s.

Les jardins du 17e s. étaient célèbres dans le royaume ; remaniés, ils conservent d'admirables escaliers et statues.

BEAUNE-LA-ROLANDE — Carte Michelin n° 97 pli ㉟ – 2 035 h. (les Beaunois) – Paris 103 km.

Beaune-la-Rolande, en Gâtinais, tient son nom de la rivière qui l'arrose. Située le long de la voie romaine d'Orléans à Sens, jadis entourée de murailles, elle est aujourd'hui un marché agricole, notamment de la pomme de terre, de la betterave et des céréales, qui ont remplacé le safran.

Église. — Elle compte trois nefs du 15e s., à chevet plat, complétées par quatre chapelles Renaissance. De l'édifice du 12e s., seule demeure une grosse tour-beffroi que prolonge un clocher érigé au 19e s. On appréciera l'élégance du côté gauche de l'église, sur la place, typiquement Renaissance avec ses pilastres à médaillons, ses niches, ses portails à frontons ornés de bustes. On y remarquera à gauche, la porte de l'ancien cimetière dont le bandeau nous avertit : « Mourir convient, c'est chose sûre, nul ne revient de pourriture » ; la porte du milieu timbrée de médaillons aux profils de François Ier et Claude de France donne accès à une crypte du 13e s. La façade Ouest, percée d'un portail gothique, ne manque pas non plus d'harmonie.

L'intérieur présente une nef centrale très étroite ; nef et bas-côtés sont couverts de jolies voûtes d'ogives à pénétration. A l'entrée du bas-côté gauche, un tableau de Bazille, tué par les Prussiens à la bataille de Beaune-la-Rolande en 1870, représente le Mariage mystique de sainte Catherine.

Au maître-autel, beau devant d'autel en velours rouge (18e s.) brodé d'or et d'argent.

Dans une des grandes chapelles du 16e s., à gauche du chœur, on découvre un remarquable **autel**★ en bois doré, du 17e s., décoré de scènes de l'Ancien ou du Nouveau Testament ; au-dessus du maître-autel, curieuse châsse de saint Pipe, en bois doré, de la seconde moitié du 18e s., ornée de statuettes.

BEAUVAIS ★★ – Carte Michelin nº 🔲🔲 - pli ⑤ – 56 725 h. (les Beauvaisiens ou Beauvaisins) - *Schéma p. 166 - Ressources et distractions p. 34* – Paris 76 km.

Au-dessus d'un harmonieux ensemble de constructions modernes, Beauvais, qui fut ravagée par les bombardements de juin 1940, offre la saisissante présence de sa cathédrale, chef-d'œuvre d'architecture défiant les lois de la pesanteur et de l'équilibre.

C'est du pont-route qui donne accès au centre, en venant de Paris, que l'on a la plus belle vue sur la ville.

Évêques et bourgeois. — Beauvais, capitale gauloise des Bellovaques, est détruite par les Romains qui y créent un camp fortifié. Rebâtie au Moyen Age, la cité est entourée d'une enceinte dont les boulevards actuels occupent les fossés. Dès le 11ᵉ s., elle a pour seigneur un évêque souvent en conflit avec les bourgeois de la ville, jaloux de leurs franchises.

Une triste célébrité s'attache à l'un de ces évêques, Pierre Cauchon. Alors que la ville veut se donner à Charles VII, Cauchon se rallie aux Anglais. Chassé de Beauvais en 1429 par les bourgeois, il se réfugie à Rouen où le 30 mai 1431, il envoie Jeanne d'Arc au bûcher.

L'exploit de Jeanne Hachette. — Le 27 juin 1472, Charles le Téméraire, duc de Bourgogne, marchant sur Paris avec une armée forte de 80 000 hommes, investit Beauvais. La ville est démunie de troupes. Hommes et femmes courent aux remparts. Jeanne Laîné, fille d'un petit artisan et « briseresse » de laine, voit surgir d'une échelle appliquée contre les remparts un assaillant portant une bannière. Jeanne s'élance, lui arrache sa bannière, le frappe de sa hachette et le fait culbuter dans le fossé. Cet exemple exalte les courages. La résistance s'affirme, laissant aux renforts le temps d'arriver. Le Téméraire lève le siège le 22 juillet.

Chaque année, le dernier dimanche de juin, Beauvais célèbre Jeanne « Hachette » en des reconstitutions historiques : c'est la fête de l'Assaut.

Tapisseries et vitraux. — En 1664, Colbert fonde la Manufacture nationale de Tapisseries. Les artisans travaillent sur des métiers horizontaux (basse-lisse). Leurs œuvres, en laine et soie, se distinguent par leur finesse. Elles sont le plus souvent utilisées pour tapisser des sièges.

La grande vogue des tapisseries de Beauvais date du temps où le peintre Oudry dirigeait la Manufacture, de 1734 à 1753. Les bâtiments ont été détruits en 1940, mais les métiers ont été évacués et sa reconstruction est prévue. La création d'un musée de la Tapisserie est en cours ainsi que celle d'un musée départemental consacré au vitrail et à la céramique, autres industries d'art où la ville s'est distinguée.

Les vitraux beauvaisiens du 16ᵉ s., notamment ceux de la famille Leprince, sont célèbres.
Les terres vernissées, les grès se fabriquent depuis le 15ᵉ s.

CATHÉDRALE ST-PIERRE ★★★ *visite : 1/2 h*

Son histoire est mouvementée. Ce qui lui donne sa physionomie particulière, c'est le drame technique qu'a été la construction de cet édifice et l'effort désespéré des évêques et des chapitres pour rassembler les fonds nécessaires : lutte épuisante, prolongée pendant quatre siècles et qu'ils ont dû abandonner avant que leur gigantesque entreprise eût été menée à bien.

Basse-Œuvre et Nouvel-Œuvre. — Une petite cathédrale, N.-Dame, dite la Basse-Œuvre, est élevée à l'époque carolingienne. Il en subsiste la nef accolée à l'édifice actuel.

Dès 949, une autre cathédrale est mise sur chantier : St-Pierre ou le Nouvel-Œuvre. Deux incendies le détruisent. C'est alors, en 1225, que l'évêque et le chapitre décident d'ériger la plus vaste église de l'époque.

Une gageure ruineuse. — Si bâtir une grandiose cathédrale est une ambition raisonnable au moment où la technique gothique peut se permettre beaucoup de hardiesses, il semble que la part du rêve ait été plus forte que celle de la prudence dans l'élaboration des plans de l'édifice.

Quand la construction du chœur est commencée, en 1247, le haut clergé et les maîtres d'œuvre veulent en quelque sorte jeter un défi à tous les architectes passés et futurs. La hauteur sous clé de voûte sera légèrement supérieure à 48 m, ce qui donne aux combles une élévation de 68 m, celle des tours de Notre-Dame de Paris à un mètre près.

Il faut vingt-cinq ans pour réaliser cette prouesse. Pour une fois, les architectes ont préjugé de leur habileté. Les piliers sont trop espacés et les culées des contreforts trop légères. En 1284, un éboulement se produit. Il faut d'immenses crédits et quarante années de labeur pour sauver le chœur. Les trois grandes arcades du sanctuaire sont dédoublées par l'adjonction d'une pile intermédiaire, les arcs-boutants multipliés, les culées renforcées. A peine cette tâche est-elle terminée

(D'après photo Arch. M. H.)
Cathédrale de Beauvais. — Le chœur.

que la guerre de Cent Ans empêche la continuation des travaux. La cathédrale n'est encore qu'un chœur et ses dépendances.

En 1500, l'évêque décide de poursuivre l'œuvre et confie la tâche de l'érection du transept à Martin Chambiges assisté de Jean Vast. L'essentiel est d'obtenir les fonds nécessaires.

BEAUVAIS ★★

La vente d'exemptions de jeûne en Carême, les dons du clergé, les quêtes, l'abandon par François Ier d'une partie des revenus de la vente du sel en France, monopole royal, ne suffisent pas à couvrir le montant des dépenses. Les Beauvaisiens s'adressent au pape Léon X, le protecteur de Michel-Ange et de Raphaël. Lui aussi nourrit l'ambition d'édifier la plus vaste église de la chrétienté, la basilique St-Pierre de Rome. Lui aussi connaît les soucis du manque d'argent. Mais il a trouvé une solution : la vente d'indulgences, ce qui scandalise le moine allemand Luther et cause la Réforme. Léon X autorise l'évêque de Beauvais à recourir également à la vente des indulgences et les travaux se poursuivent. En 1550, le transept est enfin achevé.

Malheureusement, au lieu de construire la nef, on décide d'élever à la croisée du transept une tour ajourée surmontée d'une flèche. Sa croix, posée en 1569, domine de 153 m le pavé de la rue (Strasbourg 142 m). Comme il manque la nef qui devrait contrebuter les poussées, en 1573, les piliers cèdent, le jour de l'Ascension, alors que la procession vient de quitter l'église. Dès lors, tous les efforts et sacrifices du clergé et des Beauvaisiens ne permettent plus que la remise en état du chœur et du transept. La cathédrale inachevée n'aura plus de flèche et jamais de nef.

Chevet★. — Le chœur est du 13e s. Il est contrebuté, comme les croisillons de style flamboyant, par des arcs-boutants portant sur de hautes culées qui s'élèvent jusqu'aux combles. Des tours devaient encadrer chaque croisillon très saillant.

Façade du croisillon Sud. — Elle est richement décorée. Flanqué de deux hautes tourelles, le portail, dit de St-Pierre, a ses ébrasements, son tympan et ses voussures ornés de niches aux dais ajourés. Il est coiffé par un haut gâble traversant une galerie. Une grande rose aux fines et souples nervures les surmonte, dominée par un pignon orné de colonnettes. Les vantaux de la porte sont un bel exemple de la première sculpture Renaissance d'influence italienne. Ils ont été sculptés par Jean le Pot : à gauche, saint Pierre guérissant un boiteux à la porte du temple ; à droite, conversion de saint Paul ; en arrière, saint Paul descendu dans une corbeille.

Intérieur★★★. — On ressent une sorte de vertige, quand on pénètre sous ces voûtes d'une prodigieuse hardiesse. Elles culminent à près de 48 m, presque la hauteur de l'Arc de Triomphe de l'Étoile. C'est là qu'on peut le mieux saisir les immenses possibilités de l'art gothique.

Le transept aux amples proportions mesure près de 59 m de longueur. Le chœur est très élégant. Le triforium est à claire-voie. Les fenêtres hautes ont 18 m d'élévation, hauteur des voûtes de l'église St-Germain-des-Prés de Paris. Sept chapelles ouvrent sur le déambulatoire.

Dans l'une de ces chapelles de droite est placé un beau retable du 16e s. en bois sculpté provenant de l'église de Marissel *(voir p. 44)* : un grand tableau central, le Crucifiement, surmonte la Mort de la Vierge. A droite et à gauche, six scènes, trois de chaque côté, évoquent les phases principales de la Passion. Supportant cet ensemble, une sorte de prédelle représente Jésus et les Apôtres.

Vitraux★★. — La cathédrale possède encore, malgré les destructions, une très intéressante collection de vitraux des 13e, 14e et 16e s. *(illustration p. 20).* Trois magnifiques verrières du 13e s. ornent la chapelle absidale ; ceux de la façade du croisillon Sud, chefs-d'œuvre de Nicolas Leprince, datent de 1551.

Les vitraux manquants ont été remplacés par des beaux vitraux modernes dus à Max Ingrand pour la rose Nord, Barillet pour les chapelles St-Nicolas et St-Lucien et Le Chevallier pour la chapelle Ste-Anne et le triforium.

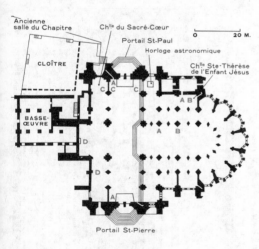

Plan de la cathédrale.

Tapisseries★★ *(1).* — *Provisoirement déposées.* On a réparti dans le chœur, le transept et le déambulatoire, les séries de tapisseries tissées pour la cathédrale au cours des siècles :

— du 15e s., des tapisseries flamandes, consacrées à la vie de saint Pierre, dites « de Guillaume de Hellande », du nom de l'évêque qui en fit don à la cathédrale (A du plan ci-contre) ;

— du 16e s., des scènes de l'Histoire des Rois des Gaules, thème repris par Ronsard dans sa Franciade. Ces tapisseries ont probablement été exécutées à Beauvais par des ouvriers flamands ou artésiens (B) ;

— du 17e s., des tapisseries des Gobelins représentant les Batailles d'Alexandre (C) et une autre série, illustrant les vies des Apôtres saint Pierre et saint Paul (D).

Horloge astronomique★. — Elle fut exécutée de 1865 à 1868 par l'ingénieur Vérité sur le modèle de l'horloge de Strasbourg. Scène du Jugement dernier à midi. *Visite accompagnée à 12 h (ou 12 h 30 le dimanche), 14 h, 15 h, 16 h, 17 h (15 h, 16 h, 17 h, 17 h 45 le dimanche). Prix : 2F.*

Trésor. — Deux belles salles du 13e s., situées à gauche du chœur, contiennent divers objets précieux : vêtements liturgiques, émaux, plats à quêter en étain, ivoires, etc., ainsi que les dessins de la flèche par Jean Vast et les projets de la façade occidentale.

---

(1) Pour avoir plus de détails sur les tapisseries, lire le petit guide mis en vente dans le bras droit du transept et près de l'horloge astronomique.

Cloître. — La porte s'ouvre dans le mur de clôture du transept, à droite du banc d'œuvre. Deux galeries du début du 15e s. sont couvertes d'un plafond de bois. L'une d'elles est prolongée par une sorte de préau voûté qui date du 16e s. et supporte la salle du chapitre. A l'Ouest, la cour est fermée par une ancienne salle du chapitre (10e et 11e s.) aux murs percés de meurtrières.

Revenir dans la cathédrale et sortir par la porte Nord dite de St-Paul.

Façade du croisillon Nord. — Elle est moins décorée que la façade Sud, les contreforts n'ayant pas été ornés. Le tympan du portail est garni d'un arbre portant treize écussons. Il devait sans doute représenter la généalogie de François 1er, grand bienfaiteur de la cathédrale.

Les vantaux des portes sont également sculptés par Jean le Pot, mais dans le style gothique. Un carillon de 25 cloches, installé dans le clocher, sonne chaque jour à 11 h 50 et 18 h.

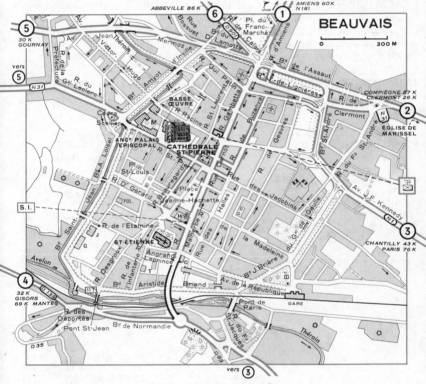

AUTRES CURIOSITÉS

Église St-Étienne. — La nef et le transept sont romans (12e s.). Leur sobriété contraste avec le décor mouvementé du chœur, reconstruit au 16e s., dans le style gothique flamboyant *(illustration p. 18)*. Le chœur, plus élevé que la nef, est entouré de chapelles engagées. La tour qui se dresse à gauche de la façade a été construite de 1583 à 1674.

Sur le bas-côté gauche s'ouvre un portail roman aux tympan et voussures finement ciselés. De ce côté, la façade du croisillon offre une belle roue de fortune. C'est une rose surmontée de personnages s'élevant, à droite, et que le destin précipite, à gauche, dès qu'ils sont arrivés au faîte de leur ascension. C'est le symbole de l'instabilité des choses humaines. Le pignon est orné d'une sorte de treillis de pierre et de fleurons.

La nef romane comporte des tribunes. Les voûtes des bas-côtés ont des ogives archaïques qui sont plus un renforcement des arêtes qu'une vraie croisée d'ogives.

Les **vitraux**** du chœur, par Angrand Leprince, sont parmi les plus beaux que la Renaissance nous ait légués. Et parmi ceux que nous admirons ici, l'extraordinaire « **Arbre de Jessé** »***, par son dessin, son coloris, sa transparence, témoigne d'une maîtrise rarement atteinte. Les vitraux modernes ont été exécutés par Gruber.

A gauche, dans le chœur, le baptistère, dont la voûte est joliment dentelée, repose sur deux fins piliers.

Dans la nef, contre un pilier, est placée une Pietà en pierre du 16e s.

Contre le mur du collatéral droit est suspendue une statue en bois de sainte Wilgeforte (16e s.) qui était une vierge portugaise. Cette jeune fille crucifiée porte une épaisse barbe qui lui serait poussée après qu'elle eût imploré la Vierge Marie de la préserver du mariage païen que lui imposait le roi son père. Le fiancé recula épouvanté ; le père fit crucifier sa fille rebelle.

Ancien palais épiscopal. — C'est, également, l'ancien palais de Justice. Une porte fortifiée (14e s.) entourée de deux grosses tours donne accès à la cour. Au fond s'élève le corps principal du palais, œuvre du 16e s. remaniée au 19e s.

Musée départemental. — *En cours de transformation. Visite de 10 h à 12 h et de 14 h à 18 h (17 h du 1er novembre au 31 mars). Fermé le mardi. Entrée : 2 F.*

Le 3e étage présente des souvenirs de l'histoire de Beauvais : statues, statuettes, fragments sculptés de maisons disparues, mobilier, céramiques, peintures du 16e au 19e s. Au rez-de-chaussée, une salle est consacrée aux objets provenant des fouilles archéologiques régionales. De l'autre côté de la cour, une salle voûtée renferme des sculptures médiévales.

BEAUVAIS ★★

Basse-Œuvre. — A côté de la cathédrale subsiste la nef de l'ancienne cathédrale construite à l'époque carolingienne ou, comme les remparts, au 4e s.

Église de Marissel. — L'ancienne commune de Marissel, aujourd'hui rattachée à Beauvais, se trouve sur la N 31, à l'Est de la ville.

L'église est située sur un terre-plein d'où l'on découvre Beauvais et sa cathédrale.

Le chevet plat, percé d'une baie à deux lancettes et oculus, est flanqué à droite d'une absidiole en cul-de-four du 12e s. La minuscule tour romane élevée sur la croisée du transept complète ce charmant ensemble.

La façade gothique est malheureusement très dégradée. Une jolie Vierge orne le portail.

La nef, très homogène, et les collatéraux sont du 16e s. Dans celui de droite, on remarque deux vitraux de la même époque.

BELLOY-EN-FRANCE
— Carte Michelin n° 96 - pli ⑦ – 10 km au Sud-Est de Beaumont-sur-Oise – 1 710 h. (les Belloysiens) – Paris 31 km.

L'église, qui date en majeure partie du 14e s., a subi d'importantes modifications au 16e s. Le **portail★** Renaissance est fort élégant et sa décoration très riche *(illustration p. 19)*. La nef et les bas-côtés ont des voûtes remarquables, couvertes de beaux réseaux de nervures.

BIÈVRE (Vallée de la) ★
— Carte Michelin n° 101 - plis ㉓ ㉔.

Bièvre vient d'un mot gaulois signifiant castor, ce qui laisse supposer que ces bêtes industrieuses ont fréquenté la rivière.

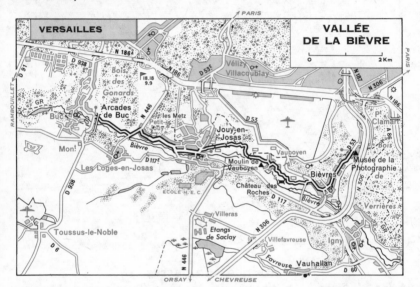

La rivière naît dans les étangs de St-Quentin et se jette dans la Seine, après avoir terminé son cours en égout dans Paris, des Gobelins au pont d'Austerlitz.

Sources de la Bièvre. — Un chapelet de trois étangs dans un site boisé est aménagé en centre de loisirs. On peut y pratiquer la pêche, le canotage, la voile.

C'est en amont de Bièvres que la vallée est le plus pittoresque. Des coteaux boisés encadrent les prairies où la Bièvre déroule son cours capricieux. Victor Hugo présente ainsi la vallée :

> « Une rivière au fond, des bois sur les deux pentes
> Et pour couronnement à ces collines vertes,
> Les profondeurs du ciel toutes grandes ouvertes. »

DES ARCADES DE BUC A BIÈVRES
6,5 km – environ 1 h – schéma ci-dessus

Arcades de Buc. — Imposant aqueduc construit sous Louis XIV pour amener à Versailles les eaux des étangs du plateau de Saclay. La vue est surtout intéressante de l'aval, en contrebas.

Jouy-en-Josas. — *Page 104.*

Moulin de Vauboyen. — *Visite de 14 h à 18 h. Fermé le mardi. Entrée de la chapelle et de la salle d'exposition : 4 F.*

Au bord de la rivière, cet ancien moulin des 16e et 17e s. a été converti en galerie d'art contemporain et en centre artistique. Les dépendances, transformées en ateliers de tissage, céramique, lithographie et taille-douce, abritent une communauté d'artistes. Une grange a été aménagée en chapelle décorée par les hôtes du moulin : un Christ de Volti apparaît derrière l'autel à travers une verrière ; au-dessus, dans la charpente, une Nativité de Commère ; chaque station du Chemin de croix est l'œuvre d'un artiste différent ; la juxtaposition des œuvres de B. Buffet et de Carzou produit un ensemble intéressant. Les ornements sacerdotaux sont décorés par Lurçat.

Château des Roches. — Il appartient à Bertin, le puissant directeur du journal des Débats, au temps du romantisme. Les écrivains y sont reçus ; Victor Hugo y fait plusieurs séjours. Au début de son mariage, c'est dans la ferveur de son amour pour sa femme, Adèle. Ces liens desserrés, il y vient encore, mais a installé, à Jouy-en-Josas *(p. 103)*, Juliette Drouet qu'il va voir chaque jour

Sainte-Beuve, de son côté, rend visite à Adèle. Cet imbroglio sentimental a eu des échos poétiques. Plus tard, évoquant le souvenir de ces heures heureuses, Victor Hugo a composé l'un de ses chefs-d'œuvre : « Tristesse d'Olympio » et Sainte-Beuve a dédié à la femme du poète le passionné sonnet « Elle est à Bièvres ».

Bièvres. — 4 235 h. *Ressources et distractions p. 34.* Bâti au bord de la rivière, ce bourg fut un centre de culture de la fraise. Il est aujourd'hui connu pour son **Musée Français de la Photographie** *(78 rue de Paris). Visite de 14 h 30 à 17 h 30. Fermé le mardi. Entrée : 3 F.* Ce musée, consacré à l'histoire technique et artistique de la photographie, présente des pièces très intéressantes, depuis les recherches de Léonard de Vinci jusqu'aux appareils les plus perfectionnés de la guerre de 1939-45, en passant par les découvertes décisives de Daguerre et de Niepce. Certaines photographies au collodion datant de 1860 ont conservé une vie et un relief étonnants.

BLANDY ★ – Carte Michelin n° 🔲🔲 - plis ㉚ ㊵ – 11 km à l'Est de Melun – 561 h. (les Blanziacois) - Paris 55 km.

Ce village, de situation pittoresque, possède d'intéressantes ruines féodales.

Château★. — *Visite de 9 h à 11 h 30 et de 14 h à 18 h. Entrée : 2 F. S'adresser au gardien, M. Delaunay, rue du Verneau.*

Le château fut fortifié au 14e s. par le comte de Tancarville, Jean II, sur les ordres du roi Charles V, remanié aux 16e et 17e s., puis en partie démantelé et converti en ferme au 18e s. L'enceinte est flanquée de six tours dont la plus élevée, qui servait de donjon, est haute de 35 m.

On visite la crypte, l'intérieur des tours ainsi que les restes du logis d'habitation et de la chapelle (16e s.). De la plate-forme du donjon, on découvre un panorama circulaire sur la Brie.

BRIE-COMTE-ROBERT – Carte Michelin n° 🔲🔲🔲 - pli ㊴ – 8 828 h. (les Briards) – Paris 29 km.

Cette ancienne capitale de la Brie française n'est plus qu'un marché régional. Sa belle église mérite une visite.

Robert, comte de Dreux, seigneur de Brie, frère de Louis VII, donna son nom à la ville, au 12e s. Le diplomate et érudit Nicot, qui fut bénéficiaire de la cure de Brie-Comte-Robert, rapporta de son ambassade au Portugal en 1560 la poudre à priser, baptisée par lui « nicotiane ».

Depuis le début du 19e s., la culture de la rose est venue ajouter ses profits aux richesses traditionnelles que le blé et la betterave apportent à la région. L'origine de cette industrie horticole est curieuse. Le célèbre navigateur Bougainville (1729-1811) possédait le château de Suisnes (6 km au Sud-Est de Brie-Comte-Robert). Ce marin, ami des fleurs, fit une grande place dans ses jardins à la rose encore peu répandue en France. Son jardinier, Cochet, perfectionna si bien la culture qu'en 1799 Bougainville l'installa comme rosiériste.

La roseraie de Joséphine, à Malmaison, acheva de mettre la rose à la mode.

Église St-Étienne. — Élevée au 13e s., elle a été remaniée à la Renaissance. Le clocher carré date du 13e s. Le portail de la façade est gothique ; la galerie, la rose, le pignon à tourelle sont de la Renaissance. Aller, par la gauche, jusqu'au chevet. Les arcs-boutants sont élégants, avec des contreforts décorés de colonnes et de gargouilles. Le chevet plat est percé d'une belle rose et d'une claire-voie.

A l'intérieur, un élégant triforium court entre les arcades et les fenêtres hautes. Les piles des quatre premières arcades de la nef, remaniées au 15e s., n'ont plus de chapiteaux ; les autres ont gardé leurs chapiteaux à crochets du 13e s. La **verrière★** de la rose du chevet (13e s.) est fort belle. Elle forme un contraste frappant avec les vitraux Renaissance de la 4e chapelle du bas-côté droit : Vie de saint Jean-Baptiste, et de la 4e chapelle du bas-côté gauche : Songe de Jacob. Dans la 3e chapelle de droite, boiseries du 15e s. ; sur le devant du maître-autel (18e s.), bas-relief en bois : Lapidation de saint Étienne.

Ancien Hôtel-Dieu. — Fondé en 1207. La façade de la chapelle présente, sur la rue des Halles, six arcatures gothiques.

Ruines du château. — Commencé à la fin du 12e s. par les seigneurs de Brie, il a été démoli en 1879. L'enceinte quadrangulaire entourée de fossés reste visible ainsi que deux des sept tours.

BRIIS-SOUS-FORGES – Carte Michelin n° 🔲🔲🔲 - Sud des plis ㉜ ㉝ – 11 km à l'Ouest d'Arpajon – 1 674 h. (les Brissois) - Paris 41 km.

Ce village de la vallée de la Prédecelles est au centre d'une région de cultures maraîchères. A côté de l'église du 12e s. se dresse une tour carrée, vestige d'un château fort détruit au 18e s.

Anne de Boleyn aurait été élevée dans le château, jusqu'à 15 ans, par son oncle, seigneur de Briis. Dame de la suite de Catherine d'Aragon, première femme de Henri VIII d'Angleterre, elle inspira une telle passion à ce prince qu'il demanda le divorce. Sur le refus du pape, il décida de détacher l'Angleterre de l'Église catholique. Anne épousa le roi auquel elle donna une fille qui devint la célèbre reine Élisabeth. Supplantée à son tour par une de ses filles d'honneur, Jane Seymour, elle fut décapitée sur l'ordre de son mari.

Si vous désirez faire étape au cours de vos promenades,
ou passer d'agréables week-ends,
consultez la carte et les tableaux des pages 32 à 35
Ressources et distractions.

BRUNOY – Carte Michelin n° 101 - plis ③⑧ ③⑨ – 22 872 h. – (les Brunoyens) – *Schéma p. 161* – Paris 27 km.

C'est un vieux bourg que des lotissements ont transformé en ville, à la lisière Nord de la forêt de Sénart. Bâtie à flanc de coteau, la partie ancienne de l'agglomération est blottie dans une boucle de l'Yerres. Brunoy a un aspect de villégiature cossue. Ses avenues, ombragées de tilleuls pour la plupart, sont bordées de jolies villas.

A la veille de la Révolution, le marquis de Brunoy se rendit célèbre par ses excentricités. Son père, le financier Pâris, étant mort, il fait habiller de serge noire ses domestiques et les habitants, en signe de deuil ; le château, les arbres sont drapés de noir ; les eaux du canal et des bassins du parc sont teintées dans la même couleur funèbre ; les chevaux ayant absorbé des drogues colorantes participent au deuil général. Ses folles prodigalités font la fortune de son entourage. Ses parents mettent un terme à ses extravagances en le faisant interner.

Le comte de Provence, qui vient déjà d'acheter une propriété à Brunoy, se rend acquéreur du domaine. Devenu Louis XVIII, il fait marquis de Brunoy, après Waterloo, le duc de Wellington, vainqueur de Napoléon.

Église St-Médard. — L'intérieur produit un effet théâtral assez curieux : les arcades et les piliers sont enrobés dans des boiseries blanches et or ; au-dessus des arcades, des peintures, dont deux sont de Restout, sont encadrées par d'autres boiseries. Cette décoration date du 18e s.

CARNELLE (Forêt de) ★ – Carte Michelin n° 96 - pli ⑦.

La forêt domaniale de Carnelle – du latin « castanea » (châtaigne) ou « carpinus » (charme) – d'une superficie de 971 hectares, est séparée de la forêt de l'Isle-Adam par la vallée du rû de Presle. Elle occupe trois plateaux qui s'étagent respectivement vers environ 100, 130 et 200 m et qui sont reliés les uns aux autres par des pentes plus ou moins raides.

Le versant Nord-Est est aménagé en futaie de hêtres, l'autre partie est en voie de conversion

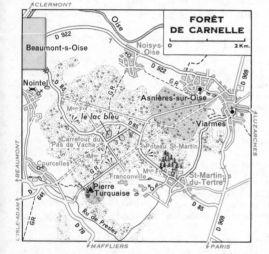

en futaie de chênes *(voir p. 13)*. Les taillis sont peuplés de châtaigniers, de charmes et de quelques bouquets de résineux.

Des routes forestières sont goudronnées sur près de 6 km, le reste du réseau est peu praticable aux autos.

CIRCUIT AU DÉPART DE BEAUMONT
21 km – environ 1 h
schéma ci-contre

Quitter Beaumont-sur-Oise *(p. 40)* au Sud-Ouest, par le D 85 qui traverse toute la forêt.

Au centre du massif, quitter le D 85 et prendre à droite la route la plus pittoresque de la forêt menant à l'allée couverte de la Pierre Turquaise. Elle passe près de deux étangs dont le plus grand, aménagé, est dit « le lac bleu ».

Pierre Turquaise★. — Intéressant vestige préhistorique.

Revenir au carrefour-du-Pas-de-Vache, prendre à droite une route menant au D 85 que l'on prend sur la droite. A St-Martin-du-Tertre, tourner à gauche en direction de Viarmes.

Viarmes. — 3 305 h. Au milieu de la place, l'église dresse sa masse imposante. La nef à chevet plat, des 12e et 13e s., et les bas-côtés dissymétriques, sont couverts d'un comble unique. Le curieux clocher surmonté d'un campanile et la façade sont du 19e s.
En bordure de la place, sur le côté, un ancien château du 18e s. abrite l'école, la perception et la mairie dont l'importance étonne.

Asnières. — *Page 132.*

Le D 922, qui offre de belles vues sur la forêt, ramène à Beaumont.

CHAALIS (Abbaye de) ★★ – Carte Michelin n° 96 - pli ⑨ – Paris 50 km.

L'ensemble constitué par les ruines de l'église abbatiale, le parc, les étangs, la Mer de Sable, le Désert, est très pittoresque et mérite une visite. Le musée intéressera les amateurs d'art.

L'abbaye prospère. — Chaalis, abbaye de l'ordre de Cîteaux *(voir p. 21)*, est fondée en 1136 par le roi Louis le Gros à la place d'un ancien prieuré. Les moines vivent là une existence pieuse et champêtre, travaillant la terre, cultivant la vigne, élevant des abeilles, pêchant dans les étangs.

Saint Louis leur rend souvent visite et, durant ses séjours, partage les prières et les travaux des moines, parfois les sert à table, soigne les malades, veille les mourants.

Décadence. — Au 16e s., l'abbaye tombe en commende : c'est maintenant le roi qui nomme l'abbé. Le premier est le cardinal de Ferrare, fils d'Alphonse d'Este et de la célèbre Lucrèce Borgia. Grand amateur d'art, il fait orner sa chapelle de peintures et tracer des jardins. Mais il préfère sa belle villa d'Este, à Tivoli.

Au 18e s., on entreprend la reconstruction du monastère. Malheureusement, l'argent vient à manquer et les travaux s'arrêtent, alors qu'un côté seulement du quadrilatère prévu a été bâti. Les finances ne se rétablissant pas, Louis XVI ordonne la fermeture de l'abbaye. Survient la tourmente révolutionnaire : Chaalis est pillé et démoli en grande partie.

Remise en état. — Le domaine passe de main en main. Peintres et poètes romantiques goûtent fort le charme mélancolique de ces vieux bâtiments, nichés dans la verdure. En 1850, une femme élégante, Mme de Vatry, acquiert les ruines. Elle transforme en château la construction du 18e s., fait remettre le parc en état, donne des fêtes brillantes. Son œuvre, continuée par ses héritiers, est parachevée par la dernière propriétaire, Mme Jacquemart-André. Elle constitue le musée qui porte son nom. Morte en 1912, elle a légué le domaine à l'Institut.

ANCIENNE ABBAYE *visite: 1 h*

Musée ouvert du 1er dimanche de mars à la Toussaint, de 14 h à 17 h 30 les dimanches, lundis, mercredis, samedis et jours fériés. Prix : 4 F pour le musée et le parc, 2 F pour le parc seul. Jardins ouverts tous les jours de mai à novembre sauf le mardi, de 10 h à 19 h. Parc de stationnement : 2 F.

Ruines de l'église**. — Élevée au début du 13e s., l'église fut la première application, par les Cisterciens, du style gothique. Les ruines du croisillon Nord subsistent ainsi qu'un tronçon de la nef et une haute tourelle d'escalier. Les bâtiments conventuels du 13e s. s'adossaient au mur gauche de la nef.

Chapelle de l'Abbé*. — Bâtie dans la deuxième moitié du 13e s., elle a été conçue dans l'esprit de la Ste-Chapelle de Paris. L'autel porte un retable en pierre de la Renaissance. La porte monumentale encadrée de murs crénelés qui se trouve au-delà de la chapelle date du 16e s.

Le parc et le musée*. — Le prince Murat, au siècle dernier, a reconstitué le parterre et le miroir d'eau tels qu'ils existaient au 18e s. C'est Jean Aubert, l'architecte des grandes écuries de Chantilly et de l'hôtel Biron à Paris, qui établit les plans du sobre et élégant château, ancienne dépendance de l'abbaye.

Un musée y est installé dans l'atmosphère reconstituée du 18e s. Il comprend des **collections*** d'antiquités romaines et orientales, d'importantes peintures de primitifs, des sculptures et objets d'art du Moyen Age, des peintures, sculptures, meubles et objets d'art de la Renaissance italienne et du 18e s. français. Trois salles sont consacrées au souvenir de Jean-Jacques Rousseau qui mourut à Ermenonville *(p. 82).*

PROMENADES

Les étangs*. — Une route *(interdite aux autos)* passant devant la grille de l'abbaye et aboutissant à la N 330, en face du Désert, contourne deux étangs, dans un paysage plein de grâce. Elle est très étroite et traverse la Launette sur un petit pont.

La Mer de Sable*. — De la grille de Chaalis, une route conduit à la Mer de Sable. *Un parc d'attractions de 30 ha, aménagé par Jean Richard, est ouvert du 20 mars au 30 septembre de 11 h à 18 h 30 (10 h à 19 h les dimanches et jours fériés) mais seulement les mercredis, samedis et dimanches à partir du 14 septembre. Fermé le vendredi. Entrée : 8 F, enfants : 5 F.*

Un petit train, aboutissant à un village d'automates, permet d'effectuer un parcours sur la Mer de Sable.

Ce paysage de sable blanc surprend dans cette partie verdoyante de l'Ile-de-France. Déposé en banc épais dans le bassin parisien au début de l'ère tertiaire, le sable affleure dans cette région. La forêt le recouvre généralement. La forêt d'Ermenonville ayant été ici saignée à blanc à la fin du 18e s., l'hu-

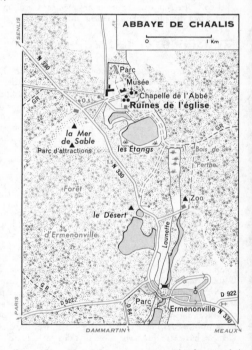

mus a rapidement été entraîné par le ruissellement, le sable remis à nu et aucune vie n'y a repris.

Le Désert. — C'était la partie la plus sauvage du parc d'Ermenonville *(p. 82).* Jean-Jacques Rousseau aimait à y trouver l'aspect de la nature vierge. Avec ses bois, ses landes couvertes de bruyères, ses fougères, ses lacs, le Désert a gardé un peu de ce caractère.

Le zoo d'Ermenonville. — *Visite du 1er avril au 30 septembre de 10 h à 18 h, et en mars, octobre et novembre de 13 h 30 à 17 h. Entrée : 7 F ; enfants : 4 F.*

Au Nord de la localité, en face de l'étang du Désert, s'embranche sur la N 330 le chemin d'accès (signalé) au zoo d'Ermenonville *(collection Jean Richard).* Belle collection d'animaux (petits félins, zébroïdes, gorilles et orangs-outangs, fauves), spectacle de dauphins et d'otaries.

CHALMONT (Butte de) – Carte Michelin no **97** - pli **20** – 7 km à l'Est d'Oulchy-le-Château – Paris 105 km.

Au flanc de cette butte, dominant toute la plaine, s'élève un imposant monument en granit, en deux parties, dû au ciseau de Landowski, érigé en commémoration de la seconde victoire de la Marne.

Au premier plan, en bordure de la route reliant Beugneux à Wallée, une statue de femme, haute de huit mètres, symbolise la France. En arrière, à environ 200 m, le groupe « les Fantômes », que l'on atteint par paliers successifs, représente huit soldats de différentes armes sur deux rangées. Les personnages sont à l'échelle de la figure précédente.

Ce monument, d'une grande sobriété d'attitudes, impressionne par sa puissance et sa solitude.

CHAMBLY – Carte Michelin n° 96 - pli ⑥ – 6 218 h. (les Camblysiens) – Paris 41 km.

Ce gros bourg avenant s'anime chaque année pour la fête du Bois Hourdy *(voir p. 29)*, dont le souvenir remonte à Saint Louis, qui aurait fondé la belle église paroissiale.

Église★. — Construite au 13e s., et complétée au 14e s. par la massive tour-clocher et les trois portails, elle est remarquable par ses proportions et son unité. A l'intérieur, le regard se porte d'abord, au-delà de la haute nef, vers la grande verrière du chœur. C'est devant elle que sont placés, en pleine lumière, les quatre grands panneaux peints d'un **retable★** de l'école flamande consacrés à saint Grégoire. Le mobilier est intéressant, notamment la chaire Louis XIV et les fonts baptismaux du 15e s.

EXCURSION

Méru. — 8 651 h. *10 km au Nord-Ouest.* L'église, gothique, se signale par un beau clocher. A l'intérieur, chœur du 13e s., et, dans la chapelle de droite, Saint-Sépulcre et statue N.-D. de la Pitié, du 16e s.

CHAMPAGNE-SUR-OISE – Carte Michelin n° 96 - pli ⑥ – 5 km au Nord de l'Isle-Adam – 2 666 h. (les Champenois) – *Schéma p. 132* – Paris 42 km.

Sur un coteau dominant l'Oise, cette petite ville se signale par le délicat clocher de son église.

Église. — Elle est située à l'extrémité du village, sur une placette près de la route de Parmain à l'Isle-Adam. Elle date du 13e s.; l'extérieur a été restauré au 19e s. par Viollet-le-Duc.

Le haut **clocher★** carré percé d'étroites arcades à fines colonnettes est rare dans la région. Le joli porche du 16e s. qui s'ouvre sur le flanc gauche a été restauré.

A l'intérieur, la nef, ornée d'un faux triforium, est éclairée par des oculi. Remarquer une traverse en pierre jetée entre les deux premiers piliers du chœur et soutenue par une arcade portée par une élégante ogive. Cette « poutre de gloire » du 15e s., en pierre (fait rarissime), était destinée à marquer l'entrée du chœur. Les fonts baptismaux du 16e s. sont ornés de fleurs de lys. Un grand retable du 17e s. en bois sculpté et peint occupe le fond de l'abside.

Centrale E.D.F. — *Entre Champagne et Persan.* Cette centrale thermique E.D.F. dresse au bord de l'Oise son architecture mouvementée. C'est, après celles de Porcheville et de Vitry-sur-Seine, l'une des plus impressionnantes de la région parisienne.

CHAMPEAUX – Carte Michelin n° 96 - pli ㊿ – 11 km au Nord-Est de Melun – 639 h. (les Campéliens) – Paris 51 km.

Il y eut ici une collégiale installée vers 1100 par Guillaume de Champeaux. Ce théologien fameux fut le maître, puis l'adversaire, du célèbre Abélard. La collégiale avait acquis une grande réputation par ses travaux religieux et musicaux. Outre Guillaume, évêque de Châlons-sur-Marne, Champeaux a donné à l'Église trois évêques, un cardinal et un pape.

Vingt-deux chanoines se partageaient les revenus considérables du chapitre et chacun des quinze chapelains desservant les quinze chapelles aménagées dans l'église disposait librement des fondations dont était pourvue sa chapelle. Les chapelains dépendant en même temps du chef élu par les chanoines et du diocèse de Paris, on imagine les complications, frictions et procès qui devaient s'élever dans la communauté pour le partage des revenus et des dépenses.

Église★. — *Visite de 9 h à 12 h (11 h les dimanches et jours fériés) et de 13 h 30 à 20 h: sur demande le matin et, hors saison, l'après-midi en semaine. Entrée : 2 F. S'adresser à Madame Loyer, 4 rue Raoul Coutant, 71112 Champeaux.*

La collégiale a été commencée en 1160 par le transept; la nef a suivi, terminée vers 1220; le chœur, entrepris vers 1270, n'a été fini qu'en 1315. Une grosse tour carrée, sans flèche, est accolée à la première travée de la nef.

A l'intérieur, le vaisseau est aussi vaste qu'élégant. La nef est couverte de voûtes sexpartites. Les arcs qui aboutissent aux extrémités de chaque double travée retombent sur une grosse colonne et les arcs intermédiaires sur une pile faible, formée de deux colonnettes accouplées. Cette forme d'alternance, légère et gracieuse, se rencontre rarement dans l'art gothique *(voir p. 18)*. Admirer les beaux chapiteaux à feuillages, les bas-côtés voûtés d'arêtes et, dans le transept, les remarquables chapiteaux romans. Les belles dalles funéraires aux intéressants personnages datent des 13e, 14e et 15e s. Soulever les sièges des **stalles★** Renaissance pour voir les sculptures des miséricordes. Leur verve, très libre, faillit entraîner leur suppression, au 18e s. Dans les bas-côtés du chœur subsistent des panneaux de vitraux Renaissance.

CHAMPLIEU – Carte Michelin n° 96 - pli ⑩ – *Schémas p. 39 et 73* – Paris 72 km.

Ce hameau, situé à la lisière Sud de la forêt de Compiègne, est célèbre par ses ruines gallo-romaines du 2e s. et ses catacombes.

A l'Ouest de Champlieu, on rencontre les ruines d'une petite église romane du 12e s. édifiée sur des soubassements romains, puis les catacombes *(on ne visite pas)*. Un temple, où se déroulaient les cérémonies dès les premiers Chrétiens, a été aménagé dans une grotte qui fut habitée à l'époque de la pierre taillée et où les druides pratiquèrent des sacrifices.

Ruines gallo-romaines. — *1 km au Nord. Visite du 1er avril au 30 octobre de 10 h à 12 h et de 14 h à 18 h ; du 1er novembre au 31 mars de 14 h à 16 h. Durée : 1/2 h. Entrée : 3 F (1,50 F les dimanches et jours fériés).*

Les ruines, dégagées au siècle dernier, sont traversées par l'ancienne voie romaine de Senlis à Soissons, dite « chaussée Brunehaut ».

Théâtre. — Il avait 70 m de diamètre et pouvait contenir 4 000 places. Seuls subsistent les trois premiers rangs de gradins. Au-dessus, l'hémicycle est gazonné. En bas, on reconnaît les soubassements de la scène et des coulisses. A la partie supérieure, les six entrées du public sont encore visibles. On peut faire le tour du théâtre sur le chemin de ronde supérieur.

Thermes. — Ils mesuraient 53 m sur 23. On reconnaît l'emplacement des anciennes salles.

Temple. — L'édifice, dédié à Apollon, avait 20 m de côté. Son plan est dessiné par un caniveau de pierre. On voit la trace du portique d'entrée.

D'une sobre architecture, ce château offre, à l'intérieur, un remarquable décor du 18e s.

Un château de financiers. — On ne connaît rien du premier château de Champs. A partir du 17e s., le fief devient un domaine de financiers. Le premier est Charles Renouard, dit la Touane, trésorier des Armées sous Louis XIV. Sa charge comporte d'énormes profits, mais aussi des risques, le trésor royal étant souvent en retard dans ses paiements. En 1701, le banquier fait une faillite de 4 millions de francs. Le roi ordonne son arrestation. Du perron du château, la Touane voit arriver les exempts : une embolie le foudroie.

Un second financier lui succède : Poisson, fils d'un pauvre paysan breton. Il a été successivement laquais, huissier, piqueur. Il réussit finalement à s'introduire parmi les fournisseurs aux Armées. Sa fortune devient colossale et il se fait appeler : Poisson de Bourvalais. A Paris, son hôtel de la place Vendôme est aujourd'hui le Ministère de la Justice.

Grandeur et décadence de Bourvalais. — Bourvalais a acheté Champs parce que sa femme, ancienne domestique, est née dans le village. Il fait édifier, de 1703 à 1707, le château actuel et y reçoit princièrement. Un de ses anciens maîtres lui jette un jour au visage : « Souviens-toi que tu as été mon valet » et le financier de répondre : « C'est vrai, mais si tu avais été le mien, tu le serais encore ».

(D'après photo Aérophoto.)

Champs.

En 1716, sous la Régence, le trésor étant très bas, on juge le moment venu de faire rendre gorge aux gens de finance. Bourvalais est envoyé à la Bastille. Il est relâché l'année suivante, mais on lui confisque 4 400 000 F – plus de 10 millions actuels –, Champs et l'hôtel de la place Vendôme. Le financier ne survit guère à ce rude coup.

Abandon et résurrection. — Acquis par la princesse de Conti, fille de Louis XIV et de Mlle de la Vallière, qui l'offre à son cousin germain, le château échoit au second duc de la Vallière. Ce gentilhomme y donne de grandes fêtes après l'avoir fait aménager avec goût. En 1757, il le loue à Mme de Pompadour. Après avoir fait de coûteux embellissements, elle se sépare de Champs qui passe de main en main. L'édifice est acquis en 1895 par le comte et la comtesse Cahen d'Anvers qui le restaurent et le remeublent somptueusement. En 1935, leur fils a fait don du domaine à l'État pour servir de résidence d'été au Président du Conseil.

VISITE environ 1 h

Le parc★★. — *Ouvert de 9 h 30 à 17 h 30 du 21 février au 20 mars, 18 h 30 du 21 mars au 30 avril, 19 h 30 du 1er mai au 30 juin, 20 h du 1er juillet au 31 août, 19 h en septembre, 18 h en octobre, 17 h en novembre, 16 h 30 du 1er décembre au 20 février. Fermé le mardi.*

C'est un des chefs-d'œuvre du jardin français. Dû à un neveu de Le Nôtre, Claude Desgots, il a été rétabli au début du 20e s., par Duchesne, tel qu'il était deux siècles auparavant avec ses perspectives, ses parterres de « broderies », ses bassins, ses bosquets. En été, des orangers garnissent la terrasse devant le château qui présente, de ce côté, sa plus belle façade.

Le château★. — *Visite accompagnée, par groupes, de 10 h à 12 h et de 13 h 30 à 1/2 h avant la fermeture du parc et au plus tard à 18 h – sauf quand le château, résidence officielle, est occupé. Entrée : en semaine 4 F, les dimanches et jours fériés 2 F.*

Champs, lorsqu'il fut bâti par J.-B. Bullet, attira l'attention des contemporains par le souci du confort qui apparaît dans son aménagement. Les pièces cessent de se commander, les dégagements sont bien étudiés, chaque chambre a un cabinet et une garde-robe, il y a plusieurs salles de bains, une salle à manger attenante au grand salon. L'office est voisin, il communique par un escalier avec les cuisines placées en sous-sol et non à l'extérieur, dans les communs. La décoration des appartements et le mobilier composent un ensemble de premier ordre.

On visite, au 1er étage, le salon de Musique; de cette pièce, la vue sur les jardins est fort belle. On montre aussi la chambre de Mme de Pompadour, aux magnifiques **boiseries**★ *(illustration p. 23)* et le salon d'angle.

Au rez-de-chaussée, on voit le grand salon, au plafond peint en trompe-l'œil, la salle à manger, le fumoir aux belles boiseries où se trouve un portrait de Louis XV attribué à Van Loo, le **salon chinois**★★, orné de « chinoiseries » par Huet, type de décoration en vogue à cette époque et dont il reste peu d'exemples, enfin le boudoir (restauré en 1973) décoré de peintures en camaïeu bleu.

Le nom de Chantilly évoque un château, une forêt, un champ de courses. Le château par son site, son parc, son musée mérite de figurer parmi les grandes curiosités françaises.

UN PEU D'HISTOIRE *(1)*

De Cantilius aux Montmorency. — Cinq châteaux se sont succédé depuis 2 000 ans, en ce point de la vallée de la Nonette.

Une île rocheuse émerge des étangs et des marécages. Le gallo-romain Cantilius édifie sur ce roc une première maison fortifiée. Chantilly est né de ce nom et de cette construction. Au Moyen Age, elle devient un château fort appartenant aux Bouteiller, patronyme venu des fonctions héréditaires qu'ils exercent à la Cour des Capétiens. Le « bouteiller de France », primitivement chargé des caves du roi, était l'un des grands conseillers de la Couronne.

La terre passe ensuite en 1386 au chancelier d'Orgemont qui reconstruit le château. Le soubassement féodal a supporté les trois édifices postérieurs. En 1450, un baron de Montmorency épouse la dernière des Orgemont : Chantilly entre dans l'illustre famille qui le conserva, en ligne directe, pendant deux siècles.

Le Grand Connétable. — Anne de Montmorency a été le fidèle serviteur de six rois, de Louis XII à Charles IX. Homme de guerre, diplomate, ministre, amateur d'art, c'est une puissante personnalité. Pendant quarante ans – à part quelques éclipses passagères –, il tient la première place dans le royaume, après le roi. Compagnon d'enfance et frère d'armes de François Ier, conseiller intime de Henri II, il influence jusqu'à Catherine de Médicis dont il s'est attiré la reconnaissance en lui indiquant les remèdes qui l'ont guérie de sa stérilité.

Le connétable possède 600 fiefs, plus de 130 châteaux et seigneuries, 4 hôtels à Paris, quantité de charges et d'offices. Sa fortune est immense. Quand il se rend à la Cour, il est entouré d'une garde de 300 cavaliers. Par ses cinq fils et les maris de ses sept filles, il a la main sur la plupart des grandes charges et il est allié à Henri II et aux plus hautes familles.

En 1528, le château féodal des Orgemont est démoli. Pierre Chambiges élève à sa place un palais dans le style de la Renaissance française. Sur l'île voisine du château, Jean Bullant bâtit le charmant castel qui est encore debout : le Petit Château. Il était séparé du Grand Château par un large fossé, aujourd'hui comblé, que franchissaient deux ponts superposés. Une volière était installée dans le minuscule jardin de l'île. Par d'énormes charrois de terre, le Connétable crée la Terrasse qui porte aujourd'hui sa statue. De nouveaux jardins sont dessinés. Les meilleurs artistes du temps décorent les deux palais. Chantilly compte parmi les plus célèbres domaines de France. Charles Quint ne peut cacher son admiration lorsqu'il le visite.

En 1567, à 75 ans, Montmorency entre en campagne contre les Protestants et trouve la mort à la bataille de St-Denis. Pour abattre ce rude lutteur, il faut cinq coups d'épée qui lui taillent le visage, deux coups de masse sur la tête et enfin une arquebusade qui lui rompt la colonne vertébrale. Avant de s'effondrer, il brise encore une mâchoire avec le pommeau de son épée.

Le dernier amour du Vert-Galant. — Henri IV séjourne souvent à Chantilly, auprès de son compagnon d'armes, Henri Ier de Montmorency, fils du Grand Connétable. A 54 ans, le roi s'éprend du ravissante fille de son hôte, Charlotte, qui n'a que 15 ans. Il arrange son mariage avec Henri Ier de Bourbon-Condé, garçon timide et gauche, en qui il espère trouver un mari complaisant. Mais au lendemain des noces, Condé emmène sa femme en province. Henri IV leur ordonne de revenir.

Le couple se réfugie à Bruxelles, sous la protection du roi d'Espagne. Le Vert-Galant supplie, tempête, menace, va jusqu'à demander l'intervention du pape ! mais il meurt, assassiné par Ravaillac. Les fugitifs peuvent rentrer en France.

Sylvie et ses poètes. — Henri II de Montmorency, filleul de Henri IV, le plus brillant et le plus fastueux cavalier de la Cour, a épousé une filleule de Marie de Médicis, Marie-Félicie Orsini. Pleine de charme et de bonté, très cultivée, elle a comme familiers les poètes Mairet et Théophile de Viau. Celui-ci, qu'elle a protégé alors qu'il était poursuivi par le Parlement de Paris, la désigne sous le nom de Sylvie. Ce nom est resté attaché à la petite maison du parc, construite en 1604 pour Henri IV et où se plaisait Marie-Félicie.

Henri de Montmorency, poussé par l'intrigant Gaston d'Orléans, frère de Louis XIII, se révolte contre Richelieu. Il est vaincu à Castelnaudary et fait prisonnier après avoir reçu dix-huit blessures dont cinq balles dans le corps. Le dernier des Montmorency est décapité à Toulouse en 1632. En signe de pardon, il lègue au cardinal les deux statues d'Esclaves par Michel-Ange, aujourd'hui au Louvre. Celles de Chantilly sont des copies. Marie-Félicie, inconsolable, se retire au couvent de la Visitation de Moulins et y finit ses jours.

Le Grand Condé. — Charlotte de Montmorency et son mari, Henri de Bourbon-Condé, le couple pourchassé par le roi Henri IV, héritent de Chantilly en 1643 : le château restera dans la famille jusqu'en 1830. Descendant de Charles de Bourbon, comme Henri IV, les princes de Condé sont des princes du sang. L'héritier présomptif du titre est appelé duc d'Enghien.

Le Grand Condé est le fils de Charlotte et d'Henri. Il se consacre à l'embellissement du château avec la fougue et la maîtrise qu'il apporte aux opérations militaires. En 1622, Le Nôtre est chargé de la transformation du parc et de la forêt. Les jeux d'eaux de Chantilly sont les plus admirés de France et Louis XIV à Versailles se fera un point d'honneur d'en posséder de plus beaux, quelles que soient les difficultés techniques. Les travaux durent vingt-deux ans. Il en sort une œuvre splendide dont une bonne partie subsiste encore.

Tous les grands écrivains du 17e s. sont venus à Chantilly, notamment Bossuet, Fénelon, Bourdaloue, La Bruyère qui fut précepteur du petit-fils du prince, Molière qui dut à Condé l'autorisation de représenter « le Tartuffe », Boileau, Racine, La Fontaine, Mmes de la Fayette et de Sévigné.

---

(1) Pour plus de détails, lire : « Chantilly », par R. de Broglie (Paris, Calmann-Levy).

La mort de Vatel. — Le 23 avril 1671, Louis XIV et la Cour, au total 5 000 personnes, sont pour trois jours les hôtes du Grand Condé. Il faut élever des baraquements dans le parc; les auberges et les maisons des villages environnants sont réquisitionnées; soixante tables de quatre-vingts couverts sont servies trois fois par jour. L'armée de cuisiniers et de valets est sous les ordres de Vatel, « contrôleur général de la Bouche de Monsieur le Prince ». Pendant les douze jours précédents, il n'a pas dormi. Au repas du soir, le rôti manque à deux tables. Vatel s'en désole toute la nuit. Au matin, la marée attendue n'arrive pas. Déprimé par la fatigue, le pauvre homme ne peut résister à ce nouveau coup du sort : il monte dans sa chambre, appuie le pommeau de son épée contre le mur et se transperce.

Chantilly. — Le château au 17e s.

Les derniers Condé. — Condé meurt à Fontainebleau en 1686. « Je viens de perdre le plus grand homme de mon royaume », dit Louis XIV. Au cours de la cérémonie religieuse précédant l'inhumation, Bossuet prononce une oraison funèbre devenue célèbre.

Artiste, ayant le goût du faste, « Monsieur le Duc », arrière-petit-fils du Grand Condé, donne à Chantilly un très vif éclat. Il fait construire par Jean Aubert les Grandes Écuries, un des chefs-d'œuvre monumentaux du 18e s. *(voir : L'architecture civile p. 22).* Il crée une manufacture de porcelaine, disparue en 1870.

Le château d'Enghien est construit en 1769 par Louis-Joseph de Condé. Son premier occupant est son petit-fils, le duc d'Enghien qui vient de naître. Le père du nouveau-né a 16 ans, le grand-père 36. Le jeune prince périt tragiquement en 1804. Enlevé du duché de Bade par la police française, il est fusillé dans les fossés de Vincennes sur l'ordre de Bonaparte.

Pendant la Révolution, les étages du Grand Château sont rasés, jusqu'à hauteur du rez-de-chaussée; le Petit Château échappe à la destruction. A son retour d'exil, Louis-Joseph a 78 ans. Il revient à Chantilly avec son fils. Leur douleur est vive; le château qu'ils avaient tant aimé est ruiné, le parc dépecé. Ils décident de remettre leur domaine en état. Ils rachètent les parcelles de leur ancienne propriété, restaurent le Petit Château, replantent et réaménagent les jardins. Le prince meurt en 1818. Le duc de Bourbon poursuit les travaux. C'est un chasseur passionné. A 70 ans, il chasse à courre tous les jours.

Sous son impulsion, Chantilly retrouve l'animation des années qui précédèrent la Révolution. Les chasses et les réceptions attirent comme naguère une foule élégante. Les travaux de restauration enrichissent les habitants du pays. Le prince dispense à profusion aumônes et dons.

La révolution de 1830 qui donne le trône à son cousin Louis-Philippe l'inquiète. Il envisage de repartir en Angleterre. Quelques jours plus tard, on le trouve pendu à l'espagnolette d'une fenêtre de son château de St-Leu *(p. 157).* Avec lui s'éteignait la lignée des Condé.

Le duc d'Aumale. — Le duc de Bourbon a légué Chantilly à son petit-neveu et filleul, le duc d'Aumale, cinquième fils de Louis-Philippe. Ce prince s'est illustré en Afrique par la prise de la smalah d'Abd el-Kader. La révolution de 1848 le fait partir en exil. Il ne rentre qu'en 1870 et préside le conseil de guerre qui juge Bazaine.

De 1875 à 1881, le duc fait édifier par Daumet, dans le style Renaissance, le Grand Château actuel, le cinquième. Un nouvel exil l'éloigne de 1883 à 1889. Il meurt en 1897, léguant à l'Institut son domaine de Chantilly avec les magnifiques collections qui forment le musée Condé et le Cabinet des livres.

LE CHATEAU**

L'arrivée. — On peut atteindre le château par plusieurs routes.

Arrivant de la Chapelle-en-Serval par le D 924^A, à travers les belles futaies de la forêt de Chantilly, on le voit surgir, en débouchant sur le carrefour des Lions, dans un magnifique décor de pierres, d'étangs, de pelouses et de grands arbres.

Venant de Paris par la N 16, au lieu de traverser la localité entourée de ravissantes propriétés aux beaux parcs, tourner à droite, après le passage inférieur, dans la route ombragée de l'Aigle qui longe l'Hippodrome.

Au carrefour des Lions, prendre à gauche.

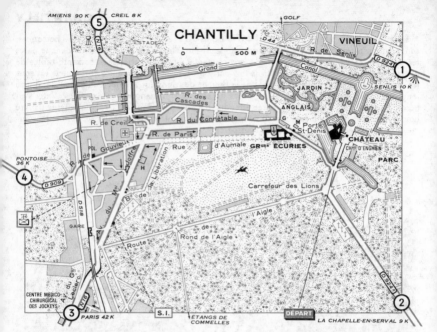

Enfin, si l'on vient de Senlis par le D 924, on a, en traversant Vineuil, une belle échappée sur le parc et le château. Tourner à gauche, pour franchir les bras de la Nonette transformés en canaux : joli coup d'œil. A l'entrée de la rue du Connétable, prendre à gauche et gagner le château en passant sous la porte St-Denis.

Les conditions de visite.

Musée : *visite tous les jours sauf le mardi du 1er mars au 14 novembre de 10 h 30 à 17 h 30 ; du 15 novembre au 1er mars, les samedis, dimanches et jours fériés, aux mêmes heures. Entrée : 5 F (donnant accès au parc).*

Parc : *mêmes dates et horaires que le musée. Entrée : 5 F.*

La maison de Sylvie et le Jeu de Paume sont ouverts les samedis et dimanches du 1er mars au 1er novembre à partir de 14 h.

(D'après photo Roubier.)

Chantilly. — Le château actuel.

Monter la rampe. Le château d'Enghien, à droite, en retrait, est habité par les conservateurs du musée Condé. Traverser la terrasse du Connétable où se trouve la statue équestre d'Anne de Montmorency et passer entre deux groupes de chiens en bronze puis pénétrer dans la cour d'honneur par la grille du Grand Péristyle, flanquée des copies des Esclaves de Michel-Ange. L'entrée du musée est en face.

LE MUSÉE** visite : 1 h

Certaines des œuvres d'art dont le duc d'Aumale a composé sa collection ont pu être acquises à des prix fort modestes pour l'époque. Un des meilleurs Largillière fut payé 450 F ; un excellent Mignard, 260 F. Les dix tapisseries des Gobelins du 17e s., copies des Chasses de Maximilien, ont été enlevées pour 6 000 F, lors de la succession de Louis-Philippe. D'autres, en revanche, ont coûté des sommes impressionnantes.

La présentation du musée surprendra peut-être. Contrairement aux méthodes actuelles, les œuvres d'art ne sont pas groupées par époques et par maîtres. Des primitifs italiens et flamands voisinent avec des œuvres du 19e s. et des enluminures de manuscrits avec des peintures à l'huile.

Moins soucieux de composer un musée éducatif que de réunir une belle collection, le duc d'Aumale groupait les œuvres au hasard de ses acquisitions, ou rassemblait dans une salle celles qu'il préférait. Les conservateurs ont respecté cette présentation.

Le Grand Château. — Les salles les plus intéressantes sont signalées ci-dessous :

1) **Galerie des Cerfs.** — Ancienne salle à manger : les **tapisseries des Chasses*** y sont exposées.

2) **Galerie de peinture****. — Collection de tableaux du 16ᵉ au 19ᵉ s.

3) **Galerie du Logis*****. — Peintures et dessins de Jean Clouet, de son fils François et de son école, où revivent les grands personnages du 16ᵉ s. Porcelaines de Chantilly.

4) **Cabinet des Clouet*****. — Précieuse collection de tableaux très rares, d'œuvres de Clouet et de Corneille de Lyon.

5) **Galerie de Psyché.** — Les **44 vitraux*** (16ᵉ s.) des fenêtres proviennent du château d'Écouen. Des **dessins**** de Clouet y sont exposés.

6) **Santuario*****. — Il abrite les perles du musée : la Vierge de Raphaël, dite de la Maison d'Orléans ; les Trois âges de la femme, dits encore les « Trois grâces », du même peintre ;

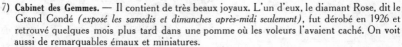

MUSÉE (REZ-DE-CHAUSSÉE)

0   10 M

GRAND CHÂTEAU
COUR D'HONNEUR

PARTERRE
DE LA
VOLIÈRE

Grille du Grᵈ Péristyle   Entrée

PETIT CHÂTEAU

Autel

Mausolée

Esther et Assuérus, panneau de coffre de mariage peint par Filippino Lippi et enfin quarante miniatures de Jean Fouquet, découpées dans le livre d'heures d'Estienne Chevalier, œuvre capitale de l'école française du 15ᵉ s.

7) **Cabinet des Gemmes.** — Il contient de très beaux joyaux. L'un d'eux, le diamant Rose, dit le Grand Condé *(exposé les samedis et dimanches après-midi seulement)*, fut dérobé en 1926 et retrouvé quelques mois plus tard dans une pomme où les voleurs l'avaient caché. On voit aussi de remarquables émaux et miniatures.

8) **Tribune****. — Choix de peintures de toutes les écoles anciennes et modernes. Le Mariage mystique de saint François d'Assise par Sassetta, des Memling, des Watteau, des Prud'hon, le portrait de Molière par Mignard, des Van Dyck, des tableaux d'Ingres qui sont particulièrement célèbres.

Le Petit Château. — L'appartement qui y fut aménagé, au 18ᵉ s., par le duc de Bourbon, présente des **boiseries**** de premier ordre.

9) **Chambre.** — Remarquables **panneaux*** peints de J.-B. Huet et célèbre **commode**** de Riesener aux très beaux pilastres sculptés par Hervieu (18ᵉ s.).

10) **Salon des Singes****. — Singeries attribuées à Christophe Huet. Sur un écran, se trouve représentée la leçon de lecture des Singes.

11) **Galerie de M. le Prince***. — Le Grand Condé y a fait peindre les batailles qu'il a livrées. Beaux meubles.

12) **Cabinet des Livres.** — Splendide collection de manuscrits dont celui des **Très Riches Heures du duc de Berry*****, enluminé par les frères de Limbourg au 15ᵉ s. Ce manuscrit, très fragile, n'est pas exposé en permanence ; on peut cependant en voir des reproductions faites par Draeger.

13) **Chapelle.** — Le duc d'Aumale y a fait transporter un **autel*** sculpté par Jean Goujon, des boiseries et des vitraux du 16ᵉ s. provenant de la chapelle d'Écouen. Dans l'abside se trouvent le **mausolée*** du père du Grand Condé par J. Sarrazin (17ᵉ s.) et le cippe contenant les cœurs des Condé.

LE PARC**

Conditions de visite : voir p. 52. Accès par la Grille d'Honneur. Suivre de préférence l'itinéraire indiqué sur le plan, p. 54. Durée : 1 h.

Voici quelques détails sur les points les plus intéressants :

Chapelles St-Paul et St-Jean. — Elles furent élevées en 1535, en même temps que cinq autres réparties sur le domaine, par le connétable Anne de Montmorency, en souvenir des sept églises de Rome qu'il avait visitées pour gagner les indulgences attachées à ce pèlerinage. Il obtint du pape les mêmes privilèges pour les chapelles de Chantilly.

Trois seulement subsistent : St-Paul et St-Jean, toutes deux dans le parc ; Ste-Croix, sur la pelouse de l'hippodrome.

La Cabotière. — Son nom vient de l'avocat Caboud, amateur passionné de cultures florales qui avait aménagé, en cet endroit, pour le Grand Condé, un magnifique jardin de fleurs.

Maison de Sylvie. — *Visite : voir p. 52.* A l'intérieur, le duc d'Aumale a installé un petit musée. Il ajouta à l'ancienne construction du 17ᵉ s. une rotonde où ont été placées des boiseries de cette époque.

En descendant un peu, sur la droite, on se trouve dans un joli site, ombragé de beaux hêtres qui dominent l'étang où pêchait Sylvie.

CHANTILLY ★★

Le Hameau. — *On ne visite pas l'intérieur des constructions.* Il date de 1775 et a précédé celui de Trianon. Sous l'influence de Jean-Jacques Rousseau, il était alors de bon ton, pour les princes, de jouer au paysan dans des villages en miniature.

On verra le moulin et quelques constructions de style normand. Elles contenaient la cuisine, la salle à manger, la salle de billard. La grange offrait un salon qui fut restauré par le duc d'Aumale. Toutes les fêtes comportaient un souper dans ce joli coin du parc.

Un sentier, qui longe la rivière, permet d'aller du hameau aux parterres.

Les parterres ★★. — Ils sont encadrés par deux allées de jeunes tilleuls (remplaçant les platanes abattus en 1973), dites « allées des Philosophes » parce que les grands écrivains qui rendaient visite à Condé aimaient à se promener en devisant sous leurs ombrages.

Le Nôtre dériva et canalisa la Nonette pour former le Grand Canal et la Manche.

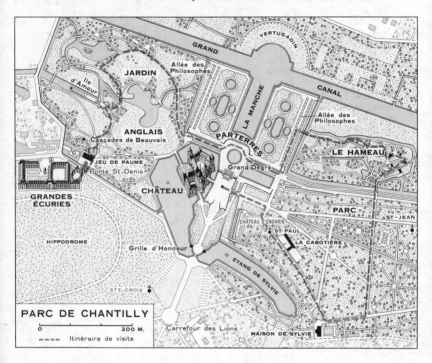

Dans l'axe de la Manche apparaît la pelouse en amphithéâtre du Vertugadin. Des miroirs d'eau sont disposés à droite et à gauche. Entre la Manche et le bassin circulaire de la Gerbe ont été placées, avec la statue de Condé, celles de Bossuet, La Bruyère, Molière et Le Nôtre, familiers de Chantilly.

Les parterres sont reliés à la Terrasse par le Grand Degré, décoré de statues de Fleuves.

Jardin anglais. — Il fut aménagé en 1819 sur les débris du parc de Le Nôtre. L'Ile d'amour et les Cascades de Beauvais en sont les plus beaux ornements.

Jeu de paume. — *Visite : voir p. 52.* Construit en 1757, il a été transformé en musée.

AUTRES CURIOSITÉS

Grandes Écuries ★★. — *Visite du dimanche de Pâques au 1er novembre les samedis, dimanches et jours fériés, sauf les jours de courses, de 14 h à 18 h.*

On les voit bien de l'entrée du château *(illustration p. 22).* Sur leur droite se trouve la porte St-Denis, amorce d'un pavillon qui devait couvrir la route et, à côté, le Manège circulaire, aux hautes arcades. Les Écuries, chef-d'œuvre du 18e s., ont leur plus belle façade sur la pelouse. Pour voir l'immense nef intérieure où sont exposés des carrosses, entrer par la porte latérale, près de la porte St-Denis. On pouvait y loger 240 chevaux et les meutes : 140 chiens de cerf, 120 de chevreuil et 160 de sanglier, avec toute une population de cochers, palefreniers, piqueurs et vétérinaires. Dans la rotonde centrale se trouve une jolie fontaine dont la vasque servait d'abreuvoir.

Hippodrome. — Il a été inauguré en 1834, au moment où l'imitation de l'Angleterre était à la mode. Les dandys, qui avaient fondé, à Paris, le Jockey-Club, s'avisèrent que la pelouse de Chantilly conviendrait admirablement aux courses de chevaux. Les réunions hippiques étaient l'occasion de réceptions mondaines avec chasse à courre, concerts, fêtes sur l'eau et feux d'artifice.

Les prix de Diane et du Jockey-Club y sont courus en juin.

LA FORÊT ★ *schéma p. 55*

Ce vaste massif forestier couvre environ 6 300 ha, patiemment remembrés pendant cinq siècles par des seigneurs passionnés de chasse. Le peuplement est fait de chênes, bouleaux, tilleuls et pins sylvestres, traités en futaies, taillis et taillis sous futaie *(voir p. 13).*

Domaine privé de l'Institut ou affermés, ces bois n'offrent aux automobilistes qu'un réseau de routes assez lâche. Seul le lotissement de luxe du **Lys-Chantilly** *(ressources et distractions p. 34)* possède de belles et nombreuses avenues. Piétons et cavaliers ont à leur disposition plusieurs allées de chasse.

Étangs de Commelles. — Les étangs occupent un **site**★ très plaisant, encadrés de coteaux boisés ; ils sont formés par la Thève. Des chaussées les divisent en quatre nappes distinctes. Il est possible d'en faire le tour, à pied, par les sentiers des rives ; en traversant l'une ou l'autre des chaussées, on fera varier la durée de la promenade.

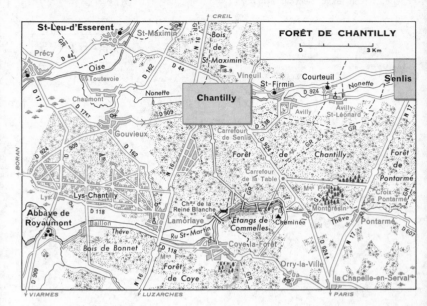

Château de la reine Blanche. — On appelle ainsi une construction de style « troubadour », élevée en 1826 pour servir de rendez-vous de chasse. Elle occupe l'emplacement d'un castel qui aurait été bâti par la reine Blanche de Navarre, épouse de Philippe VI de Valois, à la mort du roi, vers 1350.

De ce point, on a vue, d'un côté, sur le plus bel étang, de l'autre sur un vallon ombragé de grands arbres, où la Thève continue sa course, coupée de cascatelles.

Une route très agréable permet de suivre, en la dominant, la rive Nord.

A l'extrémité Est des étangs, vers le D 924A, on remarquera, derrière une propriété privée occupant une partie de l'ancienne abbaye de Commelles, un ancien four à poterie datant du 13e s., qui faisait partie d'une fabrique de tuiles et de carreaux vernissés.

St-Firmin. — *4 km à l'Est de Chantilly.* L'église possède de beaux vitraux Renaissance ; crucifix en bois du 16e s., statues de saint Jacques de Compostelle et sainte Marie-Madeleine.

CHARS – Carte Michelin n° 96 - pli ④ – 18 km au Nord-Ouest de Pontoise – 1 435 h. (les Charsiens) – Paris 50 km.

La plupart des villages qui jalonnent la charmante vallée de la Viosne *(décrite p. 141)* possèdent une église intéressante. Celle de Chars mérite une mention particulière.

Église★. — Bâtie au 12e s., elle a été remaniée aux 13e et 16e s. La façade est romane, le clocher Renaissance. De simples contreforts étayaient le chevet lorsqu'il fut construit au 12e s. Au siècle suivant, le grand progrès que constituent les arcs-boutants dans le soutènement des bâtiments ayant été introduit, on a arasé la tête des contreforts puis on les a exhaussés, pour recevoir les nouveaux étais.

A l'intérieur, la nef, très étroite, et les bas-côtés sont romans. Ils ont reçu des voûtes gothiques. Belle clef de voûte à la troisième travée de la nef. Intéressants chapiteaux romans. La quatrième travée et le transept ont été refaits au 16e s. après l'écroulement du clocher, à la croisée du transept. Dans le croisillon droit subsiste une belle rose du 12e s.

C'est le **chœur**★ des 12e et début 13e s., à cinq chapelles rayonnantes, qui produit la plus forte impression. Ses arcades sont décorées de bâtons rompus ; des tribunes s'ouvrent par des baies en plein cintre. Au-dessus existe un étage de rosaces, ornementation assez rare qui ne se rencontre guère qu'en Ile-de-France. Les fenêtres hautes sont en arc brisé.

EXCURSION

Lavilletertre. — 512 h. *7 km au Nord.* L'église, du 12e s., possède de beaux chapiteaux romans.

Chartres est la capitale de ce « grenier de la France » qu'est la Beauce. Mais, pour le touriste, c'est avant tout une cathédrale. Ce vénérable et magnifique édifice écrase de son rayonnement un site pittoresque, des monuments, de vieilles rues qui, dans une ville moins favorisée, suffiraient à retenir longuement les visiteurs *(1)*.

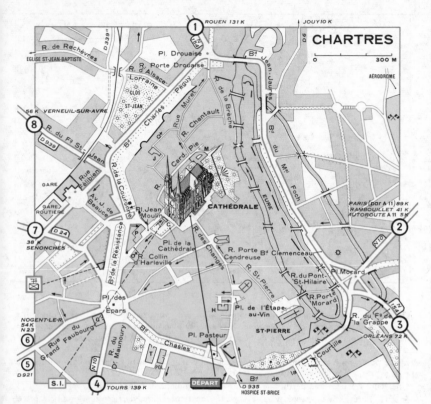

Un lieu prédestiné. — Des touristes seront surpris de rencontrer, au cœur d'une région purement rurale, un édifice aussi prestigieux que la cathédrale de Chartres. Ce qui explique sa présence, c'est l'influence religieuse que ce lieu a exercée au moins dès l'époque gallo-romaine.

Avant la conquête romaine, la région est occupée par la tribu des Carnutes – de là vient le nom de Chartres – et il semble que l'agglomération ait été l'une des principales métropoles druidiques. Les cérémonies se seraient déroulées autour d'un puits qu'on a retrouvé sous la crypte de la cathédrale. Au même endroit s'élève ensuite un temple gallo-romain où l'on vénère une statue de déesse-mère.

A l'avènement du christianisme, les apôtres voient dans cette effigie une préfiguration de la Vierge, mère de Dieu. Ils la transportent dans la basilique qu'ils font bâtir. Cette statue de « Notre-Dame sous Terre » passe dans tous les édifices qui se succèdent. On vient de très loin la vénérer.

La possession de la Tunique de la Vierge, offerte à la cathédrale par Charles le Chauve, en 876, accroît encore le rayonnement de Chartres.

La protection de la Vierge. — En 1360, le roi d'Angleterre Édouard III assiège la cité réunie à la Couronne de France depuis 1286. Mais un formidable orage de grêle s'abat sur son camp près de Brétigny – à 7 km au Sud-Est de Chartres – : « Il chéait si grosses pierres, dit Froissart, qu'elles tuaient hommes et chevaux et en furent les plus hardis ébahis ». Édouard, épouvanté, lève les bras vers les clochers de la cathédrale : si Notre-Dame fait cesser le cataclysme, il accordera au roi de France une paix immédiate. Le ciel redevient serein. L'Anglais tient parole, signe la paix de Brétigny, puis se rend humblement à Chartres pour rendre grâce à la Vierge. En souvenir de ce miracle, toutes les terres de la plaine qui avaient reçu l'orage furent affranchies de la dîme jusqu'à la Révolution.

En 1587, les troupes huguenotes du prince de Condé encerclent la ville. Sous la pluie des boulets, la statue de la Vierge qui surmonte la porte Drouaise reste intacte. Certains voient même la Mère du Christ tendre sa robe pour recevoir les projectiles. Néanmoins, une brèche a été faite dans le rempart voisin. Condé touche au but quand, subitement, contre toute attente, il lève le siège. En reconnaissance, les Chartrains élèvent l'église N.-D.-de-la-Brèche.

Les troubles de la Ligue. — Henri III, chassé de Paris par la journée des Barricades, en mai 1588, séjourne quelque temps à Chartres, dans une maison de chanoine.

Henri IV s'empare de la ville en 1591. Après son abjuration, il revient s'y faire sacrer, Reims et Paris étant encore aux mains des Ligueurs. De tous les Capétiens, seuls Louis VI et Henri IV ne furent pas couronnés à Reims. Les cérémonies de Chartres furent loin d'égaler les fastes rémois.

---

(1) Pour plus de détails, lire : Chartres et sa cathédrale, par J. Villette (Grenoble, Arthaud) ; « Vitraux de Chartres », par A. Dievick (Lausanne, Payot).

CATHÉDRALE*** *visite : 1 h*

Montée aux tours de la cathédrale : de 9 h 30 à 12 h et de 14 h à 18 h d'avril à septembre ; de 10 h à 12 h et de 14 h à 17 h d'octobre à mars (16 h de novembre à février).

Une cathédrale maintes fois rebâtie. — La première basilique chrétienne, élevée au 4e s. sur l'emplacement du temple romain, est incendiée en 743. Quatre fois encore, le feu détruit les sanctuaires successifs, reconstruits toujours plus vastes.

Du cinquième édifice, élevé au début du 12e s., sous la direction de l'évêque Fulbert, il ne subsiste que la crypte avec les tours et la base de la façade occidentale. Le reste de la cathédrale actuelle est construit au lendemain de l'incendie de 1194 : rois, princes, barons et bourgeois font assaut de largesse et ceux qui ne peuvent donner d'argent prêtent leurs forces. Cet élan permet à la cathédrale d'être achevée en vingt-cinq ans et d'ajouter les porches Nord et Sud vingt ans plus tard, ce qui assure au grand-œuvre et à la décoration une unité presque unique dans le style ogival.

Par une rare chance, les guerres de Religion, la Révolution et les deux guerres mondiales ont épargné la célèbre basilique que Rodin appelait « l'Acropole de la France » pour sa haute signification esthétique et spirituelle. Seul, un incendie, en 1836, ravagea la « forêt » de la cathédrale : la magnifique charpente des combles, qui fut remplacée par une charpente métallique.

TOUR EXTÉRIEUR

Façade principale. — Ses deux hautes flèches et le portail Royal composent l'un des plus beaux ensembles de l'art religieux français. Le « Clocher Neuf », à gauche, est en réalité le plus ancien. Il date, pour sa partie inférieure, de 1134. Il prit son nom actuel quand Jehan de Beauce eut lancé à 115 m de hauteur la flèche de pierre remplaçant la flèche de bois détruite en 1506 par un incendie. Le « Clocher Vieux », à droite, haut de 106 m, est l'un des chefs-d'œuvre de l'art roman. Sa sobriété contraste avec la richesse de la flèche gothique *(illustrations p. 16 et 19)*. Le gâble, la galerie des Rois (rois de Juda, aïeux de la Vierge) et la rose sont du 13e s. et gothiques, tandis que les trois fenêtres et le portail sont du 12e s. et romans.

Le **portail Royal***, l'une des merveilles de l'art roman parvenu à son terme (1145-1170), présente la vie et le Triomphe du Sauveur. Le Christ du tympan central et les statues-colonnes sont célèbres. Rois et reines de la Bible, ancêtres du Christ, leurs longues et minces figures s'alignent dans l'embrasure des portes. Contrastant avec les corps roides, les visages vivent intensément. Cette rigidité qui s'oppose à la vivacité des personnages des voussures et des chapiteaux, fut voulue. Les statues sont des colonnes avant d'être des personnages.

Porche et portail Sud. — Le croisillon Sud fait plus grande impression que celui du Nord. Ici, les hautes maçonneries sont parées d'un réseau de longues colonnettes dont la perspective verticale, en une harmonieuse unité, conduit des arcades du porche à celles des pignons.

La décoration du porche est achevée par une galerie des rois, dont les dix-huit grandes figures, surmontées d'un dais, encadrent les gâbles. Le thème de la décoration du portail est celui du Jugement dernier. La porte de droite est consacrée aux Confesseurs, celle de gauche aux Martyrs. Les deux premières statues, à droite et à gauche de cette dernière porte, celles de saint Georges et de saint Théodore, sont remarquables. Les saints sont représentés dans le costume des chevaliers du 13e s.

Les médaillons qui s'étagent par groupes de six, de part et d'autre des baies du porche, représentent, d'une manière très vivante, des anecdotes de la vie des martyrs, les Vices et les Vertus.

Chevet. — De la terrasse du jardin, la vue du chevet est impressionnante. La hardiesse des arcs-boutants à double volée, l'étagement des absidioles, du déambulatoire et du chœur sont d'un superbe effet.

La chapelle St-Piat, du 14e s., d'abord séparée de la cathédrale, lui a été reliée par un élégant escalier.

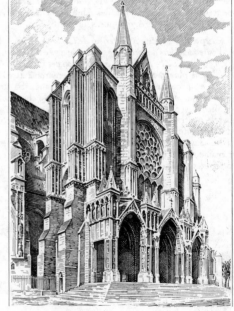

(D'après photo Yvon.)

Cathédrale de Chartres. — Le croisillon Sud.

Sur le flanc Nord de l'édifice, l'étagement des contreforts et des arcs-boutants est très curieux.

Porche et portail Nord. — L'ornementation du porche s'assortit à celle du portail qui est antérieure. Les personnages, traités avec plus de liberté que dans le portail Royal, sont plus vivants et montrent un réel progrès du réalisme, puis de l'élégance. Regardant vers le Clocher Neuf, la statue de sainte Modeste, martyre chartraine, est un chef-d'œuvre de grâce.

La décoration des trois portes est consacrée à la venue du Christ. A la porte de droite sont mis en honneur les héros bibliques ayant pratiqué les vertus chrétiennes ; à la porte centrale, la Vierge et les Prophètes ayant annoncé la venue du Messie. A la porte de gauche sont représentées l'Annonciation, la Visitation et la Nativité accompagnées par les Vertus et les Vices.

CHARTRES★★★

VISITE INTÉRIEURE

Nef. — Elle mesure plus de 16 m entre piliers et dépasse en largeur la nef de toutes les autres cathédrales françaises (N.-D. de Paris a 12 m, N.-D. d'Amiens 14) ; cependant, elle est à simples bas-côtés. La hauteur des voûtes est de 37 m. La longueur intérieure de l'édifice atteint 130 m. Cette nef est du plus pur style ogival du 13e s., dit lancéolé ; il n'y a pas de tribune, mais un triforium aveugle *(illustration p. 18)*.

Dès les premiers pas, on est saisi par l'éclairage étrange du vaisseau. Les vitraux diffusent, en effet, une lumière chaudement colorée qui accuse les saillies et les creux de l'architecture et plaque de larges touches aux riches couleurs sur les murs et le pavage.

Vitraux★★★. — La collection des vitraux des 12e et 13e s. est l'une des plus belles de France. Les trois fenêtres de la façade principale et la « Notre-Dame de la Belle-Verrière » (1) *(illustration p. 20)* sont du 12e s. Le bleu limpide qui les caractérise est le fameux bleu de Chartres. Les deux belles roses et l'ensemble des autres verrières (13e s.) – à l'exception de celles de la chapelle Vendôme, du 15e s. (2) –, sont à rapprocher des verrières de Bourges et de la rose Ouest de N.-D.-de-Paris. On remarquera que les vitraux des fenêtres hautes, destinés à être vus de loin, présentent de grandes figures de saints et d'apôtres. Dans les fenêtres basses, plus à portée du regard, de petits médaillons comportent des scènes de la Bible, de la vie des Saints, des images familières rappelant les travaux de la corporation qui a fait don de la verrière. Un grand vitrail, offert par l'Association des architectes américains et exécuté par François Lorin, a été posé en 1954 dans le bras Sud du transept. Il représente la vie de saint Fulbert.

Au milieu de la nef, voir le labyrinthe tracé sur le sol, en noir et blanc (3). C'est le seul de France qui soit encore intact. Les fidèles en parcouraient à genoux le dédale, long de 294 m.

Clôture du chœur★★★ (4). — Commencée en 1514 par Jehan de Beauce, elle fut terminée au 18e s. Cet admirable travail comprend quarante et un groupes sculptés illustrant les vies du Christ et de la Vierge. Des médaillons évoquent l'histoire sainte, l'histoire locale, la mythologie. Le contraste de cette statuaire Renaissance avec celle des portails gothiques est saisissant.

Dans cette église de pèlerinage, le chœur et le transept doivent se prêter à l'ample déroulement des grandes cérémonies. Ils ont donc plus d'importance que la nef. L'ensemble du chœur à double déambulatoire et du transept mesure 64 m de porte à porte.

Chœur. — Les revêtements de marbre, le groupe de l'Assomption, au-dessus du maître-autel, les bas-reliefs, placés entre les entre-colonnements, sont des adjonctions du 18e s.

Vierge du Pilier (5). — Statue de bois d'environ 1510. Cette Vierge est très vénérée.

Trésor. — *Visite du 1er mars au 31 octobre de 10 h à 12 h et de 14 h à 18 h ; le reste de l'année, sauf du 7 janvier au 7 février de 10 h à 12 h et de 15 h à 17 h. Fermé le matin des dimanches et des jours de fête.*

La chapelle St-Piat (6) a été aménagée pour abriter le trésor de la cathédrale. On peut y voir en particulier le **Voile de la Vierge** dans un reliquaire-vitrine. Ont été rassemblés là également de très beaux objets de culte, des ceintures de coquillages d'Indiens convertis au 17e s., et des fragments du jubé du 13e s. qui fut détruit au 18e s.

Crypte★. — *Entrée à l'extérieur de la cathédrale par la porte au bas du portail Nord.*

Visite (sauf lors des pèlerinages) accompagnée à 10 h 30, 11 h 30, 14 h 30, 15 h 30, 16 h 30, et, en été, 17 h 30. Prix : 2 F. S'adresser à la Maison des Clercs, 18 Cloître Notre-Dame.

C'est la plus vaste crypte de France (environ 220 m de long). Dans l'ensemble, elle remonte au 11e s. et présente des voûtes d'arêtes romanes. Sa forme est curieuse : deux longues galeries réunies par un déambulatoire passent sous le chœur et les nefs et desservent sept chapelles.

Sur les sept chapelles rayonnantes, trois seulement sont romanes. Les autres ont été ajoutées par le maître d'œuvre de la cathédrale gothique pour établir les fondations du chœur et l'abside du vaste édifice prévu.

Le souvenir le plus lointain est évoqué par le puits des Sts-Forts, qui remonte à l'époque gallo-romaine. Il est profond de 33 m. Son nom lui vient de ce que des martyrs chartrains y auraient été précipités. A côté du puits, des restes de murs gallo-romains sont encore visibles.

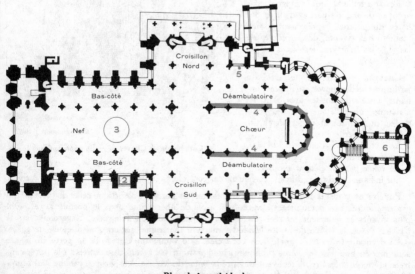

Plan de la cathédrale.

La chapelle dite de saint Lubin, évêque de Chartres, constituait la crypte de l'église du 9e s. *Elle peut être visitée sur demande.*

La chapelle de N.-D.-sous-Terre, aménagée au 17e s. à côté de la grotte et du puits, se trouve à l'entrée de la longue galerie Nord de la crypte. Dans ce cadre qui date de 900 ans, la Vierge est entourée d'un culte fervent. Sa statue a remplacé, en 1857, l'effigie détruite à la Révolution.

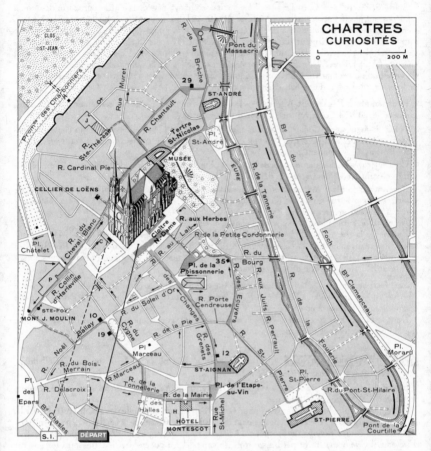

LE VIEUX CHARTRES★

Le site accidenté, les bras de la rivière, les vieilles maisons, la cathédrale qui se profile au détour des rues, font l'attrait des promenades dans le vieux Chartres.

Promenade à l'église St-André. — Tout le pourtour de la cathédrale constitue l'ancien domaine du chapitre. Clos de murs au 13e s. le « cloître Notre-Dame » enfermait l'évêché, les maisons de chanoines et leurs dépendances. On verra autour de la cathédrale et devant celle-ci plusieurs belles maisons, en particulier celle qui abrite le Syndicat d'Initiative.

Musée★. — *Visite de 10 h à 12 h et de 14 h à 18 h (17 h hors saison). Fermé le mardi. Entrée : 2 F. Des concerts y sont organisés en saison, voir p. 28.*

Il est installé dans l'ancien palais épiscopal construit aux 17e et 18e s. La Sainte Lucie de Zurbaran, le grand Retable de la Vierge, de l'école de Fra Angelico, l'Érasme de Holbein et des portraits des plus grands maîtres des 17e et 18e s. retiennent particulièrement l'attention. La très belle chapelle est ornée de douze **émaux★★** de Léonard Limosin représentant les apôtres. Commandés par François Ier en 1545, Henri II les offrit à Diane de Poitiers pour sa demeure d'Anet. Ils comptent parmi les plus grands qu'on connaisse car ils mesurent 60 cm sur 30 cm.

Le premier étage est consacré à la Beauce, à l'histoire et à l'iconographie chartraines et comprend une collection d'armes et armures.

Du jardin qui entoure l'évêché on jouit d'une très belle vue sur les terrasses qui descendent jusqu'à l'Eure et sur la ville basse.

Derrière l'évêché, le pittoresque Tertre St-Nicolas descend jusqu'à la rivière qu'on traverse au pont du Massacre. La **vue★** sur la succession des ponts bossus en pierre teintée de rose est pleine de charme.

Église St-André★. — *Visite de 8 h à 12 h et de 14 h à 17 h.* Cette belle église désaffectée et en partie ruinée fut construite près d'une source au 12e s. et agrandie au 16e s. d'un vaste chœur qui enjambait l'Eure. A la suite d'un incendie ce dernier s'écroula. Il reste une belle façade et une nef ouverte sur le vide et arrêtée en balcon sur l'Eure. Dans cet ensemble du 12e s. on remarque à gauche une chapelle qui subsiste seule des adjonctions du 16e s.

En remontant par la rue Chantault, voir au no 29 une vieille maison du 12e s.

Rue Ste-Thérèse les services administratifs judiciaires occupent une jolie église du 18e s., ancienne chapelle du Carmel.

Cellier de Loëns. — *5, rue Cardinal Pie. Visite suspendue.* Au fond d'une cour, on descend dans l'ancien cellier du chapitre. La vaste salle du 13e s., à trois nefs séparées par de gros piliers, est très imposante.

Promenade à l'église St-Pierre. — En face du portail Sud de la cathédrale, prendre la pittoresque rue aux Herbes, puis celle de la Petite Cordonnerie pour rejoindre la place de la Poissonnerie où l'on voit encore, assez délabrées, les vieilles maisons à colombages : « **maison du Saumon** », « **maison de la Truie qui file** ». Par la rue des Écuyers, au n° 35, on passe devant la tourelle dite « **escalier de la reine Berthe** », du 16e s.

Église St-Pierre★. — C'est l'église d'une ancienne abbaye bénédictine. La tour, sorte de donjon ne dépassant pas le toit, est celle d'un édifice des 10e et 11e s. que l'église actuelle a remplacé. Deux rangées de beaux arcs-boutants à double étage entourent le grand vaisseau. L'intérieur donne une impression de grande hauteur. La nef a été terminée au 13e s. Le chœur, d'une construction audacieuse, est, dans sa partie basse, du 12e s. et, à partir du triforium, du 13e s. ; il est particulièrement élégant. Les **verrières★★** de St-Pierre, postérieures à celles de la cathédrale, complètent l'histoire du vitrail qu'on peut suivre à Chartres. Celles des fenêtres sont des 13e et 14e s., celles du triforium de l'abside, provenant d'une église détruite, datent du 16e s.

Promenade à l'église St-Aignan. — Prendre la rue des Changes et continuer par la rue des Grenets où, au n° 12, l'on voit une maison du 15e s., jusqu'à l'église.

Église St-Aignan. — Construite au 16e s. et complétée au 17e s., elle présente un chevet curieusement adossé aux remparts, que l'on voit en descendant un peu sur la droite. La voûte en berceau a été lambrissée et joliment peinte au 17e s.

Continuer par la charmante **place de l'Étape au Vin**, y prendre la rue de la Mairie où l'on découvrira l'élégant **Hôtel Montescot**, du début du 17e s., qui abrite la mairie.

Revenir par la **place Marceau**, où une pyramide rappelle le souvenir de ce glorieux enfant de Chartres, et par la rue du Cygne où l'on admire, au n° 19, les arcades de la **maison des voûtes**, qui serait un ancien grenier à sel.

Au n° 10 de la rue Noël-Ballay, voir la **maison de Claude Huvé**, datant d'Henri II.

En bas de la rue Collin d'Harleville, on voit le **monument à Jean Moulin** (1899-1943), organisateur des mouvements de la Résistance, qui fut préfet de Chartres. A droite, encastrée dans des constructions plus récentes, se trouve l'église Ste-Foy, que l'on distingue mieux en remontant vers la cathédrale par la rue du Cheval Blanc.

Les faubourgs. — Dans les faubourgs de la ville on verra avec intérêt l'église de l'ancienne Abbaye St-Martin-du-Val, à l'intérieur de l'**Hospice St-Brice** (par le D 935, route de Patay) : curieux déambulatoire surbaissé et crypte.

Dans le quartier de Rechèvres, l'**église St-Jean-Baptiste**, construite en 1961, est un bon exemple d'architecture religieuse moderne.

CHATEAU-LANDON – Carte Michelin n° 97 - pli 40 – 3 106 h (les Castellandonnois) – *Ressources et distractions p. 34* – Paris 95 km.

Devant le visiteur arrivant de la vallée du Loing, le bourg surgit, perché sur un promontoire très escarpé et bordé par le Fusain.

Cette petite ville du Gâtinais passe pour être le berceau de la famille des Plantagenêt, Henri II, roi d'Angleterre en 1154, étant un descendant de Foulques le Réchin né à Château-Landon en 1043.

Après une courte période de prospérité, Château-Landon connut un déclin rapide. La création du duché de Nemours lui fit perdre son rôle de capitale. La guerre de Cent Ans puis les guerres de Religion achevèrent de le ruiner. En 1607, la peste décima les habitants.

CURIOSITÉS *visite : 3/4 h*

Église N.-Dame. — La nef et le bas-côté gauche sont romans (11e s.). Le transept et le chevet appartiennent à l'époque de transition romano-gothique (12e s.). Le bas-côté droit date du 14e s. Les arcades ajourées du clocher (13e s.) se détachent dans le ciel, ce qui est exceptionnel en Ile-de-France, et évoquent la silhouette des tours toscanes. Les portails du transept sont plus ornés que celui de la façade. A l'intérieur, voir les chapiteaux finement ciselés.

Ancienne abbaye de St-Séverin. — *Visite de 10 h à 12 h et de 14 h à 17 h. Entrée : 2 F. S'adresser au Syndicat d'Initiative.*

Elle se trouve à l'extrémité du promontoire. Clovis décida de la fonder après sa guérison miraculeuse par l'ermite saint Séverin, mort en ce lieu en 507. Son fils réalisa son vœu.

C'est aujourd'hui une maison de retraite.

Sous l'église abbatiale, dont il ne reste qu'un côté, des fouilles ont fait découvrir, dans une église basse, des fresques du 12e s., qui sont entreposées dans l'ancienne salle des gardes de l'abbaye. Deux d'entre elles représentent la guérison de Clovis par saint Séverin.

La visite des bâtiments conventuels est moins intéressante que le point de vue dont on jouit de la terrasse de la place du Marché. Les hauts murs de l'abbaye des 14e et 16e s., soutenus par de massifs contreforts, surplombent la vallée du Fusain aux prés bordés de bois.

A mi-chemin de la terrasse et du monastère se dresse la tour de St-Thugal, clocher roman qui appartenait à une église disparue. Le spectacle évoque une estampe romantique.

EXCURSIONS

Mondreville. — 287 h. *7 km à l'Ouest par le D 43.*
La charmante silhouette de la petite église de Mondreville avec son vieux clocher dominant un chevet semi-circulaire est complétée par un beau **porche★** de la fin du 12e s. La porte centrale en plein cintre est encadrée par six arcades et chaque pignon est percé d'une baie géminée.

Les Églises gâtinaises. — Entre Puiseaux, Château-Landon et Nemours, les villages gâtinais offrent des églises simples et rustiques, bâties selon un plan identique. Dans une région agréable à parcourir, de plus en plus boisée vers l'Est et le Nord, le touriste aura plaisir à partir à la découverte des églises d'Arville, Boësse *(voir p. 146)*, Mondreville *(voir ci-dessus)*, Chenou, Bougligny, Aufferville... Composées d'une nef sans bas-côté, elles ont en général une abside semi-circulaire. Un clocher, couvert en bâtière, flanque le côté droit.

La ville natale de La Fontaine est bâtie sur les deux rives de la Marne et au flanc d'une butte isolée que couronne l'ancien château.

Château-Thierry devrait son nom à Thierry IV, l'avant-dernier roi mérovingien. Enfermé dans le château fort par Charles Martel, son ambitieux maire du palais qui gouvernait effectivement le royaume, il y serait mort en 737.

La Fontaine à Château-Thierry. — Le grand fabuliste est né le 8 juillet 1621. Son père était maître des Eaux et Forêts et capitaine des chasses. Ses premières études sont plutôt négligées. Aux classes, il préfère les promenades.

Sous l'influence de lectures pieuses, il se croit la vocation sacerdotale et entre à l'Oratoire. Cet ordre, de sa maison de Reims à celle de Paris en passant par Juilly, l'initie à la vie religieuse. Ses maîtres et lui-même s'aperçoivent bientôt que l'état ecclésiastique n'est pas son fait. Il s'inscrit au barreau puis revient en 1644 dans sa ville natale qu'il ne quitte guère pendant treize ans.

En 1647, son père lui a légué sa charge et l'a marié à la fille du lieutenant criminel de la Ferté-Milon. La Fontaine, rêveur et distrait, négligent, n'attache pas plus d'importance aux devoirs de sa charge qu'à ses obligations matrimoniales. Il reproche d'ailleurs à sa femme de plus s'occuper de recevoir de beaux esprits et de lire que de surveiller l'entretien de la maison. Il vit au gré de ses caprices, festoyant chez ses amis et courtisant ses belles amies.

Aux difficultés conjugales s'ajoutent les soucis financiers, comme il l'a dit lui-même : « Je mangeais mon fonds avec mon revenu ».

Un jour, un officier en garnison déclame devant La Fontaine une ode de Malherbe. C'est une révélation : Jean de la Fontaine sera poète. Aussi promptement qu'il était entré dans un séminaire, il se plonge dans la lecture de poètes et versifie lui-même. La traduction de l'« Eunuque » de Térence (1654) marque sa véritable entrée dans les lettres. Trois ans plus tard, à 36 ans, il quitte la ville pour devenir poète aux gages du surintendant Fouquet. Moyennant l'exécution d'une pièce de vers par trimestre, il reçoit une pension annuelle de 1 000 livres, ce qui lui assure un revenu net d'environ 4 000 F de nos jours, outre la nourriture et le logis qui lui sont assurés par le ministre.

Fouquet arrêté, le poète devient parisien et il le reste jusqu'à sa mort (1695), hébergé et choyé par la haute société.

Les invasions. — En février 1814, pendant la « campagne de France », Napoléon bat l'armée russo-prussienne de Blücher sous les murs de la ville.

Le 3 septembre 1914, les Allemands entrent dans Château-Thierry et le pillent. Ils en sont chassés le 9.

Le 1ᵉʳ juin 1918, au cours d'une puissante offensive, les Allemands entrent de nouveau dans la ville et forment la « poche de Château-Thierry ». Elle est réduite du 18 juillet au 4 août. Dès le 21 juillet, la ville est libérée avec l'aide des troupes américaines après que les envahisseurs l'eussent de nouveau mise à sac. Durant ces opérations, de gros dommages ont été causés. Ils étaient réparés quand les bombardements de la dernière guerre, visant les ponts, ont de nouveau meurtri la ville.

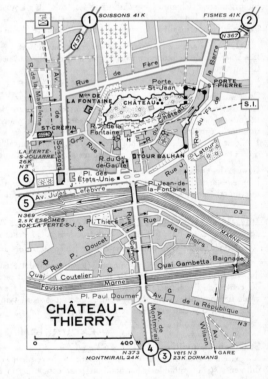

CURIOSITÉS
visite : 1 h 1/2

Château. — Une promenade fait le tour des ruines en ménageant de belles **vues**⋆ sur les remparts, la ville, la vallée de la Marne et le grand monument érigé sur la cote 204.

Porte St-Pierre. — Sa façade principale est flanquée de deux tours rondes. Une inscription rappelle qu'en 1429, Jeanne d'Arc, après avoir délivré Château-Thierry, quitta la ville par cette porte.

Maison natale de La Fontaine. — *Visite de 10 h à 12 h et de 14 h 30 à 18 h 30. Fermé le mardi. Entrée : 1 F.*

Cet ancien hôtel du 16ᵉ s., remanié en partie, abrite le musée La Fontaine. Souvenirs se rapportant au fabuliste : bustes, dessins, portraits, gravures, éditions de ses ouvrages. Tableaux des 17ᵉ et 18ᵉ s., et quelques œuvres d'artistes régionaux.

Église St-Crépin. — Elle date des 15ᵉ et 16ᵉ s. Sa haute tour carrée se termine par une plate-forme. A l'intérieur, le chœur est du 18ᵉ s.; la tribune d'orgues date de la Renaissance.

Tour Balhan. — Cette tour, des 15ᵉ et 16ᵉ s., ancien beffroi gothique, est surmontée d'un campanile du 16ᵉ s., flanqué de quatre clochetons.

CHATEAU-THIERRY

EXCURSION

Cote 204; Bois Belleau; Essômes. — *Circuit de 29 km – environ 1 h – schéma ci-dessous.* Quitter Château-Thierry par ⑥ du plan. La route qui mène au sommet s'embranche sur la N 3.

Cote 204. — Sur cette butte se brisa la ruée allemande en 1918. La 39e division française et la

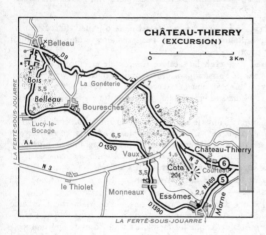

2e division américaine mirent plus de cinq semaines à déloger l'ennemi de cette forte position. Ils y réussirent le 9 juillet 1918. Un monument américain s'élève en cet endroit. De là, très belle **vue**★ sur Château-Thierry et la vallée de la Marne.

Revenir à la N 3, puis prendre le D 9 vers Belleau.

Bois Belleau. — Le bois fut enlevé le 15 juin 1918 par la 4e brigade de « Marines », détachée du fameux corps américain de fusiliers-marins créé en 1740. Un grand cimetière américain rassemble 2 500 tombes. Une chapelle et une tour commémorent les héroïques sacrifices de nos alliés. Le retour peut s'effectuer par le chemin qui traverse le bois Belleau : des preuves de l'intensité des combats y sont encore visibles. Au bord du chemin, au centre du bois, on peut voir des canons, mitrailleuses et obusiers qui ont été utilisés pendant la bataille. Suivre le D 1390.

Essômes. — *Page 83.*

CHAUMES-EN-BRIE – Carte Michelin nᵒ 🔢 - pli ㉚ – 21 km au Nord-Est de Melun – 1 912 h. (les Calmétiens) - Paris 50 km.

Ce bourg est situé dans la vallée de l'Yerres.

Le premier des **Couperin**, cette grande dynastie de compositeurs, clavecinistes et organistes, fut organiste à Chaumes où naquirent ses trois fils : Louis, François et Charles. Leur éducation musicale faite par leur père, ceux-ci partirent à Paris poursuivre leur brillante carrière. François Couperin, dit le Grand, né en 1668, était le fils de Charles.

Église. — *Fermée en dehors des offices.* Bâtie aux 13e et 14e s. Le chœur du 13e s. est élégant. Les amateurs de peintures remarqueront, à droite, dans la nef, un beau Christ peint par Ph. de Champaigne (17e s.).

EXCURSIONS

Château du Vivier. — *3 km au Nord. On ne visite pas.*
Cet ancien rendez-vous de chasse des rois capétiens fut le séjour de Charles VI dans ses périodes aiguës de démence. C'est là que son médecin, pour le distraire, lui aurait apporté les premières cartes à jouer, les fameux « tarots ».
François Iᵉʳ fut le dernier hôte royal. Les ruines, envahies par la végétation, situées près d'un étang (le Vivier), donnent au parc un aspect romantique.

Ozouer-le-Voulgis. — 1139 h. *6 km à l'Ouest.*
L'ensemble de l'église Renaissance et de la ferme voisine, dont on aperçoit au fond de la cour une superbe grange à double entrée, compose un charmant tableau villageois.

CHAUMONT-EN-VEXIN – Carte Michelin nᵒ 🔢 - Sud du pli ④ – 9 km à l'Est de Gisors – 2 027 h. – *Ressources et distractions p. 34* – Paris 65 km.

Ce bourg est situé au pied d'une colline isolée, autrefois dominée par son château.

Église★. — Elle érige à mi-côte son élégante silhouette entourée de hauts arbres. L'édifice date de 1417. Une tour du 16e s. le flanque à l'Ouest. Un pittoresque escalier de pierre, partant du centre de l'agglomération, conduit au portail Nord. Ce portail unit harmonieusement un gâble flamboyant et de belles voussures gothiques à un tympan de la Renaissance.
Le chœur très clair est d'une remarquable pureté.

EXCURSION

St-Crépin-Ibouvillers. — 643 h. *16 km à l'Est.*
A l'extrémité d'un hameau paisible, devant un terre-plein encadré d'arbres, s'élève l'église. Les différents styles gothiques s'harmonisent pour composer un élégant ensemble. Le haut clocher à flèche de pierre terminé par un lanternon date de 1545. *Pour bien voir le chevet, demander à pénétrer dans la cour de la grande ferme qui le borde.*

Le nombre de places dans les restaurants
est parfois limité.
En saison, les samedis et dimanches surtout,
retenez donc votre table par avance.

CHELLES
CHELLES – Carte Michelin n° **101** – pli ⑲ – 36 576 h. (les Chellois) - *Ressources et distractions p. 34* – Paris 21 km.

Le vieux village est bâti au pied d'un des coteaux qui bordent la rive droite de la Marne. Les vastes lotissements qui l'entourent rejoignent la rivière.

Ce site a été peuplé dès les premiers âges de l'humanité. Le climat y était alors presque tropical et nos lointains ancêtres de l'époque chelléenne, la plus ancienne de la préhistoire, n'avaient, pour affronter les grands fauves, que des armes grossières constituées par des éclats de silex.

Séjour de plusieurs rois mérovingiens, Chelles, qui vit l'assassinat de Chilpéric Ier, fut choisi par la reine Bathilde, veuve de Clovis II, pour fonder en 656-657 une abbaye dont les abbesses furent pour la plupart de sang royal.

Église. — Le chœur en est la partie la plus intéressante. Les stalles sont du 18e s. Plusieurs châsses en bois doré, des 18e et 19e s. contiennent des reliques provenant de l'ancienne abbaye.

Musée Alfred-Bonno. — *Place de la République. Visite les mercredis et samedis de 14 h à 17 h 30. Fermé en juillet.* On peut y voir des pièces préhistoriques de l'époque dite chelléenne et des époques suivantes provenant de Chelles et de ses environs : vitrines de paléontologie humaine, objets se rapportant aux périodes gallo-romaine, mérovingienne et médiévale (chasuble du 7e s.), documents et souvenirs relatifs à l'abbaye : sandales dites de sainte Bathilde, portraits d'abbesses, incunables, manuscrits, etc.

CHEVREUSE
CHEVREUSE ⋆ – Carte Michelin n° **101** – pli ㉛ – 4 198 h. (les Chevrotins) – *Schéma p. 64 – Ressources et distractions p. 34* – Paris 32 km.

Cette villégiature fréquentée, dominée par les ruines de son château féodal, est située au centre de la vallée de l'Yvette, connue sous le nom de vallée de Chevreuse. Chevreuse dont le nom signifie « pays des chèvres », a conservé un aspect villageois, surtout autour de l'église et de la petite place des Halles.

Dès le 11e s., un château fort se dresse sur la colline. La baronnie de Chevreuse est acquise par Anne de Pisseleu, maîtresse de François Ier. Pour plaire à sa favorite, le roi élève la seigneurie au rang de duché en 1545. Peu après, le fief entre dans la famille des Guise. Le dernier Guise qui ait été duc de Chevreuse est Claude de Lorraine, également seigneur de Dampierre, le fief voisin. Il a épousé Marie de Rohan, veuve à 21 ans du connétable de Luynes, favori de Louis XIII. La nouvelle duchesse de Chevreuse, grande amie d'Anne d'Autriche, tient une place de premier plan dans la vie politique et galante du temps. Richelieu et Mazarin ont fort à faire pour déjouer ses intrigues. Elle est exilée trois fois. A la mort de son second mari, dont elle n'a pas eu d'enfant, elle laisse Chevreuse à son fils du premier lit, le duc de Luynes. L'existence mouvementée de la duchesse se termine à 79 ans, dans l'humilité et la pénitence.

Le duché est acquis par Louis XIV en 1692 et ses revenus sont affectés à la maison d'éducation de St-Cyr *(p. 153)* fondée par Mme de Maintenon. Le château, abandonné, tombe en ruines. Racheté en 1853 par le duc de Luynes, il est resté depuis dans la famille.

Racine, dont un oncle était régisseur du duc de Chevreuse, y séjourna quelque temps. Il s'y ennuyait ferme. L'impression de captivité était si forte qu'il datait ses lettres de « Babylone ». Pour se distraire il descendait très souvent au « cabaret du Lys », près des Halles ; la maison existe encore au n° 3 rue Lalande.

CURIOSITÉS *visite : 1 h*

Château de la Madeleine⋆. — *Visite du 1er mars au 31 octobre, les dimanches et jours de fête de 10 h à 12 h et de 14 h à 18 h ; les lundi, mercredi et samedi, de 14 h à 18 h. Durée : 1/2 h environ. Entrée : 2 F.* On y accède en auto en prenant, en face du n° 30 de la rue Porte-de-Paris, un chemin en forte montée. Au sommet, quitter la voiture, traverser une vaste cour et sonner fort à la porte du mur d'enceinte.

Les ruines sont encore imposantes. Des 8 tours (5 rondes et 3 carrées) qui gardaient l'enceinte, 2 sont encore debout. Celle de droite, du 14e s., est parfaitement conservée, avec ses mâchicoulis intacts. Un étroit escalier mène aux 3 salles, voûtées sur une colonne centrale, et à la terrasse d'où la **vue**⋆ est très étendue sur toute la région. Dans la cour, le donjon rectangulaire, du 11e s., présente une masse écrasante ; le toit en bâtière que le coiffe lui donne de loin un faux air de chapelle. C'était l'ancienne demeure seigneuriale, où Philippe-Auguste fut reçu avec sa cour à deux reprises. Au milieu de la cour se trouve un puits profond de 85 m, à la belle margelle de pierre.

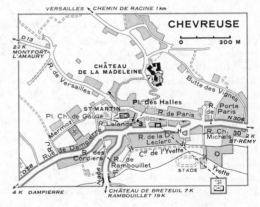

Chemin de Racine. — L'itinéraire que Racine, partant du château, suivait à travers bois, pour rendre visite aux maîtres de Port-Royal *(p. 141)* a été jalonné par des bornes en 1939, à l'occasion du tricentenaire de sa naissance. En prenant, à gauche devant le château, une route signalée « direction Versailles », qui croise le chemin de Racine, on rencontre une de ces bornes. Chaque borne porte deux vers du poète.

Église St-Martin. — De la place Charles-de-Gaulle *(parking)* devant l'église, on a une vue dégagée sur la façade de l'église.

L'église, en meulière dorée, forme un agréable ensemble architectural bien que la construction se soit étalée du 12e s. au 17e s. En longeant le côté gauche, on voit les contreforts de la nef et le clocher. La porte du mur de droite, par laquelle on pénètre à l'intérieur, possède des vantaux sculptés qui proviennent de l'abbaye de Port-Royal *(p. 141)*. Contre le mur de façade, sur la droite, sont fixés un crucifix en bois et des fragments de sculpture du 17e s. Le petit escalier de la tribune, finement sculpté, est du 16e s. Remarquer plusieurs statues anciennes et, en particulier, près de la porte de la sacristie, un Christ gisant, en bois, du 16e s.

EXCURSION

Château de Breteuil. — *7 km au Sud-Ouest – schéma ci-dessous. Visite accompagnée de 14 h à 18 h (17 h de novembre à Pâques) ; les dimanches et jours fériés de 11 h à 12 h 30 et de 14 h à 18 h 30 (17 h 30 de novembre à Pâques). Entrée : 7 F.*

Ce joli château fut construit au début du 17e s. et complété de deux ailes au 18e s. Les deux pavillons d'entrée, du 19e s., s'intègrent bien dans l'ensemble. L'intérieur, orné de belles boiseries, contient des souvenirs de la famille Breteuil à laquelle le château n'a cessé d'appartenir. Un guéridon incrusté d'une collection de gemmes et de perles, dit « **table de Teschen** »*, offert par l'impératrice d'Autriche Marie-Thérèse, retient particulièrement l'attention. Des épisodes de l'histoire de l'Europe sont reconstitués à l'aide de personnages en cire. Les cuisines, en sous-sol, ont de belles collections d'étains et de cuivres.

Dans le parc boisé de 70 ha, agrémenté de deux étangs, des animaux vivent en liberté.

L'orangerie, restaurée, sert de cadre à des expositions, concerts et manifestations culturelles.

CHEVREUSE (Vallée de)** – Carte Michelin n° **101** - plis ㉑ ㉒ ㉛ ㉜ et **96** - plis ㉔ ㉕ ㉖.

La haute vallée de l'Yvette, en amont d'Orsay, et les vallées de ses affluents (Mérantaise, Rhodon et rû des Vaux de Cernay) constituent une excursion bien connue des Parisiens sous le nom de vallée de Chevreuse. Le bourg de Chevreuse est au centre de la région.

Au cours des âges, l'Yvette et ses affluents ont creusé le plateau du Hurepoix et se sont enfoncés jusqu'à 90 m au-dessous de son niveau. Les versants sont le plus souvent boisés.

Nous suggérons deux itinéraires qui se complètent, et que l'on pourra aisément recouper ou raccorder grâce aux nombreuses petites routes, toutes intéressantes, qui relient les vallées.

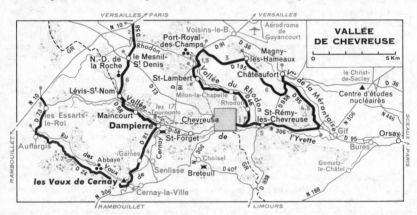

VALLÉES DU RHODON ET DE LA MÉRANTAISE
Circuit de 28 km – environ 1 h – schéma ci-dessus

Châteaufort. — 812 h. Une forteresse du 12e s. aujourd'hui disparue, lui a donné son nom. Le paisible village, qui couronne une colline, se signale de loin par la blanche silhouette de son église. Prendre le frais D 95, puis la N 306.

St-Rémy-lès-Chevreuse. — 4 894 h. (les St-Rémois). *Ressources et distractions p. 35.* Agréable villégiature à la rencontre de la vallée de l'Yvette et de deux vallons latéraux.

Chevreuse*. — *Page 63.*

Reprendre la N 306 et à gauche le D 46 qui suit la verdoyante vallée du Rhodon.

St-Lambert. — *Page 143.*

Port-Royal-des-Champs. — *Page 141.*

Revenir au D 91, tourner peu après à droite en direction de Magny.

Magny-les-Hameaux. — *Page 143.*

Rejoindre Châteaufort par le D 195, puis le D 938.

HAUTE VALLÉE DE L'YVETTE ET DU RU DES VAUX DE CERNAY
22 km – environ 1 h – schéma ci-dessus

Quitter la N 10 après Trappes, et prendre le D 58.

Le Mesnil-St-Denis. — 5 385 h. A la sortie du village, en direction de Lévis-St-Nom, un fort joli château des 16e et 18e s. abrite la mairie. Il a conservé à l'entrée d'importants communs et des douves. Le corps de logis principal est d'une belle simplicité classique.

N.-D. de la Roche. — Cet ancien prieuré fut fondé grâce à un don du seigneur du lieu, Guy Ier de Lévis, compagnon de Simon de Montfort dans la croisade contre les Albigeois où il gagna le titre de maréchal de la Foi. Les Lévis faisaient remonter leur origine à la tribu juive de Lévi. L'un d'eux se fit peindre aux côtés de la Vierge qui lui disait : « Bonjour, mon cousin. » La Vierge était, en effet, issue de la tribu de Lévi. Transformé en école horticole, le prieuré conserve une intéressante **chapelle** *(ouverte le dimanche de 10 h 30 à 11 h 30)*. Bâtie au 13e s. en forme de croix grecque, elle offre, à la retombée des ogives de la croisée du transept, de très curieux culs-de-lampe. La clôture du chœur est Renaissance. Les stalles, du 13e s., sont les plus anciennes de France, après celles de Poitiers. Des statues tombales sont dressées autour du chœur. Beau Christ du 14e s., au maître-autel.

Lévis-St-Nom. — 1 046 h. Perchée au sommet d'une butte, la rustique église renferme la belle statue en marbre blanc de N.-D. de la Roche, du 14e s. autrefois vénérée dans la chapelle du Prieuré.

Maincourt. — Dans ce petit village, la même maisonnette abrite l'église et la mairie. Pour entrer dans la première, il faut passer par la seconde.

Dampierre**. — *Page 77.*

Les Vaux-de-Cernay**. — *Page 167.*

Le D 24, sinueux et ombragé, longe le rû des Vaux de Cernay jusqu'à sa source. Une belle grille et des fossés sur la droite marquent les limites du domaine de l'ancienne abbaye.
Rejoindre la N 10 par le D 73 et les Essarts-le-Roi.

CLERMONT – Carte Michelin n° **97** - pli ⑥ – 8 679 h. (les Clermontois) – *Schéma p. 166* – *Plan dans le guide Michelin France de l'année.* – Paris 66 km.

Cette petite ville, agréablement située sur une colline, domine la vallée de la Brèche.

Le comté de Clermont fut rattaché à la Couronne de France par Philippe Auguste en 1218. Le sixième fils de Saint Louis, Robert, le reçut en apanage. Ayant épousé Béatrix de Bourbon, héritière de cette très ancienne famille, leur descendance prit le nom de Bourbon. C'est cette branche de la maison royale de France qui monta sur le trône avec Henri IV et subsiste encore. Après la trahison du connétable de Bourbon, François Ier confisque Clermont en 1524. A la Révolution, il appartient aux princes de Bourbon-Condé.

Le 28 mars 1918, dans la villa portant le n° 29 de la rue du Général-Pershing, Clemenceau, le général Foch — qui vient d'être investi à Doullens du commandement suprême des armées françaises et alliées combattant en Europe occidentale — et le général Pétain, généralissime français, sont reçus par le général Pershing, chef des unités américaines dont les premiers éléments commencent à arriver sur le front. Pershing demande à être admis dans la bataille et accepte de se placer sous les ordres de Foch. Cette unité de commandement devait permettre à la France et à ses alliés de triompher de l'Empire allemand qui lançait alors la première vague d'une gigantesque offensive appelée présomptueusement « l'assaut de la paix ».

CURIOSITÉS *visite : 1 h*

Hôtel de ville. — Bâti en même temps que l'ancienne enceinte fortifiée aux vestiges de laquelle il se rattache (la première mention de ce monument, sous le nom de Halle aux draps, date de 1373), il fut restauré au siècle dernier. La façade est ornée des statues de Saint Louis, de son fils Robert et de Charles IV le Bel. Son pignon, beffroi qui fait saillie sur la façade, se termine par un lanternon.

Sur le côté droit s'ouvre une galerie à arcades. A l'intérieur, belles salles aux boiseries gothiques, collection de tableaux, et intéressante bibliothèque.

Église St-Samson. — Bâtie au 13e s. et remaniée au 16e s. La façade est flanquée à droite d'une tour du 18e s.

Dans la partie Nord du déambulatoire se trouvent des vitraux du 16e s. dont un arbre de Jessé.

EXCURSIONS

Agnetz. — 1377 h. *2 km à l'Ouest.*

Sa belle église, dont la nef date des 13e et 14e s., est terminée par un chœur gothique du 16e s.

Le groupe sculpté du Christ encadré de la Vierge et de saint

(D'après photo Arch. T. C. F.)

Clermont. — L'hôtel de ville.

Jean qui se trouve dans le collatéral Sud provient d'une ancienne poutre de gloire.

Forêt de Hez. — Carte n° **97** - plis ⑤ ⑥. Elle est située à l'Ouest de Clermont, sur un plateau entouré de versants accidentés d'une altitude de 60 à 150 m séparant la vallée de la Brèche des marais du Thérain. 1 700 ha sont peuplés par de belles futaies de hêtres ou de chênes entrecoupées de taillis d'essences variées. Ces derniers sont ceux qui furent gagés en 1569 par Charles IX au duc de Brunswick pour le paiement de reîtres allemands et ne furent rachetés par l'État qu'en 1930. Ils furent abusivement exploités durant cette période tandis que les futaies restées possession du roi continuaient à être entretenues.
La N 31, le D 55 et quelques routes forestières la traversent.
La Neuville-en-Hez, à l'orée de la forêt, sur la N 31, serait le lieu de naissance de Saint Louis.

CLÉRY-EN-VEXIN – Carte Michelin n° 96 - plis ③④ – 5,5 km au Sud-Est de Magny – 229 h. – Paris 54 km.

Église. — Bâtie au début du 13ᵉ s., elle a été remaniée au 16ᵉ s. Le portail et la nef sont de style gothique flamboyant. Le trumeau du portail est orné d'une Vierge à l'Enfant du 14ᵉ s. La voûte de la nef est ornée de sculptures représentant les principaux instruments de la Passion.

Le bas-côté gauche a des fenêtres flamboyantes ; le bas-côté droit, des voûtes et des fenêtres Renaissance. Le bras droit du transept a des voûtes du 16ᵉ s. ornées de clefs pendantes.

COMPIÈGNE *** – Carte Michelin n° 96 - pli ⑩ – 40 720 h. (les Compiègnois) – *Schéma p. 71 – Ressources et distractions p. 34 –* Paris 82 km.

Cette villégiature élégante, agréablement située sur les bords de l'Oise, à la lisière de la belle forêt qui porte son nom, est aussi une ville historique dont le palais est justement célèbre.

Origines. — Compiègne n'entre dans l'histoire qu'au 6ᵉ s. avec le « Compendium palatium », villa royale dont l'emplacement probable était près de l'actuelle église St-Germain.

Charles le Chauve fait bâtir un palais sur le modèle de celui de Charlemagne à Aix-la-Chapelle, échu à son frère Louis, lors du partage de l'empire carolingien, au traité de Verdun, en 843. Charles fonde aussi une abbaye qui conserve, à partir du 10ᵉ s., les reliques alors très vénérées de saint Corneille. Compiègne se développe autour de cette riche communauté et, au 13ᵉ s., s'entoure de remparts. Charles V les renforce et leur ajoute, en 1374, un château qui est à l'origine du palais actuel.

Jeanne d'Arc prisonnière. — En mai 1430, les Bourguignons et les Anglais campent au Nord de l'Oise, sous les murs de Compiègne. Jeanne d'Arc vient examiner la situation de la place et y revient après quelques jours d'absence. le 23, en pénétrant dans la ville par le Sud. Le soir même, vers 5 h, elle tente une sortie, franchit la rivière sur le pont qui se trouvait dans le prolongement de l'actuelle rue Jeanne-d'Arc et chasse les avant-gardes bourguignonnes du camp de Margny, mais des réserves accourent de Clairoix et de Coudun. Les Anglais, partis de Venette, se glissent le long de l'Oise et prennent les Français à revers. Ceux-ci se replient précipitamment. La Pucelle, qui a couvert la retraite avec quelques hommes, arrive devant les remparts au moment où le pont-levis vient d'être redressé par le gouverneur qui redoute de voir les ennemis se glisser dans la place avec les derniers combattants. Une courte mêlée s'engage. Un archer picard désarçonne Jeanne d'Arc qui est aussitôt mise hors de combat et faite prisonnière. Le lieu de la capture se situe vers l'actuelle place du 54ᵉ-Régiment-d'Infanterie sur laquelle a été érigée une statue équestre de la Pucelle, par Frémiet.

Le château de Louis XV. — Tous les rois se plaisent à Compiègne et y viennent souvent. Avec ses quatre corps de logis entourant une cour centrale, le château ne peut passer pour une demeure de plaisance. Louis XIV a cette boutade : « A Versailles, je suis logé en roi, à Fontainebleau en prince, à Compiègne en paysan ». Il se fait construire de nouveaux appartements face à la forêt. Ses soixante-quinze séjours s'accompagnent de fêtes fastueuses.

Quand Louis XV ordonne, en 1738, la reconstruction totale du palais, il désire moins rivaliser avec son prédécesseur qui a tant bâti, que disposer d'un logis assez vaste et confortable pour y résider sans gêne avec sa Cour et ses ministres. Jacques Gabriel, puis Jacques-Ange Gabriel, limités par la ville et ses remparts, sont obligés de reconstruire sur les anciennes fondations. De plus, ils ne peuvent détruire un ancien bâtiment que lorsqu'un nouveau est achevé, le roi prétendant ne pas cesser ses visites durant les travaux.

Le « grand plan » de Louis XV, établi en 1751, à peine commencé, est arrêté par la guerre de Sept ans. Louis XVI le reprend et fait faire des travaux considérables bien qu'incomplets. En 1785 seulement, il occupe le nouvel appartement royal, qui sera l'appartement de Napoléon Iᵉʳ. La même année, l'aile Sud est terminée. Marie-Antoinette, qui en avait personnellement dirigé la distribution, le décor et l'ameublement, ne l'a jamais habitée.

Devant la façade du palais donnant sur le parc, une grande terrasse est aménagée, reliée aux jardins par des degrés. Elle remplace le profond fossé de l'enceinte de Charles V.

Aménagements divers. — Après la Révolution, le palais est affecté à un prytanée militaire, puis à une école d'Arts et Métiers. En 1806, il devient maison impériale et Napoléon Iᵉʳ le fait entièrement restaurer par Berthaut et Redouté. En 1808, Charles IV d'Espagne, contraint par Napoléon de détrôner son fils (lequel est envoyé à Valençay), est interné dans le palais avec sa femme et son premier ministre, Godoy.

Le château des mariages. — Le 14 mai 1770, c'est à Compiègne que le dauphin Louis, le futur Louis XVI, est mis pour la première fois en présence de Marie-Antoinette d'Autriche. Le jeune prince, paralysé par la timidité, n'ose regarder sa future femme.

Le 27 mars 1810, la nièce de Marie-Antoinette, Marie-Louise d'Autriche, qui a épousé Napoléon Iᵉʳ par procuration, doit arriver à Compiègne. Cette fois, l'époux est impatient. L'Empereur, malgré la pluie battante, se précipite à sa rencontre. Trempé de pluie, il saute dans le carrosse princier et couvre Marie-Louise, effarée, de démonstrations d'affection. L'étape de Soissons où devait souper la princesse est brûlée et l'Empereur et sa compagne soupent à Compiègne. Quelques jours plus tard, les cérémonies nuptiales de St-Cloud et de Paris ne sont que la consécration d'une union imposée à Vienne et fort bien acceptée à Compiègne.

En 1814, le 1ᵉʳ avril, 18 000 Prussiens attaquent Compiègne. Ils sont repoussés avec de grosses pertes par les 1 200 hommes de la garnison, commandés par le major Othenin, qui est blessé mortellement sur la terrasse du palais.

En 1832, Louis-Philippe, qui a transformé le jeu de paume en théâtre, marie sa fille Louise au premier roi des Belges : Léopold de Saxe-Cobourg.

Les « séries » du Second Empire. — Compiègne est la résidence préférée de Napoléon III et de l'impératrice Eugénie. Ils y viennent chaque année pour les chasses d'automne et reçoivent, outre les rois et princes d'Europe, en cinq « séries » d'environ 80 personnes chacune, les célébrités de l'époque, groupées par affinités. Le logement des invités pose souvent de grands problèmes et bien des personnalités doivent se contenter de chambres situées dans les combles.

La chasse, les soirées théâtrales, les représentations de proverbes et les tableaux vivants, les bals laissent peu de loisirs aux invités. Les intrigues amoureuses se mêlent aux intrigues politiques. Un après-midi pluvieux, pour distraire le couple impérial et ses invités, Mérimée

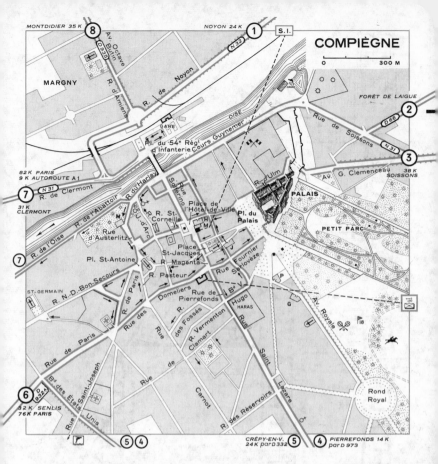

compose sa fameuse dictée où il accumule les difficultés. L'impératrice commet le maximum de fautes, 62, Pauline Sandoz, belle-fille de Metternich, le minimum, 3. Un luxe et une légèreté sans limites grisent les courtisans avec les valses de Waldteufel et les longues promenades en forêt. 1870 interrompt cette vie joyeuse et les travaux du nouveau théâtre. La nécessité de cette construction avait été imposée par la mode féminine. Les amples jupes des dames étaient devenues si encombrantes que le théâtre installé par Louis-Philippe ne pouvait plus contenir que 500 personnes au lieu de 800.

Les deux guerres mondiales. — En septembre 1914, les troupes de Von Kluck traversent Compiègne. Onze jours plus tard, la victoire de la Marne les fait refluer. D'avril 1917 à mars 1918, le Grand Quartier général français s'installe dans le palais qui sort indemne de nombreux bombardements. En 1919, un incendie endommage une grande partie des appartements royaux. Les armistices du 11 novembre 1918 *(voir p. 71)* et du 22 juin 1940 ont été signés dans la forêt. Au cours de la seconde guerre mondiale, Compiègne est très éprouvé par les bombardements.

Royallieu, faubourg de Compiègne servit, de 1941 à 1944, de centre de triage vers les différents camps de concentration. Il a été, durant l'occupation, pour beaucoup de Français, l'antichambre de la déportation.

LE PALAIS*** *visite : 2 h (visite du parc non comprise)*

Place du Palais. — Jacques Gabriel avait conçu pour cette place une décoration monumentale. En face du palais, deux hôtels devaient faire pendant aux deux pavillons qui terminent la façade. Ces quatre bâtiments auraient été reliés par des colonnades semblables à celle qui clôture la cour d'honneur du château. Faute d'argent, ce projet ne fut pas réalisé.

Le palais actuel. — Le château, qui couvre un vaste triangle de plus de 2 ha, est d'une sévérité classique; son ordonnance régulière est assez monotone.

C'est surtout la décoration intérieure, la collection précieuse de tapisseries et l'ameublement du 18e s. et du 1er Empire, qui retiendront l'attention des visiteurs.

Les musées du Second Empire et de la Voiture sont installés dans le palais.

Le parc qui s'étend devant le château et offre une belle perspective mérite une visite.

LES APPARTEMENTS**

Visite accompagnée de 9 h 45 à 12 h et de 13 h 30 à 17 h 30 (16 h 30 du 1er novembre à fin février). Fermés le mardi. Prix : 5 F (2,50 F les dimanches et jours fériés).

Après avoir traversé les salles consacrées à l'histoire du château et être passé au pied de l'escalier d'Apollon qui desservait directement les appartements de la reine, on arrive au vestibule ou galerie des Colonnes qui précède l'escalier d'honneur. On monte celui-ci qui est orné d'une belle rampe en fer forgé du 18e s. et l'on aboutit au 1er étage, à la grande salle des Gardes qui a retrouvé la noble pureté de son décor architectural.

Une grande dénivellation existe entre la cour d'honneur, qui vient d'être contournée, et le grand corps du bâtiment du château. Celui-ci a été érigé sur l'ancien rempart, les appartements des souverains sont donc au rez-de-chaussée côté jardin et donnent de plain-pied sur la terrasse qui les précède, tandis qu'ils forment un premier étage du côté cour.

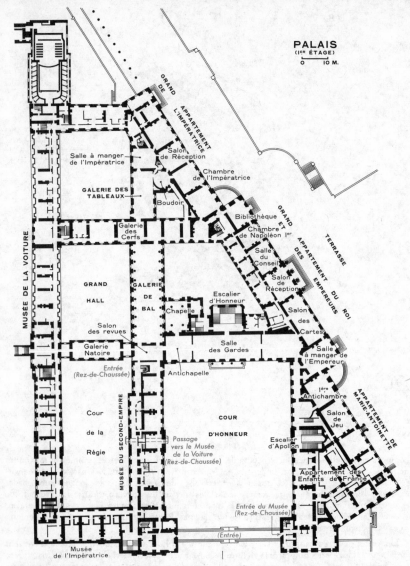

Dans le plan : GRAND APPARTEMENT DE L'IMPÉRATRICE ; Salle à manger de l'Impératrice ; Salon de Réception ; Chambre de l'Impératrice ; GALERIE DES TABLEAUX ; Boudoir ; Bibliothèque ; Galerie des Cerfs ; Chambre de Napoléon 1er ; GRAND ET APPARTEMENT DES EMPEREURS DU ROI ; TERRASSE ; MUSÉE DE LA VOITURE ; GRAND HALL ; GALERIE DE BAL ; Chapelle ; Escalier d'Honneur ; Salle du Conseil ; Salon de Réception ; Salon des Cartes ; Salle à manger de l'Empereur ; Salon des revues ; Galerie Natoire ; Salle des Gardes ; Entrée (Rez-de-Chaussée) ; Antichapelle ; 1ère Antichambre ; APPARTEMENT DE MARIE-ANTOINETTE ; Cour de la Régie ; MUSÉE DU SECOND-EMPIRE ; COUR D'HONNEUR ; Passage vers le Musée de la Voiture (Rez-de-Chaussée) ; Salon de Jeu ; Escalier d'Apollon ; Appartement des Enfants de France ; Entrée du Musée (Rez-de-Chaussée) ; (Entrée) ; Musée de l'Impératrice

Appartement de Marie-Antoinette. — Il a été aménagé pour la reine à la veille de la Révolution. La première antichambre est présentée avec l'ameublement destiné au roi de Rome : elle avait été aménagée en salon de jeu. Par contre, c'est l'ameublement authentique et somptueux du salon de jeu de Marie-Antoinette qui a partiellement repris sa place d'origine dans la salle suivante : les commodes, les appliques, les chenets sont ce qu'on connaît de plus beau comme objets d'art d'époque Louis XVI *(illustration p. 23)*. Les soieries, retissées à Lyon d'après le modèle ancien, sont décorées de grandes hampes de roses trémières, et les rideaux ont, en transparence, une étonnante luminosité.

Grand Appartement du Roi et des Empereurs★★. — Successeurs dans le Palais de Louis XV et Louis XVI, Napoléon 1er et surtout Napoléon III y ont accumulé les souvenirs de leurs règnes et dans certaines salles laissé la marque du goût de leur temps.

Salle à manger de l'Empereur★. — Une récente restauration a permis de restituer son décor 1er Empire à cette salle. Sur les murs en faux onyx rosé se détachent les pilastres et les portes surmontées de grisailles peintes par Sauvage. Le mobilier, de la même époque, est signé Jacob.

C'est là que le 1er mai 1814, Louis XVIII reçut à sa table le tsar Alexandre qui hésitait encore à replacer les Bourbons sur le trône de France. Sous le Second Empire, le théâtre intime y était dressé et les familiers de l'impératrice y jouaient revues et charades.

Salon des cartes. — Les cartes de la forêt de Compiègne qui ornent les murs, servaient à Louis XV pour organiser ses chasses à courre.

Salon de réception. — Cette salle où se passaient les soirées au temps du Second Empire était l'ancienne chambre à coucher de Louis XVI. Parmi le mobilier Second Empire qui meuble ce salon, on remarque le bel ensemble en bois de citronnier.

La **vue**★ sur l'extérieur s'étend tout au long des cinq kilomètres de l'Allée Royale tracée par Napoléon 1er pour Marie-Louise.

On traverse la **salle du conseil,** ornée de l'immense tapisserie illustrant le Passage du Rhin par Louis XIV, où fut signé le traité de Gênes en 1768, donnant la Corse à la France, et la Chambre à coucher de Napoléon 1er qui a conservé sa décoration Empire.

Bibliothèque★. — C'est une des pièces les plus attachantes du Palais : entièrement de style empire, d'acajou et de soieries vertes, elle renferme 3 000 volumes. Le plafond peint par Girodet représente Apollon, Minerve et Mercure.

Par une porte dérobée on accède au Grand Appartement de l'Impératrice.

Grand Appartement de l'Impératrice. — Occupé tout d'abord par Marie-Antoinette, il fut surtout habité par l'impératrice Marie-Louise qui lui laissa son empreinte et son nom. L'impératrice Eugénie y résida elle aussi.

La chambre de l'impératrice, le salon de réception et le boudoir composent un très bel ensemble décoratif du Premier Empire. La salle à manger de l'impératrice est également un très bel exemple du style de ce temps.

Galerie des tableaux. — De belles tapisseries de la série des Chasses de Louis XV, d'après Oudry, y sont exposées ainsi que dans l'antichambre de la reine qui lui succède.

Galerie de bal. — Elle fut aménagée pour le mariage de Napoléon Ier avec Marie-Louise en supprimant les appartements des officiers de la Cour de Louis XV. Longue de 39 m, large de 13, elle est richement décorée : scènes mythologiques peintes par Girodet, plafond dont les panneaux rappellent les principales victoires de l'Empire.

Au-delà, le salon des Revues donne accès, à droite, à la galerie Natoire, édifiée par Napoléon III pour mener au grand théâtre de la Cour qui est resté inachevé; elle est décorée par l'« Histoire de Don Quichotte », **peintures★** de Natoire (1700-1777) qui ont servi à Beauvais pour les tapisseries conservées aujourd'hui au musée des Tapisseries à Aix-en-Provence.

A gauche, une antichambre précède la chapelle où eut lieu, en 1832, le mariage de Léopold Ier, roi des Belges, et de la princesse Louise, fille de Louis-Philippe.

Musée du Second Empire. — Des tableaux, statues et objets divers donnent une image fidèle de la vie de la Cour et de l'armée sous le Second Empire.

Le fameux tableau de Winterhalter « L'Impératrice Eugénie entourée de ses dames du Palais » retient d'abord l'attention. Parmi les autres œuvres, citons : Ugolin et ses enfants par Carpeaux, la Rentrée de Bal et la Baignoire par Stevens, les Baigneurs sur la plage de Trouville par Boudin.

Une salle consacrée aux dessins humoristiques de Daumier permet de juger des réactions des contemporains face aux innovations techniques de l'époque.

Le « **Musée de l'Impératrice** » présente la collection réunie et léguée par M. et Mme F. Ferrand; outre les souvenirs de la vie officielle et de l'exil et les bibelots populaires, des vitrines rassemblent dans un cadre évocateur les objets les plus intimes et les plus émouvants de l'impératrice Eugénie et de son fils, le malheureux prince impérial, massacré par les Zoulous.

MUSÉE DE LA VOITURE★★

Visite accompagnée de 9 h 45 (9 h 30 les dimanches et jours fériés) à 12 h et de 13 h 30 à 17 h 30 (16 h 30 du 1er novembre à fin février). Fermé le mardi. Prix : 5 F (2,50 F les dimanches et jours fériés).

Le musée fut créé en 1927 sur l'initiative du Touring Club de France.

Salon des Carrosses. — Berlines du 18e s., enrichies de peintures, sculptures et dorures (leurs harnais sont exposés dans une salle voisine). Maquettes anciennes, dont celle d'un carrosse italien (vers 1700).

Grand Hall. — *Ancienne cour des Cuisines couverte d'une verrière.* Une cinquantaine de voitures y sont exposées : une berline de voyage des rois d'Espagne, la plus ancienne (vers 1740); se faisant face, la berline qui, à Bologne, servait au pape et celle où Bonaparte fit son entrée dans la ville en 1796; des voitures de voyage du 18e et du 19e s. dont l'une a fait partie des équipages de Napoléon en Russie; les coupés de voyage du duc d'Angoulême pour la campagne du Trocadéro et du maréchal Maison; mail-coach, char à bancs, omnibus Madeleine-Bastille, coupés d'Orsay et berlines de gala, dont celles de Napoléon III et du président de la République.

A la collection s'ajoutent : la Mancelle de Bollée de 1878, une diligence à vapeur, véhicule étonnant par sa silhouette qui ne permet guère de l'imaginer sans chevaux, une auto-chenille Citroën de la Croisière Noire (1924), le wagon-salon de Napoléon III.

Cuisines. — Dans les anciennes grandes cuisines, une exposition permet de suivre l'évolution de la **voiture automobile**, depuis la voiture à vapeur de De Dion et Trépardoux, jusqu'à la torpédo Sigma-Ballot de Guynemer (1914), dont la silhouette marque déjà l'effort vers la vitesse. Entre les pièces maîtresses : la Panhard n° 2, la première voiture équipée d'un moteur Daimler à 4 temps, le vis-à-vis de Bollée fils (1895) de la course Paris-Marseille, la série des De Dion-Bouton, la téméraire « Jamais contente » de 1899, montée sur pneus Michelin, qui atteignit, la première, la vitesse de 100 km/h, la petite 4 CV Renault de 1900, la première en date des conduites intérieures. Moteurs à vapeur, à explosion, électriques, sont là, témoignant de l'opiniâtreté des chercheurs et des créateurs d'industrie automobile.

Trois salles voisines sont consacrées à l'évolution des **cycles** depuis les pittoresques draisiennes de 1817 que l'on lançait à force de coups de pied sur le sol. Les pédales firent leur apparition avec le vélocipède Michaux (1863). Le grand bi, construit en tubes de fer, grandit démesurément la roue avant pour accroître la vitesse. Avec la transmission à chaîne, qui apparaît sur les tricycles, le « développement » rend inutile cette disproportion; grâce à lui, vers 1890, la bicyclette est devenue possible.

Au rez-de-chaussée, d'autres salles sont réservées aux carrossiers du 18e et du 19e s., aux voitures sportives, aux véhicules à deux roues.

Premier étage. — On y a groupé les véhicules légers, français et étrangers : voitures de promenade et de chasse, chariot turc, charrettes siciliennes, cabriolets hollandais et italiens; traîneaux, chaises à porteurs, litières, palanquins orientaux et de nombreuses maquettes complètent cette pittoresque collection.

LE PARC★

Ouvert du lever du jour à la tombée de la nuit.

Trois avenues formant patte d'oie conduisaient à la forêt. Le Petit Parc, dont l'entrée est à gauche, comprend l'ensemble des jardins. Le Grand Parc l'entoure et fait partie de la forêt.

Petit Parc. — Les jardins du 18e s. ont été modifiés sous Napoléon Ier : au pied de la terrasse du château, des pelouses ont remplacé le grand parterre à la française (les quinconces de tilleuls et les massifs d'arbres qui l'encadraient ont été conservés); une rampe fut aménagée pour permettre aux voitures de monter facilement de la pelouse à la terrasse.

COMPIÈGNE★★★

L'Empereur ayant ensuite voulu « fondre le château avec la forêt », une grille remplaça le mur de clôture et une trouée fut percée à travers les futaies. Ouverte en face des grands Appartements, elle va jusqu'au sommet des hauteurs des Beaux-Monts, traçant une magnifique perspective longue de 4 km.

La terrasse et ses abords ont été ornés de statues dont la plupart sont inspirées de l'antiquité. C'est de ce côté que le palais est le plus imposant, développant sa façade aux lignes régulières sur une longueur de 193 m.

Au pied de la terrasse s'amorce à droite le fameux « berceau de l'impératrice », offert en 1811 par Napoléon à Marie-Louise pour lui rappeler une treille des jardins de Schœnbrunn où elle avait aimé se promener. Long de 1 400 m, ce berceau est si large que deux voitures pouvaient y passer de front.

AUTRES CURIOSITÉS

Hôtel de ville★. — Ce remarquable édifice a été bâti sous Louis XII dans le style gothique finissant. Il a été restauré au siècle dernier. Les statues de la façade datent de cette époque.

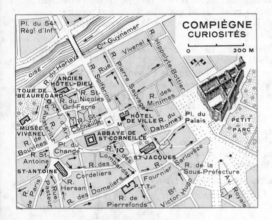

Elles représentent, de part et d'autre de la statue équestre de Louis XII et de gauche à droite, en regardant l'édifice : saint Denis; Saint Louis, Charles le Chauve, Jeanne d'Arc, le cardinal Pierre d'Ailly, né à Compiègne, et Charlemagne.

Le beffroi comprend deux étages et une flèche d'ardoises flanquée de quatre clochetons. Au bas de la flèche se trouvent, habillés en lansquenets suisses de l'époque François Ier, trois personnages appelés « Picantins ». Ils sonnent les heures et les quarts.

Deux pavillons ont été accolés à l'ancien bâtiment, lors de sa restauration.

Musée de l'hôtel de ville. — *A l'intérieur de l'hôtel de ville. Visite sur demande écrite adressée au conservateur du musée Vivenel.* Des salles garnies de boiseries, vitraux, tapisseries, meubles, tableaux, objets d'art, constituent ce musée, partie du musée Vivenel *(voir ci-dessous).*

Musée de la Figurine historique. — *Dans un bâtiment dépendant de l'hôtel de ville. Visite tous les jours de 9 h à 12 h et de 14 h à 18 h. Entrée : 2 F.* Très importante collection de soldats de plomb ou d'étain (85 000 sujets) figurant les uniformes militaires à travers les âges et constituant une documentation de premier ordre.

Musée Vivenel★. — *Visite de 9 h à 12 h et de 14 h à 18 h. Fermé le mardi et les 1er janvier, lundi de Pâques, 1er mai, Ascension, 14 juillet, 11 novembre et 25 décembre. Entrée : 2 F.*

C'est le musée municipal de Compiègne, installé dans l'hôtel de Songeons. Belle demeure Directoire, l'hôtel abrite les collections d'Antoine Vivenel (1799-1868), enfant du pays et architecte, auxquelles se sont ajoutées de nombreuses donations.

Le rez-de-chaussée est consacré à l'Antiquité : marbres et bronzes grecs et romains, céramiques antiques parmi lesquelles il faut signaler un remarquable ensemble de **vases grecs★★** – cette collection est sans doute la plus complète de France après celle du Louvre –, sculptures et objets funéraires égyptiens datant pour la plupart du Nouvel Empire et de l'Époque saïte (663 à 526 av. J.-C.).

Outillages, armes et objets divers provenant de fouilles exécutées dans la région depuis la fin du 19e s. évoquent les civilisations successives de nos ancêtres, de la préhistoire à la fin de la période gallo-romaine; trois casques en bronze datant d'environ 600 ans avant J.-C. méritent une mention spéciale.

Au premier étage sont exposées les collections intéressant les périodes du Moyen Age à nos jours : sculptures sur bois et pierre gothiques et Renaissance, ivoires du 9e au 17e s., orfèvreries et émaux du 13e au 17e s., majoliques et grès des Flandres du 16e s., verrerie vénitienne, peintures et dessins où l'on peut relever les noms de Dürer, Raphaël, Callot, Boucher, Greuze, etc.

Ancien Hôtel-Dieu St-Nicolas. — *Visite suspendue.* Construction du 14e s., très remaniée. A l'intérieur, bel ensemble 17e s. de tableaux religieux, **boiseries★**, stalles, retable en bois, ouvrage typique du style religieux Louis XIV par son ampleur et la richesse de ses sculptures. Une riche collection de bâtons de corporation est rassemblée dans la nef,

Église St-Jacques. — Jeanne d'Arc vint à l'église et y communia, la veille de sa capture.

Au chœur et au transept du 13e s. s'ajoutèrent, aux 14e et 15e s., les autres parties de l'édifice. Son haut clocher du 15e s., cantonné de contreforts à pinacle et peu orné jusqu'à la plate-forme supérieure, a été surmonté d'un lanternon Renaissance.

L'intérieur, élancé, a gardé un caractère homogène en dépit des adjonctions : au 18e s., en effet, les piliers du chœur ont été recouverts d'un placage de marbre gris et rouge; ceux de la nef ont été pris dans une gaine de boiseries.

Remarquer dans le croisillon gauche un bel ensemble de statues de la Vierge. Une statue de pierre du 14e s., « N.-D. au pied d'argent », est encadrée par deux statues en bois du 15e s., la Vierge et saint Jean, éléments dissociés du calvaire qui surmontait l'ancien jubé.

La table de communion est faite de l'ancienne balustrade du lit de Louis XVI, au château.

Église St-Antoine. — Bâtie au 13e s., elle fut reconstruite en grande partie dans le style gothique au début du 16e s. La façade flamboyante et le chœur sont élégants.

Restes de l'abbaye de St-Corneille. — La rue St-Corneille fut percée en 1806 à travers la nef de l'église abbatiale. Le cloître du 14e s. subsiste.

Tour de Beauregard. — Ce donjon éventré du 12e s. est l'ancien donjon royal. Jeanne d'Arc serait partie de cette tour le jour où elle fut capturée.

Maisons anciennes. — 10 rue des Lombards s'élève une maison à pignons du 16e s. dont la façade présente une belle charpente apparente. Toute proche, la façade de la halle à la viande, de Ledoux, est un beau travail d'assemblage de pierres.

COMPIÈGNE (Forêt de) *** – Carte Michelin n° 96 - pli ⑩.

La forêt domaniale de Compiègne n'offre pas les chaos rocheux de la forêt de Fontainebleau ; mais elle séduit par son harmonie, ses magnifiques avenues, ses hautes futaies, ses frais vallons, ses étangs pittoresques, ses villages riants.

Encadrée par l'Aisne, l'Oise et l'Automne, elle couvre 14 500 ha (Fontainebleau : 17 000). Les forêts de Laigue et d'Ourscamps qui en sont le prolongement y ajoutent 5 300 ha.

Elle fit partie de l'immense forêt de Cuise, terre de chasse des rois francs, qui englobait les massifs de Compiègne et de Villers-Cotterêts. Le nom actuel n'est apparu qu'au milieu du 18e s.

Elle occupe une sorte de cuvette ouverte sur les vallées de l'Oise et de l'Aisne. Au Nord, à l'Est et au Sud, une suite de buttes dessine un croissant aux pentes abruptes. Ces éminences calcaires dominent de 80 m, en moyenne, les fonds, souvent sableux, où courent de nombreux rus. Le ru de Berne, le plus important, traverse un chapelet d'étangs.

Le hêtre et le chêne sont, avec le charme, les essences principales de la forêt. Le hêtre croît sur les hauteurs au sol assez riche. Le chêne couvre les basses pentes et quelques parties sableuses où les pins sylvestres les remplacent depuis 1830. Les zones humides sont occupées par des épicéas, des aunes et des peupliers. La forêt est aménagée en futaies, dont certaines, notamment dans les Beaux Monts, le mont St-Marc et les collines du Sud de la forêt sont magnifiques.

Deux communes, Vieux-Moulin et St-Jean-aux-Bois, sont enclavées dans le massif forestier.

De nombreuses routes sillonnent la forêt. François Ier, Louis XIV et Louis XV ont particulièrement contribué à la création de ce réseau routier facilitant la traversée de la forêt et permettant de suivre aisément les chasses.

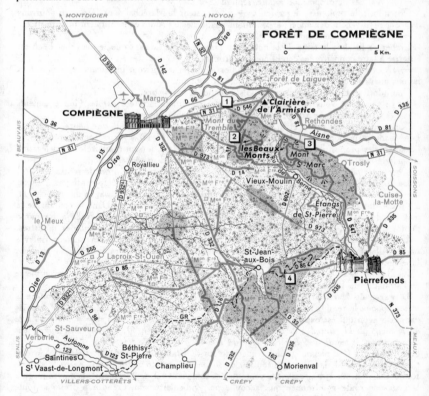

Quatre promenades permettent de voir les principales curiosités de la forêt et peuvent être combinées entre elles sans imposer de retour intermédiaire à Compiègne (1).

① **CLAIRIÈRE DE L'ARMISTICE

19 km, ou 23 km par l'avenue Royale – environ 1 h – schémas ci-dessus et p. 72

Quittant Compiègne, suivre l'avenue Georges-Clemenceau et sortir par ③ du plan (N 31). Ou bien, sortir de Compiègne par l'avenue Royale ; au carrefour Royal, prendre à gauche la route tournante du Grand-Parc jusqu'au D 130 ; tourner à gauche jusqu'à la N 31, en passant devant l'étang du Buissonnet. Au carrefour d'Aumont, continuer tout droit par le D 546 et, au carrefour du Francport, où se trouve un monument commémoratif, garer obligatoirement la voiture. Suivre à pied une allée longue d'environ 200 m qui conduit à la clairière de l'Armistice.

(1) Pour plus de détails, consultez la carte de l'I.G.N. au 25 000ᵉ.

COMPIÈGNE (Forêt de)***

Clairière de l'Armistice★★. — C'est dans cette clairière que fut signé l'armistice du 11 novembre 1918 qui suspendait les hostilités entre les puissances alliées d'une part et l'Allemagne d'autre part.

Le site a été aménagé en 1919 à l'endroit où existait l'épi des voies qu'avaient emprunté le train spécial du maréchal Foch, commandant en chef des forces alliées, et celui des plénipotentiaires allemands. Les voies étaient greffées sur la ligne Compiègne-Soissons, à partir de la gare de Rethondes. Des rails et des dalles marquent l'emplacement des rames.

Le 7 novembre 1918 était arrivé le train particulier du maréchal Foch.

Le 8 novembre, aux premières heures du jour, arrive le train amenant les négociateurs allemands. A 9 h, ils sont reçus dans le wagon-salon de Foch. Les Allemands ayant pris place à la table de conférences, le général Weygand, chef d'état-major, va chercher le maréchal. Celui-ci arrive et salue : A qui ai-je l'honneur de parler ? demande-t-il.

— Aux plénipotentiaires envoyés par le Gouvernement germanique, répond Erzberger, chef de la mission. Il tend au commandant en chef les lettres de crédit de la délégation. Foch se retire pour les examiner. Ceci fait, il revient et, sans s'asseoir, questionne :

— Quel est l'objet de votre visite?

— Nous venons recevoir les propositions des Puissances alliées pour arriver à un armistice sur terre, sur mer et dans les airs, répond Erzberger.

— Je n'ai pas de proposition à faire, réplique Foch.

Oberndorff, le diplomate, intervient : — Si Monsieur le Maréchal le préfère, nous pourrons dire que nous venons demander les conditions auxquelles les Alliés consentiraient un armistice.

— Je n'ai pas de conditions !

Erzberger lit alors le texte de la note du président Wilson disant que le maréchal Foch est autorisé à faire connaître les conditions de l'armistice.

— Demandez-vous l'armistice? reprend alors le maréchal. Si vous le demandez, je puis vous faire connaître à quelles conditions il pourrait être obtenu.

Oberndorff et Erzberger déclarent qu'ils demandent l'armistice.

— Je vais donc vous faire donner lecture des conditions arrêtées par les Gouvernements alliés, conclut Foch qui s'assied, imité par les autres personnalités présentes.

Weygand prend la parole et lit les conditions. Cette lecture demande une heure, car il faut faire traduire le document. Tous l'écoutent sans mot dire. Trois jours sont accordés pour l'examen des propositions. Le feld-maréchal von Winterfeld, le seul militaire de la délégation allemande, est consterné. Quand Weygand se rassied, le feld-maréchal sollicite une suspension des hostilités pendant le délai consacré à l'étude du projet d'armistice. Foch la refuse.

Le 10 au soir, un message radiophonique allemand autorise les plénipotentiaires à signer l'armistice. Vers minuit et demi, les Allemands reprennent place dans le wagon du maréchal et, à 5 h 1/4, la convention est signée ; elle prend effet à 11 h du matin. Dans le courant de la matinée, le maréchal Foch va lui-même à Paris annoncer l'heureuse nouvelle à Raymond Poincaré, président de la République, et à Clemenceau, président du Conseil des ministres.

Une grande dalle fut posée dans la clairière en 1922, pour commémorer l'événement. Enlevée par les Allemands en 1940, elle fut retrouvée brisée en 1945. Elle a été remise en place en 1949. Une statue de Foch s'élève au bord de la clairière.

Le 21 juin 1940, la délégation française fut reçue par Hitler à Rethondes, dans le wagon même de l'armistice de 1918. L'armistice fut signé le 22 juin 1940.

Le wagon du Maréchal Foch, enlevé lui aussi par le IIIe Reich, fut détruit. Un wagon de la même époque le remplace. Les objets (authentiques) ayant servi aux délégués sont disposés dans ce wagon qui est exposé dans le bâtiment se trouvant en face de l'allée d'arrivée. *Visite du 1er mars au 11 novembre de 8 h à 12 h et de 13 h 30 à 18 h 30 ; le reste de l'année, tous les jours sauf le mardi, de 9 h à 12 h et de 14 h à 17 h 30. Entrée : 1,50 F.*

Pour revenir à Compiègne, prendre au carrefour de Francport la route forestière de l'Armistice jusqu'à la N 31 dans laquelle tourner à gauche. Au carrefour des Loups, avant la gare de Rethondes, tourner à droite dans la route des Beaux Monts et de Morpigny ; la suivre jusqu'à la deuxième route goudronnée qui la coupe perpendiculairement. Prendre à droite la route Eugénie qui traverse les Beaux Monts. Peu avant le carrefour Eugénie, prendre à droite la route montant au point de vue des Beaux Monts *(voir page ci-contre)*. Revenir au carrefour Eugénie entouré d'une belle futaie de chênes parmi lesquels le **chêne Couttolenc**★ (environ 300 ans) signalé à droite. Continuer dans la route Eugénie qui coupe la perspective de l'avenue des Beaux-Monts et, par le carrefour des Vineux, le carrefour du Renard et la route tournante du Grand-Parc, rejoindre Compiègne.

② **LES BEAUX MONTS
Circuit de 20 km ou 23 km – environ 1/2 h – schéma p. 73

Quitter Compiègne par l'avenue Royale. Au carrefour Royal, prendre à gauche la route tournante du Grand-Parc. Cette route, charmante sous une futaie de hêtres, traverse par deux virages une longue clairière : l'avenue des Beaux-Monts. Au carrefour du Renard, prendre à droite la route Eugénie qui, après le carrefour des Vineux, monte en lacet et recoupe l'avenue des Beaux-Monts à mi-hauteur de la côte. Continuer jusqu'au carrefour

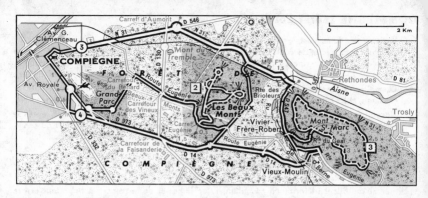

Eugénie et prendre, à gauche, la route montant jusqu'au point de vue des Beaux Monts. De là, belle **perspective**★★ sur l'avenue des Beaux-Monts avec au fond, à droite, le palais de Compiègne.

Les Beaux Monts. — Ils sont célèbres pour leurs futaies de chênes et de hêtres qui constituent une réserve artistique et pour les **vues**★★ qu'offre la route sinueuse qui les dessert.

De la clairière part, à gauche, le pittoresque chemin effectuant le tour de la butte d'où l'on a de très belles vues sur la forêt de Laigue et le village du Vieux-Moulin.

L'itinéraire fléché débouche sur la belle route de Morpigny et des Beaux Monts.

Regagner Compiègne par la N 31 à gauche ou le D 973 à droite.

③ ★MONT ST-MARC - VIEUX-MOULIN
Circuit de 30 km – environ 3/4 h – schéma ci-dessus

Quitter Compiègne par ③ du plan, N 31. Peu après le 2e passage à niveau, prendre à droite le D 547 (route des Brioleurs).

Le charmant hameau de Vivier-Frère-Robert se trouve de l'autre côté de la voie ferrée, dans un joli site.

A hauteur du passage à niveau s'amorce, à gauche, la petite route du Geai, vers le mont St-Marc. En excellent état jusqu'à l'amorce de la boucle, le chemin est, dans sa partie qui fait le tour du mont, rocailleux et difficilement praticable après de fortes pluies.

Mont St-Marc★. — Les pentes de ce plateau de 130 m d'altitude sont couvertes de superbes hêtres. Jolies **vues**★ sur Vieux-Moulin, Rethondes, la vallée de l'Aisne, la forêt.

Le circuit terminé, en face du passage à niveau, reprendre à gauche le D 547 (route Eugénie).

Vieux-Moulin. — 489 h. *Ressources et distractions p. 36.* Ce modeste hameau de bûcherons, situé dans la vallée du ru de Berne, est devenu un village aux coquets chalets.

Revenir à Compiègne par le D 14 puis le D 973.

④ ★★ÉTANGS DE ST-PIERRE - PIERREFONDS - ST-JEAN-AUX-BOIS
Circuit de 32 km – environ 1 h 1/2 – schéma ci-dessous

Quitter Compiègne par ④ du plan, D 973. Prendre ensuite le D 14 jusqu'à Vieux-Moulin, puis la route forestière du faubourg St-Pierre jusqu'à l'étang de l'Etot. Prendre à droite la route Eugénie pour suivre le ru de Berne.

Étangs de St-Pierre. — Ce sont les plus pittoresques des étangs formés par le ru. Sur le bord du plus vaste se trouve le chalet de l'impératrice Eugénie devenu maison forestière.

Pierrefonds★★. — *Page 136.* Quitter Pierrefonds par le D 85.

St-Jean-aux-Bois. — 285 h. (les Joanoviciens). *Ressources et distractions p. 35.* Ce charmant village doit son origine à une abbaye bénédictine fondée en 1152 par la veuve de Louis VI le Gros. Au 17e s., ce n'est plus qu'un prieuré de chanoines augustins. Une porte

du 16e s. flanquée de tours et, sur la place de l'Église, le porche de la ferme abbatiale existent encore.

L'**église**★, édifiée au 13e s., est remarquable par la pureté de son style. Des têtes humaines forment une partie des modillons de la corniche. A l'intérieur, la sobriété et l'harmonie du transept et du chœur produisent une impression de grandeur et la sveltesse des colonnes séparant chaque bras du transept en deux travées accuse son envolée. Cette disposition, employée au 16e s., est unique à cette époque dans la région. Des vestiges de grisailles du 13e s. subsistent.

Une Vierge en bois polychrome du 17e s. orne le mur du fond de la nef. Deux autres statues (Vierge du 18e s., et sainte Euphrosyne, du 17e s.). ornent les nefs latérales.

Le maître-autel de pierre, moderne, respecte l'harmonie de l'ensemble. Au côté Sud de l'église, une salle capitulaire gothique sert de chapelle en hiver.

St-Nicolas-de-Courson. — *2 km par le D 33.* Dans une gorge, restes de l'église d'un prieuré. La nef date du 12e s.

Revenir à Compiègne par le D 85 et, à droite, le D 332.

COMPIÈGNE (Forêt de) ★★★

Variante par Champlieu. — *Allongement de parcours de 14 km.*

Arrivé au carrefour de Malassise, laisser le D 85 qui continue vers l'étang et la maison forestière de Ste-Perine et prendre à gauche le D 332. Au carrefour de Vaudrampont, suivre le D 116 jusqu'à l'Étoile de la Reine. Prendre la route du Cor (2e route à droite).

Champlieu. — Les ruines gallo-romaines se trouvent, de part et d'autre de la route, 1 500 m plus loin, et les catacombes, 500 m au-delà, sur un chemin prenant à gauche. *Description p. 48.*

Revenir à l'Étoile de la Reine et suivre à gauche la route des Eluas prolongée, après le beau carrefour du Puits-du-Roi où avaient lieu les rendez-vous de chasse de Louis XV, par la route du Moulin. On rejoint Compiègne en traversant de belles futaies.

CONFLANS-STE-HONORINE — Carte Michelin n° 101 - pli ② - pli ⑯ - 31 069 h. (les Conflanais) — *Schéma p. 132* – Paris 29 km.

Située au confluent (déformé en « Conflans ») de l'Oise et de la Seine, cet important centre de batellerie rassemble les péniches arrivant de Rouen, du Nord de la France et de Belgique ou y retournant. La seconde partie du nom de ce port date du 9e s. Jusque-là, les reliques de sainte Honorine, martyre du 3e s., étaient conservées à Graville, près du Havre. En 875, fuyant les incursions normandes, les habitants de ce pays emportèrent les restes de leur patronne. Chaque localité où se fit une étape prit le nom de la sainte. Conflans, qui vit finir l'exode, devint Conflans-Ste-Honorine.

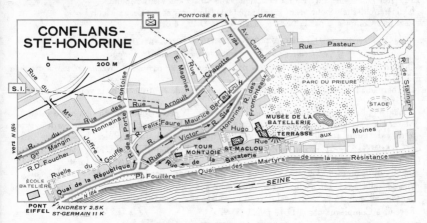

CURIOSITÉS *visite : 1 h 1/2*

Les quais. — Les péniches, le long des quais de Seine et de la République, comme au bord du quai Fin-d'Oise, se succèdent sur plusieurs rangs. La péniche « Je Sers », amarrée quai de la République, abrite la chapelle et le service social des mariniers.

Église St-Maclou. — Son clocher et la travée qui le supporte sont du 11e s., ainsi que la nef. Le reste appartient aux 12e et 13e s.

A gauche de l'entrée, reproduction du tombeau de Mathieu de Montmorency, amiral de France au 14e s., dont l'original se trouve dans la crypte du prieuré, au château. Il est orné d'une belle statue couchée qui est authentique. La châsse de sainte Honorine est vénérée dans une chapelle à gauche du chœur. Au mur de gauche sont accrochées des chaînes. Ce sont des ex-voto offerts par des prisonniers libérés ou des fidèles délivrés d'un vice, car la sainte est la patronne des « enchaînés » au sens matériel et spirituel. Dans le croisillon droit, contre un pilier, est placée la statue de N.-D. de Conflans, œuvre du 14e s. En face, voir la pierre tombale sculptée et peinte de Jean de Montmorency, mort en 1325.

Terrasse. — Derrière l'église, un château moderne occupe l'emplacement du prieuré qui avait la garde des reliques de sainte Honorine. Au-delà des bâtiments s'étend un parc dont la terrasse domine la Seine. De cet endroit, on jouit d'une jolie **vue★** sur le fleuve et le port fluvial, sur le chevet et le clocher de l'église.

Musée de la Batellerie. — *Visite les mercredis, samedis et dimanches de 15 h à 18 h (de 14 h à 17 h en hiver).* Installé dans le château du Prieuré, à l'entrée du parc, il abrite divers documents, bien présentés, retraçant la vie des bateliers. Une centaine de beaux modèles réduits de péniches, anciennes et modernes, montre l'évolution des techniques ainsi que le rôle économique et historique et les particularités des différents réseaux de canaux français.

Tour Montjoie. — De la place de l'Église, gagner la curieuse rue de la Savaterie. En la suivant jusqu'au bout, on arrive au donjon à demi-ruiné, reste de la forteresse établie, dès le 9e s., pour défendre l'important point stratégique qu'était le confluent.

Pont Eiffel. — Le pont métallique remplaçant le pont construit en 1890 par Eiffel, détruit en 1940, reconstruit et détruit de nouveau en 1944, a été établi sur les fondations de l'ancien ouvrage. Cette œuvre hardie comporte trois travées, d'une portée de 32 m aux extrémités et de 96 m au centre. Le voir du pont en béton armé qu'emprunte la route d'Andrésy.

EXCURSION

Andrésy. — 8 959 h. *2,5 km au Sud-Ouest.* Ce village était, sous la domination romaine, le port d'attache d'une flotte de guerre chargée de surveiller les voies fluviales de la Gaule du Nord.

L'**église** mérite une visite. La nef et le bas-côté droit sont gothiques ; le bas-côté gauche, très vaste, date de la Renaissance. L'intérieur renferme d'intéressants chapiteaux et des **vitraux★** du 16e s., visibles dans le bas-côté gauche (2e, 4e, 6e fenêtres) et dans le bas-côté droit (4e fenêtre).

CORBEIL-ESSONNES – Carte Michelin n° 96 - pli 28 – 39 223 h. (les Corbeillois)
– *Schéma p. 161 - Ressources et distractions p. 34 – Plan dans le guide Michelin France de l'année* – Paris 35 km.

Corbeil et Essonnes, groupées en une seule commune, constituent un important centre industriel.

Le grenier de Paris. — Un château royal puis un monastère donnèrent de l'importance au village de bateliers que fut Corbeil, à l'origine. Dès le Moyen Age, c'est le grenier de Paris.

Là sont installés les moulins du Roi, mus par l'Essonne, où tout le grain de la région doit être apporté et les réserves pour les années de disette. Les actuels moulins de Corbeil sont les plus importants de France. Leurs énormes bâtiments se dressent le long de la Seine, en aval du pont. Les blés sont amenés à quai auprès de l'élévateur, haut de 45 m, et déversés dans les quarante silos cylindriques. De là, ils passent dans la minoterie.

Progrès industriels. — La Papeterie d'Essonnes, une des plus importantes de France, appartenant à la Société anonyme des Papeteries Darblay, est située à l'emplacement d'un des plus anciens moulins à papier de France (14ᵉ s.). A la fin du 18ᵉ s., Oberkampf lui adjoint une fabrique d'indiennes et une filature, succursales de sa manufacture de Jouy-en-Josas *(p. 104)*. Au début du 19ᵉ s., ce moulin appartient à la famille Didot, imprimeurs-libraires bien connus. C'est un de leurs collaborateurs, Nicolas-Louis Robert, qui prit le brevet de la première machine à papier en continu. Cette invention, qui permit la mécanisation d'une fabrication jusqu'alors manuelle, est à la base du prodigieux développement de la fabrication du papier.

Les Établissements Decauville, à l'extrémité Nord-Ouest de la ville, ont créé, en 1874, le matériel de chemin de fer léger et mobile pour chantiers. Plus récemment se sont installées des industries variées (imprimerie Néogravure, féculerie Doittau, I.B.M. France, S.N.E.C.M.A.).

CURIOSITÉS *visite : 1/2 h*

Cathédrale St-Spire. — Spire est la déformation d'Exupère, nom du premier évêque de Bayeux vers le 6ᵉ s. Ses reliques furent transportées aux environs de Corbeil vers 850, quand arrivèrent les Normands, puis à Corbeil même en 950. Érigée en collégiale royale par Louis VI le Gros, l'église est devenue en 1966 cathédrale du diocèse de Corbeil-Essonnes.

De l'église romane subsistent les parties basses de la nef et du chœur ainsi que les voûtes d'arêtes des bas-côtés. Nef et chœur ont reçu des voûtes gothiques respectivement aux 14ᵉ et 15ᵉ s. Le gisant du comte Haymon qui fonda, au 10ᵉ s., la collégiale St-Spire pour abriter les restes du saint est du 14ᵉ s. Dans le bas-côté gauche, une arcature du 16ᵉ s. encadre la porte de la sacristie. Toute l'église est éclairée par des verrières modernes aux beaux coloris.

Porte St-Spire. — 14ᵉ s. Elle se trouve derrière le chevet. C'était l'entrée du cloître.

COUILLY – Carte Michelin n° 96 - pli 20 – 10 km au Sud de Meaux – 1 044 h. (les Colléatiens) – *Schéma p. 99* – Paris 42 km.

Située sur le Grand Morin, Couilly possède une petite église de campagne intéressante.

Église. — Le clocher est roman. Le reste de l'édifice fut construit du 13ᵉ au 17ᵉ s. On remarquera les jolies bagues qui décorent les deux derniers piliers de la nef, ornées de feuillages et de figures, la clef pendante de la voûte du chœur, à l'extrémité du bas-côté droit, contre un pilier, une jolie Vierge en albâtre du 14ᵉ s., de nombreux tableaux des 17ᵉ et 18ᵉ s. provenant de l'Abbaye de Pont-aux-Dames, des statues et statuettes anciennes.

EXCURSIONS

Pont-aux-Dames. — *1 km au Sud, sur la N 34.* Le village de Pont-aux-Dames doit son nom à l'abbaye, détruite à la Révolution, qui recevait de grandes dames, comme Mme Du Barry, ou des religieuses, comme l'abbesse de Port-Royal, tombées en disgrâce.

Maison de retraite des Artistes dramatiques et lyriques. — *Visite les samedis, dimanches et jours fériés de 14 h à 17 h. Entrée 4 F.* C'est dans le domaine de l'ancienne abbaye que Coquelin aîné, alors Président de l'Association des Artistes Dramatiques, fit construire la Maison de retraite des Artistes dramatiques et lyriques, qu'il créa en 1903. Les bâtiments, agrandis en 1913, peuvent recevoir soixante-cinq pensionnaires.

Dans le bâtiment administratif est installé un musée qui rassemble toutes sortes d'objets ayant appartenu à des comédiens célèbres ou rappelant leur mémoire : costumes de scène, accessoires, portraits, bustes, affiches, lettres, etc. Cette collection présente aussi bien des souvenirs de Talma, qui joua au temps de Napoléon « devant un parterre de rois », de Rachel qui remit en honneur le théâtre de Racine au 19ᵉ s. ou de Réjane qui connut la gloire au début du 20ᵉ s., que d'artistes plus récents : Constant Coquelin, les frères Mounet, Sarah Bernhardt, de Max, Lucien Guitry, de Feraudy, Piérat, Polin, Gémier, Victor Boucher, Léon Bernard, Edmée Favart, Argentina, Sacha Guitry, etc.

On visite le parc où se trouve le tombeau de Coquelin mort à Pont-aux-Dames en 1909.

Condé-Ste-Libiaire. — 645 h. *3 km au Nord-Ouest. Ressources et distractions p. 34.*

Cet aimable village, situé au confluent du Grand Morin et de la Marne doublée d'un canal, est très fréquenté par les pêcheurs et les amateurs de canotage.

La Marne et le canal de Chalifert, parallèles depuis Meaux, se séparent à Condé. Puis la Marne décrit deux boucles que le canal coupe à leur base, évitant un détour à la navigation. Le Grand Morin se divise en deux bras : l'un passe sous le canal, puis se jette dans la Marne ; l'autre, canalisé, fusionne plus loin avec ce même canal.

Du petit pont situé près de l'hôtel du Petit-Robinson, on a vue sur cet original paysage d'eau.

Coupvray. — 1 063 h. *6 km à l'Ouest par la N 34 et le D 5A.* Dans ce typique village briard est né **Louis Braille**, l'inventeur de l'alphabet des aveugles. Un musée *(fermé le mardi)* a été installé dans sa maison natale (18ᵉ s.).

COULOMMIERS – Carte Michelin n° **97** - plis ⑲ ㉚ – 11 989 h. (les Columériens) – *Schéma p. 99 – Ressources et distractions p. 34 – Plan dans le guide Michelin France de l'année* – Paris 60 km.

Cette ville commerçante, située sur le bord du Grand Morin, est le marché du fromage de Brie appelé le « Coulommiers ».

Le nom de cette cité a une origine poétique. Lorsque César arriva dans la région, une tour qui dominait quelques huttes était entourée par les vols des colombes qui y avaient établi leurs nids. Le nom de Castrum-Columbarium, fort-aux-colombes, lui fut donné et se déforma en Coulommiers.

Dans la ville haute, la Ferme de l'Hôpital, ancienne commanderie de Templiers des 13e et 15e s., abrite des expositions temporaires.

Parc des Capucins. — Le touriste amateur de haltes dans un jardin ombreux pourra visiter le parc de l'ancien château. Les douves, larges de 26 m, délimitent l'emplacement du bel édifice élevé au 17e s. par Catherine de Gonzague, duchesse de Longueville, sur les plans de l'architecte de Brosses (qui édifia le Luxembourg). Il fut démoli au siècle suivant par le duc de Luynes et de Chevreuse qui jugea trop onéreuses les réparations à effectuer. Il ne reste que les deux petits pavillons des gardes, marquant l'entrée. La cour a été transformée en jardin où l'on aperçoit, par endroits, de beaux vestiges de constructions.

Sur la droite des fossés se trouve l'ancienne chapelle des Capucins, œuvre du 17e s. A l'intérieur, de belles boiseries forment une sorte de jubé. Le **musée municipal** y est installé *(visite du 15 avril au 15 octobre, le dimanche de 14 h à 17 h)*. Il contient une collection d'objets provenant des fouilles effectuées à Coulommiers et dans les environs, ainsi que des éléments de folklore, des monnaies, médailles, documents. Remarquer la reconstitution des vestiges d'une habitation mérovingienne et carolingienne des 7e et 9e s.

COURANCES (Château de) ★ – Carte Michelin n° **96** - pli ㊳ – 5 km au Nord de Milly – Paris 51 km.

Le décor de verdure et d'eau qui encadre le château de Courances en fait l'un des plus séduisants de l'Ile-de-France.

Visite du parc seulement, du 1er dimanche d'avril au 2 novembre, les samedis, dimanches et jours fériés de 14 h à 18 h. Entrée : 4 F.

Construit en 1550 par Gilles le Breton, pour Cosme Clausse, secrétaire de Henri II, le château est remanié au 17e s. Tel qu'il se présente aujourd'hui, il correspond à la définition du style Louis XIII. Les murs sont de briques prises dans un appareillage de grès; les toits sont aigus. La décoration extérieure est très sobre. La façade d'entrée a été ornée, au 19e s., d'une imitation de l'escalier du Fer à Cheval de Fontainebleau. Des douves, demeurées en eau, sertissent l'édifice.

L'accès au château est imposant. Une longue avenue bordée d'arbres mène à la grille de l'avant-cour, vaste esplanade de gazon coupée par une grande allée axiale et flanquée de deux canaux dans lesquels se mirent des platanes géants plantés en 1782.

Le **parc**★, tracé par Le Nôtre, s'étend derrière le château. La façade de ce côté donne sur un immense tapis vert. Une allée mène au grand canal. Une autre, perpendiculaire, longe des cascatelles et mène au parterre d'où l'on a une très belle vue sur le château. La grande allée partant de l'angle du château à gauche conduit à un curieux jardin japonais qui se trouve à gauche.

CREIL – Carte Michelin n° **97** - plis ⑥ ⑰ – 34 236 h. (les Creillois) – *Schémas p. 100 et 166 – Plan dans le guide Michelin France de l'année* – Paris 50 km.

Cette ville est un centre ferroviaire et industriel important, située dans une île et sur les rives de l'Oise, sur la route d'Amiens.

Église St-Médard. — Sa nef est du 13e s. et le chœur, plus élevé, des 14e et 15e s. Le chevet plat s'appuyait sur l'enceinte de la ville. Le portail principal est précédé d'un porche du 15e s. La tour du 16e s. se termine par une flèche de pierre cantonnée à la base de lions assis. La forme très irrégulière de cette église est due au manque de place qui imposait aux architectes d'agrandir l'édifice là où ils le pouvaient, sans tenir compte de l'effet artistique.

Musée Gallé-Juillet. — *Visite de 14 h à 18 h (17 h de novembre à Pâques). Entrée : 2 F.*

Bâtie sur les salles basses gothiques de l'ancien château royal, la maison Gallé-Juillet n'est pas vraiment un musée, mais une maison du souvenir. Elle présente un bel ensemble de mobilier des 18e et 19e s. et une importante collection de faïences et de grès noirs de Creil.

EXCURSIONS

Nogent-sur-Oise. — 15 682 h. *2 km au Nord.*
L'église, bâtie dans l'ancien quartier de Royaumont, est un intéressant édifice des 12e et 13e s. Elle est dominée par un beau clocher roman construit vers 1130, couvert en bâtière. La nef, remaniée à plusieurs reprises, est romane ; le chœur, édifié par Saint Louis, et le porche sont gothiques. A l'entrée de la nef à gauche, cheminée des pèlerins du 16e s. Sur les piliers à l'entrée du chœur, bas-reliefs en pierre du 16e s. représentant la naissance de la Vierge (à gauche) et sa mort (à droite). Dans le chœur, à gauche, tombeau du 17e s., qui porte une belle statue en marbre blanc de messire Bardeau, seigneur de Nogent et secrétaire des rois Henri III et Henri IV.

Montataire. — 13 166 h. *3 km au Sud-Ouest.*
Dans ce faubourg industriel de Creil s'élève une belle église, ancienne collégiale, dont la nef est du 12e s. et le chœur du 13e s. Beau clocher fortifié. A l'intérieur, curieux chapiteaux.
La société Usinor possède, à Montataire, une usine *(on ne visite pas)* dans laquelle deux trains de laminage continu sont destinés à la fabrication de tôles minces, à partir de bobines de tôles de 1,6 à 5 mm d'épaisseur. La capacité de production mensuelle atteint 160 000 t. Ces tôles sont utilisées dans l'industrie automobile et dans de nombreuses autres industries.
De plus, la Société de construction et de galvanisation de Montataire, filiale d'Usinor, possède des installations de galvanisation et de prélaquage en continu de bandes d'acier laminées à froid qui sont parmi les plus importantes de France.

CRÉPY-EN-VALOIS ★ –

Carte Michelin n° 🔲 - pli 18 –
10920 h. (les Crépinois) – *Schéma
p. 39* – Paris 70 km.

Au milieu d'une riche région
agricole, proche des forêts de
Compiègne et de Retz, Crépy-en-
Valois permet d'admirer, dans
le cadre de ses vieilles rues, de
nombreux et intéressants vestiges
du passé. La visite de Crépy
permet aussi de faire connaissance
avec une riche région des environs
de Paris : le Valois *(voir p. 15).*

La dynastie des Valois. —
Pendant plus de deux siècles et
demi, de 1328 à 1589 (date de
l'assassinat d'Henri III), les descendants de Charles 1er, Comte
de Valois, et frère de Philippe IV
le Bel, vont se succéder sur le
trône de France.

Les derniers Valois, Charles VIII,
François 1er, Henri II et Henri III, en même temps qu'ils ouvrirent la France aux influences
artistiques de l'Italie — donc à la Renaissance —, œuvrèrent pour donner au pouvoir royal un
caractère nouveau, d'absolutisme.

Crépy, capitale du Valois. — Dès le 13e s., le Valois fut réservé en apanage aux proches
parents du roi de France. Les comtes puis ducs de Valois firent de Crépy leur capitale. Un château
érigé dès le 10e s., plusieurs monastères et églises attestent de la puissance de Crépy du 11e au 14e s.
Ce n'est qu'à partir de Henri II que les faveurs des princes se tournèrent vers Villers-Cotterêts,
précipitant la chute de Crépy-en-Valois.

CURIOSITÉS *visite : 2 h*

Partir de la place Gambetta et par la rue des Ursulines et la rue du Lion (voir au n° 5, l'ancien
Hôtel du Lion, élevé à la fin du 14e s.) gagner l'église St-Denis.

Église St-Denis. — Malgré ses restaurations, on observera avec intérêt la nef romane du début
du 12e s. Le majestueux transept et les bas-côtés voûtés d'ogives furent construits après l'incendie qui ravagea une partie de l'édifice au 15e s. La tour et son clocher datent du début du 19e s.

Ancienne Abbaye de St-Arnould. — En face de l'église St-Denis, les ruines de l'ancien
monastère St-Arnould ont été dégagées.

Au 10e s., Gautier le Blanc fonda un monastère en l'honneur de St-Arnould. Ce monastère devint
très vite un des plus importants de la région. Deux des abbés du monastère furent canonisés et
sont restés célèbres dans l'histoire de la chrétienté : l'un, Girard en devenant supérieur de Josaphat
à Jérusalem; l'autre, Hugues, qui s'illustra comme abbé de Cluny en décidant la construction de
l'église abbatiale que devait achever Pierre le Vénérable.

A l'extérieur, les soubassements d'une première église du 10e s. ont été mis au jour avec, sur
le côté, des chapiteaux du 11e s. représentant divers feuillages et animaux.

On pourra encore voir les vestiges d'une église du 14e s. et surtout une crypte du 12e s., une
galerie de cloître et plusieurs salles voûtées d'ogives très élégantes. *La visite n'est pas autorisée
pendant les travaux de restauration.*

*Poursuivre la ruelle St-Arnould, rejoindre la place Gambetta où l'on empruntera la première rue à
droite conduisant au Vieux Château.*

Vieux Château. — Il reste de cette forteresse deux tours, un pan de mur d'enceinte, quelques
vestiges du donjon, la salle de l'Auditoire et la chapelle St-Aubin.

Musée du Valois et de l'Archerie. — *Visite du 15 mars au 15 novembre de 10 h à 12 h et de 14 h
à 18 h (19 h les dimanches et jours fériés). Fermé le mardi. Entrée : 2,50 F.* Le tir à l'arc est une très
ancienne tradition du Valois où les Compagnies d'archers sont très dynamiques, les tirs à l'oiseau
et les fêtes du Bouquet Provincial toujours très suivis.

Le musée de l'Archerie, dans les salles basses du château, présente une grande collection d'arcs
et d'arbalètes de France et d'autres pays européens, africains ou orientaux. La présentation de
drapeaux de Compagnies d'archers, des vases, bouquets provinciaux et autres objets offerts jadis
aux vainqueurs des concours, rend la visite de ces salles très vivante.

Le musée du Valois, dans les salles hautes (dont une très belle salle avec charpente apparente)
abrite des collections d'art sacré régional du 13e au 18e s. : **statues★** (Vierge du Luat, en pierre, du
16e s.), lutrins, ornements, livres, orfèvrerie.

En sortant, pénétrer dans la chapelle St-Aubin, du 12e s., qui renferme des boiseries de l'ancien
monastère St-Arnould.

Revenir place Gambetta. Au n° 11, l'hôtel de la Rose offre une jolie porte Renaissance.

Non loin de là, rue Jeanne d'Arc, la Pucelle s'arrêta au n° 17, le 11 août 1429, en revenant du
sacre de Charles VII à Reims.

Reprendre la voiture et gagner la place St-Thomas.

Ancienne église St-Thomas. — Elle fut la première église française dédiée à saint Thomas
Becket, archevêque de Canterbury. Seule la façade (12e s.) est encore debout. Sa flèche en pierre
date du 15e s.

Sur l'emplacement de la nef (effondrée à la fin de la Révolution) un square abrite le monument
aux Morts, œuvre de Bartholomé.

DAMPIERRE ** – Carte Michelin n° 101 - pli ③① – 740 h. (les Dampierrois) - *Schéma p. 64* – Paris 36 km.

Dampierre est situé dans la vallée de Chevreuse *(p. 64)*, au confluent de l'Yvette et du rû des Vaux de Cernay.

Château **. — *Visite accompagnée du 1er avril au 15 octobre de 14 h à 18 h. Durée : 1/2 h. Fermé le mardi. Entrée : 7 F.*

Du D 91, on a une vue d'ensemble de l'édifice à travers une belle grille du 18e s.

Dampierre, bâti au 16e s., fut reconstruit de 1675 à 1683 par Jules Hardouin-Mansart pour le duc de Luynes et de Chevreuse, qui devint gendre de Colbert. Le château appartient toujours à la famille de Luynes. Il a été restauré, sous Louis-Philippe, par Duban.

Construit en brique et pierre, l'édifice se compose d'un bâtiment principal avec trois avant-corps. Celui du centre est à double étage de colonnes et ceux des ailes se terminent par des tourelles. Le château, entouré de fossés remplis d'eau vive, est précédé de deux bâtiments parallèles qui dessinent une avant-cour séparée par les douves de la cour d'honneur. Deux tourelles coiffées d'un petit dôme marquent les angles.

L'intérieur offre une belle décoration, exécutée en majeure partie au 17e s. Mobilier ancien, boiseries, portraits et œuvres d'art. La vaste cage d'escalier avec ses peintures en trompe-l'œil, la salle des Fêtes, étincelante de dorures, sont du 19e s. Leur richesse, presque excessive, contraste avec la sobre élégance de la décoration primitive. On voit, dans cette salle des Fêtes, décorée d'une peinture murale par Ingres, une reconstitution très réduite, bien que haute de 3 m, de la légendaire statue d'or et d'ivoire de Minerve qui était au Parthénon et avait été réalisée au 5e s. avant J.-C. par Phidias. Une statue de Rude, en argent massif, représente Louis XIII adolescent. La chapelle présente de belles boiseries.

Le vaste parc, œuvre de Le Nôtre, est traversé par l'Yvette et le rû des Vaux de Cernay.

DONNEMARIE-DONTILLY * – Carte Michelin n° 97 - pli ③⓪ – 1823 h. (les Dana-maritains-Dontillais) – Paris 77 km.

Cet ancien village fortifié était le principal bourg du Montois, pays de collines boisées par lequel se termine la Brie au Sud-Est. Des remparts, il ne subsiste que la porte de Provins.

Église N.-D.-de-la-Nativité. — Elle date du 13e s. Dans le portail latéral Sud a été réemployé un tympan du 12e s., la Vierge encensée par les Anges. A côté, puits ancien abrité sous un toit. Le clocher, dont la base est du 12e s., a été terminé au 16e s. par un lanternon.

L'intérieur comprend une nef et deux bas-côtés voûtés d'ogives. Le triforium est élégant. Le chevet plat est éclairé par une belle rose dont les médaillons centraux représentent quelques scènes de la Passion et du Jugement dernier sont du 12e s.

Au Nord de l'église, deux galeries du 16e s., formant une sorte de cloître à la jolie charpente, entourent l'emplacement de l'ancien cimetière. La porte d'entrée est également du 16e s., ainsi que la chapelle « Ste-Quinette » qui termine la galerie Nord.

EXCURSION

Ancienne abbaye de Preuilly. — *3 km au Sud par le D 75. On ne visite que les ruines (attention aux chutes de pierres).*
Sur le chemin reliant Montigny-Lencoup au D 75, toute proche de la jonction, se trouve l'entrée de l'exploitation agricole dans laquelle sont englobés les vestiges de l'ancienne abbaye de Preuilly, cinquième fille de Cîteaux, fondée au 12e s.
Laisser la voiture dans l'allée conduisant à l'entrée de la ferme. L'ancienne hôtellerie et l'abbatiale étant habitées, la plus grande discrétion est demandée aux visiteurs.

DOUE – Carte Michelin n° 97 - Sud du pli ⑲ – 583 h. (les Dovinsiens) – Paris 69 km.

La butte de Doue, avec 181 m d'altitude, domine l'immense plateau de Brie, et offre une vue panoramique très étendue sur toute la contrée.

Depuis les temps les plus reculés, la butte de Doue fut occupée par l'homme. L'amateur d'archéologie gallo-romaine trouvera le résultat des fouilles au musée de Coulommiers *(p. 76)*.

Église St-Martin. — *Restauration en cours. Pour visiter, demander la clef à M. Legouge, Place de la Mairie.* Élevée au 13e s., elle conserve, malgré de grandes mutilations, une fière allure.

A l'intérieur, admirer la luminosité du chœur percé de hautes fenêtres et l'élégance du transept. Chœur et transept sont voûtés d'ogives.

La nef plafonnée présente un fenestrage flamboyant du 16e s.

Les chapiteaux, bien frappés, complètent l'ornementation de l'église.

DOURDAN * – Carte Michelin n° 96 - pli ③⑤ – 7 487 h. (les Dourdanais) – *Ressources et distractions p. 34* – Paris 52 km.

Cette ancienne capitale du Hurepoix, bâtie sur les rives de l'Orge, est un important marché de céréales. Ses foires étaient célèbres au Moyen Age; la foire Ventôse, devenue en 1959 foire nationale, a lieu généralement en mars.

Dourdan fut ville royale dès les Capétiens qui en renforcèrent les fortifications. La place devait protéger la route des blés de la Beauce vers Paris et tenir en respect les féodaux de Montlhéry, Rochefort, Chevreuse. Louis XI et ses successeurs en donnèrent la jouissance à des favoris ou à de grands serviteurs. A partir de 1661, Dourdan fit partie de l'apanage de la famille d'Orléans.

Regnard, l'auteur du « Joueur », fut capitaine du château et mena joyeuse vie dans le domaine de Grillon qui lui appartenait. Cet épicurien mourut d'indigestion à Dourdan en 1709.

Dans le cimetière est enterré **Roustan**, le mameluk que Bonaparte avait ramené d'Égypte et qui fut son fidèle valet de chambre jusqu'à l'abdication. Ayant épousé une fille de Dourdan, il se fixa dans le bourg et y mourut en 1845. Franciscque Sarcey, le critique théâtral le plus redouté de la fin du siècle dernier, naquit ici en 1827. Émile Zola, dont la mère était du pays, vint souvent à Dourdan.

CURIOSITÉS *visite : 1 h 1/2*

Place du Marché aux grains. — Au centre de la ville, se trouvent groupés, sur un terrain en pente : l'imposant château-fort, l'église, les pittoresques halles en bois construites au 19e s., l'hôpital du 18e s.

Château★. — *Visite de 14 h à 18 h les mercredis, samedis et dimanches. Entrée : 3 F.*
Le musée municipal y est installé (collections locales, de la préhistoire à nos jours).

Le château a été élevé par Philippe Auguste en 1222. L'entrée s'ouvre entre deux tours. L'enceinte carrée, entourée de larges fossés, était défendue par des tours aux angles et au milieu des côtés. La partie la plus remarquable est le donjon, bien qu'il ait perdu son 3e étage et sa terrasse crénelée. Il protégeait l'endroit le plus vulnérable de la forteresse et était isolé de la cour du château par un fossé que Sully, l'un des châtelains, fit combler.

Faire le tour extérieur du château par la droite. Avant de retrouver la place, belle vue au premier plan sur les courtines, les fossés, les tours et, au second plan, sur l'église.

Église St-Germain★. — Datant des 12e et 13e s., elle a eu beaucoup à souffrir des combats dont le château voisin était l'enjeu. Elle a été remaniée à plusieurs reprises, notamment au 15e s. Les deux clochers, du 15e s., inégaux, ont une forme qu'on rencontre rarement aux environs de Paris : leurs flèches de charpente recouvertes d'ardoise sont très aiguës et se terminent par des lanternons. Le portail gauche, par lequel on entre, est de style flamboyant.

A l'intérieur, le vaisseau est très clair et très élevé. Les chapelles latérales ont les voûtes d'ogives à nombreuses branches et à clefs pendantes qui caractérisent le gothique du 15e s. Les arcatures du triforium retombent sur des colonnettes aux fûts diversement ornés et aux chapiteaux du 13e s. ou sur des pilastres moulurés. Derrière le maître-autel, devant la grille de la chapelle de la Vierge, se trouve la pierre tombale du poète Regnard.

Promeneurs, campeurs, fumeurs...

soyez prudents !

Le feu est le plus terrible ennemi de la forêt.

DREUX ★ – Carte Michelin n° **97** - pli ㉔ - 34 025 h. (les Drouais) – *Ressources et distractions p. 34* – Paris 84 km.

Dreux, bâtie dans la vallée de la Blaise, aux confins de l'Ile-de-France, est un marché régional animé qui conserve d'intéressants vestiges de son glorieux passé.

Une ville-frontière. — Capitale de la tribu gauloise des Durocasses qui lui donne son nom, Dreux prend toute son importance quand les Normands s'installent au-delà de l'Avre et que sa forteresse garde désormais la frontière de la France, face à un voisin très belliqueux.

Le château, bâti sur la colline qu'occupe la chapelle St-Louis, subit de nombreux sièges. Les deux plus cruels sont celui de 1412 où les Bourguignons tiennent à s'emparer de la place appartenant au connétable d'Albret, l'un des chefs des Armagnacs, et celui de 1421 après lequel Dreux est occupé par le roi d'Angleterre Henri V. Pendant les guerres de Religion, en 1562, le duc de Guise, à la tête des Ligueurs, écrase sous ses murs les Protestants de l'amiral Coligny. En 1593, la ville, qui depuis trois ans refuse de se livrer, est en partie incendiée par Henri IV. Sur son ordre, la forteresse est définitivement démantelée.

Une nécropole royale. — En 1556, le Parlement de Paris avait décidé que le comté de Dreux ne pourrait plus appartenir qu'à la famille royale de France qui l'avait souvent remis en gage à de grandes familles du royaume. C'est ainsi qu'à la Révolution, Dreux appartient au duc de Penthièvre, petit-fils de Louis XIV par la Montespan. A la mort du duc, sa fille apporte le comté à Philippe d'Orléans (dit Philippe Égalité, qui vota la mort du roi en 1793) et leur fils Louis-Philippe monte sur le trône en 1830. C'est à cette suzeraineté princière que Dreux doit d'abriter les restes de la célèbre famille d'Orléans.

PRINCIPALES CURIOSITÉS *visite : 1 h*

Beffroi★. — *Visite accompagnée de 10 h à 11 h 30 et de 14 h à 17 h (18 h en juillet-août). Fermé les lundi (sauf en juillet-août), mardi, jeudi et vendredi (sauf en juillet-août). Entrée : 1 F.*

Il fut élevé de 1512 à 1531. Le rez-de-chaussée et le 1er étage sont flamboyants, le 2e étage et les lucarnes de la haute toiture datent de la Renaissance. Le campanile est du 17e siècle.

A l'intérieur, la salle du rez-de-chaussée est couverte d'une belle voûte à clefs pendantes. La voûte du second étage et la charpente du toit méritent, elles aussi, d'être vues.

Chapelle royale St-Louis. — *Visite accompagnée du parc et de la chapelle du dimanche des Rameaux au 14 octobre, de 8 h à 11 h 45 et de 13 h 30 à 18 h 45 ; le reste de l'année, de 9 h à 11 h 45 et de 13 h 30 à la tombée de la nuit. Visite interrompue de 9 h 30 à 11 h le dimanche. Entrée : 5 F pour la chapelle et le parc.*

Avant la Révolution s'élevait près de cet emplacement la collégiale St-Étienne. En 1783, on y avait rassemblé les restes des familles de Bourbon-Toulouse et Bourbon-Penthièvre.

En 1816, la duchesse d'Orléans fit élever à cet endroit une chapelle de style grec. Son fils Louis-Philippe, devenu roi, agrandit ce premier monument. La décoration intérieure est très riche. Dans le déambulatoire se trouvent les tombeaux de la famille d'Orléans. Dans la crypte, les **vitraux★**, exécutés sous le règne de Louis-Philippe par la manufacture de Sèvres, sont peints à l'émail sur une seule pièce, de 2 m² de surface et de 2,5 cm d'épaisseur. A ce niveau se trouvent aussi les tombeaux des Orléans-Bragance.

Dans le caveau de la chapelle *(on ne visite pas)* est le tombeau du dernier prince de Conti ainsi que le cœur de Philippe d'Orléans, régent pendant la minorité de Louis XV.

Le parc qui entoure la chapelle conserve quelques vestiges du donjon et des fortifications du château.

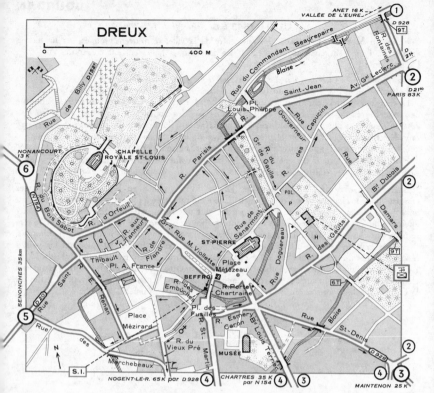

DREUX

ÉCHELLE 0 400 M

ANET 16 K
VALLÉE DE L'EURE

AUTRES CURIOSITÉS

Église St-Pierre. — Bâtie au début du 13e s., elle a été très remaniée du 15e au 17e s. La façade date du 16e s. Des tours qui devaient l'encadrer, seule celle de gauche a été achevée. Le portail et le croisillon gauches sont du 13e s. ainsi que le chœur. Le croisillon droit est des 16e et 17e s.

L'intérieur de cette église est intéressant pour ses vitraux des 15e et 16e s. On les trouve surtout dans les chapelles latérales (1re, 2e, 3e à droite, 2e, 3e, 4e à gauche) et dans la chapelle absidale. Un bénitier creusé dans un chapiteau du 12e s. représente les Saintes Femmes au tombeau. Le buffet d'orgues est du Drouais Toussaint Fortier et porte la date de 1614.

Musée. — *Visite les mercredis et dimanches de 10 h à 12 h et de 14 h à 17 h, et le samedi de 14 h à 17 h. Entrée : 1 F.*

Le musée, aménagé avec goût dans une chapelle transformée, présente, au rez-de-chaussée, trois beaux chapiteaux romans provenant de l'ancienne collégiale St-Étienne et, à l'étage, d'intéressants documents et souvenirs concernant l'histoire de Dreux.

Rotrou, né à Dreux en 1609, y est à l'honneur. Ce poète tragique, dont le succès fut souvent plus grand que celui de Corneille, était lieutenant civil de sa ville natale. En 1650, Dreux est ravagé par la peste. Rotrou quitte Paris et vient exercer les devoirs de sa charge. Il est victime de son dévouement.

ÉCOUEN ★ – Carte Michelin no 🔟🔟🔟 - pli ⑥ – 4550 h. (les Écouennais) – Paris 21 km.

Ce bourg, surtout connu pour son château, est adossé à une butte, boisée sur son flanc Ouest, qui domine le pays de France. Ce fragment du massif qui porte la forêt de Montmorency en fut séparé, à l'époque quaternaire, par le Petit Rosne.

Église St-Acceul. — Cet édifice, des 16e et 17e s., possède de célèbres **vitraux**★ Renaissance. Ceux du chœur, exécutés à l'instigation du Grand Connétable, Anne de Montmorency *(voir p. 50)*, datent de 1545. L'ensemble constitué par le chœur et la chapelle de la Vierge est un beau témoin de l'architecture Renaissance.

Dans le baptistère une plaque rappelle la fin tragique de Jean Le Vacher, né à Écouen, vicaire apostolique d'Alger, que le dey fit placer à la bouche d'un canon en 1683.

Château★★. — *Visite suspendue.*

L'édifice fut bâti au 16e s. pour le connétable de Montmorency par Jean Bullant. Jean Goujon fut un de ses décorateurs.

La Révolution enleva Écouen aux Condé, successeurs des Montmorency.

Napoléon Ier y installa la première maison d'éducation pour les filles des membres de la Légion d'honneur. A la Restauration, les Condé reprirent possession du château. Napoléon III le rendit à la Légion d'honneur.

Des projets à l'étude visent à en faire un **musée de la Renaissance.**

A travers la grille on distingue la masse des bâtiments aux toits en forte pente dont les hautes cheminées sont très ornées — dans le style Renaissance dont Écouen marque une étape — alors que les fenêtres à menaux en croix sont encore gothiques.

EXCURSION

Le Mesnil-Aubry. — 477 h. *4 km au Nord.*

L'église a été construite de 1531 à 1532, dans le style Renaissance. Vitraux des 16e, 17e et 18e s., pierres tombales des 15e et 16e s.; Vierge en pierre (fin 15e s.). Remarquer la décoration des voûtes.

ÉGREVILLE – Carte Michelin n° 97 - pli 40 – 19 km au Sud-Est de Nemours – 1 224 h. (les Égrevillois) – Paris 96 km.

Ce bourg agricole du Gâtinais possédait au Moyen Age un château qu'Anne de Pisseleu, duchesse d'Étampes et favorite de François Ier, fit reconstruire au 16e s. Ce château fut très remanié au 17e s. par le maréchal de la Châtre, un des chefs de la Ligue, qui rendit Orléans à Henri IV moyennant une somme énorme et la confirmation de tous ses titres, dont celui de maréchal. Le compositeur Massenet passa les dernières années de sa vie dans cette demeure, qui est toujours habitée par sa famille, et repose au cimetière ainsi que Jean Debucourt, sociétaire de la Comédie française, mort en 1958.

Église. — Elle fut construite au 13e s., ruinée pendant l'occupation anglaise et remaniée au 15e s. Son clocher-porche, massif, flanqué à un angle d'une tour prismatique qui le domine et à ses autres angles de six contreforts, ne manque pas d'allure. Le transept du 15e s. est surmonté d'une flèche très fine qui fait contraste avec le lourd clocher.

Halles. — Elles datent du 15e s. et leur façade constitue une sorte d'immense pignon de pierre percé de quatre arcades. Elles forment avec l'église un joli tableau rustique.

ENGHIEN-LES-BAINS ★ – Carte Michelin n° 101 - Sud du pli ⑤ – 10 713 h. (les Enghiennois) – *Ressources et distractions p. 34* – Paris 16 km.

C'est la ville d'eaux la plus proche de la capitale. Le canotage, les courses, les jeux et les fêtes du casino *(ouvert du 15 mars à fin décembre)*, y attirent de nombreux Parisiens.

Les propriétés des eaux d'Enghien ont été découvertes en 1773. L'exploitation véritable n'a commencé qu'en 1821 avec la création de l'Établissement thermal, reconstruit en 1935. Les eaux d'Enghien, très sulfureuses, sont employées dans les affections de la gorge, le traitement des maladies de peau et les rhumatismes.

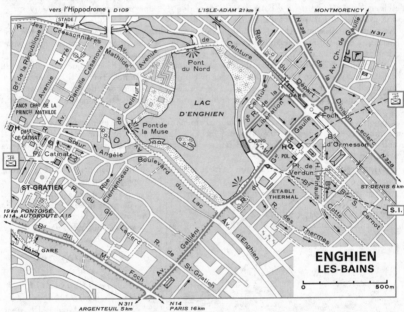

Le lac★. — Son étendue est de 40 hectares, sa profondeur de 1 à 5 mètres. De la jetée, la vue sur la nappe d'eau et son cadre de verdure est fort agréable. On peut en faire le tour par l'avenue de Ceinture mais les villas et les jardins masquent l'eau sauf au pont du Nord et au pont de la Muse.

St-Gratien. — L'église, construite sous le second Empire, abrite les tombeaux de deux personnages célèbres de St-Gratien. A droite du chœur est enterrée la princesse Mathilde (1820-1904), cousine de Napoléon III, qu'elle faillit épouser. A gauche du chœur, se trouve le cénotaphe, dû à Nieuwerkerke, de Catinat (1637-1712), ce glorieux maréchal de Louis XIV que son air méditatif avait fait surnommer « le père la Pensée ».

Le château, restauré, où il se retira en 1702, subsiste place Catinat, mais son immense parc, qui englobait le lac d'Enghien, a été dépecé. Le 1er étage abrite la bibliothèque municipale.

ÉPERNON – Carte Michelin n° 96 - plis ㉒ ㉓ – 13 km à l'Ouest de Rambouillet – 4 200 h. (les Sparnonniens ou Épernonnais) – *Schéma p. 149* - Paris 67 km.

Cette petite ville ancienne est située au confluent de la Drouette et de la Guesle; ses rues sinueuses couvrent la pente d'une colline.

Le hasard des héritages fit passer la seigneurie d'Épernon aux mains de Henri de Navarre, futur Henri IV, qui la vendit à Nogaret de la Valette. Henri III, dont Nogaret était l'un des « mignons », fit de lui un duc et pair d'Épernon en 1581.

CURIOSITÉS visite : 3/4 h

Partir de la place de la Mairie (place A.-Briand). Monter l'escalier de la rue St-Pierre vers l'église.

Église. — Reconstruite au 15e ou au début du 16e s. dans le style gothique à l'emplacement d'une église plus ancienne dont il reste quelques vestiges, notamment la chapelle romane de la Vierge, elle est remarquable par son unité architecturale. Le chœur est flanqué d'une grosse tour carrée du 16e s., dont le beffroi et le campanile sont du 18e s.

A l'intérieur, les piliers des grandes arcades n'ont pas de chapiteaux. La déflagration d'une bombe, défonçant la voûte de plâtre moderne, a mis au jour un berceau de bois peint du 16e s.

ÉPERNON

Faire quelques pas jusqu'à la place du Change.

Vieille maison. — Au n° 7 de cette place, une maison a conservé son rez-de-chaussée du 16e s. avec les statues en bois de saint Christophe, à gauche, et de saint Michel, à droite.

Contourner la place pour descendre aux Pressoirs.

Les Pressoirs*. — *Demander la clé à la mairie.* On appelle ainsi un ancien cellier qui appartenait au prieuré de Haute-Bruyère, belle salle voûtée d'ogives du 12e s., divisée en trois nefs par deux lignes de colonnes. Au-dessus subsiste un bâtiment du prieuré dont les murs sont étayés par de gros contreforts.

Prendre la rue St-Jean pour redescendre devant la mairie.

ERMENONVILLE

ERMENONVILLE * – Carte Michelin n° 96 - pli ⑨ - 604 h. (les Ermenonvillois) – *Schéma p. 47 – Ressources et distractions p. 34 – Paris 47 km.*

Ermenonville, à la lisière de la forêt qui porte son nom, doit sa célébrité à son parc et au souvenir de Jean-Jacques Rousseau.

Le 28 mai 1778, Jean-Jacques Rousseau, sur l'insistance de l'un de ses grands admirateurs, le marquis de Girardin, arrive au château d'Ermenonville. Ce domaine, qui reçut souvent la visite de Henri IV et de Gabrielle d'Estrées — le nom donné à une tour en rappelle le souvenir — est la propriété du marquis depuis 1763.

Avec un enthousiasme délirant, le philosophe retrouve la nature et « des arbres frais ». « Ah ! monsieur, s'écrie-t-il en se jetant au cou de son hôte, il y a longtemps que mon cœur me faisait désirer de venir ici et mes yeux me font désirer d'y rester toujours. »

Jean-Jacques se promène et rêve dans le parc, donne des leçons de musique aux enfants du château. Le 2 juillet, un transport au cerveau met fin à son existence errante. Il a 66 ans. Le 4, à minuit, il est enterré à l'intérieur du parc, dans l'île des Peupliers qui, dès ce jour, devient un but de pèlerinage. En 1794, le corps est exhumé et conduit au Panthéon. Le pavillon où il mourut n'existe plus.

Quelques années après, Bonaparte, passant à Ermenonville, demande au marquis de le conduire au tombeau de Jean-Jacques. Après s'être recueilli, le Premier Consul a cette réflexion : « Il aurait mieux valu, pour le repos de la France, que cet homme n'eût pas existé ; il a préparé la Révolution française.

— Il me semble, citoyen-consul, que ce n'est pas à vous de vous plaindre de la Révolution, réplique son hôte.

— Eh bien ! l'avenir dira s'il n'eût pas mieux valu, pour le repos de la Terre, que ni Rousseau, ni moi n'eussions existé », conclut le futur empereur.

LE PARC★
visite : 1 h

Ouvert de 9 h à 19 h (17 h du 1er octobre au 31 mars). Entrée : 2 F.

Le parc Jean-Jacques-Rousseau a été racheté par le Touring Club pour éviter son lotissement.

De l'autre côté de la route s'élève le château, élégant édifice du 18e s. *(on ne visite pas).*

Le marquis de Girardin appliqua ici les théories qu'il avait exposées dans un livre fameux, au titre explicite mais long : « De la composition des paysages sur le terrain ou des moyens d'embellir la nature près des habitations en y joignant l'utile à l'agréable. »

La terre d'Ermenonville qu'il possédait en partie par héritage et pour le reste par acquisitions n'était qu'un désert et un marécage. Il en fit un superbe jardin paysager français, aux beaux ombrages, aux gracieux points de vue, aux élégants effets de ruisseaux. De nombreuses « fabriques » s'élèvent dans les sites les plus pittoresques *(voir p. 24 et le plan ci-contre).*

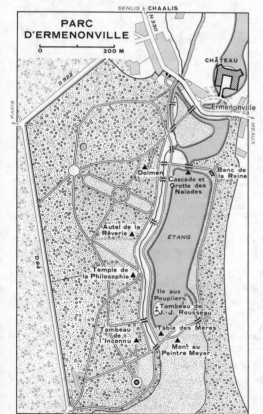

PARC D'ERMENONVILLE

Les promenades à l'abbaye et aux étangs de Chaalis, à la Mer de Sable, au Désert et au zoo d'Ermenonville, sont traitées à la rubrique « Abbaye de Chaalis », p. 46-47.

EXCURSION

Circuit des cinq églises. — *52 km – environ 1 h 1/2.* Quitter Ermenonville à l'Est par le D 922.

Montagny-Ste-Félicité. — 334 h. L'église, assez trapue, est remarquable par son beau clocher élancé.

Nanteuil-le-Haudouin. — 2 063 h. Église du 13e s., remaniée aux 15e et 16e s., à portail fortifié. Par le D 19, à l'Est, gagner Acy-en-Multien.

Acy-en-Multien. — 503 h. Dans ce village environné de bois de pins hérissés de gros grès, église du 12e s. remaniée aux 15e et 16e s., à clocher roman et flèche de pierre refaite en 1882. Par le D 18, Brégy, Oissery, le Plessis-Belleville, puis la N 2 et le D 84, on arrive à Ève.

Ève. — 276 h. L'église, construite du 12e au 16e s., possède une belle flèche gothique ajourée du 14e s. A l'intérieur, intéressantes pierres tombales.

Othis. — 3 343 h. Église gothique du 16e s. avec une jolie façade Renaissance ornée de sculptures. Les D 549 et D 84 ramènent à Ermenonville.

ESCLIMONT (Château d') – Carte Michelin n° 96 - pli 35 – 8 km au Nord d'Auneau – Paris 69 km.

Ce château a été construit en 1543 par Mgr du Poncher, évêque de Tours, qui le laissa à son neveu Hurault de Cheverny, chancelier de France. Ce magistrat a servi Charles IX, Henri III, puis Henri IV, après avoir été homme de confiance de Catherine de Médicis, ligueur et enfin tout dévoué au Vert-Galant. Celui-ci le tenait en telle faveur qu'il fut le parrain d'un enfant naturel qu'avait eu le chancelier avec Mme de Sourdis, tante de la belle Gabrielle d'Estrées.

Claude de Bullion, surintendant des finances de Louis XIII, acheta le château en 1639.

Le château *(on ne visite pas)*, décoré et habillé au 19e s. dans le style Renaissance, est entouré d'un très beau parc *(ouvert du dimanche des Rameaux au 1er novembre de 14 h à 18 h ; entrée : 2 F)*, traversé par un affluent de la Voise. Les écuries datent du 17e s.

St-Symphorien. — 250 h. C'est dans ce village, dont dépend le château d'Esclimont, que le 25 août 1946 fut inaugurée la première borne de la **Voie de la Liberté**. St-Symphorien se trouve à mi-chemin de la route suivie en 1944 par la 3e armée américaine du général Patton, d'Avranches, où elle perça le front allemand le 31 juillet, à Metz, où elle entra le 19 novembre. Une statue commémorative du général Patton a été érigée dans le jardin public.

Au départ de Paris, pour vos **week-ends** un peu prolongés,
utilisez les **guides Verts Michelin**
Normandie — Châteaux de la Loire
Nord de la France — Bourgogne

ESSÔMES – Carte Michelin n° 97 - pli 20 – 2,5 km au Sud-Ouest de Château-Thierry – 2038 h. (les Essômois) – *Schémas p. 62 et 116* – Paris 94 km.

Sur la rive droite de la Marne, ce village est connu pour sa belle église gothique.

Église St-Ferréol★. — Cette ancienne abbatiale, bâtie au 13e s., appartenait à une abbaye fondée en 1090. L'intérieur de l'édifice, restauré après les dégradations de 1918, frappe par son élévation et l'élégance de son triforium courant le long de l'édifice avec une courte interruption au transept droit. Ce triforium fait de baies géminées surmonte un étage de grandes arcades, tandis que des fenêtres hautes couronnent le tout. Une impression de grandeur se dégage de l'ensemble.

Dans le transept droit, remarquer la clôture de style Renaissance de la chapelle du Sépulcre et dans le chœur, les très belles jouées et miséricordes des stalles.

ÉTAMPES ★ - Carte Michelin n° 96 - plis 35 36 – 19755 h. (les Étampois) – *Ressources et distractions p. 34* – Paris 49 km.

Étampes est bâtie tout en longueur, dans une vallée où la Chalouette et la Juine multiplient leurs bras.

La prison d'Ingeburge. — Protégée par son enceinte et son château fort, Étampes est jusqu'au 14e s. ville royale. Suger, abbé de St-Denis, y est désigné comme régent du royaume qu'il gouvernera pendant que Louis VII combattra en Terre sainte. La ville rivalise alors avec Paris.

Philippe Auguste avait épousé Ingeburge de Danemark parce qu'elle pouvait éventuellement prétendre au trône d'Angleterre. Répudiée au lendemain même des noces en 1193, elle refuse de divorcer. Le roi la relègue d'abord au château royal de St-Léger-en-Yvelines. Trois ans plus tard, ayant obtenu de la complaisance de quelques évêques l'annulation de son union, Philippe épouse Agnès de Méranie, fille du roi de Bohême. Ingeburge en appelle au pape Innocent III. Après deux ans d'examen, la cour pontificale décide que, seul, le premier mariage est valable. Elle prescrit au roi de reprendre la reine répudiée : il s'y refuse. Le pape l'excommunie. Après un essai de résistance, le Capétien doit faire sa soumission au légat du Saint-Père, Agnès est renvoyée et meurt de douleur. Quant à Ingeburge, son sort ne s'améliore guère : en 1201, elle est transportée à la tour Guinette d'Étampes et y reste jusqu'en 1212. Cédant à l'insistance obstinée du pape, Philippe Auguste consent enfin à ramener la reine au Louvre.

Une ville commerçante. — Bien qu'ayant subi au cours de trois siècles les assauts successifs des Anglais, des routiers, des Bourguignons, des Huguenots, de la Ligue, de la Fronde, Étampes garde un commerce actif. En 1460, la rivière d'Étampes, aujourd'hui mince filet d'eau, est aménagée pour recevoir de grosses barques qui, par la Juine et l'Essonne, transportent à Corbeil des grains et des vins. L'actuelle promenade du Port perpétue ce souvenir.

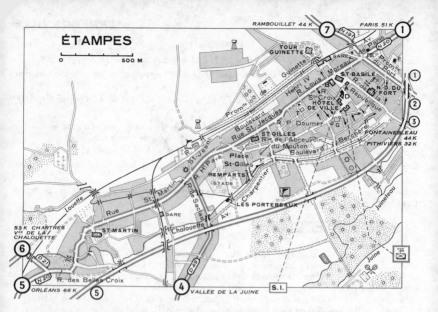

PRINCIPALES CURIOSITÉS *visite : 1 h 1/2*

Église N.-D.-du-Fort★. — Enserrée entre les vieilles maisons, elle apparaît comme une forteresse crénelée d'où émerge le clocher roman particulièrement élégant.

Construite au 12e s. sur les bases de la collégiale fondée par Robert le Pieux, elle fut fortifiée, fait rare dans la région, au 13e s.

Deux portails s'ouvrent sur la façade occidentale, le plus grand est consacré à la vie de la Vierge. Sur le flanc droit donnant sur la rue de la République, s'ouvre un **portail★** dont le décor de statues-colonnes est de la même facture que celui du portail Royal de Chartres. L'ensemble qui symbolise la glorification du Christ, a été mutilé pendant les guerres de Religion.

Intérieur. — La forme irrégulière de l'église est due aux agrandissements successifs et à la gêne causée de tout temps par les habitations enserrant l'édifice. En dépit de la confusion du plan, l'élévation des colonnes et des voûtes et la finesse des sculptures sont remarquables.

Dans le bas-côté droit du chœur, sur une tourelle d'escalier, une peinture murale représente le martyre de sainte Julienne, ébouillantée.

Dans le croisillon gauche, les trois clefs de voûtes du 12e s. à grands personnages sont d'une admirable disposition et de dimensions peu courantes.

Au-dessus de la porte de la sacristie, une fresque du 16e s. représente, croit-on, le Jugement du Christ par Ponce Pilate. Un très beau **vitrail★** du 16e s. figure un arbre de Jessé où des sibylles païennes remplacent les prophètes.

Un petit escalier à gauche du chœur donne accès à la crypte du 11e s. *(allumer l'éclairage en descendant; avancer avec prudence).* Le décor, de style byzantin, est récent.

En descendant la rue du Pont-Doré, on a un charmant coup d'œil sur les vieux lavoirs, et rue du Rempart, sur l'ancien port commercial d'Étampes et ses défenses.

Église St-Basile. — Fondée par Robert le Pieux, elle a conservé du 12e s. sa façade, le clocher et le transept ; le reste a été reconstruit aux 15e et 16e s. La voussure de son portail roman (restauré au 19e s.) représente le Pèsement des âmes : par une disposition inhabituelle, les élus sont à gauche, les damnés à droite. On distingue derrière l'élégant portail Sud Renaissance un gâble gothique.

Sur le chevet est gravée une inscription évoquant les difficultés rencontrées par les bâtisseurs de l'église : « Deus faxit perficiar (Dieu fasse que je sois achevée) »...

La nef est très élégante. Le soubassement du mur de droite est orné de bas-reliefs en marbre blanc, dont six du 16e s. proviennent de l'église d'Étréchy. A droite du chœur, la chaise à dossier sculpté d'un arbre de Jessé est du 16e s. ; les vitraux du chevet représentant saint Basile et la Crucifixion sont également du 16e s.

Ancien presbytère (A). — Derrière l'église, l'hôtel du « Grand Monarque » occupe l'ancien hôtel presbytéral du 16e s.

Maison de Diane de Poitiers (B). — Cet hôtel Renaissance, occupé par la Caisse d'Épargne, fut bâti par Diane de Poitiers, deuxième duchesse d'Étampes. Sculptures de Jean Goujon.

Hôtel de ville. — Joli hôtel du 15e s. acheté dès le 16e s. par la ville pour en faire la maison commune ; il fut restauré et agrandi dans le même style au 19e s. Il abrite le musée.

Musée. — *Visite de 9 h à 12 h et de 14 h à 17 h 30 (19 h en été). Entrée : 1 F.*

Intéressants souvenirs régionaux : vestiges préhistoriques, sculptures, tableaux, art populaire, ainsi que la pierre sur laquelle Ravaillac, avant de gagner Paris pour assassiner Henri IV, aurait aiguisé son couteau...

Au rez-de-chaussée, à gauche, bas-relief gallo-romain à têtes inversées, à droite une mosaïque gallo-romaine et une très belle grille du 12e s.

Au 1er étage, étrange instrument romantique appelé clavi-harpe, pittoresque enseigne de compagnonnage.

Maison d'Anne de Pisseleu (D). — Cet édifice Renaissance, finement décoré, entourant une élégante cour, abrite le Syndicat d'Initiative. Il fut construit, en 1583, sur ordre de François 1er pour Anne de Pisseleu, en faveur de qui il érigea le comté d'Étampes en duché.

AUTRES CURIOSITÉS

Église St-Gilles. — Édifice d'origine romane, dont subsistent la nef et un bas-côté, reconstruit aux 15e et 16e s. La voûte en berceau fut surélevée et un double bas-côté ajouté à gauche. La voûte a été ornée au 16e s. d'un décor peint d'une délicate fraîcheur que les bombardements de 1944 ont mis au jour. Sur un fond clair se détachent les emblèmes et chiffres royaux animés de quelques personnages, lys, hermines, cygnes couronnés. Contre le mur de gauche, un retable sculpté du 16e s. représente la Passion.

Place St-Gilles. — Sur la calme place St-Gilles se tinrent autrefois successivement pilori, carcan, potence et guillotine. A droite de l'église, une maison a gardé son allure ancienne avec une galerie de bois soutenue par des piliers de pierre du 13e s.

Les Portereaux. — *Descendre la ruelle de l'Abreuvoir du Mouton et tourner à gauche boulevard Berchère pour rejoindre à droite l'avenue Th. Charpentier.*

Cette promenade, le long de la Chalouette où sont installés des lavoirs, suit les anciens remparts, restes d'une enceinte du 14e s. Une bastille qui défendait le confluent de la Louette et de la Chalouette a subsisté. De petites écluses régularisent les ruisseaux.

Église St-Martin. — A l'extrémité Sud de la ville se dresse, dans un cadre villageois, la silhouette penchée de St-Martin. Comme toutes les églises d'Étampes, elle fut édifiée dès le début du 12e s.; laissée inachevée au début du 13e s., elle fut reprise et terminée au 16e s.

A l'origine le clocher était placé sur le transept droit. Dès le 14e s., il menace de tomber et on décide de le remplacer par une tour extérieure isolée. Reconstruite au 16e s., il fallut lui donner un profil bizarrement incurvé, par suite d'un affaissement du sol.

La base de la tour, cantonnée de dais finement ouvragés, formait un porche extérieur qui fut réuni à l'église en 1873. Les contreforts des bas-côtés ont été surhaussés d'arcs-boutants pour étayer la nef. Le chevet du 12e s. en abside arrondie à trois absidioles est le plus beau d'Étampes. A l'intérieur, le chœur du 12e s. retient l'attention. Les arcades du rond-point sont supportées alternativement par un gros pilier et deux colonnes géminées. Le majestueux déambulatoire s'ouvre sur trois profondes chapelles rayonnantes.

Tour Guinette★. — *Accès par la rue St-Jean qui enjambe la voie ferrée et la promenade de Guinette.*

Elle domine la ville à flanc de coteau, au milieu d'un petit bois formant jardin public, d'où la **vue** sur la ville est excellente.

C'est le donjon construit par Philippe Auguste pour renforcer les défenses établies par Robert le Pieux contre les puissants féodaux environnants. Le nom vient de « guigner », c'est-à-dire guetter. Son plan quadrilobé est très rare. A l'intérieur *(on ne visite pas)* la disposition des escaliers dans les murs de chaque tourelle, sans communication directe entre eux, renforçait encore le système défensif.

Prise en 1589 par Henri IV, elle fut démantelée ainsi que l'enceinte, à la demande des habitants, las de se voir l'enjeu de tant de combats depuis le Moyen Age.

EXCURSIONS

Morigny. — 2 202 h. *3,5 km au Nord-Est.* Quitter Étampes par ② du plan, prendre à gauche le D 17.

De l'ancienne abbaye bénédictine, il reste une belle église devenue église paroissiale et le palais abbatial transformé en château.

Église. — Amputée au 17e s. d'une partie de la nef, elle se compose de deux travées des 11e et 13e s. et du chœur datant du 16e s. L'ensemble, flanqué d'un clocher à tourelle du 13e s., présente une élégante silhouette. A l'intérieur, intéressantes pierres tombales parfaitement conservées. De chaque côté de la porte de la sacristie, des bas-reliefs représentent les élus et les damnés.

Château. — *Visite intéressant particulièrement les amateurs d'art préhistorique. Téléphoner, si nécessaire, à Mme la Comtesse de Saint-Périer (☎ 0073 à Étampes).*

Dans cette élégante construction du 18e s. sont rassemblées diverses collections. On peut y voir, en particulier, une très belle mosaïque gallo-romaine et une série d'objets d'art préhistorique d'une exceptionnelle qualité, provenant des fouilles effectuées par les propriétaires dans la région de St-Gaudens.

Château de Jeurre. — *5 km au Nord.* Dans le parc du château (60 ha environ), ont été disposées de nombreuses fabriques du 18e s. *(voir p. 24)* notamment celles qui proviennent du parc de Méréville *(voir p. 86). Visite accompagnée du parc tous les jours, sauf le jeudi et certains jours fériés, à 10 h et 15 h, par groupes d'au moins 5 personnes. Se présenter à la conciergerie. Prix : 5 F par personne. Durée : 2 h.*

Chamarande. — 668 h. *9 km au Nord par la N 20, puis le D 146. Visite du château par groupes, sur demande écrite adressée au propriétaire.*

Dès le 9e s., un château s'élève à cet endroit. Il est détruit au 16e s. Au début du règne de Louis XIV, Mérault, ancien secrétaire de Louis XIII, fait édifier un château dont François Mansart est l'architecte. Dans ce bel édifice aux lignes sobres, l'art Louis XIV commence à se manifester, empreint de grandeur et s'harmonisant avec son parc égayé par des canaux.

Château de Farcheville. — *10 km à l'Est.* Quitter Étampes par ② du plan, N 191, puis prendre à droite la N 837. A 10 km, tourner à gauche dans le D 145, route de la Ferté-Alais. Ce château féodal *(on ne visite pas)*, entouré de fossés et d'une enceinte fortifiée remarquablement conservée, a été construit en 1291. Après un petit pont, l'entrée se présente sous des mâchicoulis. D'un côté se dresse une grosse tour, de l'autre un corps de bâtiment du 17e s. Sur la charmante cour intérieure donnent la salle seigneuriale, les celliers, la grange dîmière, la chapelle, la maison du chapelain.

Vallée de la Chalouette. — *14 km.* Quitter Étampes par ⑥ du plan. Suivre le D 21 qui passe sous la voie ferrée et remonte une vallée verdoyante où coulent la Chalouette et son affluent la Louette.

Châlo-St-Mars. — 884 h. Très plaisant village.

Dans le milieu du village, prendre à gauche le D 160 qui remonte le cours du ruisseau entre des collines boisées.

Moulineux. — Ce pittoresque et très coquet village a conservé les ruines d'une église du 12e s. Descendre à gauche vers le château par une allée plantée d'arbres et bordant un étang fleuri de nénuphars, puis tourner à gauche dans un sentier où l'on découvre des chaos de rochers aux formes bizarres.

Revenir au D 160.

Chalou. — 232 h. Étagé dans des combes fraîches, Chalou possède dans sa partie supérieure une belle église, désaffectée, ayant appartenu à une Commanderie de Templiers.

Vallée de la Juine. — *15 km.* Quitter Étampes par ④ du plan, D 49.

Bierville. — « L'Épi d'Or » fut la première Auberge de la Jeunesse ouverte en France en 1929. A Gravier, prendre le D 49 E.

Méréville. — Carte n° **97** - pli ㊳ – 2 367 h. (les Mérévillois) – *Ressources et distractions p. 35.* Le bourg doit son intérêt au château que le banquier Laborde y fit élever en 1784. Il dépensa 16 millions pour l'embellissement de la résidence et de son parc, dessiné par le peintre Hubert Robert dans le style anglais *(illustration p. 24).* Ce parc, aujourd'hui négligé, fut aussi célèbre que celui d'Ermenonville. Quatre des « fabriques » (la Laiterie, le Temple d'amour, la Colonne rostrale et le tombeau pour Cook) ont été transportées dans le parc du château de Jeurre *(voir p. 85).* Le D 18 longe la grille du parc de Méréville *(visite suspendue).*

EURE (Vallée de l') – Carte Michelin n° **96** - plis ㉑ ㉒ ㉛ ㉜.

L'Eure coule en Ile-de-France de Chartres à Anet, puis pénètre en Normandie. De Chartres à Maintenon et de Fermaincourt à Anet, elle offre aux touristes l'attrait de sa vallée bordée de rideaux d'arbres. Parfois la rivière serpente au milieu de larges prairies verdoyantes et parfois elle serre de près le pied des coteaux qui limitent sa vallée et la rétrécissent.

Longue de 226 km, l'Eure prend sa source à la limite des départements de l'Orne et de l'Eure-et-Loir, près de Longny, et se jette dans la Seine, à Pont-de-l'Arche, après avoir reçu de très nombreux affluents dont les principaux sont l'Avre et l'Iton. Dans la partie décrite ci-dessous, c'est une paisible rivière.

Ayant creusé son lit dans le calcaire de Beauce, elle coule dans une riche région agricole.

Après une incursion dans le pays chartrain, de Chartres à Nogent-le-Roi, elle pénètre en Ile-de-France proprement dite. Peu après Dreux, elle reçoit l'Avre, frontière Sud de la Normandie qu'elle sépare alors de l'Ile-de-France, avant d'obliquer vers le Nord-Ouest où elle devient Normande.

DE CHARTRES A MAINTENON
21 km – environ 1 h

Quitter Chartres *(p. 56)* par ① du plan, N 154.

Lèves. — 3 152 h. Prendre à droite le D 6². L'ancienne abbaye de Josaphat, dans laquelle est installé l'établissement hospitalier de la Fondation d'Aligre, possède le beau sarcophage de Jean de Salisbury (12e s.). *S'adresser à la conciergerie, à gauche de la grille d'entrée.*
Le D 6² et le D 6 qui le prolonge, suivent la rive gauche de l'Eure.

St-Prest. — 1 236 h. L'église, des 12e et 13e s., possède une crypte du 11e s.

Jouy. — 1 286 h. L'église, du 15e s., possède un beau portail du 13e s. La nef unique se termine en abside arrondie dont les poutres disposées en étoile sont d'un bel effet.

St-Piat. — 832 h. L'église du 16e s., très remaniée, a un portail du 17e s. A l'entrée de la nef, à droite, sarcophage en marbre blanc du 4e s. qui serait celui de saint Piat, martyr du début du christianisme. Les poutres transversales qui soutiennent la voûte sont ornées de fines sculptures. A l'extrémité de l'une d'elles, remarquer, au-dessus de la chaire, en tournant le dos à l'autel, un profil de François Ier. Dans le chœur, à gauche, un fragment de Mise au tombeau, bas-relief en bois du 16e s.; des statues en bois ornent les murs de la nef.
A la sortie de Changé s'élèvent un dolmen, à droite de la route et, à gauche, un second dolmen et deux menhirs.
Le D 6 gagne Maintenon *(p. 108).*

DE DREUX A ANET
20 km – environ 1/2 h

Quitter Dreux *(p. 79)* par ① du plan, D 928. Après un trajet de 5 km, la vallée de l'Eure est atteinte. Traverser la rivière et, à Fermaincourt, prendre à gauche le D 116.

Jusqu'à Sorel-Moussel, la route court le long de l'Eure au pied du plateau portant la forêt de Dreux. Des vergers séparent parfois le D 116 de la rivière. Le trajet est pittoresque.
De Sorel à Anet *(p. 37),* la vallée très élargie est occupée par de vastes prairies et des terres cultivées.

ÉVRY – Carte Michelin n° **101** - pli ㊲ – 15 585 h. en 1975 – Paris 30 km.

Depuis 1970, les travaux se poursuivent pour l'édification du centre urbain principal d'Évry, l'une des cinq « villes nouvelles » *(voir p. 4)* de la région parisienne et le chef-lieu du département de l'Essonne.

Le « Grand Évry » futur, limité à l'Est par la Seine, au Sud par l'Essonne, intéressera une zone de 10 000 ha englobant une quinzaine de communes. La population incluse dans ce périmètre devrait atteindre 400 000 âmes vers la fin du siècle, dont 100 000 pour le noyau urbain principal.

Actuellement on peut déjà, dans le centre-ville en formation, voir le bâtiment à façade cruciforme de la Préfecture, celui en « selle de cheval » des Arènes (palais des sports, d'une capacité de 3 000 places), les immeubles-terrasses ocre rose d'Évry I, ou flâner dans les vastes installations du Centre commercial régional et de l'Agora (place publique couverte, avec boutiques, cafés, restaurants, salles de spectacle, piscine); ou, alentour, se promener dans les allées et les jardins des premiers quartiers résidentiels (Champtier du Coq, Parc aux Lièvres, Courcouronnes)...

FÈRE-EN-TARDENOIS – Carte Michelin n° 97 - pli 20 – 3 066 h. (les Férois) – Paris 113 km.

Établie au bord de l'Ourcq naissante, Fère était une importante station gauloise et gallo-romaine ainsi que l'attestent les fouilles effectuées au lieu-dit « la Sablonnière », proche du calvaire. Son nom n'est toutefois officiellement connu que depuis le 12e s.

Important nœud de routes, Fère fut très disputée au cours de la guerre 1914-1918. Le maréchal French y eut son quartier général.

Église. — Élevée au 16e s., l'église est très restaurée. La seconde travée du carré du transept est oblique afin de se raccorder au chœur qui s'élargit, marquant ainsi nettement les différentes campagnes de construction de l'édifice. La nef et la première travée du transept furent construites les premières, puis ce fut le chœur et enfin le croisillon Sud et le clocher-porche. Remarquer le beau portail en tiers-point du Nord.

Halles. — 16e s. Leur belle charpente est soutenue par de gros piliers cylindriques et recouverte d'un toit de tuiles refait après 1918.

EXCURSIONS

Château de Fère★. — *3 km au Nord par la N 367.*
Un château fort, élevé au début du 13e s. sur une terre appartenant à une branche cadette de la famille royale, est à l'origine de ce château. Anne de Montmorency *(voir p. 50 et 123)*, qui en 1528 l'a reçu en don de François Ier, entreprend d'en faire une demeure de plaisance et fait jeter sur le fossé un pont monumental. Après l'exécution de son descendant Henri II, le château, confisqué par Louis XIII, passe au prince de Condé et finit, par le jeu des héritages et des mariages, par échouer dans les mains de Philippe-Égalité qui le fait démolir en partie.

On peut atteindre les huit tours en ruines, qui se dressent dans un cadre de verdure sur une motte élevée, par un pont qu'édifia, dit-on, Jean Bullant sur les ordres du connétable. Long de 61 m et large de 3,30 m, ce pont repose sur cinq arches monumentales en plein cintre retombant sur des piles rectangulaires. Une double galerie, dont le second étage est en partie démoli, le surmonte. On y accède par un escalier de pierre logé dans la pile Est. Remarquer à la base des tours les lits d'assises disposés en dents d'engrenage.

Villeneuve-sur-Fère. — 263 h. *5 km au Sud-Est.*
Paul Claudel est né dans ce modeste village. Sa maison natale abrite divers souvenirs se rapportant à la vie du poète.

Les villes, sites et curiosités décrits dans ce guide
sont indiqués en **caractères noirs** sur les schémas.

FERRIÈRES — Carte Michelin 97 - pli 40 - 1 850 h. (les Ferriérois) – Paris 102 km.

Cette avenante localité du Gâtinais a pour origine un monastère devenu bientôt une florissante abbaye bénédictine. Ses rues étroites et tortueuses ne manquent pas de pittoresque.

Église St-Pierre-et-St-Paul. — Avec ses styles différents, c'est un édifice intéressant. Le clocher (12e-13e s.) est surmonté d'une flèche de la fin du 15e s. La nef du 12e s. a une voûte carénée ; la **croisée du transept★** (13e s.), soutenue par huit hautes colonnes, est très originale (Ferrières partage cette particularité avec Aix-la-Chapelle). Dans le chœur, vitraux Renaissance. A droite, au bas de la nef, Christ aux Liens. Derrière le maître-autel, tombeau Renaissance de Louis de Blanchefort. A gauche, dans la nef, au-dessus du banc d'œuvre, Christ en bois, du 17e s.

Anciens bâtiments conventuels. — Les bâtiments conventuels ont partiellement disparu. Le réfectoire des moines et la chapelle de l'abbé, du 15e s., sont occupés par les services municipaux.

FERRIÈRES-EN-BRIE – Carte Michelin n° 101 - pli 50 – 6,5 km au Sud de Lagny – 1 031 h. (les Ferrobriards) – Paris 31 km.

Ce village, dont le nom provient d'anciennes forges ou mines de fer, est situé à la lisière Nord de la forêt d'Armainvilliers *(p. 38)*.

Château. — *On ne visite pas.* Construction de style Renaissance bâtie en 1857 par un architecte anglais pour le baron de Rothschild, il appartient toujours à cette famille. De la grille, on aperçoit l'imposante construction.

En 1870, le roi Guillaume de Prusse et le chancelier Bismarck s'installent dans ce château pendant le siège de Paris. Jules Favre y rencontre secrètement Bismarck, les 19 et 20 septembre, afin de discuter les conditions d'une paix éventuelle. Devant les exigences prussiennes, il rompt la négociation. Paris ne tombera que le 28 janvier suivant.

Église. — Elle date du deuxième quart du 13e s. Les amateurs d'archéologie apprécieront l'homogénéité et la pureté de son style. Les deux cloches sont suspendues à une charpente devant la façade. La rose aurait été reconstituée au 19e s.

La FERTÉ-ALAIS – Carte Michelin n° 96 - pli 37 – 1 952 h. (les Fertois) – *Ressources et distractions p. 34* – Paris 47 km.

Ferté signifie forteresse; Alais est l'abréviation d'Adélaïde, châtelaine du lieu au 11e s. Le château, qui commandait la vallée de l'Essonne, étranglée entre de raides collines boisées, n'existe plus. Des boulevards ont remplacé l'enceinte qui protégeait le bourg.

Église. — De l'église romane primitive du 11e s., il ne reste que trois petites fenêtres de l'abside, la ligne de faîte des murs et les petits contreforts. L'église actuelle, construite au commencement du 12e s. quand débuta le gothique, constitue un exemple intéressant de cette période de transition. Sur le bras Nord du transept s'élève un beau clocher. Le chevet est à voir.

A l'intérieur, chaire, banc d'œuvre et stalles provenant de l'ancienne abbaye de Villiers.

La FERTÉ-ALAIS

EXCURSION

Parc d'animaux de St-Vrain★. — *8 km au Nord par la N 499 et le D 8. Visite du 1er avril au 15 octobre de 9 h 30 à 18 h (9 h à 18 h 30 les dimanches et jours fériés); le reste de l'année de 10 h à 16 h 30 (à partir du 1er novembre, seulement les samedis et dimanches et durant les vacances scolaires). Entrée : 20 F (enfants : 10 F).*

Ce parc boisé de 130 ha, dépendant d'un château *(on ne visite pas)* qui appartient à Mme Du Barry, comportant plusieurs plans d'eau et canaux alimentés par la Juine, a été aménagé en une réserve d'animaux sauvages exotiques vivant en semi-liberté.

Le parcours en auto *(durée : 3/4 h; observer les consignes de sécurité)* fait traverser successivement les enclos des chameaux, zèbres, buffles, antilopes, autruches, rhinocéros, lions, tigres, girafes, éléphants d'Afrique, ours, babouins...

Le circuit aquatique *(« safari-bateau »: durée : 1/2 h)* fait passer entre des berges et îlots où s'ébattent paons et faisans, et d'où plongent cygnes, canards, pélicans... et hippopotames.

La promenade à pied permet de voir, entre autres, les chimpanzés gambadant sur leur île, et les otaries dont les repas, servis à heures fixes *(15 h 30 et 17 h)*, constituent une attraction très prisée.

La FERTÉ-MILON ★ – Carte Michelin n° 96 - pli ⑲ – 1 867 h. (les Fertois) – *Schéma p. 134* – Paris 77 km.

Cette petite ville, patrie de Racine, s'étage sur une colline qui domine l'Ourcq. Elle possède les ruines d'un imposant château.

De Milon à Louis d'Orléans. — De bonne heure, il y eut ici une forteresse : celle de Milon, l'un de ses premiers possesseurs. Au 14e s., Charles VI donne la seigneurie à son frère, Louis d'Orléans, fondateur de la seconde maison de Valois. Grand bâtisseur, ce prince, qui a fait reconstruire son château de Pierrefonds, ordonne de rebâtir celui de la Ferté-Milon. Les travaux commencent en 1393. Quand le roi devient fou, le duc est le maître du royaume. En 1407, il est assassiné par les hommes de Jean sans Peur, duc de Bourgogne. L'édifice n'est pas terminé; il ne le sera qu'après son retour à la Couronne.

En 1588, les Ligueurs s'en emparent et y résistent six ans aux assauts de l'armée royale. Henri IV le reprend enfin et ordonne le démantèlement de ses remparts.

L'enfance de Racine. — Jean Racine est né à la Ferté-Milon le 21 décembre 1639 d'une famille qui avait reçu depuis peu ses lettres de noblesse. Son père était procureur au bailliage. L'enfant n'a que deux ans quand meurt sa mère. Deux ans plus tard, son père disparaît à son tour. L'orphelin est recueilli par sa grand-mère paternelle, née Marie Desmoulins, dont une fille et deux sœurs sont religieuses à Port-Royal. Devenue veuve en 1649, elle les rejoint au couvent et envoie son petit-fils au collège de Beauvais à Paris. Le futur poète y reste jusqu'à 16 ans. Il entre ensuite à l'école des Granges que dirigent les Jansénistes *(détails p. 142)*. Il y reste trois ans et y découvre sa vocation de poète que désapprouvent vivement ses maîtres. Après une année de philosophie suivie au collège d'Harcourt, l'actuel lycée St-Louis, le poète fait son entrée dans le monde où il connaît vite le succès.

La maison de Marie Desmoulins se trouve rue de Reims, au n° 14 ; celle de Marie Rivière, sœur de Racine, dans la rue Jean-Racine.

LE CHATEAU★ *visite : 3/4 h*

Les vestiges de la forteresse sont encore imposants. Ils dominent l'esplanade d'où la vue est belle sur la ville et la vallée de l'Ourcq. La façade tournée vers la campagne est la plus remarquable. *Pour la voir, franchir l'ancienne porte ouverte, à gauche des ruines, dans les remparts et tourner à droite, dans une prairie.*

L'enceinte de la ville, du 13e s., qui comportait vingt-quatre tours et quatre portes, se raccordait au château. Il n'en subsiste guère plus que deux portes et deux tours.

Percée de trois étages de fenêtres, défendue par des mâchicoulis et par trois grosses tours dont la section de base a la forme d'une amande, la forteresse se termine par un donjon rectangulaire éventré sur l'ordre de Henri IV en 1594.

Entre les deux tours du milieu s'ouvre une porte monumentale que surmonte le beau **bas-relief★** du Couronnement de la Vierge, œuvre du 15e s., placé dans une niche en anse de panier. D'autres niches qui ornent le donjon et les tours abritent quatre statues de preuses (vertueuses héroïnes des légendes médiévales).

AUTRES CURIOSITÉS

Église N.-Dame. — La tour de l'église est du 16e s. et son couronnement du 17e s. Le chœur et le bas-côté droit sont Renaissance. Le reste de l'édifice est du 12e s. *Entrer par la crypte qui se trouve sous le chœur, place Racine, et monter dans l'église par le petit escalier qui s'ouvre à droite de l'entrée.*

Le chœur est remarquable par son ampleur. Il fut bâti aux frais de Catherine de Médicis.

Dans la chapelle de la Vierge, à droite du chœur, au-dessus de l'autel, beau vitrail du 16e s. : la Passion et la Résurrection du Christ; dans la baie de droite, fragment des litanies de la Vierge. On retrouve un autre vitrail du 16e s. (restauré) sur saint Hubert en haut de la nef de gauche.

Église St-Nicolas. — Elle date des 15e et 16e s. Dans le chœur et le haut des bas-côtés : vitraux Renaissance. Dans le bas-côté Nord, beau banc d'œuvre du 18e s.

FLEURY-EN-BIÈRE (Château de) ★ – Carte Michelin n° 96 - pli ㊳ – 12 km à l'Ouest de Fontainebleau – *Schéma p. 161* – Paris 53 km.

L'édifice a été bâti au 16e s. pour Cosme Clausse, secrétaire des Finances sous Henri II. Richelieu y était l'hôte de Nicolas Clausse quand la cour résidait à Fontainebleau.

La cour est très imposante : une puissante muraille la ferme du côté de la rue. Le château en brique et en pierre, terminé à droite par une grosse tour de pierre, en occupe le fond, entouré de douves. Sur les côtés s'étendent de monumentaux communs. Au fond et à droite se profile la gracieuse chapelle romane, devenue église paroissiale.

FONTAINEBLEAU ★★★ – Carte Michelin n⁰ 🔲🔲 - pli 🔲 – 19 595 h. (les Bellifontains)
- *Ressources et distractions p. 34* – Paris 65 km.

Fontainebleau, longtemps hameau d'Avon, ne s'est développé qu'au 19e s. avec le goût de la villégiature. Quant à la forêt qui entoure la ville, avenante et aérée, c'est la plus célèbre et l'une des plus belles des environs de Paris.

La tradition militaire et équestre. — De tout temps, Monarchie et République ont fait stationner ici des corps de troupe. Aujourd'hui encore, ce chef-lieu de canton ne possède pas moins de cinq casernes. La cavalerie, présente dès le 17e s. avec les « Gardes du Corps du Roy », y est l'arme la plus traditionnelle. Outre les manèges et champs de courses apparus sous Napoléon III (un grand concours hippique a lieu chaque année en septembre), le Centre National des Sports Équestres poursuit aujourd'hui ces nobles traditions tandis que la forêt sablonneuse réjouit tous les amateurs d'équitation.

Plusieurs centres militaires importants ont marqué d'autre part l'histoire de la ville. Citons surtout l'École Spéciale Militaire (que le palais accueillit de 1803 à 1808 avant son établissement à St-Cyr), l'École d'Application d'Artillerie et du Génie (dont le polygone d'exercices s'étendait dans la forêt de 1871 à 1914), enfin l'État-Major Interallié Centre-Europe de l'OTAN qui donna à la ville une animation cosmopolite de 1947 à 1967.

Fontainebleau abrite actuellement l'École du Matériel de l'Armée, l'École Motocycliste de la Gendarmerie ainsi que le Centre Interarmées des Sports.

Musée Municipal du Costume Militaire (M). — *Visite de 13 h 30 à 17 h. Fermé les lundi et mardi. Entrée : 2 F.*

Principal témoignage de ce grand passé, il présente une riche collection d'uniformes de la période 1800-1870 (spécialement du Second Empire) ainsi que divers souvenirs de cette époque.

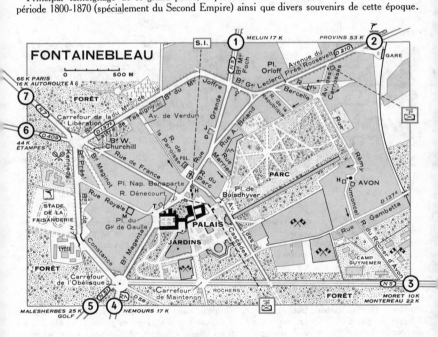

LE PALAIS★★★ *(1)*

Le palais de Fontainebleau doit son origine à la passion royale de la chasse, son développement et sa décoration au plaisir qu'éprouvaient les rois à réunir dans leur « maison de famille » de nombreuses œuvres d'art.

Une résidence de chasse. — Une source au cœur d'une forêt très giboyeuse — on l'appelait fontaine de Bliaud ou Blaud, sans doute du nom d'un ancien propriétaire — incita les rois de France à édifier en ces lieux un manoir. A quelle époque? On ne sait exactement, mais avant 1137 en tout cas puisqu'une charte du roi Louis VII est datée cette année-là de Fontainebleau. Philippe Auguste, Saint Louis, Philippe le Bel, qui y naquit et mourut des suites d'une chute de cheval, s'y plurent particulièrement.

L'école de Fontainebleau – 16e s. — Avec François Ier, presque toutes les constructions médiévales disparaissent. Construits sous le contrôle de Gilles Le Breton, deux groupes de bâtiments les remplacent. L'un dessine la cour Ovale à l'Est, l'autre la Basse Cour à l'Ouest. Une galerie les relie en 1531. Une pléiade d'artistes travaille à la décoration de ce palais. François Ier veut l'embellir avec des œuvres à l'antique et en faire « une nouvelle Rome ». Ainsi aménagé, le château se prête à la mise en scène des fêtes somptueuses dont sa favorite, Anne de Pisseleu, duchesse d'Étampes, est la vedette.

Les décorateurs, peintres, mosaïstes, stucateurs travaillent sous la direction d'un Italien, le **Primatice**, et de son collaborateur, le **Rosso**. Adoucissant l'opulence et la grandeur italiennes par la délicatesse souvent maniérée du goût français de ce temps, ces artistes forment la première école de Fontainebleau. Comme le matériau de construction du palais, le grès, se prête peu à la sculpture, c'est vers la décoration des appartements que se portent les soins de l'atelier du Primatice. Avec la décoration de la galerie François Ier, elle crée le décor à la française qui combine lambris, cadres stuqués et panneaux peints.

---

(1) Pour plus de détails, lire : « Fontainebleau », par Ch. Terrasse et Boris Lossky (Paris, Alpina).

FONTAINEBLEAU★★★

Le château de Henri II. — Henri II poursuit l'œuvre de son père. Il fait notamment terminer et décorer la salle de bal qui reste une des merveilles du château. Les monogrammes formés de l'H royal et des deux C de Catherine de Médicis, l'un étant retourné, sont nombreux. Ambiguïté admise par les contemporains, les C accolés à l'H forment un double D, chiffre de Diane de Poitiers, la maîtresse du roi. Henri II tué au cours d'un tournoi, sa veuve, Catherine de Médicis, envoie sa rivale à Chaumont-sur-Loire et retire la direction des travaux à Philibert Delorme, protégé de Diane, pour la redonner au Primatice, son compatriote.

Le palais de Henri IV – 17e s. — Successeur des Valois, Henri IV, qui aime beaucoup Fontainebleau, l'agrandit considérablement. La cour des Offices, la cour des Princes, le Jeu de Paume sont construits sur ses ordres ; il fait exécuter les plans de la galerie de Diane. Une nouvelle école, échappant à l'influence italienne, mais souvent d'inspiration flamande, travaille à la décoration des appartements neufs : c'est la seconde école de Fontainebleau.

(D'après photo Foucault, Éd. Tel.)

Fontainebleau. — Le Palais.

Les Bourbons. — Grand chasseur, Louis XIV vient souvent à Fontainebleau. C'est là, en 1664, qu'il noue, avec Louise de la Vallière, l'intrigue passionnée de sa première infidélité conjugale. C'est là encore que, vingt ans plus tard, il met un terme à sa longue carrière amoureuse en se résolvant au mariage avec l'austère Mme de Maintenon.

Ses successeurs, Louis XV, puis Louis XVI, font effectuer de nombreuses transformations, surtout dans la décoration des appartements.

La maison des Siècles. — La Révolution épargne le château et se borne à le vider de ses meubles. Devenu consul, puis empereur, Napoléon aime à s'y rendre. Il préfère ce château à Versailles parce qu'il n'y rencontre pas l'ombre écrasante d'un rival en gloire. C'est « la maison des Siècles », dit-il, et il y laisse son empreinte en faisant effectuer de nouveaux aménagements.

Les derniers souverains de France viennent aussi dans le vénérable palais et la République le transforme en musée.

Depuis 1921, des écoles d'Art américaines sont autorisées par le gouvernement français à s'installer pendant l'été dans l'aile Louis XV et celle de la Belle-Cheminée.

① TOUR EXTÉRIEUR *visite : 1 h*

Cour du Cheval-Blanc ou des Adieux★★. — Ancienne Basse Cour qui servit longtemps de cadre aux tournois, elle acquit le nom de cour du Cheval-Blanc quand Charles IX y plaça un cheval de plâtre, moulage de la statue de Marc-Aurèle au Capitole (une dalle, dans l'allée centrale, en signale l'emplacement). La seconde appellation commémore les adieux de Napoléon Ier à sa garde lors de son départ pour l'île d'Elbe.

Les aigles dorés, qui battent des ailes sur les piliers de la grande grille, rappellent que l'Empereur fit de cette cour sa cour d'honneur. Il fit raser les bâtiments Renaissance qui la fermaient à l'Ouest, n'en laissant subsister que les deux pavillons de chaque côté de la grille.

On avance entre les deux longues ailes. Seule, celle de gauche a gardé la sobre élégance des bâtiments de Gilles Lebreton, l'architecte de François Ier. L'aile droite, qui abritait la célèbre galerie d'Ulysse décorée sous la direction du Primatice, fut démolie par Louis XV. Quels que soient les mérites de l'édifice élevé par Gabriel sur son emplacement, on ne peut s'empêcher de regretter cette destruction que les contemporains eux-mêmes déplorèrent.

Au fond de la cour, le bâtiment central *(illustration ci-dessus)* est le fruit d'adjonctions successives, du règne de François Ier à celui de Louis XV. La façade présente cependant une certaine unité. L'horizontalité des grands toits d'ardoise bleue est rompue par les façades blanches, les coiffes trapézoïdales et les hautes cheminées des cinq pavillons. Le célèbre escalier du Fer-à-Cheval, construit par Jean Ducerceau sous Louis XIII, évoque par l'ampleur majestueuse de ses deux branches curvilignes les fastes de la Royauté. Pourtant, c'est le souvenir de Napoléon Ier qui hante cette construction et qui lui a conféré sa notoriété.

Le 20 avril 1814, l'Empereur paraît en haut du Fer-à-Cheval. Il est 1 h de l'après-midi. Les voitures des Commissaires des armées étrangères chargés de l'escorter l'attendent. Il descend lentement la branche droite de l'escalier, la main sur la balustrade de pierre. Blême d'émotion contenue, il s'arrête un instant, contemplant sa garde alignée, puis s'avance vers le carré des officiers qui entourent l'Aigle et leur chef, le général Petit. Sa harangue étreint les cœurs. Elle

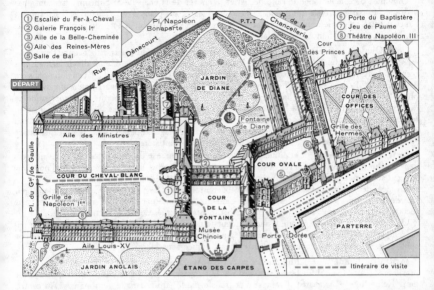

est un plaidoyer : « Continuez à servir la France, son bonheur était mon unique pensée! » et un ultime remerciement : « Depuis vingt ans... vous vous êtes toujours conduits avec bravoure et fidélité! » Il serre le général dans ses bras, baise le drapeau et monte rapidement dans la voiture qui l'attend tandis que les grognards mêlent les larmes à leurs acclamations.

Cour de la Fontaine*. — La fontaine située au bord de l'étang des Carpes donne une eau très pure qui était jadis réservée à l'usage du roi.

L'édifice actuel date de 1812. Au fond, la galerie François Ier est précédée d'une terrasse supportée par des arcades.

A droite, l'aile de la Belle-Cheminée, élevée sous Charles IX, est attribuée au Primatice. L'escalier monumental est formé par deux rampes à l'italienne, c'est-à-dire droites et opposées. Louis XV avait aménagé, dans ce corps de bâtiment, une salle de comédie, d'où le nom d'aile de l'Ancienne Comédie qui lui est souvent donné.

A gauche, l'aile des Reines-Mères et du pape Pie VII est terminée par un pavillon construit par Gabriel.

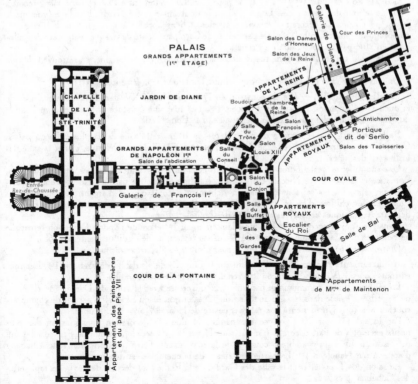

FONTAINEBLEAU***

Porte Dorée*. — Cette porte, datée de 1528, est percée dans un imposant pavillon. Elle s'appelait sans doute originellement porte d'Orée car elle ouvrait sur la forêt. Ce fut l'entrée d'honneur du Palais jusqu'à ce que Henri IV ouvrît la porte du Baptistère. Les peintures du Primatice qui la décorent ont été restaurées. Au tympan flamboie la Salamandre, emblème de François Ier. Aux deux étages s'ouvre une loggia à l'italienne.

Une allée de tilleuls longe la salle de bal et le chevet de la chapelle St-Saturnin. En contrebas à droite, le parterre étale ses pelouses géométriques et ses plans d'eau *(voir p. 94)*. En suivant l'ancien fossé en partie remblayé, on tourne à gauche et l'on franchit la porte du Baptistère *(décrite ci-dessous)*, entrée d'honneur du palais.

Cour Ovale*. — C'est la plus ancienne et la plus intéressante du palais. Elle occupe l'emplacement de la cour du château fort primitif; de celui-ci, il ne reste que le donjon dit de Saint Louis bien qu'il ait probablement été construit avant le règne de ce roi. François Ier l'engloba dans les bâtiments qu'il édifia sur les fondations de l'ancien château et qui dessinaient alors un ovale, ou plutôt un parallélépipède aux angles arrondis. Sous Henri IV, la cour perdit sa forme, sinon sa dénomination : on l'agrandit à l'Est en prolongeant parallèlement les ailes Nord et Sud, mais en respectant l'ordonnance architecturale des façades. On prolongea également le balcon, soutenu par une colonnade, qui court sous les fenêtres du premier étage en passant sous le portique dit de Serlio. On édifia, à l'extrémité Est de la cour, la porte du Baptistère.

Porte du Baptistère*. — Cet édifice, dont l'étage inférieur est dû au Primatice, s'élevait jadis dans la cour du Cheval-Blanc. Reconstruit à l'emplacement actuel, il fut alors surmonté d'un dôme et reçut son nom en souvenir du baptême de Louis XIII, célébré en cet endroit en 1606.

En face, deux saisissantes têtes d'Hermès (Mercure), sculptées par Gilles Guérin, gardent l'entrée de la Cour des Offices ou des Cuisines. Celle-ci, construite par Henri IV en 1609, est un vaste rectangle fermé sur trois côtés par de sobres bâtiments ponctués de pavillons trapus.

On longe ensuite, sur la droite, l'aile occidentale de la cour des Princes. Les bâtiments qui entourent celle-ci furent ajoutés pour loger les membres de la famille royale. L'aile Nord que l'on contourne est l'ancienne conciergerie du château, édifiée sous Henri IV.

Jardin de Diane*. — Jardin du Roi au Moyen Age, il subit par la suite de nombreuses métamorphoses. Au 17e s., il fut fermé au Nord par l'Orangerie et, tracé à la française, devint le jardin de la Reine. Le 19e s. abattit l'Orangerie et transforma le jardin dans le goût anglais. Au centre, l'élégante fontaine de Diane (17e s.) a survécu à cet avatar. Elle a retrouvé son aspect primitif : les quatre chiens de bronze ont quitté le Louvre et sont revenus s'asseoir au pied de la déesse de la chasse.

Contournant le Jeu de Paume, érigé en cet endroit par Henri IV mais reconstruit dans son état actuel en 1732, on regagne la cour du Cheval-Blanc.

② INTÉRIEUR DU PALAIS

Les visiteurs qui désirent se limiter aux grandes salles du Palais, parcourront les Grands Appartements en suivant l'itinéraire fléché et les descriptions ci-dessous.

Pour une information plus complète ils visiteront les Petits Appartements du rez-de-chaussée (visites accompagnées).

GRANDS APPARTEMENTS***

Visite de 10 h à 12 h et de 14 h à 18 h (17 h du 1er octobre au 31 mars). Fermé le mardi. Prix: 5 F (2,50 F le dimanche). Durée : environ 1 h. Pénétrer sous le Fer à Cheval dans le vestibule.

Galerie de François Ier***. — Bâtie par Gilles Le Breton entre 1528 et 1530, elle prenait à l'origine le jour des deux côtés. Louis XVI en la doublant du côté Nord a bouché la vue sur le jardin de Diane. La décoration, œuvre d'artistes italiens appelés à la Cour par François Ier, comprend un lambris en bois sculpté par Scibec de Carpi, surmonté de fresques entourées de sculptures en stuc par le Rosso aidé du Primatice.

L'ensemble constitue un somptueux décor à l'italienne qui, à l'origine, se retrouvait dans la plupart des salles du château.

On traverse la salle des Gardes dont on admire le plafond et la frise Louis XIII.

Escalier du Roi**. — Il a été construit en 1749, sous Louis XV, dans l'ancienne chambre de la duchesse d'Étampes, favorite de François Ier. Les magnifiques stucs et fresques sont l'œuvre du Primatice. Du palier de l'escalier, belle vue sur la Cour Ovale.

Salle de Bal***. — Longue de 30 m, large de 10 m, cette salle est la plus belle du palais. Construite sous François Ier et achevée sous Henri II, par Philibert Delorme, c'était la salle des festins et des fêtes.

Une minutieuse restauration a rendu leur éclat aux splendides fresques et peintures du Primatice et de son élève Niccolo dell'Abbate. La marqueterie du parquet exécutée sous Louis-Philippe reproduit les caissons du plafond richement décorés d'or et d'argent. La cheminée où s'unissent les chiffres d'Henri II et de Diane de Poitiers repose sur deux atlantes, moulages de deux statues antiques conservées au Musée du Capitole à Rome.

Dans les Appartements de Mme de Maintenon, au 1er étage de la porte Dorée, on remarque les boiseries du Grand Salon où aurait été décidée la révocation de l'Édit de Nantes en 1685.

On traverse à nouveau la Salle des Gardes pour aborder les Appartements royaux.

Appartements royaux**. — Donnant sur la Cour Ovale, ils datent de François Ier. Les rois, surtout Louis XIV, puis Napoléon Ier, transformèrent leur décoration.

La salle du Buffet communique par une large ouverture avec le salon du Donjon (ou chambre de Saint Louis) situé dans la « grosse tour » du 12e s. et qui, jusqu'à Henri IV, servit de chambre à coucher aux rois. Un immense bas-relief équestre de Henri IV orne la cheminée.

Par le salon Louis XIII, où ce roi naquit, et dont la décoration constitue un des plus beaux exemples de l'art décoratif français sous Henri IV, on accède au salon de François Ier qui fut jusqu'au 16e s. la chambre à coucher de la reine avant d'être transformé en salle à manger d'apparat par Napoléon Ier. La partie supérieure de la cheminée est due au Primatice.

Le salon des Tapisseries et la salle des Gardes de la Reine sont décorés de très belles tapisseries des Gobelins.

Galerie de Diane. — Construite par Henri IV, reconstruite par Napoléon Ier, elle fut décorée sous la Restauration par Blondel et Abel de Pujol (Histoire de Diane). Finalement, elle fut aménagée en bibliothèque sous le Second Empire.

Appartements de la Reine★. — La charmante décoration de ces pièces est due en partie à Marie-Antoinette. Dans le Salon des Dames d'Honneur, que l'on traverse tout d'abord, on remarque le mobilier : belle commode régence, « voyeuses ». Le Salon de Jeux de Marie-Antoinette, décoré en 1786, a conservé le mobilier qui lui fut affecté à l'époque. On s'attardera devant les commodes Benemann et le buste de Marie-Antoinette par Pajou.

Chambre à coucher de la Reine. — Six reines de France, de Marie de Médicis (femme de Henri IV) à Marie-Amélie (épouse de Louis-Philippe), ainsi que les impératrices Joséphine, Marie-Louise et Eugénie de Montijo, séjournèrent dans cette pièce.

Le lit et le boudoir datent de 1786.

Salle du Trône★★. — Ce fut la chambre à coucher des rois, de Henri IV à Louis XVI. Napoléon Ier en fit sa salle du trône. Le plafond sculpté est d'époque Louis XIII tandis que les boiseries datent de Louis XIV et Louis XV.

Salle du Conseil★★. — La magnifique décoration est Louis XV. Au plafond les cinq tableaux par Boucher illustrent les quatre saisons et Phœbus vainqueur de la nuit. Sur les lambris, alternent les figures allégoriques, peintes par Vanloo, en camaïeu rose et bleu.

Grands Appartements de Napoléon Ier★. — Leur décoration est Louis XVI, l'ameublement Empire. Des souvenirs de l'Empereur y sont conservés.

C'est dans le salon Rouge dit de l'Abdication que la tradition situe la signature des abdications de Napoléon Ier, le 4, puis le 6 avril 1814.

On regagne la galerie de Francois Ier. La visite se termine par la chapelle de la Sainte-Trinité et les appartements du pape Pie VII (visite accompagnée).

Chapelle de la Sainte-Trinité★. — Le bâtiment actuel fut élevé par Philibert Delorme sous Henri II mais décoré sous Henri IV et Louis XIII : la voûte est l'œuvre de Martin Freminet, l'autel du sculpteur Bordoni. C'est ici que Louis XV épousa Marie Leczinska en 1725 et que Napoléon III fut baptisé en 1810.

Appartements du Pape Pie VII★. — Pie VII les occupa en 1804, quand il vint couronner Napoléon, puis de 1812 à 1814, quand l'Empereur le retint prisonnier. Remarquer le salon de réception et la curieuse galerie des Assiettes qui date de Louis-Philippe.

PETITS APPARTEMENTS★ ET GALERIE DES CERFS

Visite accompagnée les mêmes jours que les Grands Appartements. Entrée : 3 F. Durée : 1/2 h. Départ du vestibule, dont l'entrée est sous l'escalier du Fer-à-Cheval.

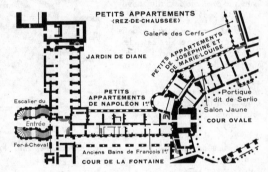

Petits Appartements de Napoléon Ier★. — Ils ont été occupés par l'Empereur à diverses reprises. Les pièces ouvrant sur la cour de la Fontaine remplacent les anciens bains de François Ier détruits par Louis XIV. Les salles donnant sur le jardin de Diane ont gardé leur décoration d'origine Louis XV et Louis XVI, l'ameublement est Empire. Dans le cabinet topographique se trouve une pendule 18e s., œuvre d'Antide Janvier, dite « géographique », indiquant à tout instant l'heure réelle et les minutes dans toutes les parties de la France.

Petits Appartements de Joséphine et de Marie-Louise★. — Décor Louis XV et Empire. Le salon Jaune est la pièce la plus remarquable.

Galerie des Cerfs. — Elle tire son nom des têtes de cerfs qui la décorent. Les parois sont ornées de peintures représentant les résidences royales à l'époque de Henri IV. C'est là qu'en 1657 la reine Christine de Suède fit assassiner Monaldeschi. La reine, qui avait abdiqué trois ans plus tôt, résidait au palais. Pour des motifs mal connus, elle condamne à mort son favori : après l'avoir mandé dans la galerie, elle l'informe de sa décision et se retire, le laissant en présence d'un confesseur et de trois exécuteurs. Le malheureux agonisa plus d'un quart d'heure, la gorge tranchée. Sa pierre tombale est dans l'église d'Avon.

MUSÉES ET THÉATRE

Musée Chinois★. — *Réouverture prévue en 1976.*

A l'extrémité de l'aile des Reines-Mères au rez-de-chaussée, se trouve le musée constitué par l'impératrice Eugénie grâce à des objets rapportés de Chine après la campagne de 1860 ou provenant de dons.

Musée Rosa-Bonheur. — *Visite sur demande préalable adressée par écrit au conservateur.* Les admirateurs de Rosa Bonheur pourront visiter, dans la même aile, deux salles consacrées aux œuvres et au souvenir de cette artiste, qui mourut à By, près de Fontainebleau, où elle s'était retirée.

Musée de l'Histoire du château. — *Visite sur demande préalable adressée par écrit au conservateur.*

Une grande galerie au 2e étage rassemble de nombreux documents ayant trait au château.

Théâtre Napoléon-III. — *Visite sur demande préalable adressée par écrit au conservateur.*

Construit entre 1854 et 1857, ce petit théâtre reçut de l'architecte Lefuel un charmant décor d'inspiration Louis XVI.

FONTAINEBLEAU***

③ LES JARDINS* *visite : 3/4 h*

Les jardins comprennent le Jardin de Diane *(p. 92)*, le Jardin anglais, le Parterre et le Parc. *Suivre l'itinéraire indiqué sur les plans ci-contre et ci-dessous.*

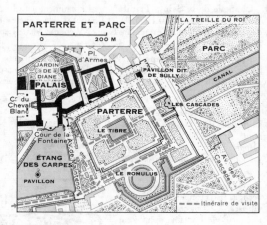

JARDIN ANGLAIS
ÉTANG DES CARPES
0   200 M
Pl. du Gᵃˡ de Gaulle
DÉPART
Cᵗᵉ du Cheval-Blanc
GROTTE DU JARDIN DES PINS
PALAIS
Cour de la Fontaine
ÉTANG DES CARPES
PAVILLON
JARDIN
Boulevard Magenta
FONTAINE BLEAU
Carrefᵗ de l'Obélisque
ANGLAIS
Av. de Maintenon
Itinéraire de visite

Grotte du Jardin des Pins. — Elle date de François Iᵉʳ et constitue un remarquable ouvrage de « gresserie » (arcades, atlantes sculptés en grès).

Jardin anglais★. — Il a été créé en 1808-1812 sur l'emplacement de jardins anciens, dont le jardin des Pins, modifiés sous Louis XIV puis revenus à l'état sauvage sous la Révolution. La fontaine Blaud, dite Bleau dès le 17ᵉ s., qui donne son nom au palais, est située au milieu du jardin, sous de beaux ombrages.

Étang des Carpes★. — Donner à manger aux carpes et les voir évoluer amuse grands et petits.

Au milieu de l'étang s'élève un pavillon édifié sous Henri IV, remanié par Louis XIV et reconstruit par Napoléon Iᵉʳ. On y servait la collation.

Parterre. — Créé sous François Iᵉʳ, retracé sous Henri IV, il a été redessiné par Le Nôtre sous Louis XIV. Les bassins du Tibre et de Romulus doivent leur nom à une même statue qui les orna successivement au 17ᵉ s. Des deux pavillons qui s'élevaient à ses deux extrémités Est, ne subsiste que celui dit de Sully, pavillon du Grand Chambellan au 17ᵉ s.

Le Parc. — En contrebas, dans l'axe du parterre et des cascades, le canal créé par Henri IV, orné autrefois de jets d'eau, traverse le parc.

La **Treille du Roi**, bordant le mur Nord du parc, a été plantée sous Louis XV (vers 1730).

PARTERRE ET PARC
0   200 M
LA TREILLE DU ROI
PARC
P.T.T. Pl. d'Armes
JARDIN DE DIANE
PALAIS
PAVILLON DIT DE SULLY
CANAL
Cᵗᵉ du Cheval Blanc
Cour de la Fontaine
PARTERRE
LE TIBRE
LES CASCADES
Av. de Maintenon
ÉTANG DES CARPES
PAVILLON
LE ROMULUS
Av. des Cascades
Itinéraire de visite

AVON

Avon fait aujourd'hui figure d'annexe de Fontainebleau, alors que jadis Fontainebleau n'était qu'un hameau d'Avon.

Église. — Son église était la paroisse du château jusqu'en 1663. La nef, antérieure au 12ᵉ s., est précédée d'un portail et d'un porche en bois du 16ᵉ s.

A l'entrée, à droite, pierre tombale de Monaldeschi *(détails p. 93)*.

Le chœur du 16ᵉ s. est carré. De nombreuses pierres tombales ornent le déambulatoire.

Rochers. — Ils forment une crête rocheuse le long de la N 5. Nombreux chaos et grottes.

FONTAINEBLEAU (Forêt de) *** – Carte Michelin nº 96 - plis 39 40.

Cette splendide forêt s'étend sur 25 000 ha dont 19 000 ha sont domaniaux. L'antique forêt de Bière – le nom subsiste dans Chailly ou Fleury-en-Bière – fut de tout temps un magnifique terrain de chasse (à courre, notamment).

PHYSIONOMIE DE LA FORÊT

Les aspects du sol. — Le relief actuel de la forêt est caractérisé par des alignements parallèles de rides gréseuses orientées Ouest-Est.

Ces rides seraient l'héritage d'une période de climat tropical (ère tertiaire) durant laquelle des vents violents auraient amassé, dans cette partie du Bassin Parisien, une succession régulière de dunes de sable. Plus tard, la concrétion superficielle de ces sables « de Fontainebleau » en une gangue de grès dur, puis l'ensevelissement de l'ensemble sous les dépôts de calcaire de Beauce ont consolidé et conservé, dans ses grandes lignes, ce relief mamelonné. *Consulter la coupe géologique de la p. 10.*

Lorsque la table supérieure de calcaire de Beauce est épargnée par l'érosion, les versants des vallons se couronnent de « **monts** ». Ces monts atteignent l'altitude maximum de 144 m et portent quelques-unes des plus belles futaies de la forêt.

Là où le calcaire a disparu, la carapace de grès apparaît : ce sont les « **platières** » ou « **landes** », plateaux rocheux, couverts de bruyères et d'arbrisseaux, souvent fissurés et parsemés de mares.

Quand les fentes et les trous sont nombreux dans cette table de grès, les eaux s'y glissent et déblaient la couche de sable sous-jacente. La table fissurée, privée de soutien, s'écroule, formant de pittoresques amoncellements rocheux : ce sont les fameux « **rochers** » de Fontainebleau.

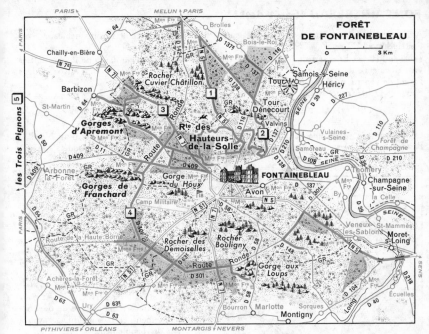

Aménagement sylvicole. — La forêt est divisée en 747 parcelles, traitées en vue de fournir les plus beaux peuplements possibles. Les 9/10 de la forêt sont des futaies, le reste constitue des landes et des rochers. Les chênes rouvres occupent 8 000 ha, les pins sylvestres 7 500 ha et les hêtres 1 500 ha; les autres essences (charmes, bouleaux, pins maritimes et de Corse, épicéas, châtaigniers, acacias, alisiers) marquent des tentatives d'acclimatations anciennes ou le reliquat de la végétation de landes peu boisées. 551 ha sont des réserves biologiques.

Les sentiers. *(1)* — Des sentiers conduisent les touristes au cœur des sites les plus célèbres. Ils sont l'œuvre des « deux Sylvains », Denecourt et Colinet. Le premier, ancien soldat de la Grande Armée, déblaya les grottes, dégagea les plus beaux sites, traça 150 km de sentiers jalonnés. Sur des arbres ou des rochers bien choisis, des traits discrets surmontés de numéros (1 à 15) indiquent en bleu les principaux sentiers à suivre. Colinet, ancien fonctionnaire des Ponts et Chaussées, poursuivit l'œuvre de son prédécesseur.

Aux sentiers Denecourt et Colinet, déjà « auto-pédestres », sont venus s'ajouter les circuits réalisés par le S.I. de Bois-le-Roi, les Amis de Samois, et par le Comité National des Sentiers de Grande Randonnée.

Les sentiers — plus de 300 km au total — figurent sur la carte Michelin n° 96.

Le stationnement des voitures, hors des parcs n'est autorisé qu'aux carrefours et aux abords immédiats des routes forestières, sur une profondeur de 3 m environ de part et d'autre de la chaussée.

Les cinq excursions décrites ci-après permettent de parcourir tantôt en voiture, tantôt à pied, les paysages les plus célèbres de la forêt. Elles peuvent être combinées entre elles; elles ne sont, en tout cas, que des schémas destinés à favoriser la découverte d'une forêt où l'on aimera revenir souvent.

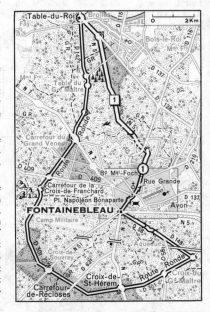

1 ★ROUTE RONDE
Circuit de 37 km – schéma ci-contre

Ce circuit automobile en forêt peut être commencé en l'un quelconque de ses points. La description qui suit a pris comme point de départ le carrefour du Grand Veneur, sur la N 7. Venant de Paris, on prendra à droite de la Route Ronde.

Près du carrefour de la Croix-de-Franchard se trouvent les **gorges de Franchard**★★ *(voir p. 97).* A partir du carrefour de la Croix-de-Souvray, la route Ronde est classée D 301.

Carrefour-de-Recloses. — C'est là que, la veille de Noël 1539, se déroula le tournoi de réception de Charles Quint. L'empereur, venu d'Espagne, était entré en France le 20 novembre; le dauphin l'avait accueilli à la frontière et François Ier était allé à leur rencontre jusqu'à Loches. Durant son séjour au palais, les fêtes ne cessèrent pas.

Croix-de-St-Hérem. — Napoléon Ier accueillit ici le pape Pie VII en 1804. Le carrefour est entouré, sauf au Sud-Ouest, de beaux peuplements de chênes.

(1) Nos lecteurs désirant des cartes détaillées pourront consulter les cartes au 50 000e, au 25 000e, au 20 000e de l'I.G.N., la carte au 30 000e du C.A.F. et la carte au 20 000e des Eaux et Forêts. Les sentiers sont décrits dans les Topo-guides des sentiers Grande Randonnée (G.R. 1) et des circuits auto-pédestres en Ile-de-France ainsi que dans le « guide des sentiers de promenades dans le Massif forestier de Fontainebleau » édité par la Sté des Amis de la forêt de Fontainebleau, 38 rue Grande à Fontainebleau.

FONTAINEBLEAU (Forêt de)★★★

A la Croix-du-Grand-Maître, on prend à gauche le D 148 qui conduit à Fontainebleau.

Fontainebleau★★★. — *Page 89.*

Table-du-Roi. — Elle servait à prendre un repas soit à la fin, soit au cours de la chasse. Les victuailles étaient apportées par l'âne du traiteur, M. Darboubin, dont le nom est passé dans l'argot de vénerie pour désigner les porteurs du ravitaillement.

Suivre le D 142 (route Ronde).

② ★★HAUTEURS DE LA SOLLE, TOUR DENECOURT
Circuit de 20 km – schéma ci-dessous

Cette excursion se déroule dans les croupes boisées qui dominent Fontainebleau au Nord. Partant de la place Napoléon-Bonaparte, près du palais, suivre la rue Grande. Aussitôt avant l'église tourner à gauche dans la rue de la Paroisse.

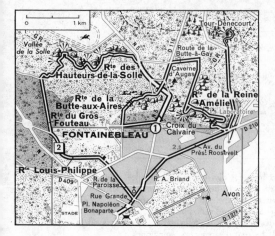

Devant le cimetière, passer à gauche du monument aux Morts. On entre en forêt.

Routes Louis-Philippe et du Gros-Fouteau★★. — Ces deux belles routes, suivies successivement, conduisent aux hauteurs de la Solle. La superbe futaie du Gros-Fouteau (ce nom lui fut donné au 17e s. en l'honneur d'un gros fouteau, hêtre de 8 m de tour) fait partie des réserves. Elle est malheureusement en voie de dépérissement, en raison de l'âge avancé du peuplement.

Route des Hauteurs de la Solle★★. — Très sinueuse et pittoresque, elle offre des échappées sur la vallée de la Solle, vaste bassin sablonneux occupé par le champ de courses.

Route de la Butte-aux-Aires★★. — Au carrefour de la Croix-d'Augas, le petit circuit qui emprunte la route de la Butte-aux-Aires, sinueuse en forte pente, est très pittoresque. Ce bref itinéraire ramène à la Croix-d'Augas par la N 5.

Carrefour de la Croix-d'Augas. — C'est le point culminant de la forêt (144 m). En arrivant à l'échangeur de la Croix-d'Augas, prendre la bretelle à droite, vers le D 116. Laisser la voiture et prendre le sentier à droite. Il conduit, à 60 m de là, dans le ravin où se trouve la caverne d'Augas, la plus vaste de la forêt, maintenant obstruée. En quittant le carrefour de la Croix-d'Augas, prendre le D 116, puis à droite, au premier croisement, la route de la Butte-à-Gay et ensuite celle de la Reine-Amélie.

Route de la Reine-Amélie★★. — Elle porte le nom de l'épouse de Louis-Philippe. Son parcours est pittoresque.

Croix du Calvaire★. — Vue surprenante sur la vallée où s'est construit Fontainebleau.

En arrivant à Fontainebleau, tourner à gauche, avant le pont du chemin de fer, dans la route de la Tour Denecourt qui, à 200 m, oblique à gauche et longe le laboratoire de biologie végétale.

Tour Denecourt. — Située à l'extrémité du rocher Cassepot, on l'atteint par une petite route en lacet praticable aux autos. Elle s'élève sur un amas de rochers. Bâtie par le premier Sylvain Denecourt, au prix de 3 500 francs — somme énorme pour son budget —, la tour fut inaugurée, sous le nom de Fort-l'Empereur, par Napoléon III.

Du sommet, la **vue panoramique★** s'étend sur la forêt et la vallée de la Seine.

③ ★★BARBIZON, GORGES D'APREMONT
Circuit de 14 km – environ 2 h – schéma ci-dessous

Quitter Barbizon (p. 39) par la route forestière qui prolonge la Grande-Rue. Au carrefour du Bas-Bréau, on tourne à gauche.

Futaie du Bas-Bréau★★. — La route serpente sous cette belle futaie de l'ancienne réserve artis-

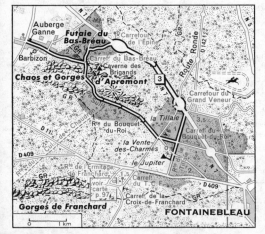

tique. Au carrefour de l'Épine, on débouche sur la N 7 que l'on prend à droite en direction de Fontainebleau. Peu après le carrefour du Grand Veneur, tourner à droite dans la route de la Tillaie.

Futaie de la Tillaie★. — Classée dans la réserve biologique (côté gauche), la Tillaie est malheureusement en voie de dépérissement et a perdu une partie du caractère qui a fait sa renommée.

500 m environ après le carrefour du Bouquet-du-Roi, et peu après un croisement, prendre à droite un petit chemin carrossable s'amorçant par une fourche. Il conduit, à 100 m de là, à la clairière où se dresse orgueilleusement le Jupiter.

Le Jupiter★. — C'est le plus beau chêne de la forêt. Il atteint 6,40 m de tour et compte plus de 450 ans d'âge.

Rebrousser chemin jusqu'au carrefour du Bouquet-du-Roi. Prendre à gauche la jolie route du Bouquet-du-Roi qui traverse la **futaie de la Vente-des-Charmes★.** Descendre de voiture au croisement de la route forestière du Cul-de-Chaudron.

Gorges d'Apremont★★. — *1/2 h à pied AR.* Prendre à droite la route du Cul-de-Chaudron. A 100 m de là, **vue★★** sur un bassin des gorges. Suivre à gauche le rebord de la gorge, au milieu des rochers. Après quelques minutes, on parvient au point d'où l'on domine deux bassins. Nouvelle **vue★★** très intéressante à droite et à gauche. Revenir à la voiture.

Par la route de Sully, puis par la route de Marie-Thérèse, on rejoint le carrefour du Bas-Bréau.

Chaos d'Apremont★★. — *3/4 h à pied AR.* Prendre le sentier à gauche du chalet situé près du carrefour. Suivre les marques bleues. On monte à travers un chaos qui fait partie des rochers d'Apremont. C'est un amoncellement de roches de toutes formes et de toutes dimensions. La végétation, qui avait été dévastée par un incendie pendant l'été 1945, a repoussé partiellement et s'entremêle aux pierres.

Arrivé au terme de l'ascension, gagner le bord de la platière, à droite, et se promener sur le plateau afin d'avoir une **vue★★** sur une partie des gorges et la plaine de Bière.

On pourra visiter la Caverne des Brigands qui se trouve un peu plus loin, sur la gauche, sous un bouquet de pins sylvestres *(se munir d'une lampe électrique).*

4 **GORGES DE FRANCHARD
Circuit de 3/4 h à pied AR – schéma ci-dessous

On accède à ce circuit pédestre par la route Ronde. Au carrefour de la Croix-de-Franchard, on emprunte la jolie route goudronnée de l'Ermitage de Franchard. Arrivé au carrefour de l'Ermitage, obliquer à droite pour longer la chapelle. Descendre de voiture dans la clairière qui se trouve devant la maison forestière accolée à la chapelle.

Ancien ermitage de Franchard. — A cet endroit, il y eut un ermitage qui prit de l'importance au 12e s. Au 13e s., une communauté s'y installa pour desservir le pèlerinage qui attirait de nombreux fidèles le mardi de la Pentecôte. Les pèlerins venaient éprouver les vertus miraculeuses de l'eau suintant de la Roche-qui-pleure. Elle passait pour guérir les maux d'yeux. Ruiné pendant la guerre de Cent Ans, le couvent devint un repaire de malandrins. En 1717, le Régent en ordonna la destruction. Il ne reste debout que les murs de la chapelle.

Gorges de Franchard★★. — On peut en avoir une vue partielle du **belvédère de Marie-Thérèse★** *(1/4 h à pied AR).* Pour l'atteindre, passer sur la gauche de la construction carrée qui entoure le puits des Ermites, profond de 66 m et creusé en 1813, puis prendre légèrement à droite en suivant les marques bleues.

Cinquante mètres plus loin, prendre le sentier à gauche qui conduit à la mare de Franchard maintes fois reproduite par les peintres. Contourner cette mare, tourner à droite ensuite, en suivant la direction primitive. Le belvédère est à quelques pas.

Pour l'agrément de la reine Marie-Thérèse, Louis XIV y avait fait élever un pavillon qui fut démoli au 18e s.

La trace des constructions est encore très visible.

En revenant à la maison forestière, l'on aperçoit, à gauche, la Roche-qui-pleure, table de grès couvrant une excavation où l'eau suinte après de très fortes pluies.

Pour avoir une vue plus complète des gorges, on se rendra au **Grand Point de Vue★** *(1/2 h ou 1 h à pied AR).* Partir de la maison forestière et, après son enclos, laisser à gauche un chemin sablonneux pour monter vers les rochers sans changer de direction. On arrive alors sur une route très sablonneuse. Après 300 m, à hauteur d'un rocher en forme de champignon, tourner à droite sur la platière. Parvenu à ce rocher, obliquer à gauche vers un banc qui domine le ravin : c'est le Grand Point de Vue. Le panorama sur l'ensemble des gorges est remarquable et, par-delà les limites de la forêt, la vue s'étend vers la plaine de Fleury. Le retour peut s'effectuer de deux manières. La plus rapide consiste à tourner le dos aux gorges, descendre quelques marches et prendre à droite un petit sentier. On passe devant la grotte de Velléda et on retombe dans la route de départ. La suivre à gauche pour revenir à l'Ermitage.

La seconde solution, plus longue, permet de faire un circuit. Prendre la route Amédée, tourner à droite dans la route de la Roche-qui-pleure qui ramène à droite au carrefour de l'Ermitage, laissant, à gauche, la Roche-qui-pleure, à droite, le chemin d'accès au belvédère de Marie-Thérèse. Reprendre la voiture et, arrivé au carrefour de la Croix-de-Franchard, suivre à droite la route Ronde, classée D 301 à partir du carrefour de la Croix-de-Souvray.

5 **LES TROIS PIGNONS
Circuit de 42 km – environ 1 h 1/2

De la place du Général-de-Gaulle, devant le palais, atteindre par la rue Royale et le boulevard Maginot (4e à droite), le carrefour de la Libération où prendre la N 837. 4 km après Arbonne, tourner à gauche dans un chemin que l'on quitte à 2 km pour prendre à gauche, à hauteur de l'hôtel-restaurant « A la Belle Étoile », un chemin forestier. 200 m plus loin, appuyer à droite puis, à 300 m, laisser sur la gauche la Croix-St-Jérôme et continuer tout droit. Le chemin devient sablonneux. A un carrefour, 300 m après la croix, appuyer à gauche, laissant un chemin plus à gauche.

FONTAINEBLEAU (Forêt de) ★★★

Pénétrant dans la vallée Close, zone d'aspect désertique dominée à droite par le massif des Trois Pignons *(en cours d'acquisition par l'État)*, on arrive en vue d'un monument en forme de croix de Lorraine érigé à l'extrémité d'un éperon rocheux.

Un sentier, coupé de marches en partie emportées par les intempéries, s'élevant à flanc de colline entre les rochers, permet d'atteindre ce monument érigé à l'emplacement où eut lieu le 22 juin 1943 le premier parachutage d'armes au réseau de Résistance « Publican ». Des abords du monument, le **panorama**★★ est très beau sur cette région étrange et désolée de la forêt que traverse l'autoroute du Sud.

Revenir à Fontainebleau par la pittoresque vallée de l'École, le Vaudoué, Achères-la-Forêt, Ury et la N 51 qui coupe la route Ronde à la Croix-dé-Souvray.

AUTRES ROCHERS *carte p. 95*

Rocher Bouligny★. — Beaux points de vue, grottes, gorges, mares, rochers énormes.

Rocher Cuvier-Châtillon★. — Imposant massif qui présente de vastes chaos, de très beaux points de vue, des cavernes, de très curieuses roches. De nombreux rochers à escalade y sont repérés par le C. A. F.

Gorge du Houx★. — Cette gorge est encadrée au Nord par le mont Fessas, au Sud par le rocher du Long-Boyau. A l'entrée de la gorge se dresse la colline du Mont-Aigu qu'on atteint par un chemin en hélice. Belle vue, chaos.

Rocher des Demoiselles★. — Il offre une crête rocheuse et un magnifique chaos.

Gorge aux Loups★. — Beaux chaos et couloirs rocheux ombragés par de grands arbres.

FONTENAY-EN-PARISIS – Carte Michelin n° ▨▨ - Nord du pli ⑦ – 937 h. (les Fontenaysiens) – Paris 27 km.

L'église et le clocher, des 12e et 13e s., ont subi d'importantes transformations au 18e s. La nef offre la particularité d'avoir ses fenêtres percées au-dessus des piliers et non dans l'axe des arcades. La nef et les bas-côtés sont surmontés d'un comble en bois. Aucun des trois vaisseaux n'est voûté. Le chœur homogène, couvert de voûtes sexpartites, contient des stalles intéressantes par leurs miséricordes, malheureusement en partie détériorées.

Goussainville. — 25 245 h. *4 km au Sud*. L'église, au beau clocher, est Renaissance. L'intérieur *(en cours de réfection)* est d'une décoration assez riche, mais inachevée; pierres tombales.

GALLARDON ★ – Carte Michelin n° ▨▨ - pli ⑦ – 2 076 h. (les Gallardonnais) – Paris 73 km.

Situé aux confins du Hurepoix, ce bourg, autrefois fortifié, aux noms de rues pittoresques (rue de la Poulaillerie, impasse du Cœur à Margot), est bâti au confluent de la Voise et de l'Ocre, ce qui vaut quelque fraîcheur à ce coin du pays beauceron.

Église★. — Elle s'élève sur une placette dont l'aspect est resté villageois. L'édifice, qui appartenait à un riche prieuré, a été bâti aux 12e et 13e s. et remanié aux 15e et 16e s.

Dans la haute façade, au pignon aigu, le portail présente un tympan en plein cintre, roman; les fenêtres qui le surmontent sont de style gothique flamboyant. Le bas-côté gauche est Renaissance; ses deux travées ont chacune leur toit. Passer derrière l'église dans le jardin du presbytère pour avoir la belle **vue**★ du chevet gothique avec ses trois chapelles au toit pointu et ses arcs-boutants à double volée, dominés par le chœur à flèche d'ardoise.

A l'intérieur, la nef et les deux bas-côtés sont couverts d'une voûte en bois, qui fut peinte au début du 18e s. Le **chœur**★ gothique, très vaste, très lumineux, fait grande impression. Son triforium est remarquable.

Vieilles maisons. — Près de l'église, rue Porte-Mouton, **belle maison**★ de bois du 16e s. dont la décoration sculptée est très fouillée. Autres maisons à encorbellement, de la même époque, rue Notre-Dame.

Épaule de Gallardon. — C'est un haut et étroit fragment d'un donjon cylindrique du 12e s., démantelé par Dunois en 1443, après qu'il l'eût enlevé aux Anglais. La ruine est accessible, mais elle n'a d'autre intérêt que celui de son étrange silhouette.

GONESSE – Carte Michelin n° ▨▨ - pli ⑱ – 21 470 h. (les Gonessiens) – Paris 18 km.

Gonesse fut incorporée au domaine royal par Hugues Capet. Du 16e au 17e s., on y fabriquait un pain de fantaisie qui, transporté chaque jour à Paris, faisait les délices des bourgeois. Au 17e s., les boulangers de la capitale ripostèrent en livrant des « pains mollets ». Les gens de Gonesse demandèrent au Parlement de les interdire comme nuisibles à la santé. Après une lutte judiciaire qui dura des années, les « pains mollistes » l'emportèrent.

Église★. — Bâtie aux 12e et 13e s., elle s'élève sur un tertre, dans un cadre ancien. La partie la plus intéressante est le chevet. Au trumeau du portail principal, statue de saint Pierre, patron de l'église. A l'intérieur de l'édifice, la nef du 13e s. est couverte d'une charpente, le chœur du 12e s. est voûté d'ogives. Belles orgues Renaissance, ornées de peintures. Mise au tombeau de la fin du 15e s. Descente de croix par Fouquet.

Champs de tulipes★. — A droite de la N 2 en venant de Paris, de beaux champs de tulipes d'une superficie de 160 000 m² où sont plantées six millions de fleurs offrent un joli coup d'œil à l'époque de la floraison *(exposition annuelle du 10 avril au 15 mai)*.

L'objet de cette culture est surtout la production des bulbes. La plantation se fait en octobre-novembre et la récolte en juin-juillet. Dès l'arrachage, on sépare les bulbes qui sont ensuite calibrés. Les petits sont replantés, les gros sont expédiés pour la vente.

Chaque année des espèces nouvelles venues de Hollande sont plantées pour être multipliées; plus de 200 variétés différentes sont en culture.

La culture du glaïeul a pris également un essor considérable; les champs, d'importance égale à ceux des tulipes, ne font toutefois pas l'objet d'exposition.

GRAND MORIN (Vallée du) ★ – Carte Michelin n° 97 - plis ⑱ ⑲ ㉙ ㉚.

Cette jolie rivière, l'un des plus importants affluents de la Marne, est appréciée des peintres, des amateurs de canoë et, dans les parties de son cours qui sont le moins polluées, des pêcheurs de truite. Large, la vallée est souvent bordée par des coteaux boisés tandis que le fond est occupé par de riantes prairies coupées par de longs rideaux de peupliers. Sur ses bords, nombreux sont les moulins, à papier pour la plupart, qui sont encore en activité. C'est près de la Ferté-Gaucher que se fabriquent les fameux papiers du Marais.

En 1914, le Grand Morin fut l'enjeu d'une lutte âpre entre les forces anglaises du maréchal French et l'armée allemande de von Kluck (voir: Vallée de l'Ourcq p. 133).

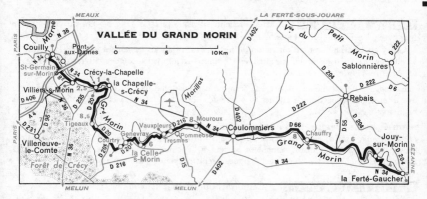

DE COUILLY A LA FERTÉ-GAUCHER
52 km – environ 1 h 1/2 – schéma ci-dessus

Partant de Couilly (p. 75), gagner St-Germain-sur-Morin, sur l'autre rive du Grand Morin, pour suivre le D 8, qui longe la rive gauche de la rivière, jusqu'à Villiers-sur-Morin.

Villiers-sur-Morin. — 833 h. C'est la minuscule capitale du Morin des peintres.

Villeneuve-le-Comte. — 1 134 h. *7 km au départ de Villiers, au Sud-Ouest.* L'église, du 13e s., est contemporaine du village, construit sur un plan géométrique encore apparent.

Passer sur la rive droite jusqu'à Crécy-en-Brie où l'on franchit de nouveau le Grand Morin.

Crécy-la-Chapelle. — 2 193 h. Charmante localité traversée par de nombreux bras du Grand Morin.

La Chapelle-sur-Crécy. — Belle église du 13e s. Le triforium fait le tour de l'église. La partie située dans la nef, refaite au 15e s., est formée par une belle arcature flamboyante.

Jusqu'après Tigeaux, la route traverse de riants paysages verdoyants puis court sur un plateau sans intérêt. A 2,5 km de Tigeaux, prendre à gauche en direction de Courtry, puis le D 20, pittoresque de Genevray à la Celle-sur-Morin (la Celle-en-Bas). Après la traversée de la rivière dans Tresmes, prendre à droite une route qui, à l'entrée de Pommeuse, rejoint le D 216.

Coulommiers. — *Page 76.*

Quitter Coulommiers par le D 222. A 2,5 km, prendre à droite le D 66 qui suit la vallée jusqu'à Jouy-sur-Morin.

Rebais. — 1 451 h. *5 km au départ du D 66, au Nord.* Église romane en partie du 12e s., ayant appartenu à une abbaye fondée au 7e s. par saint Ouen, évêque de Rouen. A l'intérieur, pierre tombale de saint Aile, premier abbé de Rebais, du 13e s.

Jouy-sur-Morin. — 1 660 h. Pittoresque village dans un site verdoyant.

La N 34 conduit à la Ferté-Gaucher.

La Ferté-Gaucher. — 3 821 h. Petite ville paisible au centre d'un riche pays d'élevage, où s'est installée une importante usine de céramiques et appareils sanitaires.

Pour trouver la description d'une ville ou d'une curiosité isolée,
consultez l'**index alphabétique** à la fin du volume.

GUERMANTES (Château de) – Carte Michelin n° 101 - pli ⑳ – 3 km au Sud de Lagny - Paris 28 km.

Visite accompagnée du 15 mars au 15 novembre, les samedis, dimanches et fêtes de 14 h à 17 h 45. Prix : 5 F. Durée : 3/4 h.

Claude Viole, conseiller du roi, fait édifier, au début du 17e s., un château constitué par un corps central flanqué de deux pavillons et surmonté de toits à la française. Il meurt en 1638. Son fils fait ajouter, de chaque côté du château primitif, des petits pavillons en pierre (visibles des jardins) et, sur la gauche, deux ailes perpendiculaires. Le conseiller du roi, Paulin Prondre, acquiert la propriété en 1698 et entreprend de l'embellir : il fait exécuter les frontons par Robert de Cotte, des perrons par Mansart et dessiner le parc par Le Nôtre.

Dans la partie ancienne, on accède par d'étroits escaliers à la chambre à l'italienne (1645) et à la chambre Viole (1633), qui ont conservé leur décoration (boiseries et plafonds) Louis XIII, ainsi qu'au salon du Roi, orné de grands portraits de Louis XV et de Marie Leczinska, attribués à Van Loo.

Le premier étage de l'aile en retour est occupé en grande partie par « **la Belle Inutile** »★, galerie d'apparat longue de 31 m, prenant jour par dix-huit fenêtres La décoration, conçue par Robert de Cotte, fut exécutée par Hanard, les peintures, copies de tableaux célèbres, sont de Mérelle. Le plafond date de 1866. Un passage, orné de charmants tableautins de J.-B. Huet représentent les mois, conduit à une antichambre dont la décoration, retrouvée sous une épaisse couche de peinture, semble être du 17e s. Le grand escalier conduit à la chapelle, décorée, comme la galerie, par Hanard et Mérelle vers 1705.

E.P. 6

GUIGNECOURT - Carte Michelin n° 🗺 - pli ⑤ - 6,5 km au Nord-Est de Beauvais - 187 h. - Paris 83 km.

Bien qu'en assez mauvais état, l'église de ce village mérite qu'on s'y arrête.

Église St-Aubin. — Elle est isolée près d'un cimetière abandonné au fond d'une petite venelle *(demander la clé au garde champêtre, à l'entrée, à gauche)*. A droite s'élève l'ancienne grange dîmière. A l'intérieur, le chœur et le transept intacts accusent le 16e s. Le chœur large et bas, avec sa voûte à multiples nervures, est harmonieux. Les boiseries Louis XV, très discrètes, et malheureusement détériorées, sont rehaussées de dorures. Remarquer d'importants fragments de vitraux du 16e s.

GUIRY-EN-VEXIN - Carte Michelin n° 🗺 - plis ③④ - 8,5 km au Sud-Est de Magny-en-Vexin - 121 h. - Paris 52 km.

Guiry est blotti au creux d'un vallon du fertile Vexin français également propre à la culture et à l'élevage. Le château du 17e s., attribué à François Mansart, expose des œuvres du peintre H. de Maistre *(visite sur demande écrite)*.

Église. — Le clocher du 16e s. est terminé par un dôme de pierre. A l'intérieur, on verra une intéressante collection de statues en pierre des 14e, 15e et 16e s.; la clôture en bois des fonts baptismaux est du 15e s.

Musée archéologique. — *Visite les dimanches et jours fériés de 10 h à 12 h et de 14 h à 19 h (18 h en hiver), et en outre le samedi après-midi. Entrée : 2 F.* Il abrite d'importantes collections provenant du Vexin français, remontant surtout à l'époque mérovingienne (mobiliers et stèles funéraires), ainsi que des objets des époques préhistorique et gallo-romaine.

HALATTE (Forêt d') ★ - Carte Michelin n° 🗺 - plis ⑥⑰.

Cette forêt domaniale de 4 300 ha s'étend sur un plateau ondulé d'une altitude moyenne de 100 m au Nord de Chantilly et de Senlis, entre les vallées de l'Oise et de l'Aunette. Le point culminant est le mont Pagnotte (221 m). Ses belles futaies, de chênes et de hêtres pour les plus anciennes, d'essences diverses pour les plus jeunes, forment un massif compact, troué en son milieu par la clairière cultivée de Fleurines et du Prieuré de St-Christophe.

On y retrouve quelques vestiges de l'époque mégalithique, des restes de constructions romaines, de belles bornes armoriées (principalement autour d'Aumont) qui marquaient les limites des propriétés ecclésiastiques ou laïques au 16e s. Les princes de Condé, titulaires de la capitainerie des chasses d'Halatte aux 17e et 18e s., la dotèrent, pour la commodité de la chasse à courre, d'un important réseau routier malheureusement en assez mauvais état à l'heure actuelle.

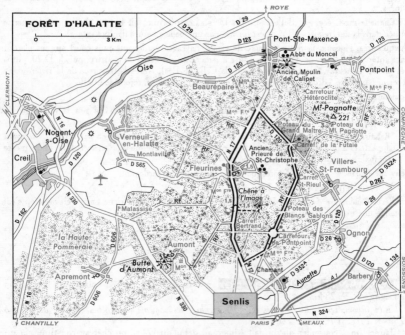

CIRCUIT EN FORÊT
15 km - environ 3/4 h - schéma ci-dessus

Partant de l'église de Fleurines, prendre la route qui la longe à sa gauche. Arrivé au 1er rond-point, tourner à gauche puis à droite au 1er carrefour. Garer la voiture sur la place qui se trouve devant l'entrée de l'Aérium.

Ancien prieuré de St-Christophe. — *On ne visite pas.* Les ruines d'une chapelle dominent la route. C'est le plus important vestige d'un prieuré datant du 11e s. et remanié aux 12e et 13e s. Il subsiste le chœur, les deux absidioles et le transept.

Revenir à Fleurines où l'on prend la N 17 vers le Sud.

Butte d'Aumont. — *5 km à partir de la N 17, puis 1/4 h à pied AR.* Traverser Aumont en direction d'Apremont; 250 m après l'église, quitter la voiture et prendre un petit chemin à gauche qui longe une clôture grillagée. On contourne la butte par la droite; arrivé à sa hauteur, prendre à gauche pour atteindre le sommet (le sable entrave la marche). **Panorama**★ étendu sur la forêt d'Halatte, Senlis, Chantilly et sa forêt.

A 1,5 km, tourner à gauche.

Chêne à l'Image. — *1 h 1/2 à pied AR.* Laisser la voiture au bord de la N 17 et prendre la route des Grands Chênes. Au carrefour Bertrand, prendre un sentier qui se continue par un raidillon. Du haut de la butte, on découvre, dans l'axe de l'allée suivie, une belle vue sur Senlis. Du chêne à l'Image, la vue est moins étendue.

Au carrefour de Pontpoint, tourner à gauche dans une route forestière menant au D 120 que l'on prend à gauche.

> **Mont Pagnotte.** — *3 km à partir du D 120.* Au carrefour de la Futaie, prendre à gauche puis à droite jusqu'au carrefour signalé par le « poteau du mont Pagnotte ». Du sommet du mont Pagnotte, Louis XV suivit les péripéties de la chasse à courre.

La N 17 ramène à Fleurines.

HÉRICY – Carte Michelin n° 96 – pli 40 – 5 km au Nord-Est de Fontainebleau – 1 631 h. – *Schéma p. 161* – Paris 72 km.

Petite villégiature des bords de Seine, appréciée des pêcheurs.

De la promenade ombragée qui s'allonge entre la Seine et la terrasse du parc du château, agréable vue sur des îles boisées, sur le fleuve que coupe un barrage, sur Samois, niché dans la verdure de l'autre rive.

Église. — Son clocher est du 15e s.; la nef des 15e et 16e s. A l'intérieur, l'autel du 16e s., près des fonts baptismaux, est remarquable ainsi qu'un vitrail de la même époque dans le bas-côté gauche de la nef. Remarquer les deux statues en bois, du 17e s., qui sont à l'entrée de la nef.

Pont de Valvins. — *2,5 km au Sud.* Du pont, vue sur la Seine et la forêt de Fontainebleau. Sur la rive droite, en aval du pont, les admirateurs de Stéphane Mallarmé pourront voir la maison où il est mort, en 1898, à 56 ans, après y être venu en vacances pendant vingt-cinq ans. Cette maison, où il reçut les plus grands poètes de son temps, se trouve au n° 4 du quai qui porte son nom. Un médaillon du poète est encastré dans le mur.

HOUDAN * – Carte Michelin n° 96 – plis 12 22 – 2 873 h. (les Houdannais) – Paris 63 km.

Cette petite ville, ancienne place forte, aujourd'hui gros centre agricole, a donné son nom à une race de poules, bonnes pondeuses et de chair délicate, autrefois élevées dans toute la région.

On pratique en grand l'incubation des œufs dans des couveuses artificielles et les poussins sont vendus ou élevés sur place en d'innombrables « parquets » (petits enclos d'élevage).

Donjon*. — Cette énorme tour du 12e s. est flanquée de quatre tourelles. A l'origine, il n'y avait aucune ouverture au rez-de-chaussée; on pénétrait au 1er étage par une échelle. Cet édifice, actuellement réservoir d'eau, est tout ce qui reste du château qu'édifièrent les seigneurs de Montfort. Des trois puissantes enceintes de la ville dont la première suivait l'actuelle rue des Fossés, il ne subsiste que les tours de guet de l'Abreuvoir, Jardet et Guinand, du 16e s.

Église. — La façade et la nef sont de style gothique flamboyant. L'imposant **chevet***, de style Renaissance, date du règne de Henri II.

A l'intérieur, remarquer les clefs pendantes des voûtes et le retable (17e s.) du maître-autel. Dans une chapelle, une fresque de 1582, découverte en 1952, évoque le pèlerinage à Montserrat (Espagne) de trente-deux Houdannais. Les grandes orgues, dues à Clicquot (1735), ont gardé tous leurs éléments d'origine.

Vieilles maisons. — Dans la rue de Paris, on voit encore, aux n°s 37, 41 et 64, des maisons à pans de bois des 15e et 16e s. (la plus belle est au n° 41).

EXCURSION

Richebourg. — 522 h. *5 km au Nord-Est.* Belle église du 15e s., avec, à l'intérieur, Vierge en pierre de même époque et vitraux du 16e s.

Promeneurs, campeurs, fumeurs... **soyez prudents !**
Le feu est le plus terrible ennemi de la forêt.

L'ISLE-ADAM * – Carte Michelin n° 96 – pli 6 – 10019 h. (les Adamois) – *Schéma p. 132* – *Ressources et distractions p. 34* – Paris 38 km.

Son nom vient d'un château élevé, au 11e s. sur la plus grande des deux îles de l'Oise, par Adam, seigneur de Villiers. Le fief passa au 16e s. aux Montmorency puis aux Condé et enfin aux Conti qui reconstruisent le château au 18e s. et y donnent de grandes fêtes.

Entre temps la ville avait débordé sur la rive gauche de l'Oise.

Après Adam de l'Isle, la famille prit le nom de Villiers de l'Isle-Adam; elle s'illustra à plusieurs reprises : Jean (1384-1437), maréchal de Bourgogne, servit Jean-sans-Peur et Philippe-le-Bon et se rallia finalement au roi; Philippe (1464-1534), commandeur de l'ordre de St-Jean de Jérusalem puis Grand Maître de l'ordre de Malte, défendit héroïquement pendant 5 mois Rhodes contre Soliman le Magnifique et obtint l'installation de son ordre à Malte. Au 19e s., Villiers de l'Isle-Adam, l'écrivain des « Contes cruels » est resté un grand nom de la littérature.

Le site*. — Avec ses îles, son vieux pont de Cabouillet, l'Oise compose un joli paysage. La terrasse ombragée, bordée d'une balustrade, qu'on aperçoit dans l'une des îles, est un vestige du château des Bourbon-Conti, détruit à la Révolution.

L'écluse, située à proximité de la plage, offre une distraction supplémentaire.

Église St-Martin. — Elle fut bâtie au début du 16e s. Dans les voussures du portail sont représentés les Apôtres et les Vertus. La tour a été construite au 19e s. dans le style Renaissance.

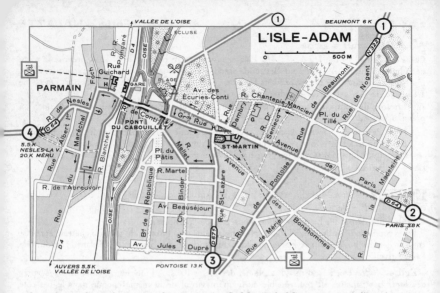

La nef centrale révèle une grande parenté avec St-Martin de Montmorency. A l'intérieur a été rassemblée une belle collection de **mobilier** ★ Renaissance : chaire d'origine allemande à panneaux de marqueterie, autel baroque dans la chapelle de droite, stalles à miséricordes sculptées avec verve. Remarquer une Vierge du 14e s. dans la chapelle du croisillon Sud et les vitraux, modernes mais de style 16e s., de l'abside.

LA FORÊT

Cette forêt domaniale, qui couvre 1 500 ha, est séparée de la forêt de Carnelle par la vallée du ru de Presles. Elle est plane dans ses parties Ouest et Sud, accidentée au Nord-Est. Les altitudes extrêmes vont de 27 à 193 m. On n'y rencontre ni cours d'eau, ni étang. Le chêne entre pour deux tiers dans le peuplement des futaies, le reste se partage entre le hêtre, le bouleau, etc. Le tilleul, le châtaignier et le charme ne se rencontrent que dans les taillis.

La proportion élevée du tilleul provient de ce que les lapins, qui ont pullulé durant de longues années, n'attaquent pas cet arbre qui se développe ainsi à la place des autres essences détruites par les rongeurs.

La forêt est traitée en taillis sous futaie en vue de la conversion en futaie. Un réseau pour promenades équestres de 25 km et divers aménagements d'accueil (aux principaux carrefours) ont été réalisés.

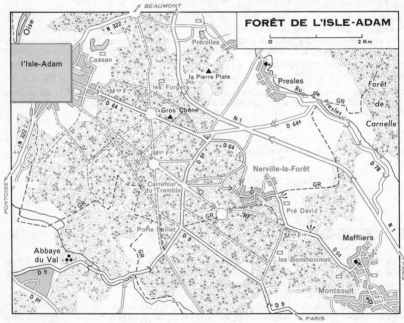

La forêt est entourée de quelques châteaux, et de bourgs paisibles aux vieilles églises, animés par de petites activités industrielles.

Les D 64, D 9 et D 9E permettent de traverser le massif.

Le D 64 passe à proximité du Gros Chêne, l'un des plus beaux arbres de la forêt. Entre Nerville et Maffliers, il présente en lisière de la forêt des vues souvent étendues ; à l'horizon se profilent les hauteurs de la forêt de Carnelle.

Maffliers. — 833 h. Église intéressante par son chevet au style Renaissance bien marqué. *On ne visite pas l'intérieur de l'église.*

Le D 9 passe à proximité de l'abbaye du Val.

Abbaye du Val. — Les arbres d'un grand parc bien clos cachent à la vue ce qui reste de l'abbaye cistercienne du Val Notre-Dame, fondée en 1136. Elle fut supprimée en 1791 mais ne fut en grande partie démolie qu'après 1845. Il en subsiste le bâtiment des moines des 12e et 13e s. et une galerie de cloître du 17e s. *(on ne visite pas).*

La N 1, qui passe au Nord, n'en traverse qu'une petite partie. Dans la pointe Nord-Est qu'elle isole existent les vestiges d'une allée couverte, la « Pierre Plate ».

Presles. — 2 931 h. L'église possède des éléments romans, gothiques et Renaissance ; remarquer les amusantes miséricordes de la 1re rangée des stalles du chœur.

JARCY (Moulin de) ★ – Carte Michelin no 🔲 - pli ㊳ – 5 km à l'Est de Brunoy – *Schéma p. 161* – Paris 28 km.

Situé à 2 km au Nord de Quincy, on l'atteint par le D 33 et un chemin pittoresque ; c'est le plus joli coin de la vallée de l'Yerres, parmi ceux qui sont accessibles en auto. Ce moulin dépendait d'une abbaye détruite à la Révolution. Il est maintenant occupé par une auberge. Des prairies, des bois constituent un **décor**★ très pittoresque.

300 m au-delà du moulin, le chemin, après avoir laissé à gauche le château de Jarcy, passe devant la villa Boïeldieu, à droite, où fut composée la « Dame blanche » et où mourut le compositeur en 1834.

JOSSIGNY (Château de) – Carte Michelin no 🔲 - pli ⑳ – 6 km au Sud-Est de Lagny – Paris 34 km.

Fermeture provisoire. Se renseigner à la Caisse nationale des monuments historiques, 62 rue St-Antoine à Paris, ☎ 277.59.20.

Ce gracieux édifice de style Louis XV fut construit en 1743 sur les fondations d'un manoir déjà existant au 14e s. Demeuré dans la même famille depuis cette date jusqu'à nos jours, puis confié par donation aux Beaux-Arts par son dernier représentant, le château de Jossigny a conservé intacte son atmosphère familiale. Une belle grille de style Louis XV ferme la cour d'honneur. La façade du château, formée d'un corps central à fronton encadré de deux pavillons d'angle en saillie, est flanquée de deux petits bâtiments bas : la chapelle et les cuisines. La façade sur le parc, plus ornementée, présente un avant-corps à trois pans. Les toitures rappellent, par leurs profils incurvés, celles des pagodes chinoises.

JOUARRE ★ – Carte Michelin no 🔲 - pli ⑲ – 2 765 h. (les Jotranciens) – *Schémas p. 116 et 136* – Paris 65 km.

Jouarre est situé sur le haut d'un coteau qui domine le dernier méandre décrit par le Petit Morin avant de se jeter dans la Marne. La crypte de son abbaye est l'un des monuments religieux les plus anciens de France. Dès le 7e s., il existait à Jouarre deux abbayes, l'une d'hommes, l'autre de femmes. Celle-ci se soumet très tôt à la règle bénédictine et subsiste seule. Elle devient très florissante et les plus grandes dames de France ne dédaignent pas le titre d'abbesse de Jouarre. Au 16e s., l'une d'elles, princesse de Bourbon, passe à la Réforme et épouse ensuite Guillaume d'Orange qui a arraché aux Espagnols l'indépendance des Pays-Bas. Très éprouvée par la guerre de Cent Ans, l'abbaye est plusieurs fois reconstruite, notamment au 18e s. Vendue comme bien national pendant la Révolution, elle est réoccupée par les Bénédictines qui y sont toujours, après quinze années d'exil, de 1905 à 1919.

CURIOSITÉS *visite : 3/4 h*

Abbaye. — Partir de la Grand'place. près de la mairie qui occupe un bâtiment du 18e s. appartenant jadis aux Bénédictines. Prendre la rue Montmorin où se trouvent, à droite la tour et l'église de l'Abbaye, à gauche l'église paroissiale, au fond le monastère, bâtiment du 18e s. percé d'une voûte sous lequel passe la rue.

La tour du 12e s., dernier vestige de l'église romane détruite au 17e s., a été restaurée. Elle a de belles voûtes Renaissance. *Visite tous les jours sauf le mardi. Entrée entre la tour et l'église abbatiale. Au 1er étage, salle d'exposition-vente des travaux d'art des religieuses du monastère.*

Les amateurs de liturgie bénédictine pourront assister à la messe conventuelle (8 h 45 en semaine, 9 h 45 le dimanche) et aux vêpres (18 h en semaine, 17 h le dimanche).

Crypte★. — *Visite tous les jours sauf le mardi. S'adresser à l'abbaye, 6 rue Montmorin.*

La crypte est derrière l'église paroissiale, au fond de la place St-Pierre qui était naguère un cimetière et au milieu de laquelle s'élève une croix monolithe du 13e s. Une petite construction la surmonte. Ce monument du 7e s., destiné à recevoir les corps de la famille qui a fondé le monastère de Jouarre en 635, réunit dans les deux cryptes : St-Paul et St-Ébrégisile, saint Adon, le fondateur, les trois premières abbesses et d'autres membres de leur famille.

La crypte St-Paul est divisée en trois nefs par deux rangées de trois colonnes gallo-romaines réemployées au 7e s. ornées de chapiteaux en marbre des Pyrénées. Leur ornementation est très fouillée. Près de l'entrée se voit le mur mérovingien qui présente un bel appareil décoratif.

Le plus beau tombeau, celui de sainte Telchilde, première abbesse, placé au centre, est orné de coquilles. Au fond à gauche, le tombeau de saint Agilbert, ancien évêque de Paris, frère de sainte Telchilde, comporte une scène du Jugement des Élus. Au fond, à droite, le tombeau de sainte Ozanne, princesse irlandaise, est orné d'un beau gisant (fin du 13e s. ou début du 14e s.).

La crypte St-Ébrégisile reçut, à la fin du 7e s., le corps de saint Ébrégisile, évêque de Meaux et frère de sainte Aguilberte, deuxième abbesse. Une partie de cette crypte a été refaite au 11e s.

Église paroissiale. — Elle date du 15e s. ; la nef a été très remaniée au 16e s. A l'intérieur, dans le bas-côté gauche, Christ au tombeau et Pietà en pierre. Dans le chœur, les deux plus belles des neuf châsses anciennes sont en vermeil orné d'émaux du 13e s. ; incrusté dans la chaire, Crucifiement du 15e s. en albâtre. Dans la chapelle de la Vierge, statue de Notre-Dame de Jouarre, du 16e s., en pierre. Dans le bas-côté droit, Pietà et statue de sainte Catherine du 15e s. Les vitraux des chapelles latérales et du chœur sont, en tout ou partie, du 15e s. Les vitraux modernes du bas-côté gauche sont de Barillet. *Le lundi de Pentecôte, à 10 h, pèlerinage avec procession extérieure des châsses.*

JOUARRE★

La Ferté-sous-Jouarre. — 6 872 h. *3 km au Nord. Ressources et distractions p. 34.*

Cette ville doit son intérêt à sa situation au confluent de la Marne et du Petit Morin. Les coteaux environnants fournissent la meilleure pierre meulière de France ; elle est utilisée pour faire des meules de moulin. De la forteresse du 8e s., qui donna son nom à la ville, il ne reste rien, pas plus que de celles qui lui ont succédé.

Au 16e s., le fief appartient à Charles de Bourbon, descendant de Saint Louis. C'est dans le château que naquirent deux de ses fils : Antoine et Charles. Antoine eut pour fils Henri IV. Charles devint cardinal et, à la mort de Henri III, les Ligueurs le choisirent comme roi, sous le titre de Charles X, pour éliminer le Béarnais. Le cardinal mourut un an plus tard en reconnaissant la légitimité de son neveu Henri qui vainquit la Ligue après quatre ans de rudes combats. Le 2e prince de Condé, Henri, fils de Louis Ier, fondateur de la lignée des Bourbon-Condé, naquit également ici.

De jolies promenades s'étendent sur la rive de la Marne à laquelle est rattachée l'ancienne île qui portait la forteresse médiévale. A l'entrée du nouveau pont sur la Marne, on voit un mémorial britannique élevé en 1928 en souvenir des opérations militaires de 1914 au cours desquelles les Anglais, refoulés de la Ferté, parvinrent à reprendre la ville le 9 septembre. Deux stèles, placées sur chacune des rives, en aval du pont, indiquent l'emplacement du pont flottant lancé sur la Marne pour le passage de l'armée dans la nuit du 9 au 10 septembre.

JOUY-EN-JOSAS – Carte Michelin n° ▨ - pli ㉓ – 3 km au Sud-Est de Versailles – 8 171 h. (les Jovaciens) - *Schéma p. 44* – Paris 21 km.

A ce bourg, encaissé entre les pentes boisées du vallon de la Bièvre, s'attachent les souvenirs d'Oberkampf et de Victor Hugo. Léon Blum, homme politique célèbre sous la IIIe et la IVe République, y mourut en 1950. Des centres d'études s'y sont installés, ceux de l'Institut National de Recherches Zootechniques et de H.E.C. (Hautes Études Commerciales).

Les toiles de Jouy. — Oberkampf a rendu célèbre le nom de Jouy. C'est en 1760, à 22 ans, qu'il installe, dans une humble maison, son premier atelier d'indiennes. Peu à peu, la fabrication se développe. Ses toiles peintes et imprimées, qui ont pris le nom de « toiles de Jouy », font fureur. Précurseur de la grande industrie moderne, Oberkampf emploie 1 200 ouvriers. Louis XVI l'anoblit. Napoléon va visiter l'usine et la décore. Le chagrin que cause au vieil industriel l'invasion de 1815 l'emporte. De son usine, il ne reste que la maison d'habitation, devenue mairie, et la petite maison du Pont de Pierre où Oberkampf a fabriqué sa première toile *(on ne visite pas).*

CURIOSITÉS *visite : 3/4 h*

Église. — 13e-16e s. Le clocher, dont la base est du 13e s., a une flèche d'ardoise très aiguë, flanquée de quatre clochetons.

A l'intérieur, à droite de la portée d'entrée, confessionnal du 18e s. ; à l'extrémité de l'unique bas-côté, Vierge en bois polychrome, restaurée, du 12e s., la « **Diège** »★ (contraction de « Dei Genitrix ») ; dans le chœur, stalles du 16e s. ; au-dessus du maître-autel, saint Martin coupant son manteau, groupe en marbre du 16e s. ; dans l'arcature d'une ancienne porte au milieu de la nef à gauche, statue en marbre de saint Sébastien, du 17e s., attribuée à Puget ; aux fonts baptismaux, saint Jean-Baptiste en terre cuite, du 16e s.

Maison de Victor Hugo. — Les fervents du poète pourront faire un pèlerinage au hameau des Metz. Suivre la rue, en montée, qui prend à gauche, quelques mètres au-delà de la mairie, en direction de Vélizy-Villacoublay. Après les dernières maisons, tourner à gauche dans la rue Abel-Nicolle qui monte jusqu'aux Metz. En face du portique en bois de « la Châtaigneraie », prendre à droite la rue Victor-Hugo. La petite maison du poète, qu'il avait louée pour Juliette Drouet en 1835 *(voir p. 44)*, est la première à droite.

JOUY-SOUS-THELLE – Carte Michelin n° ▨ - pli ④ – 18 km au Nord-Est de Gisors – 477 h. – Paris 67 km.

Au milieu d'une campagne vallonnée, Jouy-sous-Thelle, village de brique, retient par sa ravissante église, qu'un petit étang reflète du côté Nord.

Église St-Pierre-et-St-Paul★. — Rare exemple d'architecture religieuse de la fin de la Renaissance annonçant le style classique. La construction en fut commandée dans les dernières années du 16e s. à un architecte italien. Seuls furent édifiés le chœur et les deux bras du transept formant trois absides arrondies, et l'amorce d'une nef. La construction est parfaitement équilibrée en dépit du petit porche de brique de la façade.

L'intérieur, très clair, est orné, comme l'extérieur, de pilastres cannelés, et de motifs floraux colorés. Il contient plusieurs statues du 16e s., un délicat retable à décor d'anges, et un curieux calvaire fixé sur un arc en fer forgé.

LAGNY-SUR-MARNE – Carte Michelin n° ▨ - pli ⑳ – 16 874 h. (les Latignaciens) – *Ressources et distractions p. 34* – Paris 29 km.

Cette petite ville, qui s'étend au bord de la Marne et à flanc de coteau, possède un aqueduc souterrain captant des eaux qui, jusqu'en 1956 encore, étaient distribuées dans la ville.

CURIOSITÉS *visite : 3/4 h*

Église N.-D.-des-Ardents-et-St-Pierre★. — A cet emplacement se sont succédé trois églises, depuis la fondation de l'abbaye de St-Pierre, au 7e s., par le moine irlandais saint Furcy. L'édifice actuel, ancienne église abbatiale, fut édifié au 13e s. La construction, inachevée faute de fonds, se limite au chœur. Quelques réfections furent opérées au lendemain de la guerre de Cent Ans et au cours du 17e s.

La façade, le porche et le clocher, modernes, sont sans intérêt, mais l'intérieur est magnifique. Il ne comprend que le vaste chœur par lequel on commença les travaux. On imaginera facilement le splendide vaisseau qu'on eût obtenu si un transept et une nef, à l'échelle du chœur, étaient venus compléter l'édifice.

On remarquera la petitesse des fenêtres hautes. La construction fut, en effet, arrêtée avant qu'elles aient atteint la hauteur prévue. Un berceau de charpente servit de couverture. La voûte en plâtre actuelle l'a remplacé, au 17e s., sans que les fenêtres aient pu être surélevées.

Derrière l'autel se trouve la chapelle de N.-D.-des-Ardents. L'origine de cette appellation remonte à 1127. A cette date sévissait à Lagny le mal des Ardents, affection épidémique, due vraisemblablement à la mauvaise farine, mélangée d'ergot de seigle, utilisée en temps de disette, qui semblait brûler les membres et les détachait du corps. La Vierge, invoquée, fit cesser cette terrible épreuve. En reconnaissance, les habitants lui vouèrent une dévotion particulière. C'est dans cette chapelle que la prière de Jeanne d'Arc à N.-D.-des-Ardents ranima un enfant sans vie depuis trois jours, ainsi que le rapporte le Procès de Rouen (1431).

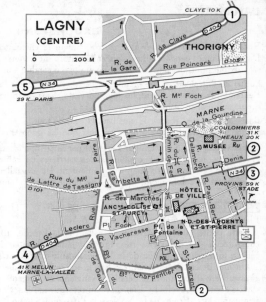

Hôtel de ville. — Les bâtiments occupés par l'hôtel de ville sont ceux de l'ancienne abbaye bénédictine *(voir : Les monastères en Ile-de-France p. 21)*.

Musée. — Situé dans le jardin public, quai de la Gourdine, il retrace l'histoire locale.

Place de la Fontaine. — Elle est ornée d'une fontaine ancienne. Sous François Ier, le maréchal de Lorge, qui avait occupé Lagny révoltée, faisait plonger dans la fontaine les gens de la ville surpris à demander d'un air innocent : « Quel est donc le prix de l'orge ? » afin de se faire répondre : « Moins que rien. »

La place est bordée, du côté de l'abbaye, par de vieilles maisons dont les pignons aigus se succèdent en dents de scie. Il subsiste une porte voûtée du 14e s. qui desservait le monastère.

Ancienne église St-Furcy. — De cette église désaffectée, on ne peut voir que la façade, de style gothique flamboyant.

EXCURSION

Marne-la-Vallée. — *7 km au Sud-Ouest.*

L'une des cinq « villes nouvelles » de la région parisienne *(voir p. 4)*, encore au stade embryonnaire ; sa construction, entreprise en 1972, ne devrait s'achever que vers l'an 2000. La zone à urbaniser, d'environ 15 000 ha, englobe en tout ou partie 25 communes (dont la partie Sud de Lagny) ; son étirement en longueur (20 km, pour une largeur de 3 à 6 km) sur la rive gauche de la Marne en a fait décider le fractionnement en quatre secteurs autonomes : d'Ouest en Est, Noisy-le-Grand, le Val Maubuée, Torcy, le Genitoy.

A **Noisy-le-Grand** sera le centre urbain principal, dont plusieurs groupes d'immeubles sont déjà réalisés ainsi que les deux châteaux d'eau, l'un décoré de peintures à motifs géométriques, l'autre entouré d'un treillage destiné à « l'habiller » de lierre.

LARCHANT ★ – Carte Michelin n° **97** - pli **39** – 8 km au Nord-Ouest de Nemours – 505 h. (les Lyricantois) - Paris 73 km.

Ce village est situé à la lisière du bois de la Commanderie, sur le bord d'un ancien golfe que des collines couvertes de bois et de rochers entourent, formant une sorte de cirque. Le fond est occupé par un marais qui, pendant de longues périodes, est mouillé ou presque asséché. Les géologues n'ont encore pas donné d'explication à ce phénomène.

Saint Mathurin naquit à Larchant vers 250. Converti au christianisme, ce jeune gallo-romain fit de nombreux miracles. Appelé à Rome par l'empereur Maximien, il guérit sa fille Théodora, atteinte de démence. Après sa mort, survenue en Italie, ses restes sont ramenés à Larchant et une chapelle construite pour les abriter est le but d'un pèlerinage des plus célèbres. L'église actuelle l'a remplacée. Commencée au 12e s. et presque achevée au 13e s., elle fut élevée par le chapitre de N.-D. de Paris, suzerain du lieu, ce qui explique son ampleur.

Jusqu'au 17e s., presque tous les rois de France viennent en pèlerinage à Larchant. L'édifice est souvent endommagé par les ouragans ou les incendies et, à trois reprises, saccagé par les Protestants au cours des guerres de Religion et de la Fronde. En 1775, un terrible incendie détruit en grande partie le bourg et les remparts qui l'entouraient.

Église St-Mathurin★. — Le clocher-porche, haut de 50 m, est démantelé sur deux faces. Sa flèche s'est écroulée en 1675. Les deux premiers étages sont du 13e s., le dernier est du 15e s. Beau portail du 13e s. : au tympan, le Jugement dernier ; au linteau, la Résurrection ; dans les voussures, scènes de l'Enfer et personnages de l'Ancien Testament ; sur les piédroits, statues d'apôtres ; aux ébrasements, Vierges et Travaux des mois. Le chevet, semi-circulaire, date du 12e s. Sur le flanc droit, au-dessus de la sacristie, on voit trois étages de fenêtres grillagées. C'est là qu'étaient sans doute la salle du trésor et les archives.

Dans la nef du 13e s. (dont une partie est en ruines), on voit, à gauche, un grand crucifix du 14e s., à côté une statue de saint Blaise du 16e s. et, en face, saint Mathurin (12e s.). Dans le transept sont placées diverses statues en bois du 15e s. Dans le chœur, à gauche, une Pietà et un Saint Mathurin, en bois, du 15e s. Dans l'élégante chapelle de la Vierge du 14e s., beau retable de pierre du 15e s.

LARCHANT★

EXCURSIONS

Rochers. — *2 km, puis 1 h de marche.* Suivre le chemin communal menant de Larchant à la Dame Jehanne, pendant 1 km ; laisser la voiture sur un terre-plein. Prendre à gauche un chemin sableux qui bifurque, puis la branche de droite qui conduit à un chaos.

Rocher de l'Éléphant. — Le premier rocher de droite affecte l'apparence d'un éléphant.
Reprendre la voiture ; 1 km plus loin, un vaste chaos de rochers domine le chemin communal. A droite se dresse la Dame Jehanne.

Dame Jehanne. — Rocher le plus haut (15 m) de tout le massif des environs de Paris, il offre de nombreuses escalades aux grimpeurs ainsi que les imposants blocs qui l'entourent.

Bonnevault. — *3,5 km.* Quitter Larchant par le D 16, à l'Est.
Près de ce hameau sont exploitées des carrières de sable siliceux d'une pureté exceptionnelle (99,88 % de quartz pur), qui alimentent les cristalleries du monde entier, malgré la concurrence de sables moins purs que la chimie moderne permet maintenant d'utiliser.

LIANCOURT - Carte Michelin n° 97 - pli ⑥ – 11 km au Nord de Creil – 5 762 h. (les Liancourtois) – *Schéma p. 166* – Paris 59 km.

Cette petite ville, située dans la vallée de la Brèche, affluent de l'Oise, est actuellement consacrée à des industries très variées. Jadis, elle était le siège d'un duché dont le plus célèbre titulaire fut le duc de la Rochefoucauld-Liancourt (1747-1837).

Un mot de ce duc est célèbre. Dans la soirée du 14 juillet 1789, Louis XVI, de retour de la chasse, vient d'apprendre le détail des sanglants événements parisiens de la journée. Il conclut : « Mais c'est une révolte ! ». Liancourt lui rétorque : « Non, Sire, c'est une révolution ! ». Ce grand seigneur, alors député de la Noblesse à l'Assemblée nationale constituante, avait créé dans son domaine de Liancourt une école d'Arts et Métiers. Cet établissement, installé à la fin de la Révolution au palais de Compiègne, fut transféré ensuite à Châlons-sur-Marne – où il est toujours – par le Premier Consul.

L'église, des 15e, 16e et 17e s., contient deux beaux tombeaux en marbre, du 16e s.

EXCURSION

Montagne de Liancourt. — *4 km au Nord-Est par le D 137.*
Ce massif de collines boisées, escarpées, domine, à l'Est, une cuvette marécageuse où miroitent des étangs. Le D 59 est la route la plus pittoresque traversant cette région.

LONGPONT ★ (Aisne) – Carte Michelin n° 97 - pli ⑧ – 272 h. (les Longipontins) – *Schéma p. 189* – Paris 97 km.

Ce village, situé à la lisière Est de la forêt de Villers-Cotterêts, fut à l'origine une abbaye cistercienne dont les ruines sont très belles, qui fut fondée par saint Bernard au 12e s.

CURIOSITÉS *visite : 1/2 h*

Ancienne abbaye★. — *Visite accompagnée de 10 h à 12 h et de 14 h à 18 h tous les jours sauf le jeudi, du 1er mars au 1er novembre ; les samedis, dimanches et fêtes le reste de l'année. Entrée : 3 F. Franchir la petite porte qui s'ouvre dans le mur de clôture sur la place du village et s'adresser au gardien, à gauche.*
De l'enceinte, subsiste une porte fortifiée du 14e s. surmontée de quatre tourelles.
Sur la place du village se dressent les ruines de la très belle église abbatiale. bâtie aux 12e et 13e s. Saint Louis avait assisté aux cérémonies de la consécration. Cet édifice était vaste ; il mesurait 105 m de longueur et 28 m de hauteur sous voûtes (N.-D. de Paris 130 m et 35 m).
A la Révolution, les biens de l'abbaye furent vendus comme biens nationaux. Les acquéreurs de l'église la démolirent progressivement, pour en vendre les pierres, jusqu'en 1831.
La façade principale subsiste, épaulée de robustes contreforts ; le remplage de la grande rose a disparu. Le mur du bas-côté droit, le croisillon droit, ainsi qu'une partie de la nef et du bas-côté gauche existent encore.
Outre les ruines de l'église subsistent des bâtiments conventuels, aménagés au 18e s. pour les « bénéficiaires » de l'abbaye, et devenus la résidence des propriétaires actuels du domaine. Les façades sont du 18e s., l'une d'elles est ornée de balcons en fer forgé de l'époque. On peut voir : le grand escalier avec belle rampe du 18e s. en fer forgé, l'ancien cellier du 13e s., un côté du cloître reconstruit au 17e s., le chauffoir (13e s.), pièce carrée avec cheminée centrale à hotte portant sur quatre colonnes.

Église paroissiale. — Sur la place, l'église du village occupe quatre travées de l'ancien cellier de l'abbaye. *Entrer par la première porte près des ruines.*
Au maître-autel, copie d'une peinture sur bois du 14e s. représentant la Passion et les Apôtres. A droite, peinture du début du 17e s. divisée en six compartiments et retraçant la vie de la Vierge. Dans la 1re chapelle à droite, châsse du Bienheureux Jean de Montmirail avec émaux du 13e s.

LONGPONT-SUR-ORGE - Carte Michelin n° 101 - Sud-Ouest du pli ㉟ – 3 231 h. (les Longipontains) - Paris 26 km.

Ce village se trouve au centre de la région maraîchère de Montlhéry. Au Sud du village. belles allées de marronniers.

Basilique N.-D.-de-Bonne-Garde★. — Elle est le but d'un célèbre et très ancien pèlerinage à la Vierge, succédant au culte de la déesse-mère honorée à l'époque gallo-romaine. Saint Denis ayant, au 3e s., converti et baptisé les druides de la vallée de l'Orge, leur laisse un fragment du voile de la Vierge. Saint Yon, son disciple, élève un sanctuaire pour y conserver cette précieuse relique qui devient alors le but d'un pèlerinage de plus en plus fréquenté. Au 11e s., la chapelle, trop petite, est remplacée par l'église actuelle qui conserve, outre le célèbre voile, les reliques de plus de deux cents autres saints. Reconstruite en partie au 19e s., elle fut érigée en basilique en 1913.

Les voûtes de la nef romane sont gothiques, comme la tour et la façade. Le reste est moderne. Le portail, du 13ᵉ s., malheureusement mutilé, est consacré à la Vierge. Les voussures qui le surmontent, exécutées au 15ᵉ s. aux frais de Charles VIII et d'Anne de Bretagne, sont décorées par des anges, les Vierges folles et les Vierges sages. La statue de N.-D. de Bonne-Garde se trouve dans une chapelle, derrière le maître-autel. Belles pierres tombales anciennes.

EXCURSION

Ste-Geneviève-des-Bois. — 31 875 h. *6 km à l'Est.* Cette localité doit son origine à une source que sainte Geneviève, allant à la rencontre de saint Loup, aurait fait jaillir ici en 448. Si la ville s'enorgueillit des restes, fort délabrés, d'un château du 14ᵉ s., remanié aux 17ᵉ et 18ᵉ s., son originalité est de posséder, aux confins de l'agglomération, un cimetière et une chapelle russes.

Église N.-D.-de-l'Assomption★ et cimetière russe. — Une colonie d'émigrés russes s'est établie au Sud-Est de la ville vers 1927. Une partie du cimetière, qui reçut leurs tombes, ornées d'icônes, de bulbes, de croix orthodoxes, est entretenue comme un jardin. L'église *(ouverte les dimanches et fêtes pendant les offices et de 15 h à 19 h en été et de 14 h à 17 h en hiver)* est toute blanche avec un bulbe bleu ; elle est située au fond d'un jardin clos par un portique en bois orné de peintures de style byzantin.

LORREZ-LE-BOCAGE – Carte Michelin nº 🔢 - pli ㊵ - 18 km à l'Est de Nemours – 988 h. (les Lorreziens) – *Schéma p. 131* – Paris 93 km.

Ce plaisant village, sur la rive droite du Lunain, conserve des restes de remparts et un château, en partie du 13ᵉ s., bâti dans un grand parc et entouré d'importantes douves. L'église était anciennement fortifiée.

EXCURSION

Vallée du Lunain. — *7 km, à l'Ouest.* Le D 69 suit la charmante vallée de cet affluent du Loing et le longe jusqu'à Nanteau.

Château de Nanteau. — Le château, reconstruit en 1914 dans le style Louis XIII avec un haut toit et de grandes lucarnes, est situé dans un joli cadre et agrémenté d'une vaste pièce d'eau. *Il abrite actuellement un centre de rééducation pour handicapés.*

LOUVRES - Carte Michelin nº 🔢 - pli ⑧ – 8 036 h. (les Lupariens) – Paris 24 km.

Cerné par des constructions modernes, le vieux bourg rural, dont le nom dérive de loup, groupe encore de grandes fermes autour de son église.

Église. — Le portail Ouest, roman, date du 11ᵉ s.; le reste de l'édifice dont la construction s'échelonne du 13ᵉ au 16ᵉ s., est de style gothique. A l'intérieur, les voûtes sont à nervures multiples et clefs pendantes. Les piliers de la nef ont des chapiteaux Renaissance.

Près de l'église, la tour St-Rieul, isolée, sert de clocher; elle appartenait à une autre église; la croisée d'ogives du rez-de-chaussée remonte à 1110 : c'est l'un des plus anciens exemples de voûte gothique de l'Ile-de-France. *On ne visite pas.*

EXCURSION

Le Mesnil-Amelot. — 1 458 h. *8 km au Sud-Est.* Un massif clocher de la fin du 15ᵉ s. signale l'église gothique à la remarquable façade flamboyante ; à l'intérieur, Vierge du 15ᵉ s., et boiseries du 17ᵉ s. (également dans la sacristie).

LUZARCHES - Carte Michelin nº 🔢 - pli ⑦ – 2 484 h. (les Luzarchois) – *Schéma p. 132* – Paris 32 km.

C'est un très ancien village où naquit Robert de Luzarches (13ᵉ s.), auteur des plans de la cathédrale d'Amiens.

Église. — Elle est dédiée aux patrons des médecins: saint Côme et saint Damien. Les reliques de ces deux frères, médecins arabes, martyrisés en 303, furent rapportées de Rome par un Croisé, seigneur du lieu. Ce geste pieux valut aux gens du pays d'être visités et soignés gratuitement, jusqu'à la Révolution deux fois l'an, par quatre délégués de la Confrérie des médecins de Paris.

La façade Renaissance est intéressante ainsi que le beau chevet du 12ᵉ s., qu'il faut voir du cimetière. Le clocher, roman à la base, est Renaissance dans la partie haute.

A l'intérieur, la comparaison des trois absides est intéressante : celle du centre est en cul-de-four, celle de gauche romane avec voûte à nervures, celle de droite ogivale.

Château de Champlâtreux. — *3 km au Sud par la N 16. On ne visite pas.* Il fut élevé, au 18ᵉ s., par la grande famille parlementaire des Molé. Un Molé, grand voyer de France, fit détourner la grande route, actuelle N 16, pour qu'elle contournât le parc au lieu de le couper : c'est ce qui explique le coude brusque que fait la route en cet endroit.

MAGNY-EN-VEXIN - Carte Michelin nº 🔢 - pli ③ — 4 112 h. (les Magnytois) – Paris 59 km.

Ce bourg était autrefois un important relais routier. Au début du 19ᵉ s., les voyageurs effectuaient le trajet Paris-Rouen en quatre jours, par la diligence.

Église N.-Dame. — *Visite : 1/4 h.* Elle a été presque entièrement reconstruite au 16ᵉ s., à l'époque où se concurrençaient le style gothique et l'art de la Renaissance. On entre par un portail latéral de cette dernière époque, surmonté d'un campanile. Les **fonts baptismaux★**, à gauche, important monument très orné, en forme de dais, sont datés de 1534. Remarquer : dans les chapelles, à droite de la nef, des plafonds sculptés Renaissance ; dans le croisillon droit, trois statues de marbre blanc, restes du beau mausolée du duc de Villeroy - les Villeroy furent seigneurs de Magny de 1525 à 1733. En face, au-dessus de l'autel, Vierge en albâtre du 14ᵉ s. Dans le croisillon gauche, tombeau du 18ᵉ s. En face, au mur, la « Madeleine pénitente », tableau de Santerre, enfant de Magny. Devant l'église se dresse la croix de pierre élevée vers 1510 sur la place du Marché-aux-Fruits en face du pilori.

MAGNY-EN-VEXIN

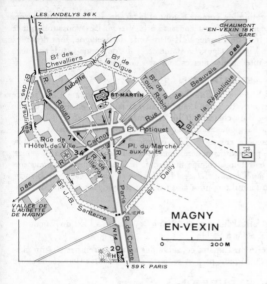

Vieux quartiers. — *Visite : 1/2 h.* Les rues, aux environs de l'édifice, ont gardé, en grande partie, leur aspect ancien. De beaux hôtels subsistent encore, notamment : 20 rue de Crosne, une grande maison du 18ᵉ s., actuellement hôtel de ville ; rue de l'Hôtel-de-Ville, à l'angle de la rue Carnot (34), un édifice du 16ᵉ s. et, au nº 7, l'ancien hôtel de l'Écu de France. En arrivant de Paris, on passe entre les piliers érigés au 18ᵉ s. sur l'emplacement de la porte médiévale.

EXCURSIONS

Vallée de l'Aubette de Magny★. — *11 km par le D 86, à l'Ouest.* L'Aubette, petit affluent de l'Epte, coule entre les peupliers et les saules dans un paysage très vert et plein de charme.

Omerville. — 241 h. Un ancien manoir du 15ᵉ s., qui fut, dit-on, habité par Ninon de Lenclos, a été transformé en ferme. Sur la place, croix de pierre érigée, croit-on, par les Templiers. L'église a un clocher et une nef du 11ᵉ s. ; le chœur est des 13ᵉ et 16ᵉ s.

Ambleville. — 317 h. Le **château**★ *(on ne visite pas)*, accolé à l'église, est en partie Renaissance, partie 18ᵉ s.

St-Gervais ; Parnes ; Nucourt. — *Circuit de 21 km.* Quitter Magny-en-Vexin au Nord par la N 14 jusqu'au village de St-Gervais.

St-Gervais. — 597 h. Église des 12ᵉ et 13ᵉ s. Le clocher roman est surmonté d'une flèche du 12ᵉ s. Remarquable façade de la Renaissance (1550).

A Pierrepont, prendre à gauche un chemin conduisant au château d'Alincourt.

Château d'Alincourt. — *On ne visite pas.* Le château, isolé dans une dépression boisée, forme un pittoresque ensemble composite à nombreuses réminiscences féodales, de bâtiments (14ᵉ au 17ᵉ s.) hérissés de tours et de tourelles de style très différent. Le pavillon de l'entrée date de Louis XV.

Parnes. — 189 h. Cette petite localité possède une église romane dont la nef et les bas-côtés ont été reconstruits au 15ᵉ s. Dans le cimetière, tombe de Henri Monnier dessinateur et écrivain, créateur de « Monsieur Joseph Prudhomme ».

Montjavoult. — 292 h. Église Renaissance dont le beau portail s'apparente à celui de l'église St-Gervais-et-St-Protais de Gisors *(décrite dans le guide Vert Normandie).*
Par Montagny et le D 157, gagner Serans.

Serans. — 164 h. Église gothique à clocher roman et belle façade flamboyante ; le chœur est en partie du 13ᵉ s., la nef est du 15ᵉ s.

Nucourt. — 593 h. Ce village possède, isolée en pleins champs, une intéressante église *(pour visiter, s'adresser à M. Troff, rue du Puits, Nucourt)* du 12ᵉ s., remaniée au 16ᵉ s. La tour est de la Renaissance. A l'intérieur, beau **retable**★ de pierre sculptée du 16ᵉ s.
Les carrières proches du village ont été utilisées par l'armée allemande pour y installer des ateliers de montage de fusées du type V 1, en juin et juillet 1944.
Regagner Magny par le D 174.

MAINTENON ★ – Carte Michelin nº 🔟🔟 - pli ㉒ – 3 314 h. (les Maintenonnais) – Paris 76 km.

Cette agréable petite ville, située sur l'Eure, au confluent de la Voise, est célèbre par son château, auquel s'attache le souvenir de l'extraordinaire destinée de Françoise d'Aubigné.

Françoise d'Aubigné, veuve Scarron. — Petite-fille d'Agrippa d'Aubigné, le fougueux poète calviniste, compagnon de Henri IV, Françoise naît en 1635, dans la prison de Niort où ses parents sont détenus sous l'accusation de haute trahison. La famille, proscrite, s'installe à la Martinique et y vit chichement. Devenue orpheline, la petite fille revient en France, est recueillie par une tante et se convertit au catholicisme.

Pour sortir de la misère, elle consent à épouser, à 18 ans, le paralytique Scarron, poète burlesque et homme d'esprit qui reçoit les plus aimables lettrés de la Cour. Pendant sept ans, elle le soigne avec dévouement. A sa mort, en 1660, c'est de nouveau la vie difficile. En dépit de toutes les tentations, elle reste prude. Cette vertu, conservée malgré beaucoup de misère et encore plus de beauté, lui vaut l'estime des plus grands de la Cour. Ayant plu à Mme de Montespan, elle devient, en 1669, la gouvernante des enfants que la favorite a eus du roi. Ces fonctions, d'abord secrètes, la font pénétrer à la Cour quand le duc du Maine, son élève, est légitimé.

L'ascension. — Désormais, Louis XIV, qui s'intéresse beaucoup à son fils, la voit chaque jour. Tout d'abord, il l'a trouvée pédante ; mais, peu à peu, il subit son charme et l'empire de sa grande intelligence et de sa vivacité d'esprit. En 1674, le roi achète le château de Maintenon et l'offre à celle qui a su plaire à son goût de la culture aimable et de la vertu souriante.

En 1683, la reine étant morte, il épouse secrètement Françoise d'Aubigné dans la chapelle du château de Versailles. Le pouvoir de la reine morganatique, devenue marquise de Maintenon en 1688, ne cesse de grandir jusqu'à la fin du règne. Après le décès du roi en 1715, elle se retire au couvent de St-Cyr qu'elle a fondé et y meurt quatre ans plus tard.

CURIOSITÉS *visite : 1 h*

Château*. — *Visite du 1ᵉʳ avril au 15 octobre, les dimanches et jours de fête de 11 h à 12 h 30 et de 14 h à 18 h 30 ; en semaine, sauf le mardi, de 14 h à 18 h 30 ; le reste de l'année, les samedis, dimanches et jours de fête de 14 h à 17 h 30. Entrée : 5 F.*

Sur l'emplacement d'un ancien château fort, dont une tour est conservée, Jean Cottereau, trésorier des finances sous Louis XII et François Iᵉʳ, fait construire, dans le style de la Renaissance, l'édifice actuel. Le domaine se transmet aux d'Angennes, seigneurs de Rambouillet *(p. 145)*, puis au marquis de Villeray de qui Louis XIV l'acquiert pour en faire don à celle qui va devenir marquise de Maintenon. La marquise laisse le château à sa nièce, mariée au duc d'Ayen, fils du maréchal de Noailles. Maintenon est resté depuis dans la famille de Noailles.

En entrant, on se trouve dans la cour d'honneur. A droite, un bras de l'Eure passe sous un petit pont. A gauche, la chapelle, de style gothique flamboyant, est désaffectée depuis la Révolution. Un long bâtiment, construit par Mme de Maintenon, relie cette chapelle à la façade Renaissance du château, flanquée de deux tourelles en encorbellement, ornée des armes de Jean Cottereau : trois lézards. Aux angles, les tours rondes en brique datent du 14ᵉ s.

Entrer sous la voûte, autrefois munie d'un pont-levis. On voit à droite le donjon du 12ᵉ s., vestige du château fort primitif, et une jolie porte de tourelle dont le tympan représente saint Michel terrassant le Dragon, entouré des armoiries de Jean Cottereau. L'aile qui se raccorde de ce côté est du 17ᵉ s.

On visite les appartements de Mme de Maintenon, composés d'une antichambre, d'une chambre où coucha Charles X, fuyant Rambouillet dans la nuit du 3 au 4 août 1830, et d'un boudoir. L'aile gauche, en brique et pierre, est de la Renaissance. On voit encore divers salons et une vaste galerie qui occupe le 1ᵉʳ étage du bâtiment reliant le château à la chapelle. Des portraits de la famille de Noailles y sont exposés.

Du parterre à la française auquel on a accès, on aperçoit l'aqueduc.

Aqueduc*. — Le D 18 passe sous les arches de l'aqueduc inachevé. C'est l'une des plus téméraires entreprises de Louis XIV. Il voulait amener à Versailles les eaux de l'Eure *(voir p. 170)*. Pour leur faire franchir la vallée de Maintenon, Vauban avait étudié, en 1684, les plans d'un aqueduc qui devait avoir 4 600 m et comporter, au creux de la vallée, trois rangs d'arcades superposées. En quatre ans, 30 000 ouvriers et soldats en construisirent environ une longueur d'un kilomètre et d'un étage seulement. Les travaux interrompus en 1688 par la guerre et l'épidémie de paludisme qui décimait la main-d'œuvre ne furent jamais repris.

Aux Environs de Paris, circulez avec la nouvelle
Carte Michelin « Banlieue de Paris » nᵒ ▮▮▮
(2 cm pour 1 km sur le terrain).

MAISONS-LAFFITTE * – Carte Michelin nᵒ ▮▮▮ - Nord-Ouest du pli ⑬ – 23 807 h. (les Mansonniens ou Maisonnais) – *Ressources et distractions p. 34* – Paris 20 km.

Le champ de courses de Maisons-Laffitte, en bordure de la Seine, est bien connu des turfistes parisiens. La ville, dont une partie est constituée par un luxueux lotissement plus que centenaire, offre aux visiteurs son beau château dont les jardins sont en partie reconstitués.

Le président de Longueil. — Le château a été construit de 1642 à 1651 pour René de Longueil, président à mortier au Parlement de Paris, gouverneur des châteaux de Versailles et de St-Germain, capitaine des chasses royales et surintendant des Finances pendant un an. Lorsque ce dernier poste lui est retiré par Mazarin, Longueil s'écrie, avec quelque cynisme : « Ils ont tort de me congédier ; j'avais fait mes affaires et j'allais faire les leurs. »

L'architecte est François Mansart, homme peu commode, difficile pour lui-même : il n'hésite pas à jeter bas une aile qui ne lui donne pas satisfaction et à la reconstruire. L'édifice est spécialement étudié en vue des visites royales car le souverain « a droit de gîte » à Maisons.

La demeure est inaugurée par une fête somptueuse offerte à Anne d'Autriche et à Louis XIV, alors âgé de 13 ans. Par la suite, le roi, venant de St-Germain, y fait de fréquents séjours. Sous les descendants de Longueil, les souverains continuent de fréquenter Maisons : Louis XV avec Mme de Pompadour, puis Mme Du Barry, Louis XVI et Marie-Antoinette.

D'Artois à Lannes. — Le comte d'Artois, frère de Louis XVI, achète le domaine en 1777. C'est lui qui crée le champ de courses. Toute la Cour se presse aux fêtes qu'il donne au château. Il s'exile, dès 1789, emmenant 200 domestiques et ne peut revenir en France que vingt-cinq ans plus tard. Roi de France en 1824, sous le nom de Charles X, il reprend en 1830 la route de l'exil et meurt en 1836, à 79 ans.

Séquestré pendant la Révolution, le domaine est vendu en 1804 au maréchal Lannes. Napoléon, qui aime beaucoup Lannes, lui rend volontiers visite.

Maisons-Laffitte. — En 1818, le célèbre banquier Jacques Laffitte achète Maisons à la maréchale Lannes. Il y reçoit les adversaires de la Restauration : le général Foy, La Fayette, Casimir Périer, Benjamin Constant, etc. Laffitte joue un grand rôle dans l'installation au pouvoir de Louis-Philippe d'Orléans, au moment de la révolution de juillet 1830 qui renverse Charles X. Le banquier devient premier ministre du nouveau roi qui désire ménager les plus libéraux de ses partisans. Incapable d'assurer le rétablissement de l'ordre, suspect aux orléanistes comme aux libéraux, Laffitte doit démissionner en mars 1831. Ruiné, affligé de 50 millions de dettes, il lotit le Grand Parc et y construit des pavillons avec les matériaux provenant des Écuries monumentales qu'il a fait démolir.

Il s'agissait de deux longs et beaux corps de bâtiments, élevés par Mansart le long de l'actuelle avenue du Château, qui rendaient très imposante l'entrée de la demeure des Longueil. L'opération réussit fort bien et la ville nouvelle, qui prend le nom de Laffitte, est restée un modèle d'urbanisme, comme le sera plus tard le Vésinet.

Le château passe de main en main. L'État le rachète en 1905.

CURIOSITÉS *visite : 2 h*

Château★. — *Visite-conférence à 15 h 30 les mercredis, samedis et dimanches. Entrée : 6 F.*
La belle grille d'entrée, placée au 19ᵉ s., provient du château de Mailly en Picardie.

Ce très bel édifice de François Mansart *(illustration p. 22)* est un des premiers exemples d'architecture classique. La décoration du vestibule d'honneur dont les proportions sont parfaites, est due au sculpteur Sarrazin ; celle de la grande **salle à manger★** par Bélanger et Lhuillier est un chef-d'œuvre de finesse et de grandeur.

Dans l'**escalier d'honneur★★**, admirer les décors célèbres – où des groupes d'enfants symbolisent les Arts, les Sciences, la Guerre et la Paix, l'Amour et l'Hymen – exécutés par les sculpteurs Sarrazin, Gilles Guérin, Philippe de Buyster.

Les appartements royaux du premier étage comprennent un petit boudoir rond, dit « **cabinet aux miroirs★** » dont les parquets et les lambris sont de marqueterie de bois, d'os et d'étain.

Parc. — L'ancien parc du château de Maisons-Laffitte est le domaine du centre d'entraînement hippique le plus important de France. C'est là que les meilleurs entraîneurs préparent leurs « cracks ». Les avenues sont coupées de pistes nombreuses où, le matin, se succèdent les « lots », c'est-à-dire les groupes de chevaux à l'entraînement qui font une promenade, au pas ou au trot, montés par les « lads » (garçons d'écurie). Une piste circulaire nommée « Cercle de la Gloire » constitue le véritable « boulevard » des pur-sang en promenade.

Suivre l'avenue Desaix jusqu'à la forêt pour voir le départ des pistes d'entraînement, soigneusement entretenues, où, le matin, se donnent les « canters », galops non poussés, destinés à la mise en souffle, les galops « vite » se faisant généralement sur les grandes pistes de forêt entre la voie ferrée et la route de Poissy (N 308).

Quartier résidentiel. — La partie la plus intéressante du quartier résidentiel créé par Laffitte est le croisement formé, place du Château, par l'avenue Eglé et l'avenue Albine. Celle-ci, dans l'axe du château, traverse la place Marine. Eglé, Albine, Marine étaient les prénoms des petite-fille, fille et épouse de Laffitte.

Des constructions modernes se mêlent de plus en plus à celles du 19ᵉ s.

Pour avoir une idée du vieux village, on ira voir sa petite église romane *(en cours de restauration)* qui est voisine du château ; elle donne sur une placette ornée d'une fontaine.

MALESHERBES – Carte Michelin nº 97 - pli 39 – 3 854 h. (les Malesherbois) – *Ressources et distractions p. 34* – Paris 80 km.

Cette petite ville, agréablement située dans la haute vallée de l'Essonne, est entourée d'une ceinture de bois.

Château. — *Visite de 10 h à 18 h. Fermé le mardi. Durée : 1/2 h. Entrée : 4 F. Accès par le parc, dont la grille donne sur la N 51, au Sud de la localité.*

Le château fut reconstruit au 15ᵉ s. par le grand amiral de Graville. Un siècle plus tard, Malesherbes passe aux mains de la famille d'Entraygues et connaît alors une vie brillante : François d'Entraygues a épousé Marie Touchet, favorite de Charles IX, et sa fille, Henriette d'Entraygues, est aimée de Henri IV. En 1599, au printemps, Gabrielle d'Estrées vient de mourir ; l'été ne s'est pas achevé que déjà l'ardent Béarnais est aux pieds de la jeune Henriette. Dès le 1ᵉʳ octobre, il signe une promesse de mariage en sa faveur, sous condition qu'elle lui donne un garçon. Bien que le roi soit séparé de sa première femme, Marguerite de Valois, il n'a pas à tenir sa promesse : un effrayant orage a mis un terme aux espérances de l'ambitieuse jouvencelle de 19 ans. Selon le vœu de ses ministres, Henri IV peut épouser Marie de Médicis qui est un parti royal. Cependant, le mariage du souverain ne signifie pas l'abandon d'Henriette, marquise de Verneuil, qui connaît encore de beaux jours avant de lasser le roi par son tempérament intrigant, coléreux et cupide.

Au 18ᵉ s., le château est vendu à Guillaume de Lamoignon, chancelier de France. Son fils, connu sous le nom de Malesherbes, est un ministre de Louis XVI ; très tolérant, il favorise l'introduction et la diffusion en France de l'Encyclopédie. Retiré des affaires publiques depuis quatre ans, il sollicite en 1792 l'honneur de défendre le roi devant la Convention, assisté de Tronchet et de Sèze. Lui aussi est exécuté plus tard, avec sa fille et le gendre de cette dernière, le marquis de Chateaubriand, frère aîné de l'écrivain.

Dans la chapelle, on peut voir le tombeau de François d'Entraygues qui, sur son mausolée, tourne le dos à sa première femme parce qu'elle lui avait été infidèle.

Les dépendances du château les plus caractéristiques sont : la « maison de Chateaubriand » ainsi dénommée en souvenir des fréquents séjours qu'y fit l'écrivain, la « Tour des Redevances », les grands greniers à dîme et le pigeonnier, capable de contenir 10 000 pigeons.

Église St-Martin. — Construite aux 12ᵉ et 13ᵉ s., elle a été agrandie aux 15ᵉ et 17ᵉ s. L'intérieur est la partie la plus intéressante de cet édifice.

Dans le bas-côté gauche, voir les fonts baptismaux en pierre du début du 14ᵉ s. et, à son extrémité, un buste de Malesherbes. Dans le haut de la nef droite se trouve un sépulcre en pierre de la fin du 15ᵉ s. Au bas de la nef, très belle pierre tombale du 13ᵉ s.

EXCURSIONS

Vallée de l'Essonne. — *6 km.* Prendre le D 410 au Sud, puis à droite le D 25 et à gauche le D 131 jusqu'à Augerville.
La route longe la rivière qui coule parmi les prairies où Malesherbes fit planter des platanes pour affermir le sol. Des coteaux boisés où percent des rochers de grès encadrent la vallée.

Château de Rouville. — *2 km au Nord par le D 132. Visite accompagnée. S'adresser au gardien, à droite de la grille.*
La chapelle, ancienne église paroissiale, évoque le souvenir des propriétaires successifs du château ; en particulier, de Louis de Boissy dont on peut voir la pierre tombale de 1528. L'important château du 15ᵉ s., de construction gothique, est flanqué de tours à mâchicoulis. Il a été fortement restauré au siècle dernier. *On ne visite pas l'intérieur.*
Du parc, on découvre une jolie vue sur la vallée de l'Essonne.

MANTES-LA-JOLIE ★ – Carte Michelin n° 96 – plis ⑫ ⑬ – 42 564 h. (les Mantais) –
Ressources et distractions p. 34 – Paris 60 km.

Cette ville agréable, centre commercial de la région, industrielle par ses faubourgs, avait beaucoup souffert des bombardements de la dernière guerre, surtout au voisinage des ponts. Les travaux de reconstruction ont substitué au pittoresque quartier ancien un ensemble de bâtiments en pierre du pays, étagés de telle sorte que le gracieux amphithéâtre formé par la ville de ce côté est sauvegardé. Son imposante église N.-Dame, communément appelée ici "la cathédrale", en demeure le principal ornement.

Mais, alentour, une prolifération d'usines et de carrières titanesques, bordant ou dominant la Seine, est ce qui frappe d'abord les yeux de l'arrivant ; cimenteries, fabriques de tuiles, de cellophane etc., raffineries et surtout, la double centrale thermique de **Porcheville** *(au Sud-Est)* qui constitue la plus puissante réalisation de l'E.D.F. en région parisienne. Un faisceau de voies fluviales, ferrées et routières (dont l'autoroute de Normandie) favorise ces industries.

UN PEU D'HISTOIRE

Le ventre de Guillaume. — Mantes est à l'origine du conflit qui opposa, pendant plus d'un siècle, les Capétiens et les Normands.

En 1087, Guillaume le Conquérant réclame, en effet, au roi de France, Philippe 1er, Mantes et le Vexin français. Philippe refuse en termes ironiques. Se gaussant du ventre de Guillaume, célèbre alors par ses dimensions, il s'écrie : « Avez-vous jamais ouï dire que femme en Normandie ait été en couches aussi longtemps que le gros Guillaume ? Il y aura force cierges pour ses relevailles ! ».

A cette raillerie, le duc normand répond qu'il va allumer cent mille cierges aux frais du roi de France. Il prend Mantes d'assaut et brûle la ville, y compris l'église N.-Dame. Mais, sur le lieu de sa victoire, il tombe de cheval et l'arçon de sa selle le blesse au ventre si grièvement qu'il meurt six semaines plus tard (à Rouen). En repentir d'avoir détruit Notre-Dame, il lègue une forte somme pour sa reconstruction.

Philippe Auguste fait de Mantes une de ses premières places de guerre. Il habite souvent le château royal (que fera démolir le Régent, au 18e s.) et y meurt en 1223. La ville continue d'être disputée ; elle ne sera réunie définitivement à la Couronne qu'en 1449.

La conversion de Henri IV. — Un autre roi est familier de Mantes. Henri IV a enlevé la ville aux Ligueurs en 1590. Il y revient, attiré par la présence de Gabrielle d'Estrées. C'est durant l'un de ses séjours, en mai 1593, qu'il se décide pour la seconde fois à abjurer le protestantisme (abjuré une première fois pour échapper à la Saint-Barthélémy).

Cette fois, le haut clergé et les catholiques sont prudents. Si le roi revient au catholicisme, il reçoit de l'Église la couronne de France – le sacre aura lieu effectivement l'année suivante à Chartres *(voir p. 56)* –; alors, son pouvoir assuré, s'il retourne une fois de plus à la religion réformée, la situation de l'Église et la paix du royaume seraient très compromises.

Pour parer à cette menace, d'innombrables conférences ont lieu entre le Béarnais qu'entourent les protestants Duplessis-Mornay et Sully, et le cardinal Duperron, l'abbé de St-Denis et d'autres sommités ecclésiastiques. C'est ainsi qu'à Mantes, à l'issue de l'un de ces entretiens, Henri IV répond à Duperron : « Je mets mon âme entre vos mains. Je vous en prie, prenez-y garde, car là où vous me faites entrer, je ne sortirai que par la mort ». Et « les larmes lui saillaient des yeux ». Prenant congé de son ministre huguenot, il lui dit : « Que veux-tu, si je refusais d'abjurer, il n'y aurait plus de France ». Le fameux « Paris vaut bien une messe » serait une interprétation libre de cette phrase.

La cérémonie de l'abjuration eut lieu le 25 juillet à la basilique de St-Denis. L'Église se réservait, cependant, un délai d'observation de cinq ans pour admettre sans réserve cette réconciliation.

ÉGLISE NOTRE-DAME* *visite : 1/2 h*

Ce vaste édifice, qui a inspiré une des plus belles toiles de Corot, est digne de rivaliser avec maintes cathédrales. Il fut bâti par le chapitre d'une collégiale qui possédait d'importants domaines dans la région. La contribution de la ville, celles de Guillaume le Conquérant et des rois capétiens permirent de mener à bien cette grande entreprise.

La construction, commencée en 1170, s'est étendue jusqu'au 13e s. qui a édifié les nefs et le chœur. Les chapelles furent ajoutées au 14e s. L'église était incluse dans l'enceinte fortifiée du château royal. D'importantes restaurations ont été effectuées au siècle dernier.

Extérieur. — La façade est la partie la plus ancienne *(illustration p. 19)*. La tour de gauche et la galerie qui la relie à la tour de droite ont été refaites au 19e s.

Trois portails inégaux s'ouvrent à la base. Le portail central a été exécuté, entre 1170 et 1195, par trois ateliers différents de sculpteurs. Les bas-reliefs représentent : au linteau, la Mort et la Résurrection de la Vierge ; au tympan, le Couronnement de la Vierge. Le portail droit, le plus haut, est plus récent (il daterait d'environ 1300) ; un gâble richement décoré le surmonte. Au tympan est retracée la Vie du Christ. Le tympan du portail gauche (le plus ancien) représente la Résurrection.

En longeant le flanc droit, on aperçoit la chapelle de Navarre, élevée au 14e s. Mantes appartenait alors au roi de Navarre, comte de Champagne. Le chevet est curieux avec ses absidioles ornées, couronnées d'une galerie et accolées à un haut mur qui limite le déambulatoire. A cette maçonnerie, percée de grandes baies circulaires, se soudent de puissants contreforts. Au-dessus de cette muraille, suggérant l'idée d'une tour massive, partent de robustes arcs-boutants soutenant la partie haute du chœur.

Intérieur. — La nef, élégante et claire, est presque aussi haute que celle de N.-D. de Paris.

La belle rose de la façade est du 13e s. Les voûtes d'ogives sont sexpartites et couvrent donc deux travées à la fois. Les supports les plus chargés, ceux des extrémités, retombent sur de gros piliers, les moins chargés sur des colonnes plus minces. Au-dessus des bas-côtés, les tribunes, héritage du style roman, s'ouvrent par de triples baies.

La belle **chapelle de Navarre*** est à droite du chœur. Ses voûtes retombent sur un pilier central. La légèreté de ses hautes fenêtres est admirable. Des vitraux du 14e s., certains ont été restaurés, les autres, détruits, ont été remplacés par des vitraux modernes de Gruber. Les quatre statuettes de la même époque faisant partie de la clôture de la chapelle représentent des reines.

AUTRES CURIOSITÉS

Église de Gassicourt. — L'édifice, bâti aux 12e et 13e s., est très connu des archéologues. C'était l'église d'un prieuré dépendant de l'abbaye de Cluny. La façade est romane et son portail bien décoré. Le clocher roman, à toit en bâtière, s'élève sur la croisée du transept.

Quartier Notre-Dame. — Malgré les destructions de la dernière guerre, le quartier qui entoure l'église a gardé son aspect pittoresque. L'hôtel de Gabrielle d'Estrées, l'ancien hôtel de ville et son auditoire royal, la maison des Arquebusiers ont disparu.

Une fontaine Renaissance (A) à vasques superposées a été conservée.

Tour St-Maclou. — Elle date des 15e et 16e s. C'est le clocher d'une église détruite pendant la Révolution. Il a été bâti grâce au produit du péage supplémentaire perçu sur les bateaux qui traversaient la ville le dimanche.

Limay. — 9 024 h. *Au Nord-Est.* Cette petite ville, sorte de faubourg de Mantes, possède une **église** intéressante, construite au 12e s., et remaniée au 13e s. Son beau clocher roman du 12e s. est surmonté d'une flèche de pierre du 13e s. A l'intérieur, l'édifice compte deux nefs d'égale hauteur et un chœur à chevet plat. L'église contient de nombreuses sculptures provenant de l'ancienne abbaye des Célestins qui occupait la terrasse dominant Limay. A gauche de l'entrée se trouve un tombeau du 16e s., au-dessus duquel ont été placés des fragments de retable du 16e s. également, représentant une Pietà, saint Antoine et sainte Catherine. Au bas de la nef droite, voir une cuve baptismale en pierre, richement ornée, du 13e s., et, contre le mur extérieur de la nef gauche, une Vierge à l'Enfant du 14e s.

A droite du chœur, deux travées sont voûtées de grosses ogives très primitives ; par comparaison, celles du chœur, exécutées au siècle suivant, paraissent encore plus élégantes et légères. Dans la chapelle formée par ces deux travées, on voit un tombeau avec gisant. Sous la fenêtre sont placés cinq bas-reliefs de la Vie de la Vierge.

Les ponts. — Limay est rattaché à Mantes par deux ponts successifs qui se font face sur l'île aux Dames. Le grand ingénieur Perronet avait édifié en 1765 le pont sur le grand bras, inaugurant un nouveau système de construction : l'épaisseur des piles était très diminuée, afin d'offrir moins de résistance au courant. Le pont sur le petit bras avait été édifié en 1843. Tous deux, qui avaient sauté en 1940, sont reconstruits.

Un peu sur la gauche du premier pont, on aperçoit le Vieux Pont dont les piles à éperons remontent au 12e s.

Le site inspira souvent Corot, mais la guerre lui a fait perdre une partie de son charme.

SPORTS · DISTRACTIONS · GOUTERS

Vous cherchez **où aller le dimanche** ; vous désirez couper votre sortie par une promenade au bord d'une rivière, d'un étang ou dans les bois, par des distractions sportives ou par un goûter servi dans un cadre agréable ; vous aimez les manifestations touristiques, religieuses ou sportives ; vous appréciez les spectacles Son et Lumière, consultez la carte et les tableaux des pages 28 à 35.

MARAIS (Château du) – Carte Michelin n° 96 - plis 25 35 – 12 km à l'Ouest d'Arpajon – Paris 42 km.

Il s'élève dans la vallée de la Rémarde. On en a une bonne vue aux abords du pont qu'emprunte le D 27 pour franchir la rivière. L'édifice, bâti à la fin du 18e s., apparaît derrière une vaste pièce d'eau. Un vaste parterre, entouré de canaux, l'encadre et donne au paysage beaucoup de majesté. La façade d'honneur est précédée par un haut portique derrière lequel partent les degrés d'accès aux appartements. L'intérieur est partiellement aménagé en musée, consacré aux écrivains célèbres ayant fréquenté le château.

Visite du parc et du musée les dimanches et jours fériés du 1er mars à la Toussaint, de 14 h à 18 h. Entrée : 2,50 F pour le parc, et 2,50 F pour le musée.

MARCOUSSIS – Carte Michelin n° 101 - pli 34 – 8 km au Nord d'Arpajon – 4 022 h. (les Marcoussissiens) – Paris 28 km.

Ce village, où s'est installé un important centre de recherches de la Compagnie Générale d'Électricité, est pittoresquement situé dans le vallon de la Salmouille, un petit affluent de l'Orge.

Dans l'église des 12e, 15e et 16e s., on verra une très belle **statue**★ de la Vierge, de 1408, en marbre blanc, placée dans une chapelle du chœur, à droite.

MARLY-LE-ROI – Carte Michelin n° 101 - pli 12 – 16 143 h. (les Marlychois) – *Schéma p. 115* – Paris 24 km.

C'est le souvenir de Louis XIV qu'évoque le nom de la ville. Le Roi-Soleil y eut là sa demeure favorite. Le parc, qui subsiste seul, fait encore grande impression dans la localité tranquille et cossue, où artistes et hommes de lettres – les deux Dumas, Jules Sandeau, Victorien Sardou, Sisley, Pissarro, Rachel, le sculpteur Maillol – ont aimé vivre.

Création. – Marly est né d'une crise de satiété de l'étiquette qu'éprouva Louis XIV, au lendemain de la paix de Nimègue en 1678. Dès la quarantaine, lassé des fêtes, au sommet de la gloire et de l'adulation, il rêve d'une maison de campagne qui le reposerait des splendeurs et de la foule de Versailles. Un vallon de sa baronnie de Marly lui semble convenir à cet ermitage dont les plans sont demandés à Jules Hardouin-Mansart.

L'architecte soumet un projet ingénieux : au lieu d'offrir un seul grand édifice qui ne serait pas agréé, il le découpe en treize pavillons. Celui du roi se trouve sur la terrasse supérieure ; les douze autres, plus petits et tous semblables, sont alignés de chaque côté d'une perspective d'eau. Mansart use d'arguments irrésistibles : le pavillon royal, par sa décoration, symbolisera le Soleil, emblème de Louis XIV, les pavillons satellites évoqueront les douze signes du Zodiaque que l'astre traverse dans sa course. Pour que la construction soit moins chère, les motifs décoratifs, habituellement sculptés dans la pierre, seront remplacés par des fresques en trompe-l'œil.

Le roi, conquis, donne l'ordre de commencer les travaux en 1679. Il peut résider à Marly à partir de 1686. Quant à Mansart, après avoir travaillé sans relâche, il meurt au château en 1708.

Embellissements. – Jusqu'à la fin du règne, le roi embellit Marly. Comme de coutume, il surveille l'exécution des plus petits détails. On le voit prendre en main la cisaille et montrer au jardinier comment il entend qu'une taille d'arbre soit faite.

Derrière le pavillon royal, le coteau dresse son flanc boisé et abrupt. Louis XIV ordonne qu'on y construise la Rivière ou Grande Cascade, la merveille de Marly. Du haut de la colline, une puissante chute d'eau se déverse sur cinquante-deux degrés de marbre rose étagés sur la pente. Des statues, des portiques, des rocailles les décorent. Cette œuvre est exécutée en 1699.

Cette même année, le roi, voulant dégager la vue de la perspective centrale, décide de raser la hauteur qui la bouche : 1 600 soldats besognent pendant quatre ans.

La machine de Marly. – Pour alimenter les bassins du parc, on décide de pomper l'eau de la Seine qui coule en contrebas au pied du coteau. Colbert découvre un ingénieur belge, Arnold Deville, qui, avec le concours du maître charpentier Rennequin Sualem, accepte de tenter cette opération audacieuse : l'eau doit être refoulée à plus de 100 m au-dessus du niveau de base. Les travaux commencés en 1681 sont achevés en trois ans. L'installation est colossale : 14 roues hydrauliques de 12 m de diamètre font mouvoir à grand bruit, par bielles et manivelles de bois ferré, 221 pompes étagées en trois groupes. Un aqueduc conduit l'eau refoulée aux réservoirs de Louveciennes (p. 115). La plus grande partie des 5 000 m³ quotidiens est dirigée sur Marly, le reste sur Versailles.

Depuis le 19e s., plusieurs installations de pompage se sont succédé à l'emplacement de la fameuse machine, la dernière a disparu en 1967, remplacée par une usine électrique.

La vie à Marly. – En dehors de sa famille, le roi n'emmène à Marly qu'un très petit nombre d'invités : les pavillons qui leur sont affectés n'offrent que vingt-quatre logements. En tout, 500 seigneurs et 300 dames seulement auront participé aux séjours, sur une période de trente années. Les courtisans qui briguent la haute faveur d'accompagner le monarque lui adressent à Versailles ces deux mots : « Marly, Sire ». Louis XIV établit lui-même la liste des privilégiés et indique les pavillons qu'ils occuperont, selon leur rang. Plus le logis est proche du pavillon du Soleil, plus l'honneur est grand. Pour être invité, il convient beaucoup moins d'être un grand seigneur ou un haut dignitaire qu'un hôte aimable, capable de contribuer à l'agrément du séjour par sa conversation et son caractère.

Tous les invités sont nourris par le service de « Bouche du Roi » : la dépense est de 10 000 F par jour. Des marchands s'installent le long des murs du parc pour vendre les restes des tables que leur cèdent les officiers de bouche.

L'étiquette est beaucoup moins sévère qu'à Versailles. Louis XIV ne prend plus ses repas seul. Il se mêle familièrement à ses hôtes. La chasse, la promenade, les jeux en plein air, les jeux de cartes et de hasard, les concerts, les bals sont les distractions habituelles. Le confort laisse bien à désirer. En été, on attrape les fièvres ; l'hiver, on grelotte ou bien on est enfumé car l'humidité empêche les cheminées de tirer. Louis XIV, qui a personnellement pris en main le problème du chauffage, fait essayer chaque saison de nouveaux dispositifs mais doit s'avouer vaincu.

Marly au 17e s.

La fin de Marly. — Le 9 août 1715, Louis XIV a suivi la chasse en calèche. Il rentre si fatigué qu'on doit le transporter à Versailles où il s'éteint, le 1er septembre, à 77 ans. Louis XV et Louis XVI viennent de temps à autre à Marly. La grande Cascade, trop coûteuse d'entretien, est remplacée en 1728 par l'actuel Tapis vert. A la Révolution, le mobilier est vendu. En 1800, un industriel, Sagniel, achète château et crée une filature de coton dans les communs, une fabrique de drap dans le pavillon du Soleil. Il occupe 350 ouvriers. Au bout de six ans, pliant sous les dettes, il offre le domaine à Napoléon. L'Empereur refuse. Sagniel démolit alors entièrement le château, en vend les matériaux et se débarrasse du terrain que l'acquéreur, cède, un an après, à l'Empereur. Depuis, Marly appartient à l'État.

LE PARC★ *visite : 1 h*

La route de Versailles, N 184ᴬ, longe un des murs qui entourent le parc. A hauteur de Louveciennes s'ouvre la grille Royale par laquelle entrait Louis XIV, lorsqu'il venait de Versailles. L'allée qui descend en pente raide vers le creux du vallon, où s'élevait le château royal, et la trouée faite dans les bois du versant opposé, qui la prolonge, offrent une belle perspective.

Au bas de la côte du Cœur-Volant – c'est le nom que porte en cet endroit la route nationale –, on trouve l'Abreuvoir, qui servait de déversoir aux bassins étagés dans le vallon. De là, les eaux retournaient à la Seine par des canalisations. Au-dessus de la nappe d'eau, sur la terrasse ornée d'ifs, se dressèrent successivement les Chevaux ailés de Coysevox, puis les Chevaux cabrés de Guillaume Coustou. Aujourd'hui, ces statues se trouvent à Paris, de part et d'autre de la place de la Concorde. Les Chevaux cabrés encadrent la perspective des Champs-Élysées, les Chevaux ailés celle des Tuileries.

Gagner le parking par l'allée qui part de la porte située à l'extrémité de l'avenue des Combattants et passe devant le pavillon où le président de la République reçoit ses invités lors des chasses de Marly ou par celle qui, à hauteur des Réservoirs, pénètre dans la forêt par les Deux Portes. Rouler doucement.

Une esplanade encadrée de beaux tilleuls, au milieu du parc, marque l'emplacement du pavillon du Soleil. Son plan est matérialisé sur le sol par des dalles.

Au centre, c'est le grand salon octogonal; quatre appartements l'entourent, séparés par des vestibules. Celui du roi avait une décoration rouge, celui du dauphin, primitivement destiné à la reine qui ne l'occupa jamais, était vert, celui de « Monsieur », frère de Louis XIV, aurore, celui de « Madame », bleu.

On se trouve ici au point où se croisent les deux belles perspectives du parc : l'une, transversale, aboutit à la grille Royale, l'autre, longitudinale, s'ouvre, d'une part, en descente, sur le vallon, la vallée de la Seine et St-Germain, et d'autre part, en montée, sur le bassin du grand Jet, dit le Grand Miroir, qui est remis en eau, et le Tapis vert.

L'évocation de l'ancien Marly est saisissante, avec ses bassins, ses terrasses et ses charmilles.

Les touristes qui veulent poursuivre leur promenade par un tour dans la forêt de Marly (voir p. 115), suivront le chemin qui passe à droite du Tapis vert, et qui remonte le vallon.

LA VILLE

Église St-Vigor. — Située sur la place Victorien-Sardou, elle fut construite en 1688 par Mansart, aux frais de Louis XIV. Sous les marches du chœur fut enterré Bontemps, premier valet de chambre du roi et son homme de confiance. Il fut le témoin du souverain à son mariage secret avec Mme de Maintenon.

La chaire, où parlèrent les grands prédicateurs appelés par Louis XIV, et trois des quatre grands retables d'autel sont d'époque. Celui du maître-autel, de style rocaille Louis XV, vient du château de Versailles. A gauche du chœur se trouve une Vierge en pierre : N.-D. de Marly, du 17e s. A droite, chapelle du Calvaire : le support de la croix est formé par le dossier du trône qu'occupait Louis XIV quand il assistait aux offices de l'église paroissiale. A l'entrée du bas-côté gauche, dans la chapelle des fonts baptismaux, contre le mur latéral, un tableau d'après Mignard représente sainte Françoise-Romaine sous les traits de Mme de Maintenon.

En face de l'église, on apperçoit la belle grille de la propriété de Victorien Sardou (1831-1908), auteur de « Madame Sans-Gêne ». Dans cet hôtel logeait, sous l'Ancien Régime, le gouverneur du château de Marly.

Place du Général-de-Gaulle. — C'est l'ancienne place du Chenil. Louis XIV logeait ses meutes dans un enclos donnant sur cette place.

La mairie est installée dans un hôtel du 18e s. Un autre bâtiment du 18e abrite le musée du Vieux Marly *(ouvert l'après-midi les dimanches et 2e lundi de chaque mois)*, où l'on peut voir la « Mise au tombeau de Marly », peinture sur bois achevée en 1516.

Villa Monte-Cristo. — A droite de la petite route abrupte descendant à Port-Marly, s'élève l'extravagante « folie » construite en 1843 par Alexandre Dumas, mêlant les styles gothique, Renaissance, oriental... Après y avoir reçu le tout-Paris aux heures fastes, Dumas endetté dut la vendre.

LA FORÊT★

D'une superficie d'environ 2 000 ha, cette forêt domaniale, ancienne chasse royale enclose de murs, occupe un plateau mouvementé dont l'altitude varie entre 100 et 180 m. Chênes, hêtres, châtaigniers y dominent.

Une partie du massif est en futaie, l'autre en taillis sous futaie *(voir p. 13)*. Les secteurs les plus riches, où se voient de très beaux arbres, abritent encore de nombreux chevreuils. Quelques routes goudronnées permettent à l'automobiliste de la parcourir, mais la plupart des allées forestières sont réservées aux piétons et aux cavaliers. La plaine du Trou d'Enfer, entourée de taillis aménagés en « tirés », est réservée aux chasses présidentielles.

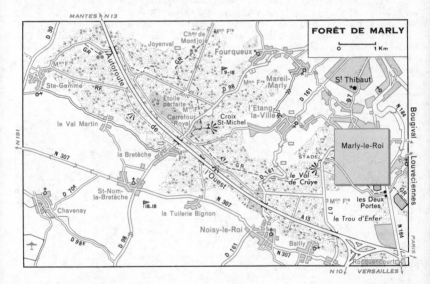

Les routes longeant la forêt sont pittoresques. La petite route qui relie la Bretèche à Ste-Gemme domine un agréable paysage rural.

De Mareil-Marly à l'Étang-la-Ville, la route, à flanc de coteau, serpente à travers les vergers et offre de jolies vues sur le petit vallon de l'Étang-la-Ville.

Du Val-de-Crüye, l'on jouit d'un beau point de vue qui embrasse, au-delà d'un vallon, une partie de la forêt.

A la Croix St-Michel, on domine un vallon boisé. Vue lointaine sur Paris.

EXCURSIONS

Église St-Thibaut. — *A la limite du Pecq, avenue du Président-Kennedy, dans le nouveau quartier des Grandes Terres.* Achevée en 1964, elle illustre les nouvelles tendances de l'architecture religieuse.

Louveciennes. — 7 488 h. *Au Sud-Est de Marly.* Cette élégante villégiature est située à la lisière Est de la forêt de Marly, sur une hauteur qui domine la Seine.

Louveciennes a conservé quelques **châteaux**, entourés de beaux parcs. Le plus célèbre est le « pavillon de musique » de Madame Du Barry, que Louis XV fit construire par Ledoux. Il se trouve au bord du chemin de la Machine. Le château de Voisins, du 18e s., possède une façade de style grec. Le plus intéressant est le **château du Pont**, du 16e s., qui a conservé ses douves et se présente dans un très joli cadre *(propriété privée)*.

Conduites de la machine de Marly. — Un chemin, qui devient vite un sentier, suit les vieilles conduites qui descendent droit sur Bougival. Par cette percée dans les bois, on a une très belle vue sur la vallée de la Seine. Les conduites, par lesquelles la machine de Marly aujourd'hui démolie *(p. 113)* refoulait les eaux, escaladaient le coteau de Louveciennes. Elles aboutissaient à l'Aqueduc, long de 640 m, haut de 23 m, bâti par Louis XIV et aujourd'hui désaffecté.

Église St-Martin. — Bâtie aux 12e et 13e s. A gauche du chœur on voit une Sainte Geneviève qui est l'un des rares tableaux religieux peints par Madame Vigée-Lebrun, morte à Louveciennes en 1842. Elle avait connu une très grande vogue à la Cour à la veille de la Révolution.

Tombeau du Maréchal Joffre. — *Prendre, vers l'église, la rue du Professeur-Tuffier et, place des Combattants, la rue du Maréchal-Joffre qui rejoint la N 184.* A travers la grille on aperçoit un petit temple en rotonde, tombeau du vainqueur de la Marne, mort en 1931, qui avait préféré ce coin de terre, auquel il était attaché, aux honneurs des Invalides.

Bougival. — 8 744 h. *A l'Est de Marly.* Au siècle dernier, Bougival fut un centre d'art, de bohème et de fête. Berlioz y habita ; Corot, Meissonier et Renoir y vécurent à l'auberge. Le sculpteur Pradier y est mort au cours d'une promenade. Au bal de la Grenouillère, sur l'autre rive, affluaient les « canotiers », jeunes parisiens et leurs belles amies. Les peintres impressionnistes : Renoir, Berthe Morisot, Monet, séduits par les jeux des nuances des tissus et des reflets sur l'eau, nous ont gardé le spectacle de leur joie et de leur charme.
A la limite de Bougival et de Port-Marly on peut encore voir, au bord de la N 13, ce qui reste des bâtiments de la machine de Marly, et les conduites escaladant le coteau. En face, l'île des Loges constitue une jolie promenade où l'on peut voir l'éclusage de péniches.
L'*église* a conservé un beau clocher du 12e s. et des chapiteaux romans derrière le chœur. Dans la chapelle gauche, retable en bois doré du 17e s. et contre le mur du bas-côté droit, épitaphe de Rennequin Sualem, constructeur de la machine de Marly.

MARNE (Vallée de la) – Carte Michelin n° 97 - plis ⑲ ⑳ ㉑.

La Marne, l'un des principaux affluents de la Seine, naît au Sud-Est de Langres. Après avoir traversé la Champagne, elle entre, à Château-Thierry, dans la Brie qu'elle entaille profondément. On peut la considérer comme une sœur de la Seine, non seulement pour leur origine commune sur le plateau de Langres, mais pour l'identité de leur régime régulier et de leur cours paisible. Après avoir effectué de nombreux méandres, la Marne se jette dans la Seine à Charenton.

Le nom de la rivière est attaché à deux des plus glorieuses batailles de la première guerre mondiale. En 1914 et en 1918, le sort de la France et des Alliés s'est joué sur ses rives.

Dans la première bataille, les combats décisifs se sont livrés de part et d'autre de Meaux et sur la vallée de l'Ourcq *(p. 133)* ; dans la seconde, Château-Thierry a marqué l'extrême avance allemande et la victoire a été obtenue dans les secteurs de Villers-Cotterêts *(p. 189)* et de Reims.

La première victoire est due à Joffre, généralissime des armées françaises, secondé par Gallieni, Maunoury, Franchet d'Esperey, Foch et l'Anglais French. La seconde est celle de Foch, commandant en chef des forces alliées avec la coopération de Pétain, généralissime français, Pershing, commandant suprême américain, Mangin et Degoutte, commandants d'armées.

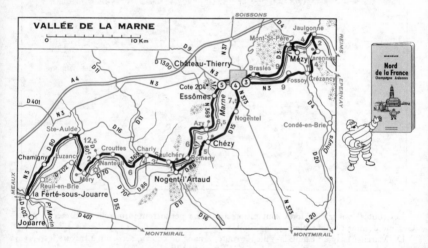

CIRCUIT AU DÉPART DE LA FERTÉ-SOUS-JOUARRE
103 km – environ 3 h 1/2 – schéma ci-dessus

Quitter la Ferté-sous-Jouarre *(p. 104)*, au Nord, par le D 80.

Chamigny. — 918 h. L'église des 12e et 13e s. possède une crypte gothique du 13e s. succédant à une construction plus ancienne et à un sanctuaire druidique. Cette jolie crypte sert de cadre à une Vierge offerte par Saint Louis. Sur la base de la colonne située à gauche de l'autel est sculptée une grimaçante petite tête de diable fort curieuse. Remarquer la balustrade en fer forgé qui domine l'entrée de la crypte.

Le D 80E et ensuite la N 369, qui longent la rive droite de la Marne, constituent l'itinéraire le plus pittoresque.

Essômes. — *Page 83.*

Château-Thierry. — *Page 61.*

Il est préférable ensuite d'emprunter la N 3, tracée à flanc de pente sur la rive gauche, qui offre de nombreuses vues.

A Varennes, tourner à gauche dans le D 330 qui rejoint la rive Nord.

A Jaulgonne, charmant village, prendre à gauche le D 3, plus proche de la Marne et plus encaissé que la N 3.

A Mont-St-Père, un barrage ménage un beau plan d'eau. Prendre le D 4 vers Mézy.

Mézy. — 330 h. Charmante église relativement peu restaurée, des 12e et 13e s., recouverte de tuiles d'un joli ton brun roux. Son chevet à double étage est harmonieux ainsi que son petit porche. La nef assez élevée est épaulée par des arcs-boutants.

Revenir à Château-Thierry, que l'on quitte par ④ du plan, N 373 et D 15.

Chézy-sur-Marne. — 1 115 h. L'église, du 15ᵉ s., présente une abside et un transept gothique flamboyant et un clocher Renaissance.

Peu après Chézy, la route s'élève et offre un beau point de vue sur un vaste méandre de la Marne dominé par un versant escarpé, largement incurvé. Une vaste prairie couvre le fond de la vallée qui se déroule harmonieusement. Des villages aux toits bruns et aux églises coiffées d'ardoise jalonnent la courbe. Quelques vignes s'agrippent aux pentes parsemées de boqueteaux.

Nogent-l'Artaud. — 1 296 h. Ce village doit son nom à Artaud, seigneur du lieu et trésorier du comte de Champagne Henri Le Libéral, au 12ᵉ s. L'église a un chœur du 12ᵉ s. La nef a été remaniée au 16ᵉ s.

Rejoindre la Ferté-sous-Jouarre.

MAULE – Carte Michelin nº 🄰🄰 - plis ⑬ ⑭ - 4 257 h. (les Maulois) – Paris 44 km.
Ce bourg est bâti sur un coteau qui domine la vallée de la Mauldre.

Église St-Nicolas. — Bâtie à la fin du 11ᵉ s. et au début du 12ᵉ s. - une crypte de cette époque subsiste – elle a été remaniée à plusieurs reprises.

Le clocher est une importante tour Renaissance de quatre étages. Le chevet est roman. Le chœur a des voûtes d'ogives ajoutées au 16ᵉ s.

Musée. — *Visite les 1ᵉʳ et 3ᵉ dimanches du mois, de Pâques à la Toussaint, de 14 h à 18 h.*

Il est installé dans l'ancien prieuré, rue Quincampois, en prolongement de la façade de l'église. On y voit une reconstitution d'un intérieur maulois au 18ᵉ s., des pièces préhistoriques, romaines et gallo-romaines, plus une curieuse exposition de cannes « vivantes » du 19ᵉ s. Les dessins, les nœuds, auxquels ces cannes devaient leur originalité, étaient obtenus par des incisions de l'écorce, faites sur des arbrisseaux pendant l'arrêt de la sève. A la remontée, la sève produisait les renflements recherchés.

Musée du Vélocipède. — *Au « Moulin de la Petite Reine » sur la N 191, environ 1 km au Nord de Maule. Visite l'après-midi des dimanches et jours fériés par groupes d'au moins 20 personnes sur rendez-vous ; téléphoner le matin en semaine au 478.80.27. Entrée : 3 F.*

Environ 200 modèles de vélocipèdes du 18ᵉ s. à 1925 ont été patiemment rassemblés dans trois pièces au rez-de-chaussée d'une grange et d'un petit grenier. On peut suivre l'évolution des modes et des techniques, et s'amuser des inventions inattendues telles que le triski, la sextuplette, les vélos en bois, etc.

MEAUX ★ – Carte Michelin nº 🄰🄰 - pli ⑳ – 43 110 h. (les Meldois) – *Schéma p. 134 – Ressources et distractions p. 35* – Paris 45 km.

La capitale de la Brie septentrionale, bâtie sur une boucle de la Marne, est un centre agricole connu pour ses grains, bestiaux et fromages. Les titres de noblesse du Brie de Meaux sont fort anciens. Il y a cinq siècles, Charles d'Orléans le chantait déjà. Il commandait des fromages par douzaines pour en faire cadeau à ses amis. Au milieu du 17ᵉ s., l'épicurien Saint-Amand comparait son fromage préféré à la lune à son plein, dont le disque se transforme en croissant sous le couteau du gourmand.

Les damoiselles sauvées. — L'importance du marché de Meaux fut telle que, durant des siècles, il forma, sur la rive gauche de la Marne, à l'endroit qu'il occupe encore, un quartier séparé, avec son enceinte et ses défenses particulières.

En 1358, Paris étant occupé par les Anglais, le dauphin, le futur Charles V, avait mis en sûreté, dans le marché de Meaux, sa femme, sa fille et 300 dames et damoiselles.

9 000 paysans révoltés, les Jacques, attirés par les richesses de la ville, apparaissent devant Meaux. Des complicités leur permettent de pénétrer dans la place. Ils tentent une action contre le marché dont les nobles occupantes constitueraient une prise de choix. Mais le fameux capitaine Gaston Phœbus, comte de Foix, et ses hommes d'armes chargent les Jacques et les mettent en pièces. La ville, pour leur avoir ouvert ses portes, est brûlée et le maire pendu.

En 1422, sous Charles VII, Meaux tomba aux mains des Anglais. Elle leur fut reprise en 1439. Au 16ᵉ s., elle accueillit favorablement la Réforme, mais elle fut une des premières villes à reconnaître l'autorité de Henri IV, après sa conversion au catholicisme.

L'Aigle de Meaux. — En 1682, l'éducation du dauphin terminée, **Bossuet** prend possession du siège épiscopal de Meaux. Il a 55 ans.

L'« Aigle de Meaux » remplit avec une assiduité scrupuleuse ses devoirs d'évêque. Il surveille les catéchismes, prêche souvent dans sa cathédrale et dirige avec fermeté les communautés religieuses de son diocèse. C'est ainsi qu'il fait prendre d'assaut l'abbaye de Jouarre *(p. 102)* où l'abbesse se refuse à éloigner deux religieuses dont il juge la présence indésirable.

Dans la vaste bibliothèque qu'il a installée au palais épiscopal ou dans son cabinet de travail au fond du jardin, il a préparé cinq de ses plus grandes oraisons funèbres, notamment celle de Marie-Thérèse, femme de Louis XIV, et celle du Grand Condé en 1687, la dernière qu'il ait prononcée. Bossuet y a rédigé également divers ouvrages consacrés à la défense de l'orthodoxie catholique et gallicane.

Il meurt à Paris en 1704, à 77 ans, en pleine activité intellectuelle, « les armes à la main » dit Saint-Simon. Suivant sa volonté, on l'enterre à Meaux, dans sa cathédrale.

La fuite manquée. — C'est à l'évêché de Meaux qu'en juin 1791 la famille royale passa la nuit du 24 au 25 qui précéda son retour à Paris. Le roi et sa famille s'étaient enfuis des Tuileries dans la nuit du 20 au 21 et voulaient aller à Metz. Ils avaient été arrêtés le lendemain soir à Varennes.

Au cours d'une longue conversation nocturne dans le jardin de l'évêché, la reine persuada de son patriotisme et de sa bonne foi Barnave, l'un des commissaires à l'Assemblée Législative qui escortaient les souverains. Le tribun, qui fut ensuite tout dévoué à Marie-Antoinette, paya de sa tête son ralliement à la reine de France.

MEAUX★

La bataille de la Marne. — Chaque année, on célèbre à Meaux l'anniversaire de la bataille de la Marne. C'est près de la ville qu'ont été tirés, le 5 septembre 1914, les premiers coups de canon de la contre-offensive française. Ils marquent le déclenchement de la manœuvre d'attaque du flanc de l'armée allemande décidée par Joffre et Gallieni.

Engagée dans ces conditions sur l'Ourcq, la bataille ne tarde pas à prendre toute son ampleur. Elle se termine par l'immortelle victoire de la Marne *(voir : Bataille de l'Ourcq p. 133)*.

LE CENTRE ÉPISCOPAL★ *visite : 1 h*

Il comprend la cathédrale, le Vieux Chapitre, l'ancien évêché et son jardin.

Cathédrale St-Étienne★. — Commencés à la fin du 12e s., les travaux s'étalèrent jusqu'au 16e s. évoquant chacune des époques du style gothique.

La façade (14e-16e s.) est de style gothique flamboyant. La tour de gauche est la seule terminée. Celle de droite est appelée la tour Noire à cause de son revêtement. La pierre calcaire employée dans la construction s'est effritée et la décoration a beaucoup souffert. Les mutilations, dues aux guerres de religion, sont venues s'ajouter aux effets des intempéries. Le portail central est consacré au Jugement dernier, celui de droite à la Vierge, celui de gauche à saint Jean-Baptiste.

Sur le flanc droit de l'édifice, la façade du croisillon, de style rayonnant, du 14e s., est très élégante. Le portail, mutilé, est consacré à saint Étienne.

L'intérieur de la cathédrale, restauré, contraste avec l'extérieur, si fortement érodé. Le vaisseau, haut, très clair, est imposant. Les doubles collatéraux sont d'une élévation exceptionnelle. Cela tient à la suppression des tribunes qui les surmontaient à l'origine, comme à N.-D. de Paris. Elles disparurent vers le milieu du 13e s. et les bas-côtés furent surélevés d'autant. Les deux premières travées de la nef sont du style flamboyant (15e s.), le reste de la fin du 12e s., d'un gothique naissant, plus sobre.

Le transept n'est pas saillant. Le fond des croisillons offre une magnifique composition du 14e s. Le style gothique rayonnant y déploie sa richesse élégante : au-dessous d'une immense verrière court un triforium ajouré si finement qu'il ne coupe pas la perspective des meneaux verticaux. Le chœur, également de style rayonnant, est fort beau avec ses doubles bas-côtés et les cinq chapelles de son abside.

Mobilier. — A gauche du chœur, la jolie porte Maugarni, du 15e s., a pris le nom d'un homme de sac et de corde pendu en cet endroit en 1372, par ordre du bailli de Meaux. L'exécution ayant été effectuée sur le domaine ecclésiastique, le chapitre de la cathédrale intenta une action contre le bailli. Le « procès Maugarni » dura si longtemps et fut un tel monument de chicane que celui qui en fut l'objet est passé à la postérité. A côté et à droite de la porte Maugarni, Christ en pierre du 16e s. Plus près du transept, contre le chœur, statue en marbre d'un jeune chevalier (17e s.). L'orgue du 17e s. est porté par une belle arcade de style flamboyant. Dans la 2e chapelle de gauche, groupe en haut-relief de la Visitation (œuvre du 17e s.). La chaire a été faite avec des panneaux de celle où prêcha Bossuet. Son tombeau est dans le sanctuaire, à droite, en avant des stalles ; il est marqué par une dalle de marbre noir. Dans l'axe du chœur, à la fenêtre haute, vitrail du 14e s. Sortir par la porte Maugarni qui donne sur la cour de l'Évêché, fermée à droite par le Vieux Chapitre.

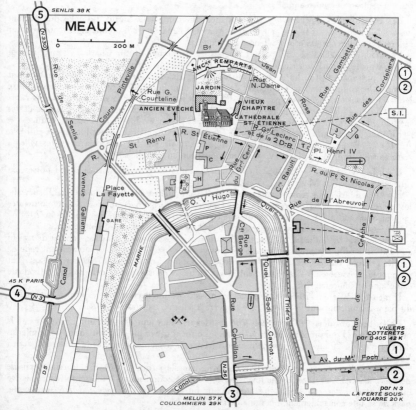

Vieux Chapitre. — C'est l'ancienne demeure des chanoines de la cathédrale. Il date de la fin du 12ᵉ s. et l'escalier couvert qu'il présente à l'extérieur, de la Renaissance. Le rez-de-chaussée, relié à la cathédrale par une galerie de bois, sert de sacristie. L'étage est occupé par la Société des Amis de Bossuet, qui y a installé un musée *(en cours de réorganisation)*.

Ancien Évêché★. — *Visite de 14 h à 17 h. Fermé le mardi. Entrée : 1 F.* Une de ses faces s'ouvre sur la cour, mais la façade principale donne sur le jardin. Le musée Bossuet a été installé dans les appartements de cet ancien palais épiscopal.

L'édifice a été bâti au 12ᵉ s. et modifié au 17ᵉ s. Au rez-de-chaussée, les deux belles salles voûtées (salle capitulaire et salle de l'officialité), et la crypte de la chapelle, élevées au 12ᵉ s., abritent un musée lapidaire.

Un plan incliné, tenant lieu d'escalier, conduit à l'étage. Un évêque goutteux du 16ᵉ s., Briçonnet, un des sympathisants de la Pré-Réforme et ami de Marguerite de Navarre, le fit établir afin de gagner son appartement sans descendre de mule.

On voit la salle du Synode, le salon des Évêques, la chambre et la bibliothèque de Bossuet, l'ancienne sacristie contenant des souvenirs du Vieux Meaux, la chapelle des Évêques du 12ᵉ s. où l'on peut voir une magnifique tête de pierre figurant Ogier le Danois, la chambre des Évêques, une salle Renaissance et le cabinet Moissan, consacré à l'inventeur du four électrique, né à Meaux. Dans ces appartements ont été disposés des tableaux (par Largillière, Lancret, Millet, etc.), bustes, meubles et souvenirs divers.

C'est dans la chambre de Bossuet que Louis XVI passa la nuit du 24 juin, la reine et ses enfants étant logés dans la bibliothèque.

Jardin★. — *Ouvert de 9 h à 12 h et de 14 h à 19 h, 18 h ou 17 h suivant la saison.*

Affectant la forme d'une mitre d'évêque, il est petit mais charmant, dessiné à la française par Le Nôtre. Au fond et à droite, un escalier monte à une terrasse établie sur les anciens remparts.

En débouchant de l'escalier, on a devant soi le modeste pavillon qui servait de cabinet de travail à Bossuet. Il aimait à s'y recueillir et à écrire dans le silence de la nuit, enveloppé, l'hiver, dans un sac de peaux d'ours. Derrière le pavillon s'ouvre l'allée d'ifs. Bossuet promenait là sa méditation ou conversait avec des amis.

Anciens remparts. — Revenir sur ses pas et gagner la terrasse des remparts. A la première tour (if taillé en cône), se pencher au-dehors vers la gauche. On aperçoit, dans le mur d'enceinte, la partie gallo-romaine (4ᵉ s.), facilement reconnaissable à ses matériaux de petit appareil coupés par des chaînages de briques.

Du milieu de la terrasse, belle **vue★** sur le jardin, l'évêché, la cathédrale.

EXCURSION

Château de Montceaux. — *10 km à l'Est.* Quitter Meaux par ② du plan, N 3. A 8 km, prendre à droite le D 19. *Visite de 10 h à 12 h et de 14 h à 17 h. S'adresser au gardien à l'entrée. Fermé le mardi.*

Sous les frondaisons d'un beau parc s'élèvent les ruines superbes d'un château construit de 1547 à 1560 par Catherine de Médicis, et remanié par Henri IV pour Gabrielle d'Estrées. Philibert Delorme *(voir p. 37)* et le Primatice *(voir p. 89)* auraient participé à l'édification du château, qui était comparable aux plus grands palais de l'époque. C'est dans une allée du parc que le duc de Mayenne fit sa soumission à Henri IV.

MELUN – Carte Michelin nᵒ 🮰🮰 - pli ㊴ – 38 996 h. (les Melunais) – *Schéma p. 161* – Plan dans le guide *Michelin France de l'année* – Paris 46 km.

Marché agricole puis centre industriel, Melun, qui demeura très longtemps la paisible capitale de la Brie, connaît depuis quelques années un fort développement visant à associer l'âme d'un vieux centre historique et commerçant au dynamisme de quartiers nouveaux établis le long de la Seine ou de part et d'autre de la voie ferrée en direction de la forêt de Sénart *(voir Melun-Sénart, p. 120)*.

Melun aux portes de la Brie. — Le plateau briard, argileux, partiellement recouvert de limons, est favorable aux cultures riches, le blé et la betterave à sucre. La Brie est une des principales régions productrices de sucre en France.

Les cultures fourragères et les prairies (poussant sur une partie du plateau non recouvert de limons, c'est-à-dire à l'Est de Melun) favorisent l'élevage des vaches laitières, permettant la fabrication de fromage de brie, très renommé. On distingue plusieurs variétés de brie : le brie de Melun, de Meaux ou de Coulommiers.

La Lutèce briarde. — La ville est bâtie dans un site qui rappelle celui de Paris. Comme Lutèce, elle est née dans une île de la Seine, à l'époque gauloise. Aux temps gallo-romains, elle contenait les monuments habituels : le Castrum, les Thermes, les Arènes, le Temple.

Comme dans la cité parisienne, un château royal succède, à l'une des extrémités de l'île, à la forteresse romaine et, à l'opposé, une église N.-Dame remplace le temple de Mercure. Comme Paris, Melun s'étend ensuite sur les deux rives du fleuve ; l'abbaye de Mont-St-Pierre domine la ville comme celle de Montmartre s'élève au-dessus de la capitale.

CURIOSITÉS *visite : 3/4 h*

Église St-Aspais. — A l'extérieur, le chevet porte un médaillon de Jeanne d'Arc, par Chapu, rappelant la délivrance de la ville en 1430. Le chœur fut construit de 1517 à 1520, par Jehan de Felin, architecte de la tour St-Jacques à Paris. La nef, édifiée un peu plus tard, et les vitraux sont également du 16ᵉ s. A l'intérieur, on peut voir quelques tableaux et une statue de saint Pierre, en bois (17ᵉ s.).

Église Notre-Dame. — Bâtie entre 1020 et 1031, elle a été remaniée à l'époque gothique et à la Renaissance. Une importante restauration de l'édifice fut effectuée au siècle dernier. La façade est Renaissance au rez-de-chaussée et la rose, gothique.

La nef, primitivement couverte en charpente, a été voûtée d'ogives ultérieurement. Elle possède de beaux chapiteaux historiés. Les bas-côtés ont des voûtes d'arêtes.

EXCURSIONS

Melun-Sénart. — *5 km au Nord-Ouest.*
Les travaux de l'édification de cette dernière née des « villes nouvelles » de la région parisienne *(voir p. 4)* ont débuté en 1970.
Le périmètre d'urbanisation, englobant 17 000 ha et, en tout ou partie, 28 communes dont celle de Melun, est compris entre la forêt de Sénart au Nord, la Seine à l'Ouest et la N 5 à l'Est. Il se divise en trois grands secteurs d'aménagement, : « Grand Melun », « Lieusaint-Moissy-Val d'Yerres Sud » et « Bords de Seine-Rive droite ».
Le chiffre total de population prévu pour 1990 est d'environ 300 000 habitants.
A la différence des autres « villes nouvelles », son centre urbain principal n'est pas à créer, l'ancien Melun devant naturellement en assumer le rôle.
L'un des futurs « quartiers autonomes » commence à prendre forme : celui de **Plessis-le-Roi**, où des immeubles cubiques de 4 à 5 étages et des maisons individuelles de style assez classique entourent déjà le centre commercial.

Ancienne abbaye du Lys. — *3 km au Sud-Ouest par la N 372.*
Elle se trouve dans le parc du château du Lys, à Dammarie-lès-Lys.
L'abbaye fut fondée en 1244 par Blanche de Castille, mère de Saint Louis, pour des religieuses de l'ordre de Cîteaux *(voir p. 21)*. La pieuse reine et son fils couvrirent de donations cette fondation qui devint rapidement très prospère. Blanche morte, son cœur fut confié aux religieuses et le cilice du roi alla à sa mort au trésor de la communauté. Il ne reste debout que des ruines de l'église abbatiale. Dans leur cadre de verdure, elles ont un aspect romantique. Le château est un ancien bâtiment conventuel transformé en habitation par le frère de Franklin au 18e s. La propriété a été achetée par la ville qui a construit des habitations sur le pourtour et a aménagé le parc dans la partie centrale.

MÉRY-SUR-OISE – Carte Michelin n° 96 - pli ⑥ – 4 708 h. (les Mérysiens) – Paris 31 km.
Une longue allée plantée d'arbres traverse Méry, aboutissant au pont d'Auvers dont l'église domine la perspective.

Champignonnières. — *Certaines caves peuvent se visiter, de préférence vers 11 h 30. S'adresser à M. Spinelli, 66 rue de Paris, ou demander d'autres adresses à la mairie.* Des carrières faciles à creuser et du fumier frais toujours disponible sont les deux éléments qui permettent la culture intensive du champignon blanc, dit champignon de Paris car c'est dans des caves de Paris que cette culture se pratiquait encore au début du siècle.
Pour la plupart cachées par des maisons d'habitation, les vastes carrières de calcaire creusées de galeries constituent la principale source d'activité de Méry. Le fumier provient des élevages proches de Chantilly et de Maisons-Laffitte.

Château. — *On ne visite pas.* A droite avant le pont, on aperçoit l'entrée du château de Méry. Construit au 14e s., il fut très élégamment remanié de la fin du 16e s. jusqu'au 18e s.

Église St-Denis. — Accolée au château, elle est des 15e et 16e s.

MEULAN – Carte Michelin n° 96 - plis ④ ⑭ – 8 562 h. (les Meulanais) – *Ressources et distractions p. 35 – Plan dans le guide Michelin France de l'année* – Paris 46 km.
Meulan est une agréable villégiature et un centre de sports nautiques. Situé sur un promontoire, au débouché sur la Seine de deux petites vallées, à l'endroit où une île facilite le passage du fleuve, Meulan joua autrefois un rôle militaire important. Ce fut, avec Pontoise, la place forte du Vexin français. Un château se dressait sur le sommet de la colline, un autre dans l'île. En 1364, Du Guesclin qui a entrepris de libérer le royaume de France de l'occupation anglaise, reprend Meulan. Pour éviter que la traversée de la Seine soit de nouveau entravée, il fait détruire la forteresse de l'île.
Deux siècles plus tard, en 1590, la ville assiégée par le duc de Mayenne, résiste jusqu'à l'arrivée des renforts conduits par Henri IV en personne. Meulan a ainsi gagné le droit d'inscrire dans ses armes la devise : « la ville la plus fidèle à son roi et à son royaume ».
Plusieurs personnages célèbres séjournèrent à Meulan : Olivier le Daim, Blanche de Castille, Anne d'Autriche, Condorcet, Guizot, Chateaubriand...

Nautisme et tourisme. — Les touristes ne se lasseront pas, aux beaux jours, de voir évoluer les embarcations sur la Seine. Le grand bras, qui constitue le bassin des Mureaux, est particulièrement animé. Les canots automobiles, les voiliers donnent à ce vaste plan d'eau une vie aussi gracieuse qu'intense.
Chaque année, d'importantes régates internationales attirent de nombreux compétiteurs.
De la terrasse de l'église et de la rue des Annonciades, jolie vue sur la vallée de la Seine.

EXCURSIONS

Église de Gaillon. — *4 km au Nord-Ouest.*
Elle est située à l'entrée de la localité. L'ensemble est du 12e s.; le chœur, du 13e, est flanqué de collatéraux. Une flèche en pierre octogonale surmonte le clocher roman.

Hauteurs de l'Hautil. — *17 km.* Quitter Meulan au Nord-Est par le D 922.

Évecquemont. — 521 h. Village pittoresquement étagé autour de son église.
En continuant le D 922 jusqu'à Boisemont, on atteint le massif de l'Hautil qui domine de 165 m le confluent de l'Oise et de la Seine. La croûte de meulière argileuse qui recouvre une épaisse masse de gypse et de sable l'a protégé de l'érosion et en a fait un témoin du niveau primitif du plateau. La Seine forme une boucle autour de ses pentes escarpées. Vers l'Oise, les hauteurs s'abaissent par une série de terrasses. Des taillis de châtaigniers revêtent la crête; des arbres fruitiers garnissent les pentes. Au-delà de l'Oise, se construit la « ville nouvelle » de Cergy-Pontoise *(p. 140)*. L'arête de l'Hautil est suivie par le D 22. A l'Hautil, prendre à droite le D 2.

Chevercheimont. — Au bout de la Grande-Rue, on voit, légèrement à gauche, le chemin des Beaux-Regards. Ce sentier, au nom expressif, conduit à un beau **point de vue**★ sur la vallée de la Seine *(1/4 h à pied AR)*.

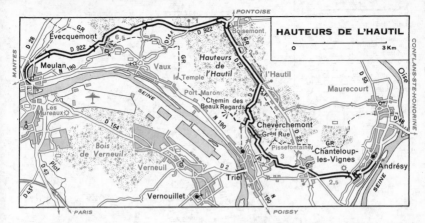

HAUTEURS DE L'HAUTIL

0   3 Km

Chanteloup-les-Vignes. — 4 658 h. Ce nom vient du vignoble qui entourait le village et qui était le plus vaste de Seine-et-Oise. Il en reste quelques traces dans les jardins. Sur la « côte de Chanteloup », le D 22 en direction de l'Hautil, se déroula la première course automobile de côte en 1898. Le monument commémorant cet événement se trouve en haut de la montée, à droite.

L'extension du village, sur la pente Sud, constitue une nouvelle agglomération plus importante et pratiquement autonome. Les façades aveugles des immeubles entourant la place principale s'ornent des portraits en mosaïque de poètes français (Hugo, Baudelaire, etc.). Place de la Lance, la cuvette centrale figure un cadran solaire géant.

MEZ-LE-MARÉCHAL (Château de) – Carte Michelin n° **97** - pli ⑩ – 17 km au Sud de Nemours – Paris 92 km.

Ce qui reste du château de Mez-le-Maréchal est situé en bordure de la route Dordives-Bransles qui emprunte le tracé d'une ancienne voie romaine connue sous le nom de chemin de César.

L'extérieur, seul intéressant, présente une enceinte complète que la route contourne en partie Six tours massives, quatre aux angles et deux de chaque côté de l'entrée, la défendaient. Elles sont, ainsi que la muraille, arasées à la hauteur des mâchicoulis. Bien que noyé dans la verdure, Mez donne encore aujourd'hui une certaine impression de puissance.

MILLY-LA-FORÊT – Carte Michelin n° **96** - pli ㉟ – 3 492 h. (les Milliacois) – Paris 58 km.

Rassemblée autour de ses anciennes halles, Milly-la-Forêt, centre de villégiature animé, est un point de départ d'excursions en forêt de Fontainebleau.

Dans cette petite ville, très ancienne (la seigneurie de Milly fut la propriété de Dagobert 1er), on remarquera l'église au clocher gothique et près de celle-ci, au bout d'une petite allée, les deux tours de l'ancien château entouré d'un fossé alimenté par la rivière l'École. Il fut édifié au 12e s. et remanié en 1470 par le Grand Amiral de France Mallet de Graville, seigneur de Milly, qui fortifia la ville, restaura l'église et fit, en 1479, construire les halles. Ces halles, entièrement en bois de chêne et de châtaignier, présentent une impressionnante charpente supportant un immense toit à deux pentes.

Chapelle St-Blaise-des-Simples. — *Visite de 10 h à 12 h et de 14 h à 18 h (17 h en hiver). Fermé le mardi. Entrée : 2 F.*

Cette chapelle faisait partie au 12e s. de la « Maladrerie de St-Blaise » élevée pour soigner les lépreux. Restauré en 1958, ce petit édifice a été décoré en 1959 par J. Cocteau de grands dessins au trait représentant, au-dessus de l'autel, un très beau « Christ aux épines » et une grande fresque illustrant la « Résurrection du Christ ».

Sur les murs de la nef, les « Simples » (plantes médicinales : Menthe, Belladone, Valériane, Renoncule, Aconit...) rappellent que Milly est un des principaux centres de la culture des plantes médicinales en France.

La chapelle abrite un buste du poète-académicien et sa tombe où sont gravés ces mots « je reste avec vous ». **Jean Cocteau** (1889-1963) a dans les lettres françaises une place à part que lui vaut le climat poétique original, chargé de sensibilité, souvent de merveilleux, dont il a su imprégner son œuvre. Il participa très jeune aux mouvements d'avant-garde de son temps. Très lié avec Picasso, Radiguet, Cendrars, Lifar, Satie, il contribua à l'animation du « Bœuf sur le toit ».

C'est toutefois le théâtre (Thomas l'imposteur, les Enfants terribles, la Voix humaine ou les Parents terribles) qui lui apporta une audience plus large.

Autour de la chapelle, un petit jardin botanique rassemble les « Simples » les plus courants.

MONTARGIS – Carte Michelin n° **97** - pli ⑩ – 19 865 h. (les Montargois) – Paris 113 km.

Capitale du Gâtinais, pays de chasse et de pêche, Montargis est une ville agréable dominée par son ancien château et où le Loing et le canal de Briare se joignent en un beau plan d'eau.

Le chien de Montargis. — C'est une légende célèbre que celle de ce chien qui, au temps de Charles V, vengea son maître en faisant reconnaître l'assassin; obligé de soutenir un duel judiciaire avec le chien et vaincu par celui-ci, l'assassin avoua son crime et fut exécuté.

Les « praslines ». — Sous Louis XIII, le cuisinier du duc de Plessis-Praslin eut l'idée de griller des amandes et de les enrober d'un sucre rocailleux. Le duc eut beaucoup de succès quand il offrit aux dames de la Cour ces bonbons auxquels bien vite on donna le nom de « praslines ». L'inventeur fonda à Montargis, en face de l'église de la Madeleine où elle se trouve encore, la première maison qui fabriqua, pour le public, ces friandises aujourd'hui célèbres.

MONTARGIS

0   500 m

Baudin (Bd P.)	2
Belles-Manières (Bd)	3
Coquillet (R.)	4
Leclerc (R. Gén.)	5
Libération (R. de la)	6
Loing (R. de)	7
Mirabeau (Pl.)	8
République (Pl. de la)	9
Vaublanc (R. de)	10
Victor-Hugo (Pl.)	12

CURIOSITÉS *visite : 1 h 1/4*

Église de la Madeleine. — Extérieurement, le chevet bâti de 1540 à 1618 est intéressant. Le clocher a été élevé par Viollet-le-Duc lors de la restauration de l'édifice en 1860.

A l'intérieur, le **chœur**★, beaucoup plus élevé que la nef et le transept, est d'une grande élégance avec ses piles montant jusqu'aux voûtes.

Ruisseau du Puiseaux. — Du pont, rue du Général-Leclerc, on a une jolie vue sur les anciennes tanneries étagées au-dessus du ruisseau.

De nombreuses rues sur l'eau sillonnent les vieux quartiers.

Jardin Durzy. — Ce beau jardin entoure l'hôtel de ville (où se trouve le musée Girodet).

Musée Girodet. — A l'hôtel de ville. *Visite de 10 h à 12 h et de 14 h à 17 h. Fermé le mardi. Entrée : 1 F.*

Dans un charmant décor Napoléon III, ce musée présente des œuvres locales de la préhistoire au 19e s., des dessins, des peintures et des sculptures parmi lesquels il faut citer des œuvres de Girodet, natif du pays, et une belle statue de saint Michel, du 15e s.

MONTCHAUVET – Carte Michelin nº 96 - pli ⑫ – 185 h. (les Montécalvétiens) – Paris 73 km.

Ancienne ville forte du Moyen Age dominant l'étroite et verdoyante vallée de la Vaucouleurs, Montchauvet est en grande partie constitué par des maisons campagnardes habilement réparées. Ces habitations généreusement fleuries s'étagent au confluent des deux branches du ruisseau. Un chemin qui suit la branche Nord conduit au château des Trois Fontaines qui fut habité par Richepin, poète et académicien mort en 1926.

MONTÉPILLOY (Château fort de) – Carte Michelin nº 96 - pli ⑨ – 7 km à l'Est de Senlis – Paris 52 km.

Ces ruines féodales, occupées par une ferme, couronnent une butte isolée, respectée par l'érosion qui abaissa à l'entour le niveau du plateau d'une trentaine de mètres.

Le château fort, datant du 12e s., fut reconstruit, vers 1400, par le duc Louis d'Orléans, frère de Charles VI, grand bâtisseur de forteresses *(voir : la Ferté-Milon p. 88 et Pierrefonds p. 136)*. En 1429, Jeanne d'Arc le prit comme base de départ de son attaque victorieuse contre l'armée anglaise qui couvrait Senlis. Le château fut démantelé sous Henri IV.

Les fossés subsistent en partie, autour de l'enceinte. La porte d'entrée est flanquée de deux grosses tours. Dans la cour se dressent deux donjons : l'un, circulaire, dont il ne reste qu'un haut pan de mur (45 m); l'autre, plus bas, quadrangulaire.

Aimer la nature,

c'est respecter la pureté des sources, la propreté des rivières,

des forêts, des montagnes...

c'est laisser les emplacements nets de toute trace de passage.

MONTEREAU – Carte Michelin n° 97 - pli ④ – 21 767 h. (les Monterelais) – *Schéma p. 161 – Ressources et distractions p. 35 – Plan dans le guide Michelin France de l'année – Paris 76 km.*

« Montereau-faut-Yonne » tire son nom d'un petit monastère, situé là où l'Yonne « faut », c'est-à-dire tombe dans la Seine.

Par sa situation entre la Champagne, l'Ile-de-France et la Bourgogne, Montereau était destinée à devenir une place forte importante. Dès le 11e s., un château s'y élevait sur la langue de terre comprise entre l'Yonne et la Seine, à leur confluent. La ville fut le théâtre en 1419 de l'assassinat du duc de Bourgogne, Jean sans Peur. Ce dramatique épisode de la rivalité entre Armagnacs et Bourguignons eut pour conséquence la signature du traité de Troyes entre les Anglais, Philippe le Bon fils de Jean Sans Peur et Isabeau de Bavière femme de Charles VI. Par ce traité, français et anglais ne devaient plus avoir qu'un seul et même souverain : le roi d'Angleterre.

Montereau est encore le centre, en février 1814, des derniers combats que livre Napoléon aux Prussiens et Autrichiens avant que Paris ne capitule le 31 mars.

Collégiale N.-D. et St-Loup. — C'est des rives de l'Yonne que l'on a la plus belle vue sur cet édifice des 14e et 16e s.

EXCURSIONS

Montereau-Surville. — *1,5 km au Nord.* De la N 5 bis (route de Melun), aux approches de Montereau, l'automobiliste ne peut manquer d'apercevoir, à l'Est, les hauts immeubles — et le château d'eau central, en T — de cet important quartier populaire récemment édifié sur la colline de Surville qui domine, au Nord, la vieille cité.

Fouilles de Pincevent. — *8 km au Sud-Ouest.* Rejoindre la N 5, route de Fontainebleau, et s'engager sur le premier chemin à droite après le croisement de la N 5 et du D 28 A. Tourner à droite après le passage à niveau.
Visite accompagnée le samedi à 17 h en juin et juillet. D'importants vestiges de la préhistoire permettent de reconstituer la vie des chasseurs de rennes de l'époque magdalénienne.

Pour vous diriger, utilisez les **cartes Michelin** à 1/200 000.

MONTFORT-L'AMAURY ★ – Carte Michelin n° 96 - pli ㉓ – 2 490 h. (les Montfortois) – *Schéma p. 149 – Ressources et distractions p. 35 – Paris 50 km.*

Bâtie au flanc d'une colline que couronnent les ruines du château, cette petite ville ancienne offre d'intéressantes curiosités.

La localité fut fondée et fortifiée au 11e s. par Amaury de Montfort qui lui donna son nom. Le plus célèbre de ses descendants fut Simon IV qui mena impitoyablement, au nom du roi de France, la croisade contre les Albigeois, dirigés par le comte de Toulouse. La campagne commença en 1208. Simon prit Béziers, Carcassonne, Toulouse. Il battit les Aragonais alliés aux Albigeois. Le sort des vaincus était toujours terrible. Il fut tué par une pierre en 1218, alors qu'il assiégeait Toulouse révoltée.

En 1312, le mariage d'une Montfort avec le duc breton Arthur réunit à la Bretagne la puissante citadelle de l'Yveline qu'est la ville. Le mariage de la duchesse Anne de Bretagne, comtesse de Montfort, avec Charles VIII, puis avec Louis XII, fait entrer Montfort-l'Amaury sous le contrôle de la Couronne de France. Le duché devient français quand Henri II, fils de François Ier et de Claude de France, elle-même fille de Louis XII et d'Anne, monte sur le trône.

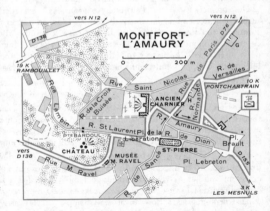

Le compositeur Maurice Ravel fit, en 1920, l'acquisition d'une petite villa, à Montfort-l'Amaury. C'est dans cette maison, baptisée « le Belvédère », qu'il composa la plupart de ses œuvres : « L'Enfant et les Sortilèges », le « Boléro », les « concertos pour piano », « Daphnis et Chloé », etc., et qu'il mourut en 1937.

CURIOSITÉS *visite : 1 h 1/2*

Église St-Pierre★. — L'édifice fut reconstruit par Anne de Bretagne à la fin du 15e s. La décoration se poursuivit sous la Renaissance et s'acheva au début du 17e s. La façade et le clocher ont été remaniés au siècle dernier.

Faire le tour de l'église, entourée de demeures anciennes. D'intéressantes gargouilles ornent les côtés et l'abside où de hauts arcs-boutants contrebutent le chœur. Le joli portail du flanc droit porte les médaillons des donateurs : André de Foix et sa femme.

A l'intérieur, ce sont les beaux **vitraux★★** Renaissance qui attirent l'attention ; ils ornent les bas-côtés et le déambulatoire *(la description de chaque verrière est placée sur le pilier qui lui fait face).* De nombreuses clefs pendantes enjolivent les voûtes des bas-côtés.

L'église romane primitive avait un clocher latéral alors que l'édifice actuel a sa tour sur la façade. A gauche de la nef, à hauteur de la chaire, on voit encore une arcade aveugle qui faisait partie de la souche du clocher roman.

Ancien charnier★. — La porte d'entrée, de style gothique flamboyant, est finement sculptée. Le cimetière est entouré de galeries à arcades, recouvertes d'une belle charpente en forme de carène renversée. La galerie de gauche est du 16e s., les deux autres sont du 17e s. Ces galeries recevaient les ossements des morts quand le cimetière, plein, devait être vidé.

MONTFORT-L'AMAURY★

Ruines du château. — *Visite provisoirement suspendue.* La butte qui porte les ruines a été aménagée en jardin public. Au pied, la porte Bardoul, du 16ᵉ s., est un reste de l'enceinte de la ville.

Un chemin en lacet conduit au sommet de la colline. Deux pans de murailles recouverts de lierre sont tout ce qui subsiste du donjon du 11ᵉ s. La tourelle en brique et pierre est un vestige du château élevé par Anne de Bretagne à la fin du 15ᵉ s.

Du sommet, l'on jouit d'une belle **vue★** sur la ville.

Musée Maurice-Ravel. — *Visite les lundis, mercredis et jeudis de 14 h 30 à 18 h ; les samedis, dimanches et jours fériés de 9 h à 11 h 30 et de 14 h 30 à 18 h. Entrée : 5 F.*

Dans la rue Maurice-Ravel, le « Belvédère », transformé en musée, expose tous les objets et meubles familiers au compositeur, le salon où il aimait à se tenir.

Vieilles rues. — Les amateurs de cadre ancien pourront se promener dans les petites rues qui dévalent de part et d'autre de l'église.

MONTLHÉRY ★ – Carte Michelin nº ▮▮▮ - plis ㉞ ㉟ – 4 232 h. (les Montlhéryens) - Paris 25 km.

Ce vieux bourg est au centre d'une riche région maraîchère. Sa célèbre tour couronne une butte isolée, témoin de l'ancien niveau du plateau, avant l'érosion de l'ère quaternaire.

La tour de File-Étoupe. — La forte position naturelle de Montlhéry est utilisée de très bonne heure. Au début du 11ᵉ s., Thibaut, que la couleur de ses cheveux a fait surnommer File-Étoupe, bâtit le château et entoure la ville de remparts.

La forteresse est un grave sujet d'inquiétude pour les rois de France, car elle intercepte la route entre Paris et Orléans. Au 12ᵉ s., les fréquents pillages d'un comte de Montlhéry lui valent le surnom de « Troussel » (détrousseur). Philippe Iᵉʳ essaye de neutraliser ces incommodes voisins en mariant la fille unique de Troussel à son fils bâtard. Mourant, il recommande à son successeur, Louis le Gros : « Garde bien cette tour ; elle m'a fait vieillir avant l'âge. » Pour plus de sûreté, Louis la reprend à son demi-frère et la confie à un gouverneur de dévouement assuré.

La Tour★. — *Visite du dimanche des Rameaux au 30 septembre de 9 h 30 à 12 h et de 14 h à 18 h ; le reste de l'année de 10 h à 12 h et de 14 h à 16 h. Durée : 1 h. Fermé le mardi. Entrée : 2 F (1 F les dimanches et jours fériés).*

Prendre la direction de Corbeil, puis, à partir de l'église, suivre l'itinéraire fléché.

Sur la gauche a été déblayé l'emplacement d'une chapelle édifiée par Saint Louis en 1254 à son retour de Damiette et ruinée pendant les guerres de Religion.

La tour constituait le donjon du château qui comprenait cinq portes pratiquées dans quatre enceintes successives. Entre les ruines, on a de jolies vues sur la campagne.

La tour, haute de 32 m, est flanquée d'une tourelle qui contient l'étroit escalier. Les soubassements sont du 10ᵉ et du 11ᵉ s., la partie haute du 13ᵉ s.

Du sommet, à 170 m d'altitude, le **panorama★** est remarquable. Cet observatoire a été utilisé pour déterminer la vitesse du son, en 1738, en liaison avec l'Observatoire, Montmartre et Fontenay-aux-Roses ; en 1822, en liaison avec Villejuif. A l'une des stations, on tirait un coup de canon et on mesurait le temps écoulé entre la vue de la lueur et l'audition du coup. La mesure de la vitesse de la lumière y fut effectuée en 1874 en liaison avec l'Observatoire de Paris. Un télégraphe Chappe y fonctionna en 1825, reliant Paris à l'Espagne.

Linas. — 3 332 h. *1 km au Sud.* Ce bourg, limitrophe de Montlhéry, possède sur son territoire le célèbre autodrome de Montlhéry. Son église mérite une visite.

Autodrome. — Aménagé en 1924-1925, il comprend un anneau de vitesse de 2,548 km et un circuit routier de 9 km de profil très varié. Sa raison d'être est essentiellement d'ordre technique et expérimental ; toutefois, de nombreuses compétitions sont organisées chaque année par diverses associations sportives. L'accès aux pistes est réservé aux véhicules munis de licences spéciales.

Collégiale St-Merry. — *Intérieur en cours de réfection.* Très remaniée au 16ᵉ s., elle présente un beau chœur et un clocher du 13ᵉ s. Les touristes qui s'intéressent à l'histoire de Port-Royal entreront voir les ex-voto provenant de l'abbaye *(p. 141).* De chaque côté du portail, tableaux de Philippe de Champaigne *(provisoirement déposés)* représentent deux religieuses qui furent miraculeusement guéries à Port-Royal-des-Champs, par la vertu de la Sainte-Épine ; celle de droite est Marguerite Périer, la nièce de Pascal. L'église contient plusieurs autres toiles et panneaux peints des 16ᵉ, 17ᵉ et 18ᵉ s. et des dalles funéraires des 13ᵉ et 14ᵉ s.

MONTMORENCY ★ – Carte Michelin nº ▮▮▮ - pli ⑤ – 20 927 h. (les Montmorencéens) – Paris 20 km.

Très accidentée, cette charmante ville est formée d'un noyau villageois entouré de propriétés luxueuses. Le séjour de Jean-Jacques Rousseau fait du lieu un pèlerinage littéraire.

Les « premiers barons chrétiens ». — A l'origine, les Bouchard, seigneurs du château de Montmorency, ne sont pas, pour le roi de France, des vassaux de tout repos. Mais, à partir du 12ᵉ s., ils deviennent de grands serviteurs de la Couronne. En cinq siècles, les Montmorency comptent 6 connétables, 12 maréchaux, 4 amiraux, et leurs terres ont été érigées en duché par Henri II. Alliés à tous les souverains d'Europe, ils s'intitulent orgueilleusement les « premiers barons chrétiens ». L'un des plus illustres de ces ducs est Anne, le Grand Connétable, le constructeur de Chantilly *(p. 50),* compagnon d'armes de François Iᵉʳ, Henri II et Charles IX.

La branche aînée s'éteint en 1632 avec Henri II de Montmorency, petit-fils d'Anne, gouverneur du Languedoc, décapité à 37 ans pour avoir conspiré contre Richelieu. Aux supplications qu'on lui adresse de toutes parts pour obtenir la grâce du duc, Louis XIII répond : « Je ne serais pas roi, si j'avais les sentiments des particuliers ». Le duché passe alors à Henri de Bourbon-Condé *(voir p. 50).* Louis XIV décide cependant que le titre de duc de Montmorency, détaché de son territoire, sera donné à un Montmorency-Boutteville, le fief devenant duché d'Enghien.

La ville, appelée Émile pendant la Révolution, en l'honneur du fameux ouvrage de J.-J. Rousseau, est redevenue définitivement Montmorency en 1832.

Les souvenirs de Jean-Jacques Rousseau. — Le célèbre écrivain a vécu à Montmorency de 1756 à 1762. Ayant accepté l'invitation de Mme d'Épinay, femme du monde toujours entourée d'une cour d'hommes de lettres, il s'est installé dans la propriété de son hôtesse : l'Ermitage. Il a 44 ans. Son caractère ombrageux, sa sensibilité maladive fatiguent tout le monde. Il a comme compagne Thérèse Levasseur, une lingère, qu'il épousera plus tard ; mais il se prend, brusquement, d'une folle passion pour la jeune belle-sœur de Mme d'Épinay. Il se montre en même temps jaloux des liens que son hôtesse a noués avec l'encyclopédiste Grimm.

Ces complications sentimentales entraînent une brouille : Rousseau quitte l'Ermitage en 1757 et va habiter la maison du Montlouis. Il y termine « la Nouvelle Héloïse », publie « Émile » et « le Contrat social », ses trois œuvres principales.

Le maréchal de Luxembourg et la maréchale possèdent un château à Montmorency – son vaste parc subsiste, mais un château moderne le remplace – ; ils prennent Rousseau sous leur protection. Il vient lire dans leur salon les pages qu'il a écrites. L'admiration qu'ils ont pour l'écrivain leur fait supporter patiemment ses sautes d'humeur. En 1762, le Parlement décrète qu'« Émile » sera brûlé et décide l'arrestation de l'auteur de ce livre subversif. Prévenu à temps, Rousseau s'enfuit dans la chaise de poste des Luxembourg et gagne la Suisse.

Parties de campagne. — De la fin du 18e s. au Second Empire, Montmorency et sa forêt connaissent une très grande vogue auprès des écrivains, des artistes, des hommes politiques et de la jeunesse parisienne. On y vient, en aimable compagnie, déjeuner sur l'herbe ou à l'auberge du Cheval Blanc. On se promène à âne, en se régalant, à la saison, des cerises du terroir. De futurs grands hommes ont gravé leurs noms, unis à des prénoms féminins, sur les glaces de l'auberge ou sur l'écorce des châtaigniers. Les personnages les plus officiels ont oublié tout protocole à Montmorency. La reine Hortense, la duchesse de Berry, les princes d'Orléans, Napoléon III, sur leurs petits ânes, ont couru la campagne avec une joie d'enfants.

CURIOSITÉS *visite : 1 h*

Collégiale St-Martin*. — Elle a été élevée au 16e s. dans le style gothique flamboyant par Guillaume de Montmorency et achevée par son fils, le Grand Connétable. C'était la chapelle mortuaire des Montmorency. Le clocher et la façade ont été restaurés au siècle dernier. Derrière le chevet, de hauts murs soutiennent la motte où s'élevait le château.

A l'intérieur, on remarquera les belles voûtes et, surtout, les **vitraux*** Renaissance, restaurés au 19e s. Les quatorze verrières du chevet et des cinq travées suivantes de la nef sont magnifiques. Les huit autres ont été exécutées, dans le même style Renaissance, lors de la restauration. Sur tous ces vitraux sont représentés les seigneurs de Montmorency.

Les tombeaux des Montmorency se trouvaient dans cette chapelle bâtie pour eux. Ils furent démolis à la Révolution. Une partie, notamment les gisants d'Anne le Grand Connétable et de sa femme se trouvent au musée du Louvre ; le reste a disparu, sauf la dalle de Guillaume et de sa compagne qui est placée dans le haut du bas-côté droit et au-dessus de laquelle est une Vierge à l'Enfant, de Nicolas Poussin.

Contre la façade et les murs latéraux, on voit des gisants, bustes et plaques relatifs à la colonie aristocratique polonaise, venue s'établir dans la ville après l'échec de l'insurrection nationale de 1831, attirée à Montmorency par le souvenir de J.-J. Rousseau.

La vue*. — De la terrasse (104 m d'altitude) qui précède l'église, l'on jouit d'une vue étendue sur la vallée de Montmorency dominée, en face, par les hauteurs de Cormeilles. C'est une « vallée morte » : le cours d'eau qui l'a creusée a disparu. Au-delà de l'espace qui sépare les hauteurs de Cormeilles de la butte d'Orgemont, surmontée d'une tour, se distinguent Argenteuil et, à l'arrière-plan la forêt de St-Germain. A droite, on aperçoit la vallée de l'Oise et les hauteurs de l'Hautil.

Musée J.-J.-Rousseau. — *Visite du 1er avril au 31 octobre de 14 h à 18 h (17 h à partir du 1er octobre). Fermé le mardi, le 1er mai et le 14 juillet. Entrée : 3 F.*

Au n° 5 de la rue J.-J.-Rousseau, se trouve la maison du Montlouis où il vécut de 1757 à 1762.

Le musée qui y est installé rassemble de nombreux souvenirs et documents relatifs à l'écrivain. De la partie ancienne de la maison, on jouit d'une belle vue sur la vallée. Une allée plantée de tilleuls mène au pavillon appelé le Donjon, où travaillait Rousseau.

Dans la partie nouvelle de la maison, une salle a été réservée à l'histoire de la famille et de la ville de Montmorency.

MONTMORENCY★

Place Roger-Levanneur. — C'est sur cette ancienne place du Marché que stationnaient les fameux ânes. L'auberge du Cheval Blanc, maintenant café, est au coin de la rue de Pontoise. Les deux faces de son enseigne ont été peintes, en 1792, en paiement de leur addition, par deux jeunes rapins qui, par la suite, firent leur chemin : Isabey et Gérard.

Hôtel de ville. — Cet ancien hôtel du 18e s. est entouré d'un parc où s'élève un magnifique cèdre du Liban, planté par Jussieu.

EXCURSIONS

Deuil-la-Barre. — 15 715 h. *1 km au Sud*. L'église, détruite pendant la guerre, a été complètement restaurée. Seul le clocher porte la patine du temps. Le chœur★ du 13e s. est d'une remarquable disposition.

Groslay. — 5 256 h. *1 km à l'Est*. Cerné par l'urbanisme moderne, Groslay conserve encore ses vergers et son caractère rustique. Ce bourg qui, jusqu'au milieu du 19e s. s'adonnait à la culture de la vigne, est le centre d'un vaste verger qui couvre la plaine et approvisionne en cerises, prunes, pêches, pommes et surtout poires une grande partie de l'agglomération parisienne. En avril la campagne fleurie offre un joli coup d'œil.

L'*église*, principalement du 16e s., possède de beaux vitraux Renaissance, en particulier un arbre de Jessé rappelant le style des ateliers beauvaisins.

LA FORÊT

D'une superficie de 2 200 ha, dont environ 1 600 ha appartiennent à l'État, elle couvre un vaste plateau, très accidenté, dont l'altitude maximum atteint 193 m. Elle domine de près de 150 m la vallée qui la sépare des hauteurs de Cormeilles.

Chênes et surtout châtaigniers y dominent, formant quelques futaies, des taillis et taillis sous futaie d'un peuplement assez pauvre, entrecoupé de vides à bouleaux *(voir p. 13)*.

Domont. — 10 898 h. L'église est l'ancienne chapelle d'un prieuré de Bénédictins. Son gracieux chevet intéressera les curieux d'archéologie.

Le mur du chœur date du début du 12e s. Il fut tout d'abord soutenu par de légers contreforts et surtout par le déambulatoire, lui-même renforcé par quatre massifs contreforts. La poussée des voûtes du chœur menaçait cependant de déverser le mur.

Au 15e s., pour parer au danger, les quatre gros contreforts du déambulatoire furent très exhaussés et, de ces appuis, des arcs furent lancés contre le mur du chœur, à la hauteur où retombent les voûtes. Décorés de motifs flamboyants, ces exhaussements sont très visibles de l'extérieur.

La nef, refaite au 19e s., renferme huit dalles funéraires à effigies gravées, du 14e au 17e s. Le chœur, du 12e s., avec déambulatoire, est très élégant. Il possède de beaux chapiteaux. Au croisillon droit, également du 12e s., sur une porte Renaissance murée, belle pierre tombale.

Le D 124 et le D 124 E mènent à Andilly. Par le D 109 E on atteint une terrasse ombragée de châtaigniers d'où la vue★ s'étend sur la vallée de Montmorency et sur Paris.

Andilly. — 1 652 h. Plaisant village.

St-Prix. — 5 436 h. Pour retrouver le vieux St-Prix chanté par Victor Hugo, qui y habita, il faut gagner l'église, vers les premières hauteurs de la forêt, dominant la ville moderne qui se presse le long de la N 328.

Laisser la voiture dans la rue Auguste-Rey et monter à pied par la rue de la Croix-Jacques (au coin du n° 74). L'église, très rustique, est intéressante pour les boiseries et le mobilier du 17e s. qu'elle renferme ; dans la chapelle St-Prix, deux bas-reliefs en bois polychromes du 16e s. Sous le porche, curieuses statues des Évangélistes.

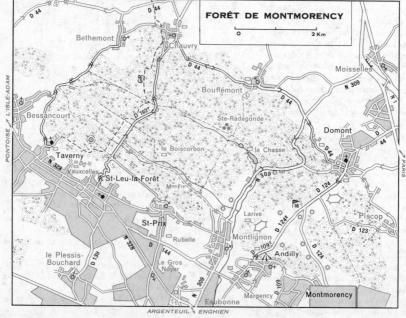

– *Schémas p. 95 et 161 – Ressources et distractions p. 35* – Paris 75 km.

Cette pittoresque petite ville est un but classique d'excursion pour le touriste qui visite la forêt de Fontainebleau. Elle tire tout son charme de sa situation au bord du Loing.

Spectacle Son et Lumière prévu sur les bords du Loing, tous les samedis soirs de fin juin à début septembre.

Moret, place forte et résidence royale. — Moret-sur-Loing fut tout au long du Moyen-Age une place de guerre et une résidence royale. Le donjon, massif, élevé par Louis VII, et les deux portes fortifiées qui ferment la ville au Nord et au Sud sont les seuls témoins de la puissance médiévale de Moret.

L'histoire de Moret fait surgir de nombreuses figures féminines, cette seigneurie ayant souvent été confiée à de grandes dames. Elle est entrée dans le douaire de Jeanne de Bourgogne, femme de Philippe VI de Valois, puis de Marie d'Anjou, femme de Charles VII. La modeste Jacqueline de Bueil, dont Henri IV fut épris, était comtesse de Moret et à ce titre résida au donjon. Plus tard, Moret vit passer Louis XV allant à la rencontre de Marie Leczinska.

Le refuge de Sisley. — Moret, fut pendant les vingt dernières années de sa vie, le refuge du peintre Sisley qui y mourut en 1899 au bord de la misère.

Sa maison (*n° 9 rue du Château - on ne visite pas*), cachée par un mur élevé, porte une plaque commémorative.

La ville et sa région inspirèrent à ce grand peintre de l'école impressionniste quelques-unes de ses plus célèbres toiles : Printemps à Moret-sur-Loing, le Loing à Moret, matinée de Septembre, les bords du canal à Moret-sur-Loing.

CURIOSITÉS *visite : 1 h 1/2*

Les demeures anciennes sont nombreuses. Quelques-unes remontent aux 15e et 16e s., elles sont en pierre ou à pans de bois et plus ou moins restaurées.

Portes. — De l'enceinte fortifiée du 12e s. subsistent une partie des remparts et deux portes, aux extrémités de la rue Grande : la porte de Samois (ou de Paris) et celle de Bourgogne.

Rue Grande. — Au n° 24, Napoléon Ier passa la nuit du 19 au 20 mars 1815, à son retour de l'île d'Elbe. Au n° 26, se trouve la mairie ; passer sous le porche et

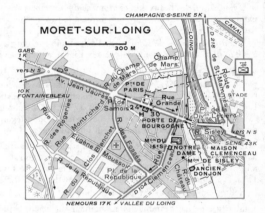

gagner la cour de l'hôtel de ville où s'élève la maison dite de François Ier.

Maison dite de François Ier★. — Avant 1822, ce portique au charmant décor Renaissance s'élevait dans la Rue Grande où il reliait deux constructions anciennes. L'ensemble était connu sous le nom de Maison de François Ier. Démonté en 1822 pour constituer la façade d'un hôtel élevé sur le Cours-la-Reine (cours Albert-Ier), à Paris, pour Mlle Mars, il fut réédifié en 1958 à Moret.

Aux n°s 28 et 30, maisons Renaissance en pierre.

Église Notre-Dame. — L'église actuelle fut construite sur l'emplacement d'un édifice roman du 11e s. Son ordonnance est celle des grandes églises de l'Ile-de-France.

Son chœur, bâti au milieu du 12e s., aurait été consacré en 1166 par Thomas Becket, archevêque de Cantorbéry. La construction de l'église se continua au 13e s. (transept) et au 14e s. ; les voûtes de la nef et la façade datent du 15e s.

La façade offre un beau portail de style gothique flamboyant. Au trumeau figure une statue de la Vierge à l'Enfant ; à droite, dans l'ébrasement, est placée une statue de sainte Anne; à gauche, une de saint Sébastien.

Le clocher a été inconsidérément élevé au 15e s. sur une tour du 11e s. conservée, ce qui nécessita, par la suite, des consolidations qui ont défiguré le côté gauche du chœur. Celui-ci ne présente qu'un mur nu, alors que la partie droite, avec son joli triforium, a beaucoup d'élégance.

La tribune de l'orgue Renaissance est du 15e s.

A droite de l'église, on voit un groupe de maisons à pans de bois. Dans celle du 15e s. qui fait le coin de la place, les religieuses de l'hospice voisin fabriquaient les délicieux sucres d'orge de Moret.

Ancien Donjon. — *Visite accompagnée du 15 mars au 11 novembre, les samedis, dimanches et jours fériés de 10 h 30 à 12 h et de 14 h à 19 h et en outre, en juillet-août, tous les autres jours de 14 h 30 à 18 h 30 ; le reste de l'année, les dimanches de 14 h à 17 h. Entrée : 2,50 F.*

C'est le seul reste d'un château fort du 12e s. qui fut habité par Louis VII, puis par Blanche de Castille avec son fils, le futur Saint Louis. Fouquet y fut emprisonné durant son procès.

Pont sur le Loing. — Sur les îles, s'élèvent des habitations particulières. Cependant, la **vue**★ sur le plan d'eau et sur Moret, dominée par son église et son ancien donjon, avec ses restes de remparts du 12e s., à gauche du pont, ses quelques maisons à encorbellement, à droite, et l'enfilade de la Rue Grande et de ses deux portes, reste charmante.

Maison Clemenceau. — *Visite accompagnée les samedis et dimanches de 10 h à 12 h et de 15 h à 18 h. Entrée : 2,50 F.*

Agréablement située sur les bords du Loing, la « Grange Batelière » abrite des souvenirs de Georges Clemenceau rassemblés par le fils du « Tigre ».

EXCURSION

Vallée du Loing. — *Circuit de 26 km, au Sud-Ouest.* Carte n° **97** - pli ④. Suivre jusqu'à Montigny le D 104 qui longe à la fois le cours de la rivière et la lisière de la forêt de Fontainebleau.

Montigny-sur-Loing★. — 2 152 h. (les Montignons) *Ressources et distractions p. 35.* Agréablement situé sur la rive gauche du Loing, ce village est apprécié aussi bien par les peintres que par les pêcheurs et amateurs de promenades champêtres.
Prendre à gauche de l'église une route qui longe le Loing.

Grez-sur-Loing. — 1 071 h. Du pont, belle vue sur le Loing et sur le village.
L'église du 12e s., remaniée au 13e s., est en contrebas de la rue. L'entrée se fait par un beau portail roman ; contigu à ce portail se trouve le clocher, du 16e s. A l'intérieur, curieux chapiteaux romans. Le vieux donjon, ou tour de Ganne, date du 12e s. Louise de Savoie, l'ambitieuse mère de François Ier, la fastueuse châtelaine d'Amboise, y mourut en 1531.
La mairie abrite un musée de peinture (impressionnistes, école de Barbizon).

Revenir par Moncourt, la Genevraye, Episy et le charmant village d'Ecuelles, dominé par la tour massive de son église.

MORIENVAL ★ – Carte Michelin n° **96** - pli ⑩ – 742 h. (les Morienvalois) – *Schémas p. 39 et 71* – Paris 72 km.

L'église, l'un des beaux édifices romans de la région parisienne, admirablement mise en valeur par le beau cadre de verdure que forment le parc de son ancienne abbaye et le vallon environnant, doit être vue du Nord-Est *(illustration p. 16)*.

Prendre, à gauche de la place de l'église, une rue qui passe en contrebas de l'école et offre à 200 m de là un beau point de vue sur l'église et son chevet.

Église Notre-Dame★. — Elle dépendait d'une abbaye de femmes fondée, selon la tradition, par Dagobert au 7e s., pourvue richement par Charles le Chauve au 9e s., détruite par les Normands en 885. A partir du 11e s. commence la reconstruction de l'église et du monastère. L'abbesse Anne II Foucault opéra au 17e s. de nombreux remaniements, marqués de son chiffre (clés de voûte de la nef). Une restauration catégorique à la fin du 19e s. et au début du 20e s. fit de l'église ce qu'elle est aujourd'hui.

Extérieur. — La silhouette de cette abbatiale avec ses trois tours, celle de la façade et celles flanquant le chœur, est caractéristique. La réalisation de ce plan fut achevée au 12e s. Les tours, qui n'ont pas les mêmes dimensions, la nef et le transept, un peu postérieurs, sont du 11e s. L'abside a remplacé un cul-de-four au début du 12e s.
Redescendre jusqu'à l'entrée datant du début du 17e s., à gauche de la façade.

Intérieur. — Le déambulatoire, antérieur au chœur actuel puisqu'il remplaça le chevet de l'église, est voûté sur ogives. Ces arcs du début du 12e s. comptent parmi les plus anciens de France. Les ogives du déambulatoire sont les premières employées pour couvrir la partie courbe d'un édifice. Cependant, elles ne sont pas indépendantes des quartiers de voûtes qu'elles supportent : elles se soudent à eux. On assiste ici à la transition voûte d'arêtes, voûte sur ogives *(schémas p. 17)*. Le déambulatoire possède de belles fenêtres à ébrasement en escalier et d'intéressants chapiteaux du 12e s. Les passages qui séparent les deux absidioles orientées et le chœur, et semblent faire suite au déambulatoire, sont en réalité ouverts sous la base des tours et de construction plus ancienne que le déambulatoire. La nef et le carré du transept furent voûtés d'ogives au 17e s. L'arc-diaphragme qui les sépare est allégé par des arcades, débouchées au cours de la restauration de l'édifice.
Les stalles de bois sculpté du 15e s. proviennent de l'abbaye, ainsi qu'un lutrin du 17e s. Dans le bras droit du transept, un crucifix et deux grandes statues de bois (la Vierge et saint Jean). Sur le mur du bas-côté gauche, dalles mortuaires d'anciennes abbesses et religieuses.

MORTEFONTAINE – Carte Michelin n° **96** - plis ⑧ ⑨ – 7,5 km à l'Ouest d'Ermenonville — 755 h. (les Mortifontains) – *Ressources et distractions p. 35* – Paris 35 km.

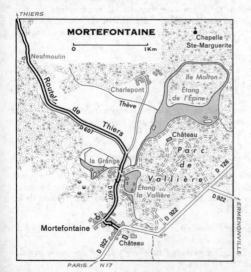

Le D 922, qui traverse ce joli village, a divisé en deux l'ancien domaine de Mortefontaine. A droite, en allant vers Ermenonville *(p. 82),* se trouve le petit Parc et l'ancien château *(on ne visite pas)* ; à gauche, c'est le parc de Vallière.

Parc de Vallière★. — *On ne visite pas.* Ce parc a été aménagé en jardin anglais comme Ermenonville, au 18e s. *(voir : Les jardins p. 24).* C'est là que Watteau aurait conçu son fameux « Embarquement pour Cythère ».

Au début du 19e s., le domaine appartint à Joseph Bonaparte que Napoléon Ier fit roi d'Espagne. C'est la mort dans l'âme que Joseph quitta Mortefontaine. Deux de ses sœurs s'y étaient mariées : Caroline avec Murat, Pauline avec le prince Borghèse.

Le parc a servi de thème à Corot quand il composa son « Souvenir de Mortefontaine » *(voir p. 25).*

Le château, de style Renaissance, a été bâti en 1897, par le duc de Gramont.

Les étangs, encadrés de prairies et de boqueteaux, font le charme de ce parc. Ils furent créés, au Moyen Age, par les moines de l'abbaye de Chaalis pour servir de viviers. C'est dans une de leurs îles que Gérard de Nerval, enfant du pays, situe le repas puis le bal auxquels il prend part en compagnie de Sylvie, sa gracieuse amie d'enfance.

Route de Thiers*. — On peut avoir une idée du parc en suivant le pittoresque D 607 étroit et sinueux. On passe d'abord entre le parc de Vallière et des bois, franchissant des petits ponts d'où la vue est charmante. Le chemin, bordé de peupliers, traverse ensuite, jusqu'aux abords de Thiers, des sites variés : collines rocheuses plantées de bouleaux, prairies, boqueteaux.

A la sortie de Thiers, vers Pontarmé, au fond d'une place plantée de tilleuls, on aperçoit les ruines pittoresques d'un manoir et d'une chapelle.

EXCURSION

Butte de Montmélian. — *5 km par le D 126, au Sud-Ouest.*
Cette colline boisée et isolée, d'une altitude de 200 m, était couronnée par un château féodal du 12ᵉ s. dont il ne subsiste que quelques ruines.
Montmélian est un but de pèlerinage depuis des siècles *(actuellement, le 2ᵉ dimanche de septembre).* La chapelle primitive a été détruite à la Révolution et remplacée par une grange, aménagée en 1793. Charles Péguy y passa en prière la nuit du 3 au 4 septembre 1914, avant-veille de la bataille de l'Ourcq où il trouva la mort *(voir p. 188).* A côté s'élève une chapelle du 19ᵉ s.

NANGIS – Carte Michelin nº 97 - pli 50 – 6 739 h. (les Nangissiens) – Paris 63 km.

Nangis est un gros bourg agricole au centre d'une région riche en céréales et betteraves à sucre, actuellement en voie d'industrialisation (raffinerie de pétrole, engrais chimiques, etc.).

Hôtel de ville. — Il occupe l'aile gauche (16ᵉ s.) de l'ancien château de la Motte-Nangis. De l'édifice des 13ᵉ et 14ᵉ s. ne subsistent que deux tours. La promenade autour du château offre de jolies vues sur les douves, les tours et l'église St-Martin.

Église St-Martin. — Édifiée au 13ᵉ s. et remaniée aux 15ᵉ et 18ᵉ s., elle se signale par l'élégance de ses arcs-boutants et à l'intérieur par son beau triforium.

Raffinerie de Grandpuits. — *6 km par la N 19 au Nord-Ouest.* La raffinerie de pétrole appartient au groupe ELF. Elle est destinée à satisfaire une partie des besoins de l'Est parisien. L'ensemble est relié au Havre par deux pipelines, l'un réservé aux produits bruts, l'autre aux produits raffinés. La raffinerie traite aussi les quelque 400 000 t de pétrole extrait dans la région parisienne (Chailly, Château-Renard, Coulommes, Villemer, Saint-Martin).

Trois nouveaux **guides Verts Michelin : Maroc**
Londres
Corse

NANTOUILLET – Carte Michelin nº 100 - pli 10 – 208 h. (les Nantolétins) – Paris 35 km.
Ce village possède un château et une église qui intéresseront les amateurs de style Renaissance.

Château. — *Il abrite une exploitation agricole. Visite suspendue (restauration en cours).* L'édifice actuel, construit vers 1520 par le cardinal Duprat, chancelier de François Iᵉʳ, marquait, dans la région parisienne, l'introduction de la Renaissance italienne dans la décoration des châteaux. Chantilly et Écouen s'en inspirèrent.

Le château est entouré d'une enceinte flanquée de tours de briques et percée d'un portail monumental, très bien sculpté. Un large fossé que franchissait un pont-levis précède les murailles. L'édifice principal comprend un corps central et deux ailes en retour. Dans l'aile centrale, un bel escalier à rampe droite — l'un des premiers construits en France — mène à l'oratoire. Le plafond flamboyant et le mur ajouré en font un chef d'œuvre d'ornementation. L'oratoire, en saillie du côté des jardins, est gothique.

Église. — L'édifice du 13ᵉ s. a été doté d'un portail Renaissance par le cardinal Duprat. Au tympan, quatre belles statues allégoriques semblent devoir être attribuées à un élève de l'école française du 16ᵉ s.

NEMOURS ★ – Carte Michelin nº 97 - pli 40 – 11 233 h. (les Nemouriens) – *Ressources et distractions p. 35* – Paris 79 km.

C'est une agréable villégiature. La vallée du Loing, les rochers et bois environnants en font un centre de promenades et d'excursions remarquable. Les sablières de la région, en particulier celles de Bonnevault et d'Ormesson, fournissent des sables blancs très recherchés pour la verrerie fine et la céramique *(voir p. 106, à Bonnevault).* Des usines utilisant les sables siliceux et le quartz presque pur de ces carrières se sont installées aux environs de Nemours.

Un duché-pairie. — La ville existait déjà à l'époque gallo-romaine et devait son nom à sa situation : Nemosus (au bord de l'eau) selon les uns, ou Nemoracum (entouré de bois) selon d'autres.

Au 12ᵉ s., un château fort est élevé, près d'un gué du Loing. Des remparts ceinturent l'agglomération qui est très disputée au cours de la guerre de Cent Ans. Devenu comté, puis duché-pairie en 1404, Nemours, qui a eu pour seigneur Charles III, roi de Navarre, est donné par les Valois aux plus grands princes du royaume : les Armagnac, Gaston de Foix, la maison de Savoie.

NEMOURS★

C'est au château de Nemours qu'à deux reprises, en 1585 et en 1588, le roi Henri III essaie de se réconcilier avec les Guise, chefs de la Ligue révoltée contre son autorité. C'est peu après ces dernières négociations que Henri III se décida à opérer un coup de force, en faisant assassiner le duc de Guise à Blois l'avant-veille de Noël. Lui-même devait être assassiné à son tour, l'année suivante, par un moine ligueur.

En 1672, Louis XIV ayant donné le duché à son frère Philippe, duc d'Orléans, le titre reste dans cette famille jusqu'à nos jours. Il a été notamment porté par le second fils de Louis-Philippe qui se distingua dans la conquête de l'Algérie. C'est ainsi que, dans le département d'Oran, une ville avait reçu son nom (aujourd'hui Ghazaouet).

Du Pont de Nemours. — Pierre Samuel Du Pont est né à Paris en 1739. Ami et disciple de Quesnay, passionné de questions économiques, il travaille aux côtés de Turgot et plus tard Calonne. Sous la Constituante, il siège dans les rangs du Tiers Etat comme député de Nemours.

Dès cette époque, pour éviter la confusion avec un homonyme, il se fera appeler Du Pont « de Nemours ». Défenseur de Louis XVI, il doit se cacher et finalement est emprisonné. Seule la chute de Robespierre permet de le libérer.

Très tôt, Du Pont s'est pris de sympathie pour l'Amérique. Il croyait en la possibilité de faire régner dans ce jeune état les principes économiques des Physiocrates.

L'un de ses fils, Eleuthère-Irénée, fonda dans l'État du Delaware une fabrique de poudre qui est à l'origine de la grande société d'industries chimiques et nucléaires que nous connaissons aujourd'hui aux États-Unis.

CURIOSITÉS *visite : 1 h 1/4*

Église St-Jean-Baptiste. — Une église fut construite en cet endroit à la fin du 12e s. pour recevoir des reliques de saint Jean-Baptiste ramenées de la seconde croisade. Il n'en subsiste que le clocher dont la flèche est du 16e s., comme l'église elle-même. L'abside, avec ses chapelles saillantes, est très pittoresque, vue du milieu du grand pont.

A l'intérieur, les voûtes de pierre à réseaux du chœur et du déambulatoire ont de belles clefs pendantes. Celles de la nef, surélevée au 17e s., en bois, ont été restaurées. Au-dessus de l'autel, belle verrière du 16e s. Dans la chapelle absidale, Pietà en bronze par Sanson.

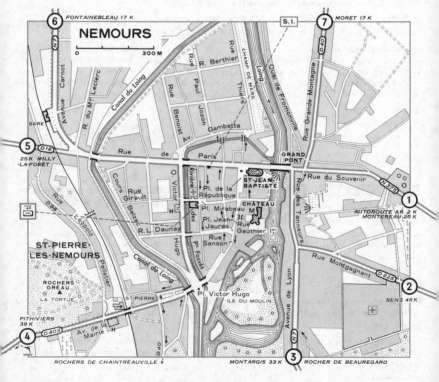

Château. — Rue Gauthier-Ier, un portail suivi d'une voûte conduit à un pont franchissant les anciens fossés aujourd'hui recouverts de maisons; on pénètre ainsi dans la cour du château.

Bâti au 12e s., il a été remanié plusieurs fois. Il se compose d'un corps de bâtiment flanqué de quatre tours et relié à un donjon carré par un passage couvert.

Musée. — *Transfert de la section Préhistoire prévu. Visite les samedi, dimanche et lundi de 10 h à 12 h et de 14 h à 17 h 30.* Installé dans le château, il possède des collections préhistoriques (polissoir de Rumont, sur le palier de l'escalier extérieur), des documents sur la ville, des tableaux, des sculptures et une tapisserie flamande du 17e s.

De la plate-forme du donjon, beau panorama.

Grand pont. — Il fut inauguré le 25 novembre 1804 par le pape Pie VII au cours de son voyage vers Fontainebleau où il s'arrêta avant de sacrer Napoléon à N.-Dame de Paris.

La vue sur la rivière, dominée à droite par l'église et le château, est pittoresque.

Rochers Gréau★. — Beau parc. L'entrée est en face de l'église St-Pierre (12e et 15e s.). Sillonné par de nombreux sentiers, il offre de beaux chaos. Rochers aux formes curieuses, dont la Tortue. Échappées sur Nemours et ses environs.

EXCURSIONS *(1) schéma ci-dessous*

Rochers de Chaintréauville. — *1,5 km au Sud*. Quitter Nemours par la route de Château-Landon (D 40). Prendre à droite, à un passage à niveau, la route de Chaintréauville, et, 250 m plus loin, sur la droite encore, un chemin en montée vers un château d'eau, à 200 m. Là se trouve, à gauche, l'entrée du parc de Chaintréauville. On peut y faire de charmantes promenades, parmi les rochers. Nombreux points de vue.

Rocher de Beauregard. — *2 km au Sud*. Suivre la N 7. A 2 km environ du pont de Nemours, prendre le sentier qui grimpe en lacet jusqu'au sommet du chaos (plaque de signalisation à gauche). Sur le bord du plateau, table d'orientation.

Rocher Soulès. — *2 km au Sud-Est*. Quitter Nemours par ② du plan et tourner à droite vers Poligny. A 500 m de la bifurcation s'amorce, à droite, un chemin de promenade d'où se détache, à droite, un sentier grimpant sur une « platière » *(p. 94)* formant le socle de curieux rochers.

Bois de la Commanderie*. — *Circuit de 22 km.*

Quitter Nemours par ⑤ du plan, D 16. A 5,5 km se détache à gauche la route de Bonnevault.

Bonnevault. — *Page 106.*

Larchant*. — *Page 105.*

Faire demi-tour et prendre à gauche une route menant à Villiers-sous-Grez, village connu pour ses cultures d'asperges.
Revenir à Nemours par le D 63, puis la N 7.

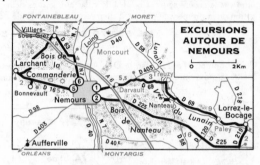

Vallée du Lunain ; bois de Nanteau. — *Circuit de 35 km*. Quitter Nemours par ① du plan, D 403 ; prendre ensuite à droite le D 69 qui suit la vallée du Lunain *(voir p. 107)*.

Lorrez-le-Bocage. — *Page 107.*

Revenir par le D 219, puis le D 225 qui traverse le bois de Nanteau.

NESLES-LA-VALLÉE – Carte Michelin nº 96 - pli ⑥ – 4 km au Nord-Ouest de l'Isle-Adam – 1 214 h. – *Ressources et distractions p. 35* – Paris 42 km.

La vallée qui entre dans l'appellation de la localité est celle du Sausseron : entre Nesles et Valmondois, elle est charmante. Le D 64, qui relie Nesles à l'Isle-Adam, offre de belles vues sur le Vexin et sur la vallée de l'Oise.

Église. — Son beau clocher roman était primitivement isolé. Il fut réuni à l'église après la reconstruction de l'édifice, à la fin du 12e s.

A l'intérieur, les curieux d'archéologie remarqueront que la nef est couverte par des voûtes d'ogives à six branches, mais que les colonnettes qui prolongent les branches intermédiaires, dans chaque travée, au lieu de reposer sur des piliers, comme de coutume, s'appuient sur le sommet des grandes arcades. L'arc-boutant n'étant pas encore utilisé à cette époque, les murs n'étaient soutenus que par des contreforts. Pour éviter le déversement des murs, il a fallu recourir aux disgracieux tirants.

Plusieurs statues sont intéressantes : la première, une Vierge en bois du 16e s., est placée au début du bas-côté gauche contre le mur extérieur ; une seconde, Vierge du 14e s., contre la façade ; une troisième (sainte Geneviève), du 14e s., dans la chapelle de droite.

Ferme. — Sur la place, à gauche de l'église, la ferme est un ancien manoir. Dans la cour, on aperçoit, à droite, une tourelle d'escalier hexagonale du 16e s. et, à gauche, un beau colombier.

NOGENT-LE-ROI – Carte Michelin nº 96 - plis ㉑ ㉒ – 2527 h. (les Nogentais) – *Ressources et distractions p. 35* – Paris 78 km.

Ce vieux bourg, situé sur un bras de l'Eure, le Roulebois, doit son nom à un château royal maintenant disparu où Philippe Auguste et Saint Louis venaient souvent. Au 16e s., il fit partie de la seigneurie de Louis de Brézé *(voir p. 37)* qui entreprit la reconstruction de l'église, reconstruction abandonnée avant son achèvement, au moment des guerres de Religion.

Église St-Sulpice. — L'édifice est de styles flamboyant et Renaissance. Il est construit le long du Roulebois qui longe le bas-côté droit, passant sous des voûtes et des arches. Le tableau, place du Marché aux chevaux, est très pittoresque. Incluse dans le mur de l'église, bordé par la rivière, on distingue une partie du mur d'enceinte de la ville et du chemin de ronde. Le chevet du 15e s. est très élégant. La tour carrée, qui flanque la façade inachevée et simplement murée, date du 17e s.

La nef, qui ne comporte que deux travées, est couverte d'une voûte en bois reproduisant les nervures et les clefs de voûte Renaissance en pierre. Aux fenêtres du chœur et du déambulatoire, vitraux du 16e s. : miracles de la Légende Dorée, Crucifixion, arbres de Jessé dont l'un est en forme de rosace. Boiseries des 17e et 18e s. Grilles du 18e s.

EXCURSIONS

Coulombs. — 714 h. *1 km à l'Est*. Sur la rive opposée de l'Eure dont les bras multiples découpent des îles verdoyantes, Coulombs possède des vestiges d'une importante abbaye.

Villemeux-sur-Eure. — 956 h. *6,5 km au Nord-Ouest*. Église romane remaniée au 16e s. ; belle rose sur la façade.

---

(1) Pour plus de détails, consulter l'opuscule « Nemours - St-Pierre » édité par le S.I. de Nemours.

OISE (Vallée de l') ★ – Carte Michelin n° 🆖🆖 - plis ⑤ ⑥ ⑦ ⑮.

Ce guide ne couvre que la dernière partie du cours de l'Oise, entre Compiègne et Fin-d'Oise.

La vallée est tracée entre des collines tantôt boisées, tantôt couvertes de champs et de vergers, tantôt dressées en falaises, tantôt mollement ondulées.

La route ne vient au contact de la rivière qu'en de rares points. De la rive ou des ponts, le paysage est charmant : le tranquille cours d'eau coule parmi les joncs et les roseaux, les saules et les peupliers. Jules Dupré à l'Isle-Adam, Daubigny et Cézanne à Auvers, Corot à Valmondois, Pissarro à Pontoise ont rendu célèbres les bords de l'Oise parmi les amateurs d'art. Le développement des villégiatures, la multiplication des usines ont apporté bien des changements aux aspects du siècle dernier.

La circulation des péniches est très active sur l'Oise qui est la grande voie d'eau reliant le Nord à Paris. A Fin-d'Oise, où la rivière se jette dans la Seine, de nombreux chalands et remorqueurs se pressent sur les rives ; mais le paysage fluvial est plus pittoresque encore à Conflans-Ste-Honorine *(p. 74).*

Le parcours de la vallée est surtout intéressant de Pontoise à l'Isle-Adam pour les vues qu'il offre sur la rivière souvent bordée de villas aux jardins fleuris. Au-delà de l'Isle-Adam, la prolongation de la promenade permet d'aller voir vers la plage de Boran-sur-Oise.

DE PONTOISE A BORAN-SUR-OISE
33 km — environ 2 h 1/2 – schéma ci-dessous

Quitter Pontoise *(p. 139)* par le D 4. A gauche, sur une hauteur, est installé un important centre émetteur qui assure des liaisons radiotélégraphiques et radiotéléphoniques intercontinentales. La route longe d'abord la rivière que l'on perd de vue durant la longue traversée d'Auvers.

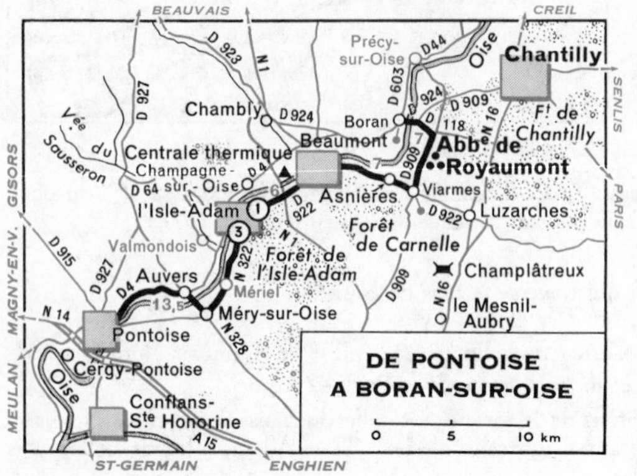

DE PONTOISE A BORAN-SUR-OISE

Auvers. — *Page 39.*

A la sortie d'Auvers, traverser l'Oise et gagner Méry par la N 328.

Méry-sur-Oise. — *Page 120.*

A Méry prendre à gauche la N 322 qui coupe l'extrémité de la forêt de l'Isle-Adam.

L'Isle-Adam★. — *Page 101.*

Quitter l'Isle-Adam par ① du plan et suivre la N 322. La première partie du trajet s'effectue en forêt.

Beaumont-sur-Oise. — *Page 40.*

De Beaumont à Viarmes, le paysage agreste est charmant.

Asnières. — 1 450 h. (les Asniérois) – *Ressources et distractions p. 34.* Petite église des 12e et 13e s. Stalles du 14e s. Nombreuses pierres tombales très anciennes. Statues de la Vierge et de saint Rémy du 17e s., en bois.

Viarmes. — *Page 46.*

Prendre ensuite le D 909. On passe devant l'abbaye de Royaumont *(page 152),* puis on pénètre dans les bois environnant Lys d'où le D 118 puis la N 324 conduisent à Boran.

Boran-sur-Oise. — 1 606 h. (les Boranais) – *Ressources et distractions p. 34.* Ce village, où affluent le dimanche, à la belle saison, baigneurs et touristes, est situé sur la rive droite de l'Oise. Sa plage, réputée, est aménagée sur la rive opposée. Du pont qui la relie à l'agglomération, la vue porte sur une courbe harmonieuse de la rivière, et au loin, sur les hauteurs de la forêt de Carnelle. La charmante église date des 13e et 15e s. Son clocher gothique est gracieux et elle abrite plusieurs statues anciennes, certaines des 14e et 15e s.

LES NUMÉROS DES ROUTES

Les modifications en cours dans le classement et la numérotation des routes peuvent engendrer quelques désaccords entre la signalisation routière et les indications de ce guide.

ORSAY – Carte Michelin n° 🔳🔳🔳 - pli ㉝ – 22 579 h. (les Orcéens) – *Schéma p. 64* – Paris 24 km.

L'un des seigneurs d'Orsay fut prévôt des marchands à Paris. Il a donné son nom au quai qu'il fit commencer en 1707.

A la fin du 18e s., le château d'Orsay, actuellement disparu, appartient à la belle-mère du général Moreau, le célèbre vainqueur de Hohenlinden. Très ambitieuse pour son gendre, jalouse de la carrière de Bonaparte, elle pousse le général à conspirer. Exilé, Moreau est tué en 1813 dans les rangs alliés. La châtelaine d'Orsay, inconsolable, fait alors élever à la mémoire de son gendre, dans le parc, un « Temple de la Gloire ».

Sous la Restauration, le chevalier d'Orsay a été, à Londres et surtout à Paris, le type même du « dandy ». Soucieux d'élégance, ayant pour principe de fuir le naturel, il lança la mode des costumes raffinés, d'une langue très châtiée et surtout l'horreur des émotions spontanées et de la jouissance des sensations simples. La vogue des orchidées, des parfums complexes, des reliures luxueuses, des bibelots précieux est due au chevalier d'Orsay. Ses aventures sentimentales composeraient un capiteux roman et son influence marqua Baudelaire, Villiers de l'Isle-Adam, Barbey d'Aurevilly, Oscar Wilde.

CURIOSITÉS *visite : 1/2 h*

La Clarté-Dieu. — Construit en 1956 pour abriter un noviciat franciscain, c'est un intéressant exemple d'architecture monastique contemporaine. Les bâtiments de béton brut de décoffrage, très dépouillés, sont conçus en fonction des règles de la vie franciscaine. La vaste chapelle, claire et nue, est éclairée par une immense verrière abstraite. L'autel est au centre sur un large podium.

Une très belle statue en bois, du 15e s., représentant la Sainte-Trinité, orne la porte d'entrée des fidèles, ouvrant sur la tribune de l'église.

La faculté des Sciences. — Les bâtiments universitaires sont dispersés dans un grand parc qui abrite les bâtiments de cours et de recherches des diverses disciplines, les locaux d'habitation des étudiants ainsi que cantines, bibliothèques, salles de loisirs, stades, laboratoires et ateliers nécessaires aux expériences.

Étagé sur des collines boisées entre Orsay et Bures-sur-Yvette, le parc s'étend sur 160 ha, traversés par l'Yvette et sillonnés de routes en lacet.

Le temple de la Gloire. — *Avenue des Lacs, aux abords du stade municipal ; on ne visite pas.* Dans un joli cadre d'étangs, de verdure et de bois, le gracieux monument, inspiré des temples grecs, est parfaitement visible à travers les grilles qui l'entourent.

Promeneurs, campeurs, fumeurs...

soyez prudents !

Le feu est le plus terrible ennemi de la forêt.

OURCQ (Vallée de l') – Carte Michelin n° 97 - pli ⑲.

Cette rivière, dont la vallée est souvent pittoresque, a attaché son nom à l'un des épisodes décisifs de la première bataille de la Marne (1914).

L'Ourcq est un affluent de la Marne qui prend sa source dans la forêt de Ris, à 20 km au Nord-Est de Château-Thierry. Cette rivière a creusé son lit dans le plateau calcaire de la Brie. Les versants de la vallée sont souvent abrupts. A partir de la Ferté-Milon, l'Ourcq sinue en méandres très incurvés pour contourner les bancs de calcaire grossier et résistant du sous-sol briard.

L'Ourcq se jette dans la Marne peu en aval de Mary-sur-Marne. Le canal de l'Ourcq se détache de la rivière à Mareuil, suit tout d'abord l'Ourcq puis les sinuosités de la vallée de la Marne et rejoint la Seine à Paris par le canal St-Martin.

LA BATAILLE DE L'OURCQ

La première bataille de la Marne a été engagée avec la bataille de l'Ourcq et le sort de celle-ci a conditionné le succès de l'attaque générale lancée de Nanteuil-le-Haudouin, au Nord de Meaux, à Revigny, gros bourg aux environs de Bar-le-Duc.

La retraite : 24 août au 4 septembre 1914. — L'Allemagne déclare la guerre à la France le 2 août et entre en Belgique le 3. Le 4, la Grande-Bretagne déclare la guerre à l'Allemagne. Nos troupes, qui s'étaient portées au secours de la nation neutre envahie, contre-attaquent dans les Ardennes belges. Cette offensive brisée à Charleroi le 24 août, les armées franco-anglaises, soumises à une très forte pression ennemie, doivent se replier.

Joffre, commandant en chef, ordonne une retraite en bon ordre, sans rupture des unités. Ses forces se regroupent, il tient à pouvoir reprendre la direction des opérations à la première occasion favorable. Le 27 août, la 6e armée est créée pour contenir les Allemands sur l'Aisne et confiée au général Maunoury. Elle doit aussi constituer une masse d'attaque contre le flanc Ouest de la poche ennemie. Malheureusement, le recul se poursuit et, le 1er septembre, la ligne de contact des armées suit la ligne Beauvais, Verberie, Senlis, Meaux, Coulommiers, Sommesous. La 4e division anglaise de French la prolonge sur la droite. A ce moment, les Allemands, qui marchaient vers le Sud-Ouest et Paris, rabattent leur aile droite vers le Sud-Est. L'armée von Kluck passe devant Paris.

Gallieni, commandant le camp retranché de Paris et la 6e armée du général Maunoury, comprend la manœuvre adverse : von Kluck veut capturer l'armée anglaise qui se replie sur le Grand Morin. Gallieni confère avec Joffre et ils décident d'attaquer l'armée ennemie qui se présente de flanc et anéantir ainsi la puissante aile droite des envahisseurs. L'offensive est prévue pour le 6.

BATAILLE DE L'OURCQ

OURCQ (Vallée de l')

L'arrêt sur la Marne : 4 au 8 septembre. — Gallieni et la 6e armée du général Maunoury prennent leurs dispositions de combat le 4 septembre. Le 5, en essayant de gagner la position assignée entre Lizy-sur-Ourcq et May-en-Multien, ils sont retardés par de violents accrochages avec le 4e corps allemand, à Penchard et à Monthyon. Le 5 au soir, ils tiennent la ligne Montgé, Iverny, Charny ; dans la nuit, le 4e corps, menacé d'être tourné, se retire vers l'Ourcq. L'armée anglaise de French, épuisée par la retraite, ne parvient pas à occuper les positions prévues. Le 6 septembre, Joffre lance son pathétique ordre du jour : « Toute troupe qui ne peut plus avancer devra se faire tuer sur place plutôt que de reculer. » Des combats violents se livrent de Chambry à Betz ; von Kluck ramène au Nord de la Marne une partie des forces qui s'opposaient aux Anglais.

Le 7, Maunoury est débordé sur son flanc gauche et son front s'infléchit vers l'Ouest. Les Anglais, n'ayant plus que la cavalerie allemande en face d'eux, dépassent le Grand Morin. Dans la nuit, Gallieni envoie la 7e division en renfort, dans le secteur menacé, à Nanteuil-le-Haudouin. Cinq bataillons sont transportés par 600 taxis parisiens qui effectuent chacun deux voyages. Le 8, la lutte est acharnée. Redoutant d'être débordée à l'Ouest, l'armée Maunoury tient désespérément contre un ennemi plus puissant qu'elle. Les Anglais atteignent le Petit Morin. Profitant de l'affaiblissement des Allemands qui défendent l'Ourcq, Franchet d'Esperey progresse vers Montmirail.

La victoire : 9 au 13 septembre. — Les Allemands évacuent la pointe Vareddes - Étrépilly. Bien qu'ils aient contraint Maunoury à reculer jusqu'au Sud de Nanteuil-le-Haudouin, mais subissant à l'Est une forte pression anglaise – French atteint Château-Thierry –, Franchet d'Esperey amplifiant sa progression, Foch n'ayant pas cédé sur les marais de St-Gond, ils reçoivent l'ordre de battre en retraite. Ils ne cesseront de reculer jusqu'au 13 septembre et s'arrêteront sur une ligne passant au Nord de Soissons, Reims et Verdun.

L'offensive française n'a pas atteint son objectif : anéantir l'armée von Kluck, mais elle a stoppé l'invasion à un moment décisif. En effet, le haut état-major impérial avait prévu l'écrasement de la France, puis l'attaque de la Russie, toutes forces allemandes devenues disponibles. Le coup d'arrêt imposé par Joffre bouleverse ce plan : une grande partie des troupes allemandes restent immobilisées en France au moment où les Russes, enfin prêts, lancent une puissante offensive.

L'Allemagne n'a plus la direction des opérations et les Alliés disposent d'un délai pour amplifier leur effort de guerre.

Monuments commémoratifs. — Plusieurs monuments ont été édifiés pour commémorer l'héroïsme des combattants de la bataille de l'Ourcq. Les principaux sont énumérés ci-dessous.

Mémorial de Villeroy. — *Page 188.*

Monument américain aux combattants français de la Marne. — Cette colossale statue se dresse à droite du D 405, en sortant de Meaux par ① du plan.

Monument d'Étrépilly. — Sur le D 146. Il évoque les âpres combats du 7 septembre.

Monument Gallieni. — Il fut élevé à la ville de Paris à l'angle du D 27 et de la N 3.

Monument de N.-D.-de-la-Marne. — Sur le D 97. Il fut élevé près de Barcy en exécution d'un vœu de Mgr Marbeau, évêque de Meaux en 1914. Beau panorama.

Monument des Quatre-Routes. — Au croisement des D 38 et D 140. Il commémore les combats livrés à Chambry et le souvenir des morts de l'armée de Paris.

DE MEAUX A LA FERTÉ-MILON
41 km – environ 2 h 1/2 – schéma ci-contre

Quitter Meaux *(p. 117)* par ① du plan et suivre le D 405. A 3 km de Meaux, en haut d'une côte, s'élève le colossal monument américain aux combattants français de la Marne.

Monument américain. — *Voir ci-dessus.*
La route descend ensuite dans un vallon aux pentes rapides, très verdoyant, et pénètre dans la boucle que le

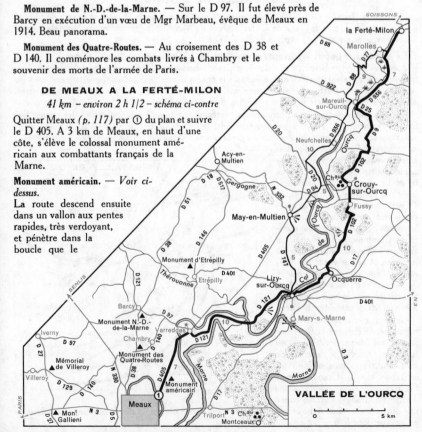

VALLÉE DE L'OURCQ

canal de l'Ourcq décrit autour de Varreddes. A partir de cette localité, suivre le D 121, verdoyant et ombragé, qui longe le canal et contourne un méandre de la Marne. Au cours de la descente sur Lizy-sur-Ourcq, belle vue sur la localité et une boucle de la Marne.

Lizy-sur-Ourcq. — 2 695 h. L'église du 15ᵉ s. possède quelques restes de vitraux anciens.

Prendre le D 102, route de la rive gauche qui suit le fond de la vallée où se pressent les peupliers.

Ocquerre. — 270 h. Une ferme située à l'entrée du village, sur la droite en venant de Lizy-sur-Ourcq, possède un beau bâtiment Renaissance surmonté de trois cheminées monumentales.

Puis, la route s'élève le long des coteaux. L'église de May-en-Multien se découpe sur la crête dominant l'autre rive.

Crouy-sur-Ourcq. — 1 053 h. Église reconstruite au 16ᵉ s. dans le style gothique mais ayant conservé son clocher roman, inachevé. Son portail est Renaissance. Au-dessus des fonts baptismaux, tableau peint sur bois datant de 1620.

Près de la gare, beaux vestiges d'un château du 14ᵉ s., englobés dans une ferme. Au bord de la route se dressent les restes de la courtine transformés en logis. Le donjon qui le domine a conservé ses mâchicoulis.

La route, ondulée après Crouy, offre des vues sur la rive opposée.

A partir de Mareuil où le canal de l'Ourcq se réunit à la rivière, le fond de la vallée devient marécageux. Des saulaies, des rideaux de peupliers dissimulent agréablement l'eau stagnante. Sur la rive droite se détache Marolles et la flèche de pierre trapue de son église romane.

Le D 936 longe de près la rivière entre des coteaux boisés avant d'atteindre la Ferté-Milon.

> **Variante par la rive droite.** — *Allongement de parcours de 5 km.* A partir de Lizy-zur-Ourcq, prendre le D 147.

> **May-en-Multien.** — 502 h. Son église primitive (12ᵉ s.), juchée sur le rebord du plateau, est devenue le bas-côté gauche d'une nef du 14ᵉ s. prolongeant un chœur carré du 13ᵉ s. Le bas-côté droit est du 16ᵉ s. comme la tour de l'église. Du haut de celle-ci, magnifique vue sur la vallée de l'Ourcq.

> La route offre de jolies vues au cours d'une agréable descente sinueuse sur Crouy.

> Emprunter le D 20, puis le D 936, qui constituent une route agréable pour atteindre Mareuil. De là, prendre le D 88 et le D 77 qui serpente à travers bois jusqu'au sommet d'une côte d'où l'on domine Marolles et la vallée.

> Rejoindre le D 936 qui conduit à la Ferté-Milon *(p. 87).*

OURSCAMPS (Abbaye d') ★ – Carte Michelin nº 97 -pli ⑧ – 4 km au Sud de Noyon – Paris 95 km.

L'abbaye d'Ourscamps est située sur la rive gauche de l'Oise à l'orée de la forêt.

Fondée en 1129 par les Cisterciens, elle prend rapidement une grande importance et au 18ᵉ s. de nouveaux bâtiments sont construits. Vendue à la Révolution comme bien national, elle subit des modifications et une partie de son église est détruite. Transformée au 19ᵉ s. en manufacture, elle est saccagée à la fin de 1914 et incendiée en partie en 1915. Aujourd'hui, elle est occupée par la Congrégation des Serviteurs de Jésus et de Marie.

ABBAYE★ *visite : 1/2 h*

Visite de 8 h à 19 h ; le dimanche de 8 h à 9 h 30 et de 12 h à 19 h.

En franchissant la belle grille d'honneur, on ne voit que les constructions du 18ᵉ s. De chaque côté d'une façade classique, élevée pour masquer le portail gothique de l'église qui n'était plus au goût du jour, s'étendent les bâtiments abbatiaux dont seule l'aile Nord est intacte. Passé le portail, au bout d'une longue allée qui occupe l'emplacement de la nef, se dresse le squelette du chœur et de son déambulatoire, double dans la partie droite, simple au chevet où il desservait cinq chapelles rayonnantes.

En arrière et de chaque côté de l'arc triomphal apparaissent les ogives et les doubleaux du déambulatoire, les lancettes des fenêtres hautes, les grandes arcades et l'ossature des voûtes effondrées. Cet ensemble romantique de pierres et de verdure conserve beaucoup de charme.

A droite et en arrière s'élève l'ancienne infirmerie, qui sert actuellement de chapelle. Cette magnifique salle du 13ᵉ s. a conservé extérieurement toute sa distinction monastique.

A l'intérieur, elle présente une ordonnance remarquable. De fins piliers, alignés sur deux rangs, supportent les nervures des ogives. De belles fenêtres à oculus dispensent une grande clarté. La perspective est malheureusement rompue par l'adjonction de hautes stalles du 17ᵉ s. formant un chœur. Une toile de G. de Crayer (1640) orne le maître-autel.

EXCURSION

Église de Thourotte. — *10 km.* Gagner la N 32 que l'on suit vers le Sud, en direction de Compiègne. Isolée sur une langue de terre séparant l'Oise de son canal latéral, elle s'élève en dehors de la localité dont elle est séparée par la voie ferrée et le canal.

C'est un harmonieux édifice du 12ᵉ s. dont le grand toit recouvre complètement la nef et les bas-côtés. Sa courte tour gothique à baies géminées est coiffée d'un clocheton pointu.

Le vaisseau, très délabré, est recouvert d'une charpente.

– Carte Michelin n° **101** - Nord du pli ㉞ – 28 924 h. (les Palaisiens) – Paris 19 km.

Accroché au bord du plateau de Saclay, au-dessus de la vallée de l'Yvette où se maintiennent encore de riches cultures maraîchères, Palaiseau jouit d'un site particulièrement agréable, déjà apprécié des rois mérovingiens qui y avaient un « palaiseau », ou petit palais.

La vieille ville borde la rue principale tandis que les habitations nouvelles rejoignent Orsay. Au centre, sur la place de la Victoire se dresse la statue du jeune héros de la Révolution, le petit tambour Joseph **Bara**, originaire de Palaiseau.

Église. — Elle est située dans la partie haute de la vieille ville. Reconstruite au 15ᵉ s., elle a conservé un chevet plat, un clocher et un portail roman du 12ᵉ s. La chapelle de droite a des voûtes du 15ᵉ s. retombant sur des culs-de-lampe sculptés. C'est sous cette chapelle, dans la crypte *(fermée)*, que furent transportés les corps de la famille Arnaud, lors de la destruction de Port-Royal en 1710. Du 18ᵉ s. sont restés des boiseries, autels et retables.

PETIT MORIN (Vallée du) – Carte Michelin n° **97** - plis ⑲ ⑳.

Le Petit Morin, affluent de la Marne, a creusé son lit dans le plateau de la Brie champenoise. Il se faufile entre deux coteaux aux versants escarpés. La grande culture occupe les plateaux, les pentes sont boisées, les fonds verdoyants.

Au cours de la première bataille de la Marne, dans l'après-midi du 7 septembre 1914, l'armée anglaise du maréchal French livra de durs combats pour s'assurer la possession de cette vallée *(voir : La Bataille de l'Ourcq p. 133).*

DE LA FERTÉ-SOUS-JOUARRE A SABLONNIÈRES
22 km — environ 1 h 1/2 – schéma ci-dessous

Quitter la Ferté-sous-Jouarre *(p. 104)* et suivre le D 402 jusqu'à Jouarre.

Jouarre★. — *Page 103.*

Revenir par Mourette au D 204, que l'on prend à droite pour suivre la rivière. Au sommet d'une côte, peu avant les Grands-Montgoins, belle vue plongeante sur la vallée. Aux Grands-Montgoins, prendre à gauche le D 37 qui descend dans la vallée.

St-Cyr-sur-Morin. — 1 026 h. Village agréablement situé, très apprécié des artistes. Dans le hameau voisin, Archets, se trouve le musée Mac Orlan, maison où l'écrivain de « Quai des brumes » mourut en 1970.

VALLÉE DU PETIT MORIN

St-Ouen. — 265 h. Château du 17ᵉ s., à gauche de la route qui suit de près le cours de la rivière. La vallée devient très boisée.

Sablonnières. — 443 h. Église des 12ᵉ et 16ᵉ s.

De Sablonnières, on peut rejoindre la vallée du Grand Morin *(p. 99)* par le D 222, puis à partir de Rebais le D 55, sinueux dans un décor forestier. Arrivé au D 66, suivre à droite vers Coulommiers.

PIERREFONDS ★★ – Carte Michelin n° **97** - pli ⑧ – 1 723 h. (les Pétrifontains) – *Schéma p. 73 – Ressources et distractions p. 35* – Paris 87 km.

Ce joli centre de villégiature est encaissé entre la lisière de la forêt de Compiègne et un éperon à l'extrémité duquel se dresse le château fort qui a rendu célèbre le nom de Pierrefonds. Un petit lac agrémente ce paysage romantique.

Un château s'élève en cet endroit dès le 12ᵉ s. Cette châtellenie était une des quatre qui formaient le comté de Valois érigé en duché quand Charles VI le donna à son frère Louis d'Orléans. Ce prince, qui assura la régence pendant la folie du roi et mourut en 1407 assassiné par son cousin Jean sans Peur, duc de Bourgogne, fit reconstruire Pierrefonds par Jean le Noir, architecte du roi.

A la fin du 16ᵉ s., le château est donné à Antoine d'Estrées, père de la belle Gabrielle, puis à son fils François qui se rebelle contre l'autorité royale. Il est vaincu et le château démantelé.

En 1813, Napoléon Iᵉʳ achète les ruines pour un peu moins de 3 000 F. Napoléon III, en 1857, confie la reconstruction du château à Viollet-le-Duc. Cette reconstitution d'un château féodal a été sévèrement critiquée. Cependant, l'extérieur a été beaucoup plus restauré qu'imaginé et la disposition des salles à l'intérieur a été suggérée avec précision par les nombreux vestiges de murs subsistant encore au moment de la restauration. La chapelle et l'escalier d'honneur sont, par contre, ainsi que l'ornementation sculptée ou peinte, l'œuvre exclusive de Viollet-le-Duc.

LE CHÂTEAU★★ *visite : 3/4 h*

Visite accompagnée de 10 h à 11 h 45 et de 14 h à 18 h 30 (16 h 30 du 1ᵉʳ octobre au 31 mars). Fermé le mardi. Entrée : 4 F (2 F le dimanche).

Partir de la place de l'Hôtel-de-Ville et monter à pied, par la rue Carnot, vers la grande entrée du château.

Le château, de forme quadrangulaire, long de 103 m, large de 88, présente une grosse tour de défense aux angles et au milieu de chaque face. Sur trois côtés, il domine presque à pic le village ; au Sud, il est séparé du plateau par un profond fossé.

Les murailles ont deux chemins de ronde superposés : celui du dessous, couvert, comporte des mâchicoulis ; celui du dessus ne possède que des créneaux. Les tours, de 5 à 6 m d'épaisseur, ont 38 m de haut et un double étage de défense les couronne. De la route charretière qui fait le tour du château au fond des douves, elles produisent une impression écrasante. Huit statues de preux les ornent et leur donnent leur nom : Arthus, Alexandre,

Godefroy, Josué, Hector, Judas Macchabée, Charlemagne et César. Le toit de la chapelle est surmonté d'une statue en cuivre de saint Michel.

On pénètre dans une avant-cour formant terrasse dite : les Grandes Lices; puis, on franchit un petit châtelet et un pont de bois pour atteindre les ponts-levis précédant la poterne, entrée du château, qui ouvre sur la cour d'honneur. *Le gardien est à gauche.*

Visite intérieure. — *On peut visiter les cours et la chapelle sans le gardien.* La façade principale se déploie à gauche avec ses arcades en anse de panier formant un préau qui supporte une galerie. En face et à droite, jusqu'à la chapelle, s'élèvent les bâtiments des cuisines et de service. Devant le perron monumental : statue de Louis d'Orléans, du 19e s. La chapelle a une façade élégante.

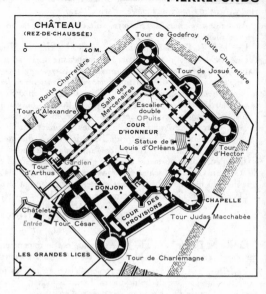

CHÂTEAU (REZ-DE-CHAUSSÉE)

Saint Jacques le Majeur, au trumeau de la porte, a les traits de Viollet-le-Duc.

Entre la chapelle et l'entrée s'élève le donjon, résidence du seigneur. Il est flanqué de trois tours : deux rondes à l'extérieur et une carrée à l'intérieur.

La cour des provisions, ménagée entre la chapelle et le donjon, communique avec la cour d'honneur par une poterne et avec l'extérieur par une autre poterne dominant de 10 m le niveau du pied de la muraille. Pour introduire les vivres dans la forteresse, un tablier de bois en forte pente était abattu. On hissait les provisions sur ce plan incliné.

Accompagné du gardien, on visite le donjon où se trouvent, au 1er étage, la salle de réception et l'antichambre, puis la tour César qui contient, au 1er étage, la chambre à coucher du châtelain.

La vaste salle des « preuses » qui fait suite, servait au seigneur à rendre la justice, recevoir les hommages et donner fêtes et banquets. La tribune des musiciens est supportée par les statues peintes (19e s.) de Charlemagne, Roland, Turpin, Guillaume le Grand et Olivier. A l'opposé, le manteau de la cheminée est orné des statues des neuf preuses : héroïnes des romans de chevalerie. Celle du milieu, Sémiramis, est représentée sous les traits de l'impératrice Eugénie, les autres preuses sont des portraits de dames de la Cour.

On passe ensuite sur le chemin de ronde, d'où l'on découvre un panorama sur la région environnante, et l'on visite les casernements des officiers.

Un escalier à double vis conduit à la salle où étaient logés les mercenaires à la solde du châtelain.

PITHIVIERS - Carte Michelin nº 97 - pli 38 – 10 442 h. (les Pithivériens) – *Ressources et distractions p. 35 – Plan dans le guide Michelin France de l'année* – Paris 88 km.

Située aux confins de la Beauce et du Gâtinais, Pithiviers doit son activité principale aux produits agricoles de ces régions. Cette ville, dont un beau mail ombragé marque les limites de la cité ancienne, est en effet un important marché de pommes de terre, de miel et de céréales (blé, maïs, orge) en même temps qu'un gros producteur de malt et de sucre, mais commence en outre à s'industrialiser. Ses « pithiviers », gâteaux glacés aux amandes, bien différents de ceux trouvés ailleurs dans le commerce, son pain d'épices, ses pâtés d'alouette contribuent fortement à sa renommée.

CURIOSITÉS *visite : 2 h 1/2*

Église St-Salomon. — Renaissance dans son ensemble, elle date des 16e et 17e s. De l'église primitive, partie la plus intéressante de l'édifice, il ne subsiste qu'une abside romane et le carré du transept qui sert de base au clocher. Au 19e s. a été ajoutée la flèche qui le surmonte. Remarquer la décoration des quatre culées des arcs-boutants entourant le chœur et le portail classique de la façade occidentale. Des colonnes et des pilastres cannelés, coiffés de chapiteaux ouvragés, encadrent une porte aux beaux vantaux. Au-dessus court une charmante frise surmontée au centre d'un fronton triangulaire inscrit dans un arc en plein cintre.

C'est à l'intérieur que ressort le plus l'asymétrie du plan. Un pan coupé à deux faces, qui marque l'angle gauche du déambulatoire, se raccorde par un mur en biais à l'ancienne abside qui, maintenant, sert de chapelle absidale au collatéral droit. La ligne extrêmement simple de la coupole de l'ancien carré du transept, la décoration fruste des chapiteaux contrastant avec la variété des voûtes des collatéraux et du chœur où branches d'ogives, liernes et tiercerons forment un réseau compliqué. Une énorme clé ajourée pend au-dessus du tabernacle. Un faux triforium de plâtre a été ajouté au siècle dernier.

Musée. — *Visite les mercredi et samedi de 10 h à 12 h et de 14 h à 18 h, les dimanches et jours fériés de 10 h à 12 h et de 15 h à 19 h. Fermé le mardi et en juin. Entrée : 1 F.*

Il possède des collections paléontologiques, archéologiques, ethnographiques (sarcophage canaque) et folkloriques et, entre autres œuvres intéressantes, une collection de dessins de maîtres français, italiens et espagnols du 15e au 19e s., ainsi que de nombreuses céramiques (de Nevers notamment).

Musée des Transports. — *Visite les dimanches et jours fériés du 1er mai au dernier dimanche d'octobre de 14 h 30 à 18 h. Entrée : 8 F (donnant droit à un parcours dans le train à vapeur).*

Une intéressante collection de locomotives et wagons, dont un ancien train à vapeur, circulant sur 4 km, est présentée à la gare de Pithiviers. *Durée de la visite, incluant le parcours en train : 1 h 1/2.*

POISSY ★ – Carte Michelin n° **101** - plis ⑪ ⑫ – 37 637 h. (les Pixiaçais) – *Plan dans le guide Michelin France de l'année* – Paris 29 km.

Ancienne cité chargée d'histoire, ville d'art, Poissy est en outre aujourd'hui un centre industriel en plein essor.

Dès le 5e s., Poissy fut résidence royale. Le château, démoli par Charles V, était contigu à l'église N.-Dame ; il s'étendait à l'emplacement de la place Meissonier. Saint Louis y fut baptisé en 1214 : le roi signait souvent sa correspondance intime Louis de Poissy.

Une abbaye royale d'Augustins *(voir : Les monastères en Ile-de-France p. 21)*, fondée au 11e s., fut donnée aux Dominicaines par Philippe le Bel. C'est dans leur réfectoire que se tint, du 9 septembre au 13 octobre 1561, le « colloque de Poissy » où, sur l'initiative du chancelier Michel de l'Hospital, Catholiques et Protestants affrontèrent leurs doctrines. Le légat du pape, seize cardinaux, quarante évêques, le général des Jésuites d'un côté, de nombreux théologiens protestants conduits par Théodore de Bèze de l'autre, discutèrent pendant dix-sept jours. Après ces assauts d'éloquence stérile, le fossé qui séparait les adversaires se trouva élargi.

Jusqu'au milieu du siècle dernier, Poissy fut le marché aux bestiaux qui alimentait Paris : 80 000 bœufs, 20 000 vaches, 45 000 veaux, 350 000 moutons y étaient vendus annuellement. Le transfert du marché dans la capitale atteignit gravement la prospérité de la ville.

De nos jours, l'industrie automobile a ranimé son activité.

LA VILLE ANCIENNE
visite : 1 h

Église N.-Dame★. — Elle est en grande partie romane et date des 11e et 12e s. Des chapelles lui ont été ajoutées au 15e s. L'édifice a été restauré par Viollet-le-Duc.

Extérieur. — Le clocher-porche roman s'élève sur plan carré, passe à l'octogone au dernier étage et se termine par une flèche de pierre. L'autre clocher, roman, sur le chevet, est à base carrée et flèche octogonale de charpente recouverte d'ardoise.

Le double portail du flanc droit est précédé d'un porche. Élevé au 16e s., il est de style gothique flamboyant. Les tympans sont décorés à droite de rinceaux, à gauche d'une Annonciation extrêmement stylisée : d'un vase du tympan jaillit une tige portant trois fleurs de lys, emblème de la Vierge, et d'un nuage, au sommet du tympan, partent des rayons, symbolisant le Saint-Esprit.

Intérieur. — La nef a été revoûtée d'ogives. Les chapiteaux des deux premières travées ont été retaillés à la Renaissance. Les autres sont décorés de feuillages, de monstres, d'entrelacs. Le triforium n'existe que dans les trois travées qui précèdent le chœur. Celui-ci, voûté d'ogives, est entouré d'un déambulatoire à voûtes d'arêtes. Les chapiteaux sont ornés de feuillages et palmettes. Les vitraux sont modernes. Sur la droite en entrant : statuette du donateur en pierre peinte du 16e s., et jeune fille en prière, du 13e s.

La 1re chapelle à droite de l'entrée contient, protégés par une grille, les fonts qui auraient servi au baptême de Saint Louis. Ce petit monument est très délabré : pendant des siècles, les fidèles raclèrent les pierres. Ils avalaient dans un verre d'eau la poussière recueillie, qui était considérée comme un puissant remède contre la fièvre. Dans la même chapelle, panneau peint, et chaire à prêcher mobile, du 18e s.

Dans la 1re chapelle à gauche du chœur, des statuettes anciennes garnissent la galerie. Dans la chapelle du fond, contre la façade, Saint-Sépulcre du 16e s., statue de saint Jean-Baptiste en pierre colorée du 14e s., charmante sainte Barbe du 15e s. Avant de sortir, admirer, à l'entrée du bas-côté droit, un Christ couronné d'épines du 16e s.

Ancienne abbaye. — Dans l'avenue Meissonier, on aperçoit, en face de la Maison centrale de correction – une des plus importantes de France –, un bâtiment flanqué de deux grosses tours : c'était l'entrée fortifiée de l'abbaye où eut lieu le « colloque de Poissy ».

Pénétrer dans l'enclos qui occupe l'emplacement du monastère et dans lequel se trouvait la propriété du peintre Meissonier. La vue sur les clochers de l'église est pittoresque.

Le bord de l'eau. — Une promenade (cours du 14-juillet), ombragée de tilleuls, borde un bras de la Seine. A 300 m en amont du vieux pont du 13e s., détruit en partie pendant la guerre de 1939-1945, a été construit un pont métallique conçu pour laisser toute liberté à la navigation. Ses trois travées longues de 85 m au milieu, de 50 m aux deux extrémités, sont très élevées au-dessus de la cote normale du fleuve (celle du milieu est à 12,75 m). Du milieu de ce pont, on a une belle vue sur la Seine où s'allongent deux îles et, en avant, sur les hauteurs de l'Hautil.

ART ET INDUSTRIE MODERNES

Villa Le Corbusier★. — *Visite de 10 h à 12 h et de 13 h 30 à 17 h. Fermée le mardi.* Située avenue Blanche de Castille, au fond d'un grand parc occupé en partie par le lycée, la villa « les Heures Claires » a été construite en 1929 par Le Corbusier. La maison, aux lignes très pures, rassemble toutes les conceptions, révolutionnaires pour l'époque, du grand architecte. Chaque détail de construction correspond à un souci de rendre la vie facile, lumineuse, détendue.

Usine Simca-Chrysler France. — *Visite : 3 h environ, comprenant au début une présentation audio-visuelle. Prendre rendez-vous en écrivant au Service des visites de l'usine, 45 rue J.-P.-Thimbaud.*

En 1961, Simca-Chrysler a regroupé à la lisière Nord de Poissy, les usines créées en 1934 à Nanterre, bénéficiant ainsi d'espace plus étendu, et des communications par le fleuve, les voies ferrées et l'autoroute.

Les usines concentrent sur environ 110 ha des installations caractérisées par une utilisation rationnelle de l'espace. L'atelier de montage, placé entre l'usine de presse et celle de mécanique forme un réseau compliqué où les pièces viennent se rejoindre dans un étonnant ballet.

On aperçoit aussi la gare – marchandises et voyageurs – particulière à l'usine, son bureau de poste, sa centrale thermique, sa station d'épuration et son élégant château d'eau sphérique.

Le nombre de places dans les restaurants est parfois limité.
En saison, les samedis et dimanches surtout,
retenez donc votre table par avance.

PONTCHARTRAIN – Carte Michelin nº 96 - pli ⑭ – *Schéma p. 149* – Paris 40 km.

Le nom de ce village est familier aux usagers de la N 12 qui le traverse.

Château. — *On ne visite pas.* Il a été bâti au 17e s. par François Mansart. Les écuries ont été construites avec les pierres de la chapelle et du cloître de Port-Royal-des-Champs. Par la suite, le domaine changea souvent de propriétaire ; l'un d'eux fut la Païva. Cette aventurière, devenue marquise portugaise, puis comtesse prussienne, réussit à faire de Renan, Taine, Sainte-Beuve, les Goncourt, Émile Augier, Théophile Gautier, etc., les habitués de ses dîners.

De la grille, on aperçoit l'important édifice en brique et pierre, précédé d'un vaste parterre.

EXCURSION

Neauphle-le-Château. — 1 952 h. *2 km au Nord par le D 13 E.* Village pittoresque bâti sur une hauteur (alt. 185 m) à l'emplacement d'un château fort qui commandait toute la région. De la cour de la mairie, en face de l'église, la vue est assez belle.

PONTOISE ✱ – Carte Michelin nº 101 - Nord du pli ② – 28 241 h. (les Pontoisiens) – *Schéma p. 132* – *Ressources et distractions p. 35* – Paris 32 km.

Pontoise est une des villes dont l'expansion est le plus spectaculaire. De part et d'autre de l'autoroute d'accès, le modernisme s'inscrit dans le paysage : à l'Est, les hauteurs d'Ennery sont hérissées de pylônes du centre émetteur de télécommunications ; à l'Ouest, les chantiers de la ville nouvelle *(voir p. 140)* s'étendent jusqu'à Cergy. Au centre, la vieille ville, dont les anciens remparts dominent l'Oise, a gardé ses monuments, ses rues étroites et sinueuses, ses placettes aux noms pittoresques.

Une forteresse du Vexin. — Après le traité de St-Clair-sur-Epte (911), Pontoise fut l'une des deux places fortes du Vexin français – l'autre était Meulan. Elles avaient en face d'elles, dans le Vexin normand, les Andelys et Gisors.

Dans le château qui domine la ville, les rois de France séjournent souvent. C'est là que Saint Louis, tombé malade, fait vœu, s'il guérit, de partir pour la Terre sainte.

Deux raids sur Paris. — Pontoise est prise et reprise durant la guerre de Cent Ans. En 1418, 1 000 cavaliers du parti de Jean sans Peur, sous les ordres de Villiers de l'Isle-Adam, quittent la ville et surprennent Paris avec la complicité de Perrinet le Clerc qui leur ouvre la porte de St-Germain-des-Prés. En 1436, sous le même capitaine mais, cette fois, en faveur du roi Charles VII, le même raid, facilité par d'autres complicités, se reproduit avec le même succès.

Ruse de guerre. — En 1437, une neige épaisse couvrant la campagne, le chef anglais Talbot fait vêtir ses soldats de toile blanche et s'avance avec eux vers les remparts. Les échelles sont silencieusement appliquées contre les murs et les assaillants s'emparent de Pontoise sans coup férir. Charles VII libère la ville quatre ans plus tard. Selon les mœurs du temps, les prisonniers qui ne peuvent pas payer rançon sont emmenés à Paris et noyés devant la place de Grève.

Le Parlement à Pontoise. — Trois fois, en 1652, 1720 et 1753, le Parlement est exilé au couvent des Cordeliers de Pontoise pour avoir refusé d'obéir aux injonctions royales. L'arrivée de tous ces robins était une aubaine pour le commerce local qui voyait avec regret s'aplanir finalement les différends. L'expression parisienne « revenir de Pontoise » fait allusion à l'air déconfit des magistrats rentrant dans la capitale après être venus à résipiscence.

Le château, tombant en ruines, a été démoli en 1739.

CATHÉDRALE ST-MACLOU *visite : 1/4 h*

L'édifice se dresse entre les places du Grand et du Petit-Martroy. Élevé au 12e s., il a été remanié plusieurs fois jusqu'au 17e s.

Extérieur. — Dans la façade, le portail central, surmonté d'un gâble, la belle rose et le clocher sont de style gothique flamboyant. Le clocher se termine par un dôme Renaissance ajouté en 1552 *(illustration p. 19)*.

Cette partie centrale est flanquée à droite et à gauche de collatéraux Renaissance. Celui de droite s'ouvre par un petit portail à l'antique. En longeant l'édifice par la droite on peut admirer l'alignement des belles fenêtres Renaissance. Les pilastres décorés de sculptures qui les séparent portent une jolie frise courant au ras du chéneau orné de gargouilles très saillantes.

Contourner le chevet par la rue de la Pierre-aux-Poissons : un élégant portail Renaissance est curieusement percé au Nord du chevet et ouvre directement sur le déambulatoire.

Intérieur. — La nef, refaite aux 15e et 16e s. ainsi que les bas-côtés, porte la trace des différentes époques de construction depuis les colonnes sans chapiteau du gothique finissant jusqu'aux piliers et pilastres très ornés de la fin de la Renaissance ; les voûtes sont à pendentifs. Dans la grande chapelle latérale de droite à hauteur du maître-autel, grande Vierge à l'Enfant, du 14e s., au hanchement assez prononcé, et peintures du 16e s. L'entrée du chœur est encore entourée, ce qui est rare, de sa galerie et de son jubé du 17e s., en bois.

Le chœur et le déambulatoire sont les seules parties du 12e s. qui ont subsisté. Les voûtes d'ogives primitives, les chapiteaux de facture encore romane, forment un contraste très marqué avec le reste de l'église.

AUTRES CURIOSITÉS

Hôtel de ville. — Il occupe l'ancien couvent des Cordeliers, remanié au 19e s. Sur la droite, un pan de mur isolé à trois fenêtres est un vestige de l'église du couvent : c'est là que Bossuet fut sacré évêque de Condom.

Entrer dans le jardin. De la terrasse, belle vue sur la ville.

Musée Tavet-Delacour. — *Visite de 10 h à 12 h et de 14 h à 18 h. Fermé le mardi et les 1er janvier, 1er mai, 14 juillet, 1er et 11 novembre, 25 décembre.*

Il est installé dans un charmant hôtel particulier du 15e s.

Outre des collections de livres rares, peintures, estampes et dessins anciens, sculptures, il possède un fonds important des œuvres d'Otto Freundlich (1878-1943), artiste allemand abstrait installé à Paris dès 1908.

PONTOISE*

Jardins. — Le jardin de la ville, situé derrière la cathédrale St-Maclou, et celui de l'ancien château offrent d'excellents panoramas sur la ville et les alentours.

Église N.-Dame. — *Dans la basse ville.* Détruite lors du siège de Pontoise par Henri III, en 1589, elle a été rebâtie peu après. Le sol ayant été exhaussé, elle paraît basse et trapue.

En entrant par le porche Renaissance, on aperçoit des panneaux de bois sculptés du 16ᵉ s. qui sont encastrés dans les vantaux de la porte. La porte de droite s'ouvre sur la chapelle de la Vierge tapissée d'ex-voto. La belle statue de la Vierge du 13ᵉ s. qui s'y trouve est l'objet d'un pèlerinage annuel (8 au 15 septembre). Lors de la peste de 1638, les échevins firent vœu de brûler, tous les ans, devant la statue, trois cierges pesant 20 livres. Le vœu a toujours été accompli jusqu'à ce jour.

À remarquer, dans la nef, à droite, le tombeau de saint Gautier (1147), rare spécimen de tombeau de la 2ᵉ moitié du 12ᵉ s.

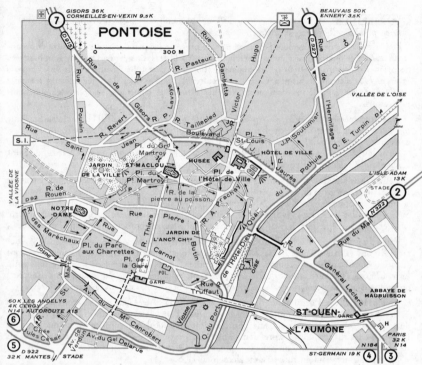

VILLE NOUVELLE DE CERGY-PONTOISE

St-Ouen-l'Aumône. — *1 km au Sud-Est de Pontoise. Description p. 159.*

Cergy-Pontoise. — *15 000 h en 1975. 3 km au Sud-Ouest de Pontoise.* Première à naître des cinq « villes nouvelles » de l'Ile-de-France *(voir p. 4)*, Cergy-Pontoise englobe une superficie de 11 000 ha et, en tout ou partie, une quinzaine de communes dont Pontoise. Limitée à l'Ouest par les coteaux du Vexin français, au Sud par les hauteurs de l'Hautil, au Nord par la vallée de la Viosne, cette zone est destinée à pouvoir abriter une population future de quelque 200 000 âmes. Les secteurs à urbaniser se répartissent en quatre « quartiers » autonomes, prévus d'architectures différentes : ceux de la Préfecture et d'Eragny, commencés en 1970 et présentement en voie d'achèvement, celui de l'Hautil, et celui de Puiseux où se situera le centre urbain principal. L'ensemble sera disposé, en « fer à cheval », sur les hauteurs dominant l'Oise.

La visite du **quartier de la Préfecture** permet déjà d'apprécier le bâtiment même de la Préfecture, en forme de pyramide renversée, la tour de l'E.D.F. haute de 75 m, la belle piscine-patinoire couverte, le groupe scolaire des Plants, en polyèdres peints, et l'actif centre commercial des 3 Fontaines.

Une importante base de loisirs, **Cergy-Neuville**, est en cours d'aménagement sur la boucle, très resserrée et semée d'étangs, que décrit l'Oise avant de se jeter dans la Seine.

Boucle de l'Oise. — *Parcours de 12 km.* Quitter Pontoise par ⑤ du plan, D 922, et prendre à gauche le D 203ᴱ.

Cergy. — *7 748 h.* Le village se présente comme un îlot préservé au centre géographique de la ville nouvelle. L'**église St-Christophe** est précédée d'un grand porche Renaissance formant une sorte d'arc de triomphe. Elle comprend seulement le chœur à chevet plat et ses collatéraux. Ils furent construits au 13ᵉ s. sur les bases d'un édifice roman dont il ne reste que les deux étages inférieurs du clocher ; l'étage supérieur et la flèche de style gothique datent de la Renaissance. On pénètre dans l'église par un portail du 13ᵉ s. précédé d'un vestibule. Le tympan qui représente la légende de saint Christophe, a été sculpté au début du 20ᵉ s. Le maître-autel, en bois peint rouge et or, du 17ᵉ s., provient d'un couvent de cordeliers. Les piliers qui soutiennent la tour ont des chapiteaux romans intéressants.

En suivant la rue en direction de l'Oise, on voit, enserrant l'église, les anciens bâtiments du prieuré bénédictin, dépendance de St-Denis depuis 1120. Dans la porte on distingue encore l'emplacement de la herse.

On a une bonne vue de l'ensemble depuis le pont sur l'Oise. *On peut laisser la voiture à l'entrée du pont et emprunter une passerelle réservée aux piétons.*

Reprendre le D 922 vers Vauréal. De Gency, on découvre toute la boucle de l'Oise.

Jouy-le-Moutier. — 1 205 h. Ce village possède une charmante église *(pour visiter, s'adresser au garde champêtre, place de l'Église).* Le clocher roman, bâti sur un tertre, se détache de loin. La nef du 16ᵉ s. est ornée d'une galerie de style flamboyant. Le chevet plat est du 13ᵉ s. ; à gauche, Vierge assise du 14ᵉ s. A la croisée du transept, contre le pilier gauche, un curieux ex-voto de 1646 représente Blanche de Castille et Saint Louis, sous les traits d'Anne d'Autriche et Louis XIV.

Neuville. — 858 h. Gros bourg, auquel un château du 17ᵉ s. accompagné d'une belle ferme donne un cachet aristocratique.

Ennery. — 1 936 h. *3,5 km au Nord.* Quitter Pontoise par ① du plan, D 927. Ce village possède, à côté d'un joli château du 18ᵉ s. transformé en établissement hospitalier, une intéressante église. Le clocher est à flèche romane en pierre. A l'intérieur, la nef du 13ᵉ s., trapue, à plafond de bois, contraste avec le chœur Renaissance. Au-dessus des arcades apparaissent les bustes du Christ et des apôtres. Dans la chapelle de droite, deux Vierges en pierre des 14ᵉ et 15ᵉ s. ; dans celle de gauche une statue en pierre du 11ᵉ s. représente, croit-on, saint Aubin. Contre le mur à droite en entrant, croix de bois noir avec les instruments de la Passion. Les piliers de la nef ont encore des traces de litres armoriées.

AUTRES EXCURSIONS

Vallée de la Viosne. — *22 km.* Quitter Pontoise par le D 92, à l'Ouest.
Petite vallée pittoresque où se succèdent de nombreux moulins, aujourd'hui transformés pour la plupart en petites usines familiales ou en habitations particulières. Chacune des petites localités qui la jalonnent possède une église ou un château intéressants, quelquefois les deux. Les plus remarquables sont Chars *(p. 55)*, Brignancourt et Santeuil *(p. 160)*.

Cormeilles-en-Vexin. — 729 h. *10 km au Nord-Ouest de Pontoise.* La nef romane très basse et sombre de l'église présente un contraste frappant avec le chœur gothique et Renaissance, élevé et très clair ; des piliers massifs soutenant le clocher les séparent.

PONT-STE-MAXENCE – Carte Michelin n° 🛇🛇 - pli ⑥ - 12 km au Nord-Est de Creil – 9 426 h. (les Pontois ou Maxipontins) - *Schéma p. 100* – Paris 56 km.
Cette petite ville industrielle : céramique, grosse chaudronnerie, papeterie, etc., est bien située à proximité de la forêt d'Halatte et sur les bords de l'Oise.
Elle doit son nom à un très ancien pont sur l'Oise et à une sainte irlandaise martyrisée en cet endroit au 5ᵉ s.

CURIOSITÉS *visite : 1 h*

Église Ste-Maxence. — Datant des 15ᵉ et 16ᵉ s., elle est de style flamboyant. La façade est flanquée d'une tour à lanternon de la Renaissance. A l'intérieur, voûtes aux multiples nervures.

Ancien moulin de Calipet. — Prendre la rue du Moustier qui longe l'église. A droite, 200 m plus loin, suivre une large allée recouverte de mâchefer ; peu après avoir dépassé le chemin du cimetière qui s'en détache, prendre à une fourche le sentier du milieu puis le sentier partant à gauche, qui mène au sommet d'une butte dominant la vallée de l'Oise.
Une tour (ancien moulin, 1719) et une chapelle maintenant en ruines s'élèvent ici. Beau **point de vue★** sur la vallée de l'Oise et la forêt d'Halatte.

Ancienne abbaye du Moncel. — *A la sortie de la ville, à gauche du D 123.* Cette ancienne abbaye de Clarisses avait été fondée en 1309 par Philippe IV le Bel. Elle est maintenant transformée en institution privée.
Visite les dimanches et jours fériés de 10 h à 12 h et de 13 h à 18 h (16 h d'octobre à février). Fermée en août.
On voit notamment une galerie de cloître du 16ᵉ s., l'ancien réfectoire (14ᵉ s.) et les caves. L'austérité de ces bâtiments très bien conservés est frappante.

EXCURSION

Pontpoint. — 1 968 h. *4 km à l'Est.* Église du 12ᵉ s. Le chœur a été reconstruit au 13ᵉ s. Très beau clocher roman à plan carré.

PORT-ROYAL-DES-CHAMPS (Abbaye de) – Carte Michelin n° 🛇🛇🛇 - pli ㉑ - *Schéma p. 64* – Paris 36 km.
Peu de vestiges subsistent de cette célèbre abbaye, mais son cadre naturel inchangé facilite l'évocation des querelles passionnées qui se sont déroulées en ces lieux pendant plus d'un siècle.

Une abbesse de 11 ans. — En 1204, à Porrois, dont le nom déformé devient Port-Royal, est fondée une abbaye de religieuses cisterciennes. Si rigoureuse que soit la règle de cet ordre, cinq siècles suffisent pour qu'il n'en reste plus grand-chose. Les dix religieuses et les six novices qui y sont soumises mènent, en effet, une existence des plus mondaines où le cloître est devenu un promenoir, le jeûne une pratique périmée, le vœu de pauvreté une obligation difficilement compatible avec les réceptions amicales. On fête même le carnaval.
C'est alors que va intervenir Mère Angélique, de la puissante famille de robe des Arnauld, qui, en 1602, est nommée abbesse, à 11 ans, grâce à une fraude la vieillissant de six ans.

Une impitoyable réformatrice. — A la suite d'une maladie, la mère Angélique prend conscience de ses devoirs d'abbesse et décide de réformer son abbaye en y restaurant la règle. Elle commence par rétablir la clôture et refuse de recevoir sa mère, puis son père, malgré leurs supplications et menaces (1609). Elle instaure l'adoration perpétuelle du Saint-Sacrement et impose l'observance de la règle, méditation et travail manuel assurant l'existence de la communauté. Les novices affluent. Angélique Arnauld choisit pour directeurs de conscience Duvergier de Hauranne, abbé de Saint-Cyran, et Singlin, un disciple de saint Vincent de Paul.
Ces hommes austères, comme les parents et relations de l'abbesse dont plusieurs sont Calvinistes, ont pour souci essentiel de détacher l'homme des plaisirs, de le convaincre de sa corruption, de l'impossibilité pour lui d'être sauvé sans le secours de la grâce divine.

PORT-ROYAL-DES-CHAMPS (Abbaye de)

En 1618, l'ordre de Cîteaux envoie la mère Angélique réformer l'abbaye de Maubuisson *(p. 159)*. Pendant ce temps, une sœur cadette d'Angélique, la mère Agnès, dirige Port-Royal.

En 1625, de retour en son abbaye, la mère Angélique doit envisager le transfert de sa communauté : les locaux sont devenus trop étroits et le lieu marécageux ruine la santé des religieuses. L'abbaye s'installe à Paris, dans la nouvelle abbaye de Port-Royal, devenue depuis une maternité.

Les « Messieurs de Port-Royal ». — L'un des frères d'Angélique, théologien, exerçait une grande influence sur ses amis et parents qui partageaient les idées pessimistes de Saint-Cyran. Plusieurs de ces « Messieurs » ou Solitaires décident de se retirer du monde pour méditer et prier et s'installent dans une dépendance de Port-Royal de Paris. En 1637, ils partent pour Port-Royal-des-Champs inoccupé. Ils y effectuent des travaux de remise en état : drainage, exhaussement du sol, construction de bâtiments. L'année suivante, l'abbé de Saint-Cyran est incarcéré à Vincennes sur l'ordre de Richelieu qu'il a refusé de servir. Il meurt en 1643. En 1648, la mère Angélique revient à Port-Royal-des-Champs et partage l'effectif de sa florissante communauté entre cette abbaye et celle de Paris. Les « Solitaires » résident dès lors en haut de la colline dominant l'antique Porrois : les Granges.

Ils y créent les « Petites Écoles » où ils dispensent un enseignement très apprécié pour sa valeur et son efficacité. Ces « Messieurs de Port-Royal » : le Grand Arnauld, Arnauld d'Andilly, leurs parents les Lemaistre – dont Lemaistre de Sacy, le traducteur de la Bible –, Lancelot l'helléniste, Nicole le moraliste et Hamon comptent parmi les plus grands esprits de leur temps. De même que Port-Royal attire des vocations féminines – la duchesse de Longueville, sœur du Grand Condé, se fait construire une résidence aux portes de l'abbaye –, ces « Messieurs » exercent une influence de plus en plus grande sur l'aristocratie aussi bien que sur la jeunesse. Leurs livres pédagogiques se diffusent dans les collèges de France, et notamment ceux de l'Oratoire. Racine est leur élève. Le Parlement leur est acquis et comme à cette époque il est en lutte contre le roi, celui-ci verra des ennemis dans les maîtres des Granges.

Les Jansénistes. — Les Jésuites prenaient ombrage de cette emprise exercée par Port-Royal sur les consciences et les intelligences de la Cour et de la jeunesse. Ils y étaient d'autant plus hostiles que Port-Royal était le centre de diffusion des travaux de Jansénius, ancien évêque d'Ypres. Ce prélat avait été chargé par l'université de Louvain de réfuter la thèse du Jésuite Molina suivant lequel l'homme pouvait s'améliorer de lui-même à force de volonté, toujours triompher des difficultés de ce monde s'il en avait le désir sincère et escompter le secours de Dieu en toute occasion, par son seul mérite.

Jansénius meurt en 1640, peu après avoir terminé son œuvre qu'il a intitulée « l'Augustinus ». Les « Messieurs » et les religieuses de Port-Royal trouvent en ce livre une justification de leur théorie proche du calvinisme. Ils le diffusent en France. Les Jésuites ainsi attaqués n'ont aucune peine à déceler dans les idées « jansénistes » des propositions hérétiques. Ils les résument en groupant des membres de phrases de « l'Augustinus » et obtiennent de l'Eglise des condamnations successives à partir de 1653. Tout Catholique suspect de jansénisme doit signer une formule de condamnation de ces citations tronquées. Les dames de Port-Royal, « pures comme des anges mais orgueilleuses comme des démons » dit l'archevêque de Paris, prétendent qu'elles ne peuvent signer la formule sans faire de réserves puisque les phrases incriminées ne sont pas textuellement contenues dans le livre de Jansénius. Elles en reconnaissent cependant l'hérésie. Le conflit s'envenime. En 1656, les Petites Écoles sont fermées. Pascal prend la défense de Port-Royal dans ses Provinciales qui sont de violents pamphlets dirigés contre les Jésuites. La mort du pape en 1655 amène une brève détente. En 1661, la lutte reprend. C'est au cours de ces persécutions que meurt la mère Angélique, chaque semaine de sa longue agonie lui apportant un nouveau tourment.

Vers 1669 et pendant une dizaine d'années, consacrées aux études et à la publication de nombreux ouvrages, le calme paraît revenu. En 1679, Louis XIV décide d'en finir : le noviciat est interdit, les Solitaires doivent se disperser et quelques-uns s'exiler. Les religieuses de Port-Royal de Paris désavouent leurs sœurs des Champs qui, dès lors, sont sans cesse brimées. En 1705, il n'en reste plus que vingt-cinq dont la plus jeune a 60 ans. Le 29 octobre 1709, les survivantes sont expulsées par 300 mousquetaires. Le corps de Racine, inhumé dans le cimetière du Nord, est transporté à St-Etienne-du-Mont, à Paris où il repose depuis auprès de Pascal. D'autres familles imitent celle de Racine. En 1710, le monastère est rasé. Le cimetière est profané et les restes des religieuses entassés dans une fosse commune au cimetière de St-Lambert.

Les idées jansénistes causèrent encore de graves troubles sous Louis XV. Le Parlement refusa d'enregistrer des édits et ordonnances royales, des prêtres refusèrent de distribuer les sacrements. Le jansénisme ne perdit sa vigueur qu'après la Révolution.

L'ABBAYE *visite : 1 h*

Vue d'ensemble*. — C'est des abords du D 91 qu'on a la meilleure vue d'ensemble du célèbre vallon. L'église, le colombier, l'ancien moulin apparaissent entre les arbres dans leur cadre de verdure : la parfaite solitude du lieu n'a pas été altérée.

Les restes de l'abbaye. — *Visite accompagnée (minimum 3 personnes – s'adresser au gardien, porte en fer) du 15 avril au 15 octobre de 10 h à 12 h et de 14 h à 18 h ; du 16 octobre au 14 avril de 14 h à 17 h, les dimanches et jours fériés de 10 h à 12 h et de 14 h à 17 h. Fermée le mardi et le vendredi matin. Entrée : 5 F.* Le chemin ombragé qui conduit à l'abbaye s'embranche sur le D 91, près de l'auberge de Port-Royal. Laisser la voiture au parc gardé et continuer à pied sur 1 km environ.

Sur le chemin conduisant aux vestiges de l'abbaye, on voit, à gauche, une minuscule clairière précédée d'un escalier de quelques marches et marquée d'une croix : c'est ce qui reste de la « Solitude » où les religieuses venaient travailler et prier. Un peu plus loin et également à gauche, ruines d'une tour de défense élevée par les Solitaires lors de la Fronde.

L'emplacement du cloître est délimité par des allées de tilleuls formant un carré. Une pelouse remplace le cimetière où les religieuses étaient enterrées depuis 1204.

L'église était attenante au cloître. Le sol ayant été surélevé par les « Solitaires » pour diminuer l'humidité, les démolisseurs rasèrent l'édifice jusqu'au dallage. En rétablissant le niveau primitif, on a mis au jour la base des piliers et des murs qui dessinent la forme de l'édifice.

Le domaine des Granges, qui se trouve en haut du versant Est du vallon, est caché par les arbres; mais on se rend compte de la pente que « ces Messieurs » devaient descendre et remonter quotidiennement pour assister aux offices dans l'église de l'abbaye ; ils utilisaient les « Cent Marches » que, selon la tradition, ils avaient eux-mêmes tracées.

AUTRES SOUVENIRS DE PORT-ROYAL

Musée national des Granges de Port-Royal. — *Visite de 10 h à 11 h 30 et de 14 h à 17 h 30 (17 h 30 du 15 octobre au 1er mars). Fermé les lundis, mardis et jours fériés autres que les dimanches. Durée de la visite : 1 h. Entrée : 3 F (1,50 le dimanche).* Le chemin d'accès part du D 91. Le château des Granges, construit en 1651-1652 pour y abriter les Petites Écoles, est aujourd'hui un **musée** du Jansénisme où eurent lieu des expositions consacrées aux grandes figures du mouvement.

La plupart des pièces ont été rétablies dans leur état primitif. On y voit des livres, des dessins, des gravures évoquant l'histoire du Jansénisme et de l'abbaye, les Solitaires, les Petites Écoles ainsi que des portraits des principaux Jansénistes par Philippe de Champaigne.

Racine a vécu ici de 16 à 19 ans. Lancelot et Nicole lui apprirent le grec, le latin et la versification française. Lemaistre lui enseigna la rhétorique et la diction : le poète tira le plus grand profit de ses leçons et devint un lecteur incomparable. Il tint Louis XIV sous le charme de sa voix et les interprètes recherchèrent ses conseils. Le bon docteur Hamon, qu'il chérissait, l'emmenait souvent quand il allait soigner les pauvres, tricotant pour eux sur le vieil âne qui le portait.

La ferme *(on ne visite pas)* faisait partie du domaine. On voit encore le treuil installé par Pascal sur le puits, profond de 60 m, qui permettait de monter sans fatigue un seau grand comme neuf seaux ordinaires. Dans une des pièces de la ferme, il composa, en janvier 1656, la première et sans doute aussi la seconde Provinciale. Il se peut que ce soit aux Granges qu'il ait écrit le Mystère de Jésus.

St-Lambert. — 458 h. La petite église campagnarde, au clocher à double arcade, est pittoresquement située au-dessus du village. L'intérieur abrite une Vierge en pierre polychrome du 13e s. et les fonts baptismaux de Port-Royal.

Au milieu du cimetière entourant l'église, la fosse commune qui a reçu les restes des religieuses et des Solitaires est marquée par une pyramide de granit, édifiée au début du 20e s.

Dans l'allée qui part de la grille d'entrée, à droite, une croix porte cette seule inscription : « A la personne humaine ». Elle fut élevée, en 1944, en souvenir de ceux qui ont le plus souffert durant la dernière guerre, notamment dans les camps de concentration, sans distinction de race, de nationalité, de religion.

Un peu au-delà de St-Lambert, au départ d'un chemin qui s'embranche sur le D 46 et s'enfonce sous bois, on aperçoit une borne du « chemin de Racine » *(voir p. 63)*.

Église de Magny-les-Hameaux. — A l'intérieur sont fixées aux murs les pierres tombales du cimetière de Port-Royal. Elles avaient servi à paver la nef et furent relevées en 1840. L'autel en marbre, le bénitier, les fonts baptismaux, les anges adorateurs au-dessus du maître-autel viennent de l'abbaye, et probablement aussi l'autel sous lequel est enfouie dans le mur la main d'un Solitaire, et la statue de la Vierge. Les stalles appartenaient à l'abbaye des Vaux de Cernay.

Dans le cimetière, monument élevé à la mémoire d'Albert Samain, mort à Magny.

PROVINS ★ – Carte Michelin no **97** - pli ㉛ – 13 100 h. (Les Provinois) – *Ressources et distractions p. 35* – Paris 85 km.

Cette vieille cité féodale comprend une ville haute, pittoresquement située sur un promontoire, et une ville basse traversée par le Durteint, la Voulzie et leurs dérivations.

Origine. — La ville haute existait certainement avant l'époque carolingienne. La ville basse, qui lui est de beaucoup postérieure, est d'origine monastique. Au 9e s., des religieux de St-Benoît-sur-Loire fuyant l'invasion normande avaient enterré, dans la forêt qui s'étendait au pied de la forteresse, les reliques de saint Ayoul. Ces restes retrouvés, au 10e s., une église est édifiée en cet endroit, puis un couvent cistercien autour duquel se forme le nouveau bourg. Vers 1122, Abélard, le célèbre amant malheureux d'Héloïse, persécuté pour la hardiesse de ses opinions philosophiques, s'y réfugie quelques années. Son éloquence y attire de nombreux étudiants.

Les foires de Provins. — Au 10e s., Provins passe du domaine royal aux mains des comtes de Champagne sous lesquels elle connaît une prospérité extraordinaire. De nombreux édifices se bâtissent. La ville est l'une des plus importantes de France et ses foires sont célèbres dans l'Europe entière. Malheureusement, au 13e s., à la suite de troubles, de terribles représailles portent un rude coup à l'opulence de la ville. La guerre de Cent Ans accélère cette décadence.

Les roses. — Edmond de Lancastre (1245-1296), frère du roi d'Angleterre, ayant épousé la veuve de Henri le Gros, comte de Champagne, devient suzerain de Provins. Il introduit dans ses armes une fleur alors très rare : la rose rouge ramenée des Croisades et cultivée à Provins. Peu après, la ville revient à Philippe IV le Bel, qui a épousé une fille de Henri le Gros.

Cent cinquante ans plus tard, la guerre des Deux-Roses, pour la conquête du trône d'Angleterre, oppose la rose rouge de la maison de Lancastre à la rose blanche des York.

De nos jours, les roses y sont de nouveau remises à l'honneur. C'est, en effet, de Provins qu'est partie l'idée de « la route des Roses ». Les premières plantations jalonnant la N 19, faites notamment à Villecresnes, Grisy-Suisnes, Guignes, Nangis, Vulaines et Provins, sont poursuivies vers Dijon par Nogent-sur-Seine et Troyes.

VIEILLE VILLE★★ *visite : 1 h*

En arrivant de Paris par la N 19, prendre à gauche, avant d'entrer dans Provins, le chemin (rue St-Jean) qui était, jusqu'au 18ᵉ s., la route normale d'accès à la ville.

Porte St-Jean. — *Visite de 10 h à 12 h et de 14 h à 17 h (18 h en été) du 1ᵉʳ avril au 30 septembre, et seulement de 14 h à 16 h 30 le reste de l'année. Des visites accompagnées (prix : 4 F) ont lieu les dimanches et jours fériés à 14 h 45 et 15 h 30. Entrée : 3 F, comprenant la visite de la grange aux Dîmes et de la tour de César.*

Édifiée au 12ᵉ s. et renforcée au 13ᵉ s., elle portait une tour de guet. Un pont-levis, une herse et une porte opposaient des obstacles successifs aux assaillants.

Les deux salles du rez-de-chaussée communiquent par un souterrain, celles de l'étage par une galerie. Vers l'extérieur, les pierres sont en bossage, c'est-à-dire en saillie, pour mieux résister aux chocs.

Les remparts★★. — L'enceinte de la ville haute est la plus ancienne de Provins (12ᵉ et 13ᵉ s.). La partie la plus intéressante s'étend entre la porte St-Jean et la porte de Jouy. Une allée carrossable la longe extérieurement, séparée de la ligne de fortifications par l'ancien fossé asséché. La muraille est renforcée de tours rondes ou carrées. La tour aux Engins, grosse tour d'angle, a des murs de près de 3 m d'épaisseur.

Franchir la porte de Jouy qui date du 12ᵉ s. et suivre la rue de Jouy puis la rue Couverte. Garer la voiture sur la place du Châtel où se trouvent un puits avec sa vieille cage forgée et la croix des Changes du 14ᵉ s., sur laquelle s'affichaient les édits.

Revenir en arrière par la rue Couverte et prendre à gauche la rue St-Jean. A droite s'élève la grange aux Dîmes.

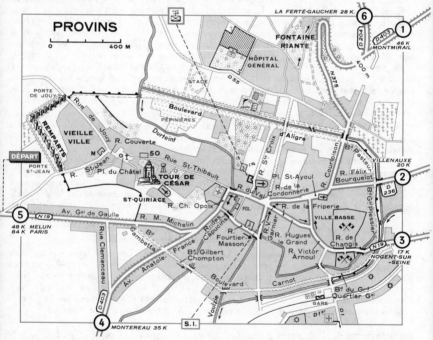

Grange aux Dîmes★. — *Mêmes conditions de visite que pour la porte St-Jean.*

C'est un édifice militaire du 12ᵉ s. utilisé ensuite, dès le 15ᵉ s., pour abriter les dîmes prélevées sur les récoltes. La vaste salle du rez-de-chaussée, voûtée d'ogives, est divisée en trois nefs par de robustes colonnes. Une salle souterraine a le même plan, mais elle est voûtée d'arêtes. La salle de l'étage est couverte par une charpente du 16ᵉ s.

La grange aux Dîmes communique avec les souterrains se ramifiant sous la ville haute. Un **musée du Moyen Age** rassemblant divers objets d'intérêt historique et archéologique occupe le rez-de-chaussée et l'étage.

Revenir place du Châtel et prendre la rue du Palais qui longe la butte supportant la tour de César ; à droite au nº 12, maison du 12ᵉ s. Par la rue des Beaux-Arts, gagner l'église St-Quiriace.

Église St-Quiriace. — L'église fut construite, en 1160, par Henri le Libéral, sur l'emplacement d'un temple romain consacré à Isis, pour recevoir une partie du chef (crâne) de saint Quiriace (martyrisé en 363) rapporté de Palestine par les Croisés de Provins.

Seuls, le chœur, le transept et deux travées de la nef furent édifiés. Une coupole a été élevée, au 17ᵉ s., sur la croisée du transept. Refaite et recouverte de zinc en 1836, elle a été endommagée à la Libération et restaurée dans son aspect primitif.

Le chœur du 12ᵉ s., entouré d'un déambulatoire sur lequel ouvrent trois chapelles carrées, est de style gothique primitif. Un triforium en plein cintre court au 1ᵉʳ étage du chœur. Il se prolonge sur les deux bras du transept. Ceux-ci étant plus récents (13ᵉ s.), les arcs y sont en arc brisé. La grille du chœur, une belle ferronnerie Louis XV, a été remontée devant la porte principale. Dans le fond de l'église, à gauche, belles boiseries du 17ᵉ s.

La magnifique chasuble de saint Edme (13ᵉ s.) fait partie du trésor de cette église.

Situé au pied de la tour de César, un **atelier de tissage** à main où des métiers fonctionnent expose des tissus aux dessins exclusifs et des objets d'artisanat médiéval (bijoux, poteries). *Un autre atelier fonctionne au nº 15 de la rue de Jouy.*

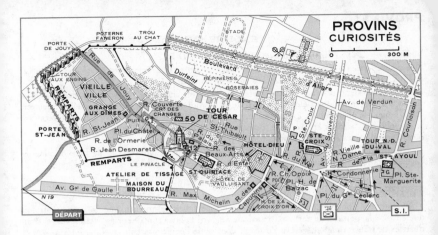

Tour de César★★. — *Mêmes conditions de visite que pour la porte St-Jean. Siège du Centre d'accueil touristique.*

Ce superbe donjon du 12ᵉ s., haut de 44 m, fut élevé sur l'emplacement d'un fort romain. Le soubassement qui recouvre l'ancienne motte fut ajouté par les Anglais, pendant la guerre de Cent Ans, pour y installer de l'artillerie. Le toit pyramidal a été construit au 16ᵉ s. L'étage inférieur est carré, l'étage supérieur octogonal. Le donjon était rattaché au reste de l'enceinte de la ville haute.

Pour entrer, pénétrer sous la voûte et monter l'escalier.

La salle des Gardes, haute de 11 m, a sa voûte percée d'un orifice par lequel on montait armes et approvisionnements aux soldats occupant l'étage supérieur. Des cachots et logements d'officiers occupaient les tourelles. Du chemin de ronde, jadis couvert, **vue★★** étendue sur la ville et la région vallonnée qui l'entoure. Dans la partie haute, belle charpente du 16ᵉ s.

En sortant de la tour de César, descendre à droite un raidillon et tourner à droite, rue Jean-Desmarets. On passe devant le Pinacle, ancienne résidence des maires de Provins : belle vue sur la tour.

Reprendre la voiture. Pour gagner la ville basse, descendre la rue St-Thibault. La légende dit qu'au n° 50, naquit saint Thibault, fils d'un comte de Champagne. Une partie de sa maison remonte au 12ᵉ s.

VILLE BASSE

Hôtel-Dieu. — Ancien palais des comtesses de Champagne, fondé au 11ᵉ s., cet hôtel fut très remanié. Il subsiste le portail du 13ᵉ s. et le vestibule du 12ᵉ s. abritant un retable Renaissance de pierre sculptée, visibles dans le hall d'entrée de l'hôpital. Au sous-sol, une salle datant de 1160 donne accès à un réseau de souterrains *(visite de mars à novembre).*

Église St-Ayoul. — La façade de cette église présente une grande variété de styles. Les portails du 12ᵉ s. sont surmontés d'un fronton triangulaire percé de trois fenêtres en tiers point du 13ᵉ s. Le collatéral gauche édifié au 16ᵉ s. est flanqué d'une tourelle Renaissance reliée aux combles par une galerie de la même époque.

On remarquera l'ornementation romano-gothique du portail central avec les intéressantes statues-colonnes, malheureusement mutilées, de ses ébrasements.

Dans la chapelle du deuxième bas-côté gauche, admirer une **Vierge★** et **deux anges musiciens★★** d'albâtre du 16ᵉ s. Le retable du grand autel et les panneaux de la chapelle de la Vierge, à droite, forment deux beaux exemples de boiseries du 17ᵉ s.

Tour N.-D.-du-Val. — Le clocher-porche du 16ᵉ s. est le seul vestige d'une église et d'un cloître disparus. Cette tour abrite les cloches de St-Ayoul dont la tour romane de la croisée du transept a perdu sa flèche... et ses cloches.

Église Ste-Croix. — *Fermeture provisoire pour travaux.* Endommagée au 14ᵉ s., l'église fut encore modifiée au 16ᵉ s. La façade a trois pignons. Le portail du bas-côté gauche offre une riche décoration de style flamboyant. Au-dessus de la croisée du transept, tour romane surmontée d'une flèche moderne.

Le deuxième bas-côté gauche est du 16ᵉ s. De belles colonnes en hélice le séparent du premier collatéral qui est du 13ᵉ s., comme la nef et le bas-côté droit. La première chapelle de gauche contient une cuve baptismale du 13ᵉ s. sur laquelle est sculpté un cortège de baptême. Dans la nef, les piliers ont perdu leur hauteur normale, le dallage ayant été exhaussé pour préserver l'édifice des inondations. A la croisée du transept des étais servent à soutenir la tour romane.

Le chœur, du 16ᵉ s., est entouré d'un double déambulatoire. Celui de l'extérieur a été divisé en chapelles. Quelques vitraux sont du 16ᵉ s. La grille du chœur est de style Louis XV.

Maison du Bourreau. — A cheval sur le rempart, à quelques pas de la rue Maximilien-Michelin, cette maison abritait les bourreaux du bailliage criminel de Provins. Son dernier occupant fut Cyr Sanson qui, avec son frère, bourreau de Paris, exécuta Louis XVI.

Vieux hôtels. — Dans la rue des Capucins, au n° 1, l'hôtel de la Croix d'Or date du 13ᵉ s. Presque en face et de la même époque, l'hôtel de Vauluisant, ancien refuge des religieux de Cîteaux, dont la façade s'orne, au rez-de-chaussée, de boiseries et, à l'étage, de quatre remarquables fenêtres en arc brisé.

Hôpital général. — C'est l'ancien couvent des Cordelières fondé en 1248 par le comte de Champagne, Thibaut IV le Chansonnier. Outre sa situation magnifique, ses deux galeries de cloître des 14ᵉ et 15ᵉ s., sa salle capitulaire aux voûtes d'ogives très pures, sa chapelle, renfermant le charmant mausolée du cœur de Thibaut V, méritent une visite.

Boulevard d'Aligre. — Cette belle promenade ombragée occupe l'emplacement des remparts de la ville basse. Belle vue d'ensemble sur la ville haute.

EXCURSION

Voulton. — 238 h. *7 km au Nord, par* ① *du plan puis le D 71.*

Une disproportion évidente existe entre le village briard et son importante église élevée aux 12e et 13e s., et surmontée d'un large clocher coiffé en bâtière.

L'intérieur présente une nef étroite voûtée d'ogives, un chœur en hémicycle et des bas-côtés, voûtés d'arêtes, bien moins élevés que le reste de l'église et terminés par des chapelles orientées. Dans la nef, de grosses piles à colonnes engagées alternent avec des colonnes rondes qui reçoivent la retombée des arcades en arc brisé. Remarquer la rare ordonnance de la voûte supportée par quatre arcs d'ogives couvrant les trois travées précédant le chœur.

Le chœur, très lumineux, est voûté de nervures étoilées qui retombent sur de fines colonnettes baguées reposant sur un socle, comme toutes les colonnes de l'édifice.

PUISEAUX – Carte Michelin n° **97** - pli ㊳ – 2 371 h. (les Puyseautins) – Paris 82 km.

Au centre d'une région agricole prospère d'aspect beauceron bien que gâtinaise, autrefois domaine de la pomme de terre et du safran, aujourd'hui des céréales et des betteraves, et d'industries de transformation, s'élève Puiseaux dont seule l'église présente quelque intérêt.

Église. — Construite à la fin du 12e s. et au 13e s., dotée aux 15e et 16e s. de son collatéral Sud-Ouest, elle attire l'attention par la flèche en charpente de son clocher octogonal, haute de 65 m, qui est tordue d'un huitième de tour. A l'intérieur, intéressante Mise au tombeau du 16e s. en pierre peinte.

EXCURSION

Boësse. — 321 h. *7 km au Sud.* Quitter Puiseaux par le D 948, puis prendre à droite le D 28. L'église est précédée par un **porche** du 12e s., l'un des plus beaux de la région. Percé d'une porte en plein cintre encadrée de onze arcades, cinq à droite, six à gauche, il tient toute la largeur de la façade. Une autre porte, arrondie, s'ouvre sur chacune des faces latérales.

Un comble à une seule pente le recouvre. Les colonnettes sont coiffées de chapiteaux sans relief sur lesquels retombent les arcs.

Le PUISET – Carte Michelin n° **97** - pli ㊲ – 367 h. (les Pouthéousiens) – Paris 89 km.

De son ancien château fort, possession des turbulents sires du Puiset, il ne reste rien.

L'**église**, dont le chœur est surmonté d'un lourd clocher, a un chevet plat.

La nef centrale est couverte d'un curieux berceau de bois dans lequel sont aménagés les ébrasements des fenêtres. De beaux et massifs piliers cylindriques séparent la nef des bas-côtés, également voûtés en berceau.

RAMBOUILLET★ – Carte Michelin n° **96** - plis ㉓ ㉔ – 20 056 h. (les Rambolitains) – *Ressources et distractions p. 35* – Paris 54 km.

C'est à son château, et plus encore à son parc et à sa forêt, que Rambouillet doit de figurer parmi les centres de tourisme des environs de Paris *(1)*.

La mort de François Ier. — Le Roi-Chevalier a 52 ans. Atteint d'une fièvre lente, il décline sensiblement. Éprouvant un désir maladif de mouvement, il quitte St-Germain au mois de février, se rend à Villepreux chez son maître d'hôtel, à Dampierre chez la veuve de son trésorier, passe les jours gras à Limours près de sa favorite, la duchesse d'Étampes, chasse trois jours à Rochefort-en-Yvelines et prend enfin le chemin du retour. Au passage, il décide de s'arrêter chez son capitaine des gardes du corps, Jacques d'Angennes, au château de Rambouillet. Ce château, édifié en 1375 par Jean Bernier, grand personnage de la Cour de Charles V, est, depuis 1384, dans la famille d'Angennes. A Rambouillet, l'état de François Ier s'aggrave. Le 30 mars 1547, « ayant cognoissance de sa fin, il dispose des affaires de sa conscience et de sa maison et, après avoir fait plusieurs belles remonstrances à Mgr le dauphin, son fils, et lui avoir recommandé son peuple et ses serviteurs, rend son âme à Dieu ».

La marquise de Rambouillet. — Au siècle suivant, Charles d'Angennes, marquis de Rambouillet, a épousé Catherine de Vivonne que sa beauté, sa culture, son esprit, sa vertu placent à la tête de la société choisie de son temps. A Paris, l'hôtel de Rambouillet, dont elle est l'âme, joue le rôle d'une véritable académie. Au château, secondée par ses cinq filles, la marquise donne des fêtes d'art et de poésie.

L'atmosphère n'y est point gourmée, si l'on en juge par cette anecdote : Un soir, des champignons ont été servis au souper. Le lendemain matin, un invité, le comte de Guiche, constate avec effroi qu'il ne peut plus entrer dans ses vêtements. Sans nul doute, les champignons sont à l'origine de cette enflure. La marquise et ses hôtes l'entretiennent un moment dans cet état d'esprit, puis lui révèlent que, pendant son sommeil, ses chausses et son pourpoint ont été adroitement rétrécis.

D'Armenonville à Louis XV. — En 1700, Rambouillet – délaissé par les héritiers des Angennes – est acheté par le financier Fleuriau d'Armenonville pour le prix modique de 140 000 F. Fleuriau meuble richement le château et embellit le parc dont il est le véritable créateur. Six ans plus tard, Louis XIV lui demande de céder le domaine à l'un des fils qu'il a eus de Mme de Montespan, le comte de Toulouse. Largement dédommagé en espèces, Fleuriau d'Armenonville est, en outre, nommé à la capitainerie du bois de Boulogne. Le pavillon d'Armenonville de la promenade parisienne a sauvé son nom de l'oubli.

Le comte de Toulouse triple les appartements du château en ajoutant des ailes en retour au corps du bâtiment; il achève le parc. La comtesse, très séduisante, pleine d'imagination et d'esprit, sait amuser et intéresser Louis XV qui vient presque chaque semaine à Rambouillet.

(1) Pour plus de détails, lire : « Le château de Rambouillet », par M. Longnon (Paris, Laurens).

De Penthièvre à Louis XVI. — Sous Louis XVI, le domaine appartient au duc de Penthièvre, fils du comte de Toulouse. Il modernise le parc pour sa belle-fille, la princesse de Lamballe. Amie de Marie-Antoinette, elle sera massacrée à la prison de la Force, le 5 septembre 1792. Le duc ne sera pas inquiété : sa charité a partout inspiré le respect.

En 1783, Louis XVI qui, en grand chasseur, apprécie beaucoup Rambouillet, l'achète moyennant 16 millions. La reine s'ennuie dans ce château qu'elle appelle « la Crapaudière ». Pour la distraire et lui rappeler Trianon, le roi fait construire la Laiterie. Le Jardin anglais, commencé par Penthièvre, est terminé suivant les plans de Hubert Robert.

Étapes avant l'exil. — En 1814, Marie-Louise rencontre à Rambouillet son père François II et, abandonnant Napoléon, accepte de partir pour Vienne avec le roi de Rome.

Le 29 juin 1815, dans la soirée, Napoléon, venant de Malmaison, fait arrêter sa berline devant le château où il est venu naguère chercher le calme et l'oubli, après son divorce avec Joséphine, et où il a passé avec Marie-Louise des jours heureux.

L'Empereur prolonge, pendant une nuit de tristes méditations, cette halte qui n'avait pas été prévue et repart au matin pour le long voyage dont le terme est Ste-Hélène.

Le 31 juillet 1830, vers 6 h du soir, Charles X arrive à Rambouillet, chassé de St-Cloud par l'insurrection. Le vieux roi hésite pendant trois jours sur le parti à prendre ; mais les troupes dont il dispose se débandent, tandis que se rapproche une armée populaire de Paris. L'abdication est finalement signée, après quoi Charles X se met en route pour l'Angleterre.

De Charles X à nos jours. — Après Charles X, Rambouillet est loué à des particuliers. Le château devient un restaurant où les Parisiens viennent en trains de plaisir. Des boutiques foraines sont installées dans les jardins, des gondoles de louage promènent les amateurs sur les canaux. Napoléon III débarrasse le domaine de ses intrus et le réintègre dans sa liste civile. L'État en hérite à la chute de l'Empire. En 1897, Félix Faure le fait désigner comme résidence d'été des présidents de la République. Les chasses qui ont lieu dans les tirés du parc sont célèbres dans le monde politique et diplomatique.

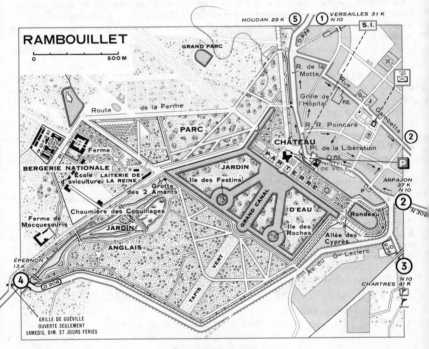

LE CHÂTEAU

Visite accompagnée, en l'absence du président de la République, de 10 h à 12 h et de 14 h à 18 h (17 h d'octobre à mars). Fermé le mardi. Entrée : 3 F.

Partir de la place de la Libération où se trouve l'hôtel de ville, bâtiment du 18e s. offert à la municipalité par Napoléon Ier.

Après avoir franchi la grille, on a devant soi les bâtiments du château qui forment désormais une équerre – Napoléon Ier ayant supprimé l'aile gauche. La grosse tour, dite de François Ier où mourut ce roi, est un vestige du château fort du 14e s. Elle est noyée dans les constructions du comte de Toulouse.

Entresol. — On visite les « Appartements d'Assemblée » dus au comte de Toulouse et décorés de superbes **boiseries***. Ils comprennent l'antichambre, le salon de réception dont les sièges Louis XV sont recouverts de tapisseries représentant les fables de La Fontaine, le grand salon, deux petits salons et le boudoir, dit de Marie-Antoinette, aux ravissantes boiseries.

Par un couloir qui traverse la tour de François Ier, on gagne la salle de bains de Napoléon Ier, ornée de fresques, à laquelle succède la chambre à coucher de l'Empereur, où il passa la nuit du 29 au 30 juin, et son cabinet de travail.

C'est dans la salle à manger, ancienne salle des fêtes, que Charles X abdiqua. Remarquables boiseries du 18e s. La vue sur le parc est très belle.

Rez-de-chaussée. — On voit la salle des Marbres qui date de Jacques d'Angennes (16e s.). Ses murs sont revêtus de marbre.

RAMBOUILLET*

LE PARC*

Ouvert du lever au coucher du soleil.

Parterre. — Autour du château s'étend un jardin à la française. Il comprend, à droite, un quinconce, à l'entrée duquel se dresse le terme d'Esculape, datant de Fleuriau d'Armenonville, et, à gauche, une suite de charmilles que limite la superbe allée des cyprès de Louisiane ou cyprès chauves (ils se dépouillent de leurs aiguilles en hiver), plantée en 1805. Au-delà se voit la pièce d'eau du Rondeau.

Jardin d'eau. — La perspective du grand canal central est prolongée par un Tapis Vert. Les canaux dessinent un trapèze et le découpent en îles : celle des Roches était le théâtre des fêtes mythologiques données par la marquise de Rambouillet ; le nom de l'autre, l'île des Festins, renseigne sur son utilisation.

Bergerie nationale★. — *Visite les dimanches et jours fériés de 14 h 30 à 17 h 30.*

Louis XVI, passionné d'agriculture, avait fondé une ferme expérimentale : ses bâtiments sont en face de la Bergerie. En 1786, il décide de la doter de moutons à laine fine, jusqu'alors peu connus en France. Le roi s'adresse à l'Espagne qui possède les plus beaux mérinos d'Europe et réussit – faveur unique – à acheter un troupeau de ces bêtes : 334 brebis et 42 béliers. Les Espagnols ont recommandé d'élever les mérinos en plein air. L'expérience en fait décider autrement : les bergeries sont bâties sous l'Empire. Une existence plus confortable, une meilleure alimentation, améliorent les résultats obtenus outre-Pyrénées. Les mérinos de Rambouillet sont célèbres dans le monde entier. La visite du troupeau et des bergeries est pleine d'intérêt.

Elles abritent 800 moutons, dont 200 de race mérinos. Chaque bélier rapporte 6 à 7 kg de laine, les brebis 4 kg en moyenne. Les bêtes sont gardées six à sept ans. La sélection, l'agnelage, l'alimentation, les soins s'opèrent de façon scientifique. Chaque agneau est, à sa naissance, tatoué dans l'oreille à son numéro matricule et porte sur le dos les numéros respectifs de ses père et mère. Les autres moutons appartiennent à la race d'Ile-de-France. Il existe aussi un troupeau de plein air.

La bergerie nationale fait partie du Centre d'enseignement zootechnique de Rambouillet qui forme des techniciens supérieurs agricoles et prépare à l'élevage ovin, l'insémination artificielle, au contrôle laitier, à l'aviculture, à l'élevage et l'alimentation des animaux domestiques, ainsi qu'aux sciences hippiques et à l'équitation.

C'est à la ferme de Mocquesouris, toute proche, que se trouve la belle meute du Rallye-Bonnelles qui était autrefois au château de la Celle-les-Bordes *(p. 150)*.

Laiterie de la reine. — *S'adresser au concierge, dans le pavillon à droite de l'entrée. Visite, sauf en cas de séjour présidentiel, de 10 h à 12 h et de 14 h à 18 h (16 h d'octobre à mars). Fermée le mardi. Entrée : 3 F (1,50 F les dimanches et jours fériés).*

Elle fut créée par Louis XVI pour la distraction de Marie-Antoinette. On visite d'abord le petit bâtiment de grès en forme de temple dont la première pièce constitue la laiterie proprement dite (revêtements et table de marbre). Derrière, une salle se termine par une grotte artificielle ornée d'un groupe formé par une Nymphe et la chèvre Amalthée, par Julien.

On revient à l'entrée. Dans le pavillon qui fait face à la conciergerie, Sauvage a exécuté, en 1786, quatre **grisailles★** en trompe-l'œil représentant les quatre Saisons. Dans la 1re salle sont réunis des dessins et des documents sur le château et le domaine de Rambouillet.

Jardin anglais★. — On peut visiter le Jardin anglais aux allées et aux ruisseaux capricieux, aux beaux arbres exotiques. Il fut dessiné au 18e s.

Chaumière des Coquillages★. — *Mêmes conditions de visite que pour la Laiterie de la reine. S'adresser au gardien de la Laiterie.* Bâtie vraisemblablement en 1778 par le duc de Penthièvre pour la princesse de Lamballe *(voir p. 147)*. Sa curieuse décoration est faite de coquillages, d'éclats de marbre et de nacre. Un petit cabinet de toilette, aux boiseries peintes, est attenant à la grande salle. Autre curiosité, classique dans un jardin de style anglais : la grotte des Deux Amants, au bout d'un bras de rivière.

Aimer la nature,

c'est respecter la pureté des sources,
la propreté des rivières,
des forêts, des montagnes...
c'est laisser les emplacements nets de toute trace de passage.

RAMBOUILLET (Forêt de) ★ – Carte Michelin n° 96 - plis 22 23 24.

Cette vaste forêt offre d'agréables promenades aux amateurs de sous-bois. Quelques étangs aux rives pittoresques, de jolis villages, en font le charme.

UN PEU DE GÉOGRAPHIE

C'est un fragment de l'ancienne forêt des Carnutes qui, à l'époque romaine s'étendait jusqu'à l'emplacement de Chartres.

Cette forêt, domaniale pour 14 000 ha, couvre au total 20 000 ha (5 000 de moins que Fontainebleau). Elle occupe un plateau argileux d'une altitude variant de 110 m à 180 m, sillonné de vallonnements sablonneux. Les bois ayant été essartés au Moyen Age en de nombreux endroits, de vastes clairières le partagent en trois massifs principaux : de St-Léger, de Rambouillet et des Yvelines.

Son aménagement actuel tend à transformer en futaie les taillis sous futaie *(voir : L'aménagement des forêts p. 13)*. Le chêne y domine avec le pin sylvestre, accompagné de bouleaux et de hêtres.

Plus humide, plus riche en rivières, étangs, mares que celle de Fontainebleau, la forêt n'a pas sa variété, ses aspects grandioses et sauvages, ses futaies centenaires. Elle a été de tout temps et demeure de nos jours particulièrement riche en grand gibier : cerfs, chevreuils, sangliers. Elle offre de nombreuses et agréables promenades.

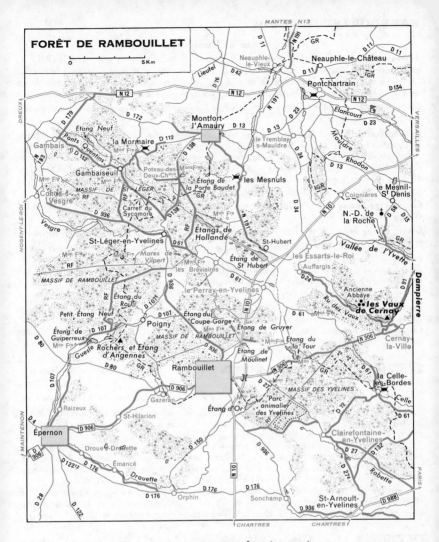

FORÊT DE RAMBOUILLET

ROUTES ET CURIOSITÉS *schéma ci-dessus*

Secteur Nord de la forêt

Gambaiseuil. — 23 h. Joli site. La petite chapelle est du 12e s. Au Nord-Ouest de Gambaiseuil : **Étang Neuf**, que l'on atteint par une jolie route.

Hollande (Étangs de). — Cette dénomination ne se réfère pas aux maîtres de l'hydraulique qu'ont toujours été les Hollandais ; c'est une déformation d'Orlande, nom d'un domaine féodal dont dépendaient les étangs. Ils furent créés sous Louis XIV pour accueillir les eaux de la région. Des conduites les transportaient à Versailles. Une nappe d'eau de 5 km de long était coupée de chaussées qui délimitaient des bassins en escalier. Dans la partie centrale, il n'y a plus qu'un chenal rectiligne entre des plantes aquatiques. Aux deux extrémités subsistent les étangs de Hollande et de St-Hubert. Le rendez-vous de chasse, élevé pour Louis XV au bord de l'étang de St-Hubert, fut détruit à la Révolution.

Le village de **St-Hubert** *(ressources et distractions p. 35)* fut créé pour recevoir les domestiques et petits officiers qui accompagnaient le roi.

Mesnuls (Château des)★. — *On ne visite pas.* Dans la traversée du village des Mesnuls, la N 191 se transforme en une avenue, plantée de beaux arbres, qui passe devant la porterie du château puis devant l'édifice. Ce château Renaissance, bâti en 1530 en brique et en pierre, annonce déjà le style Louis XIII *(voir p. 22)* ; il fut remanié au début du 18e s. par le maréchal de Villars. Les bâtiments sont occupés par un centre de traitement et de rééducation pour jeunes infirmes. L'ameublement a disparu au cours de la guerre. Dans le parc *(interdiction d'y pénétrer)* le dernier propriétaire a remonté un joli **cloître**★ du 13e s., provenant de St-Genis-des-Fontaines (Pyrénées-Orientales), en marbre rose et blanc, aux intéressants chapiteaux.

Montfort-Lamaury★. — *Page 123.*

Mormaire (Château de la). — *On ne visite pas.* Édifice de l'époque Louis XIII.

Porte Baudet (Étang de la)★. — *1/4 h à pied AR.* Situé au fond d'un vallon boisé, cet étang, appelé également étang des Maurus, est le plus pittoresque de la forêt.

St-Léger-en-Yvelines. — 806 h. (les Léodegariens) *Ressources et distractions p. 35.* Agréable village qu'entoure la forêt. La rustique église est du 12e s. Il y eut là un château royal où Philippe Auguste relégua sa femme, Ingeburge de Danemark, répudiée au lendemain de ses noces, avant de l'enfermer à la tour Guinette, à Étampes *(p. 83).*

Sycomore (Carrefour du). — Beau point de vue. Pour le découvrir, avancer jusqu'à l'éboulis de deux chemins.

RAMBOUILLET (Forêt de)★

Autour de Rambouillet

Angennes (Rochers d'). — *1/2 h à pied AR à partir du D 107.* Quitter la voiture sur le D 107, au croisement d'une route forestière. Prendre le chemin en montée et tourner à droite, à la fourche. On parvient à une plate-forme bordée de rochers. Le sentier conduit à une belle pinède. A son extrémité, jolie vue sur l'étang d'Angennes, rétréci par les roseaux et les plantes aquatiques.

La N 306, de Rambouillet à Cernay-la-Ville, suit la lisière de la forêt et passe près de beaux étangs : Étang d'Or, Étang de la Tour.

Celle-les-Bordes (Château de la). — *On ne visite pas.* Il est situé à la lisière Sud-Est de la forêt, en face de l'église de la Celle. Bâtie en 1610, c'est une robuste construction en pierre et brique, ayant l'aspect d'un grand manoir. La duchesse d'Uzès y logea les piqueurs, chevaux et chiens de son fameux équipage de chasse à courre au cerf, le « Rallye Bonnelles ». Depuis sa mort, en 1933, le domaine appartient à son petit-fils, le duc de Brissac. La meute a été transférée à la ferme de Mocquesouris, à Rambouillet *(voir p. 148)*.

Coupe-Gorge (Étang du). — Une route très agréable part du D 936, contourne ce grand et bel étang et rejoint la N 10.

Gruyer (Étang de). — Il est situé à l'Ouest de la N 10 presque vis-à-vis de l'étang de Moulinet.

Poigny-la-Forêt. — 544 h. (les Pugnéens.) *Ressources et distractions p. 35.* Traversé par la Guesle naissante, entouré de bois et d'étangs, Poigny, que l'on atteint par une route fort agréable, est un des jolis coins de la forêt. Ses petites maisons rustiques, fréquentées par les peintres depuis des générations, s'accompagnent maintenant de villas ; mais le village garde un charme tranquille. Autour de Poigny : Étang du Roi, Petit Étang Neuf, étangs de Guiperreux et d'Angennes.

Yvelines (Parc animalier des). — *500 m à partir du D 27, par une route forestière. Visite à pied le dimanche (sauf en mai et juin) de 8 h à 17 h. Entrée : 6 F (enfants : 3 F). Parc de stationnement.* Cette partie de la forêt, vaste de 250 ha et comportant 12 km d'allées, a été aménagée en un parc clôturé où vivent en semi-liberté : cerfs, chevreuils, daims, sangliers, faisans, canards sauvages...

RAMPILLON – Carte Michelin nº **97** - pli ㉚ – 4,5 km au Sud-Est de Nangis – 407 h. (les Rampillonnais) – Paris 68 km.

Ce village, situé sur une butte, est intéressant pour son église qui domine le plateau de Brie.

Église★. — Cette église du 13e s. faisait partie d'une commanderie de Templiers brûlée par les Anglais en 1432. Une tour, dite des Templiers, est accolée à l'église. Le robuste clocher carré s'élève sur le bas-côté droit, coiffé d'un toit en double bâtière.

Le portail principal est remarquable pour ses sculptures : au tympan, le Christ-Juge et, au linteau, la Résurrection des morts ; au trumeau, Christ enseignant et, dans les ébrasements, les douze Apôtres ; au-dessous de leurs statues, calendrier flanqué de la Présentation au temple et de l'Adoration des mages. Au portail latéral, à droite, Couronnement de la Vierge.

A l'intérieur, la large nef flanquée de bas-côtés se termine par un chœur polygonal. Joli triforium. Dans la nef, dalles mortuaires de Templiers et de chevaliers de Malte. Au-dessus de la porte, grand crucifix du 14e s. Dans le bas-côté gauche, deux statues du 15e s.

RAVENEL – Carte Michelin nº **97** - pli ⑥ – 5,5 km à l'Est de St-Just-en-Chaussée – 880 h. – Paris 85 km.

Ravenel possède une église dont la tour Renaissance est impressionnante.

Église. — Sa massive **tour★** carrée bâtie sous Henri II et Jeanne d'Anjou, ainsi que l'attestent les croissants et les lys alternés qui l'ornent, est accolée au mur Nord. Soutenue par de puissants contreforts, elle est flanquée d'une tourelle d'escalier d'une rare élégance. Un dôme en charpente la termine. Par une savante gradation allant de la base au sommet, bien propre au style Renaissance, sa décoration, formée simplement d'arcatures tréflées à l'étage inférieur du clocher, devient d'une grande richesse dans la partie supérieure. Au-dessus de la balustrade ouvragée qui court sur les façades s'ouvrent sur deux rangs les triplets séparés par de petits contreforts à pinacles et surmontés par des arcatures en plein cintre. La tourelle d'escalier a reçu une décoration flamboyante. Des logettes disposées entre les contreforts ajoutent à la beauté de cet ensemble. Une seconde balustrade couronne le tout.

La façade classique est assez froide. Quatre pilastres encadrent la porte que surmonte une niche sous un fronton. Le chœur et le transept gothique sont voûtés d'ogives. A la nef, transformée au 18e s., ont été adjoints des collatéraux.

ROCHEFORT-EN-YVELINES – Carte Michelin nº **96** - plis ㉔ ㉕ – 458 h. – *Ressources et distractions p. 35* – Paris 46 km.

Ce vieux village, situé à la lisière Sud de la forêt de Rambouillet, s'étage dans le vallon de la Rabette, au-dessous des bois qui couronnent la colline.

Mairie. — C'est l'ancien bailliage du 17e s. Au rez-de-chaussée, sur la Grand-Rue, se trouvait la prison dont subsistent la vieille porte et les cachots. La façade principale donne sur une petite place que l'on atteint par une courte rampe.

Église. — Elle est en partie romane. La chapelle des Princes, à l'intérieur, est Renaissance. Un petit cimetière en terrasse, qui renferme les sépultures des princes de Rohan-Rochefort, l'entoure. Au-dessus apparaissent quelques restes de l'ancien château féodal. L'ensemble constitue un joli **site★** et la vue sur le village et les environs boisés est charmante.

Le tableau de la page 36 donne la signification des **signes conventionnels** employés dans ce guide.

La ROCHE-GUYON * – Carte Michelin nº 🆖 - pli ② – 603 h. (les La-Roche-Guyonnais) – Paris 75 km.

Cette localité, resserrée entre la Seine et la crête calcaire qui domine la rive droite du fleuve, délimite, avec Vétheuil, un tronçon particulièrement intéressant du D 913.

Le village s'est bâti au pied du château fort qui dresse encore les ruines de son donjon sur un éperon de la crête. Ce nid d'aigle fut construit, au 11ᵉ s., par un seigneur dont le fils, du nom de Guyon, laissa son nom au pays.

Au 13ᵉ s., la forteresse se double d'un château résidentiel édifié au bas de la falaise et relié au donjon par un escalier creusé dans le roc. François Iᵉʳ y réside avec la Cour en 1546. Son séjour est assombri par un accident : le jeune comte d'Enghien, qui s'était illustré en Italie deux ans auparavant par sa victoire de Cérisoles, reçoit sur la tête un coffret, tombé d'une fenêtre, et meurt, le crâne brisé.

La Roche-Guyon est érigé en duché-pairie en 1621. François de la Rochefoucauld en devient titulaire en 1679. C'est au château qu'il écrit une partie de ses célèbres « Maximes ». Pendant la bataille de Normandie, en 1944, le maréchal Rommel y séjourna avec son état-major.

Village. — Sur la place, on voit l'ancienne halle du 18ᵉ s., devenue mairie, et une jolie fontaine Louis XV.

L'église des 15ᵉ et 16ᵉ s. se trouve dans un aimable cadre agreste. A droite du maître-autel, tombeau de François de Silly, premier duc de la Roche-Guyon.

En été, les bords de la Seine offrent une agréable promenade sous les tilleuls centenaires.

Château. — *On ne visite pas.* A travers la grille qui donne sur la route, on aperçoit la cour sur laquelle donnent les anciennes et monumentales écuries, ainsi qu'une façade du château. Cet édifice fut très remanié du 16ᵉ au 18ᵉ s. Sa partie gauche est d'époque féodale, la partie droite du 18ᵉ s. L'entrée d'honneur se trouve sur une autre cour dont la grille s'ouvre sur le chemin qui monte de la place vers l'église. Ici encore, on distingue nettement les constructions féodales et celles du 18ᵉ s.

L'église souterraine où Lamartine avait assisté aux exercices de la Semaine Sainte, en 1819, est creusée dans la falaise, derrière la tourelle qui fait face à la grille. Le poète écrivit à la Roche-Guyon une de ses « Méditations ».

EXCURSIONS

Route des Crêtes ★★. — *3 km.* Suivre le D 313 vers Gasny. De nombreuses écuries et caves sont creusées dans la craie de la falaise. Monter jusqu'au col qui franchit l'étroite crête séparant la vallée de la Seine de celle de l'Epte.

Du col part à droite *(panneaux indicateurs)* le D 100 dit « Route des Crêtes » qui offre de magnifiques **points de vue** ★★ sur la vallée de la Seine.

Haute-Isle. — 148 h. *2 km.* Quitter la Roche-Guyon à l'Est par le D 913.

Habité au moins depuis l'époque mérovingienne, ce village troglodytique est situé au bord de la Seine au pied des falaises calcaires, découpées en éperons, qui dominent le fleuve.

Boileau y vint souvent, chez son neveu, pêcher et chasser ou, en style plus noble, « amorcer en badinant le poisson trop avide » et « faire la guerre aux habitants de l'air ».

Les gens du pays vivaient alors dans cinq étages de cavernes, ou boves, pratiquées dans la falaise. Les maisons de l'unique rue actuelle ne sont apparues qu'au 18ᵉ s.

Église. — *Pour visiter, s'adresser à la Mairie.* Derrière un petit cimetière en terrasse, une chapelle, creusée en 1670, aux frais du neveu de Boileau, forme le premier étage d'excavations pratiquées dans la falaise. Son minuscule clocher émerge seul du roc. Elle a 23 m de longueur et 8 m de hauteur. La clôture du chœur et le retable sont des boiseries du 17ᵉ s.

Ancien colombier. — Au sommet de la falaise, une vaste anfractuosité a ses parois perforées par les alvéoles d'un ancien colombier.

ROSNY-SUR-SEINE * – Carte Michelin nº 🆖 - plis ② ⑫ – 3541 h. (les Rosnéens) – Paris 66 km.

Maximilien de Béthune, marquis de Rosny, duc de Sully, naquit dans un château voisin de Rosny en 1559. Il commença l'édifice actuel en 1595 et fit aménager le parc *(1)*.

Sully avait fait venir à Rosny le célèbre agronome Olivier de Serres pour qu'il y plantât 8 000 mûriers. C'est en se promenant avec lui dans les jardins qu'il aurait prononcé la phrase fameuse : « Labourage et pâturage sont les deux mamelles de la France ».

A la mort de Henri IV, en 1610, son ministre arrêta la construction en signe de deuil. Les ailes furent terminées par la duchesse de Berry qui posséda le domaine de 1817 à 1830. Le propriétaire qui lui succéda, les jugeant disgracieuses, les fit abattre.

Château ★. — *Visite du 20 juillet au 30 août de 14 h à 18 h. Durée : 1/2 h. Fermé le mardi. Entrée : 5 F.* L'entrée se trouve dans la rue de Guernes qui se détache de la N 13 vers la Seine.

Au bout d'une belle allée, on aperçoit le château. Bâti sous le règne de Henri IV, au début du 17ᵉ s., il appartient au style dit Louis XIII. Des fossés l'entourent *(illustration p. 22)*.

On voit, au rez-de-chaussée, le vestibule, le salon Henri IV, le grand salon de la duchesse de Berry, dit des Tapisseries, et le salon du bord de l'eau, ancienne chambre de la duchesse de Berry ; au 1ᵉʳ étage, la chambre de Sully. Toutes ces pièces sont richement meublées. Les **tapisseries** ★ des 16ᵉ, 17ᵉ et 18ᵉ s. sont particulièrement remarquables. Les boiseries, plafonds et objets d'art sont très intéressants.

Parc ★. — Il a été redessiné au 19ᵉ s. Fort beau, parcouru par de magnifiques allées, il comprend un parterre à broderies de buis, une terrasse sur la Seine et de vastes pelouses. On y voit un cèdre planté en 1724 par Malesherbes, ministre et avocat de Louis XVI. Près de la Seine, un pavillon de bains, attribué à Gabriel, est devenu une chapelle.

La statue de Sully, érigée à la sortie de Rosny, vers Mantes, provient de la cour du château de Versailles. A l'origine, elle était placée sur le pont de la Concorde, à Paris.

Aux environs s'étend la forêt de Rosny *(privée)*. Sully la fit couper à blanc et donna le produit de la vente, 100 000 livres, à Henri IV, pour contribuer aux frais de ses campagnes.

---

(1) Pour plus de détails, lire : "Sully à Rosny-sur-Seine", par A. Anne (auteur-éditeur, Bonnières-sur-Seine).

ROSNY-SUR-SEINE*

EXCURSION

Rolleboise. — 457 h. *3 km*. Quitter Rosny à l'Ouest par la N 13.

Ce pittoresque village domine la Seine. Jusqu'à l'époque du chemin de fer, Rolleboise fut le point de départ de la galiote fluviale de quatre-vingt-dix places, halée par quatre chevaux, qui permettait aux voyageurs de gagner tout doucement Poissy.

Par la côte de Rolleboise, la N 13, abandonnant la rive gauche de la Seine, coupe, à sa base, un méandre du fleuve. Un chemin partant de la route nationale en haut de la côte, permet de suivre la « **Corniche de Rolleboise** »*. La vallée de la Seine est d'abord cachée par des propriétés, mais on peut en avoir la vue de la terrasse de l'hôtel de la Corniche. 300 m après le cimetière, on arrive à l'endroit où la vue sur la vallée est dégagée.

ROYAUMONT (Abbaye de) ** – Carte Michelin n° 🔟🔢 - pli ⑦ – *Schémas p. 55 et 132* – Paris 37 km.

Royaumont donne une idée de la richesse à laquelle atteignaient les grandes abbayes du Moyen Age. Sa visite est du plus grand intérêt.

Fondée par Saint-Louis en 1228 et achevée en 1235, l'abbaye est confiée à l'ordre de Cîteaux *(voir : Les monastères en Ile-de-France p. 21)*. Le roi et ses successeurs la comblent de dons, ce qui explique l'importance et la beauté des constructions. De nombreux membres des familles royales y furent enterrés — les tombeaux ont été transférés à St-Denis.

En 1763, l'abbé Prévost, l'auteur de « Manon Lescaut », frappé d'apoplexie à Courteuil *(p. 165)*, près de Chantilly, fut transporté à Royaumont. Passant pour mort, il est autopsié. Sous le scalpel, le cadavre redonne signe de vie : courte résurrection avant le départ définitif pour l'autre monde.

En 1791, le domaine est vendu comme bien national, l'église démolie. Une filature de coton occupe les lieux jusqu'à leur acquisition, en 1869, par les Sœurs de la Ste Famille de Bordeaux, qui entreprennent la restauration des bâtiments. Quand est votée la loi sur les congrégations (1905), l'abbaye est achetée par la famille Gouïn et d'autres restaurations sont effectuées. C'est aujourd'hui un centre culturel où se déroulent colloques, expositions, récitals, manifestations artistiques.

VISITE *environ 1/2 h*

L'entrée se trouve sur une route qui part du D 909, à hauteur d'un étang.

Visite accompagnée toutes les 1/2 h; du 15 mars au 11 novembre de 10 h à 11 h 30 et de 14 h à 17 h 30 ; fermé le mardi. Le reste de l'année : les samedis, dimanches, et jours fériés de 10 h à 11 h 30 et de 14 h à 17 h. Prix : 4 F. Les visites peuvent être interrompues à l'occasion de certaines manifestations de la Fondation. Pour les concerts et expositions, se renseigner à la Maison d'Hôtes (☎ 470.40.18) ou au siège social de la Fondation (☎ 527.21.73).

Royaumont comprend, d'une part, le palais abbatial et la ferme monumentale *(on ne les visite pas)* et, d'autre part, les bâtiments conventuels. Un côté du cloître est occupé par les membres de la Fondation Gouïn-Lang propriétaire, un autre par la Maison d'Hôtes de la Fondation *(ces deux parties ne se visitent pas)*.

On voit d'abord les vestiges de l'église abbatiale du 13e s. Son plan, dessiné par des fragments de colonnes, accuse ses vastes dimensions (101 m de longueur). Une tourelle d'angle, vestige du transept Nord, donne un aperçu de son élévation (la clé de voûte du chœur était à 28 m du sol).

On passe ensuite dans le magnifique **cloître****, couvert de vigne vierge, qui enserre un beau jardin. Le **réfectoire**** des moines est un chef-d'œuvre de construction gothique. Saint Louis y servit lui-même les religieux qui écoutaient en silence la voix du lecteur, debout dans la chaire ménagée dans l'épaisseur du mur. Le mausolée du prince Henri de Lorraine, œuvre de Coysevox, qui se trouvait dans l'église, y a été transporté. On visite aussi les **anciennes cuisines***, magnifique salle dont les voûtes sont supportées par quatre piliers à chapiteaux sculptés et où se trouve la Vierge de Royaumont (14e s.), et la chapelle (ancienne sacristie, où Saint Louis se confessait et recevait la discipline).

Les salles, meublées avec goût, n'ont pas la froideur qui se dégage des monastères abandonnés.

Le dortoir des moines, la salle du chapitre, le réfectoire des hôtes, l'ancienne bibliothèque sont occupés par le Centre culturel. Le bâtiment Ouest où se trouvaient les celliers, le logis des hôtes et celui des convers, a été transformé en appartements au 18e s.; les membres de la Fondation Gouïn-Lang y habitent. Le curieux bâtiment des latrines et des travaux, élevé au-dessus d'un ruisseau qui fournissait la force motrice pour l'atelier des moines et servait d'égout, est soutenu par trente et un arcs – une installation analogue se voit à Maubuisson *(p. 159).*

ROZAY-EN-BRIE – Carte Michelin n° 🔢🔢 - pli ㉚ – 1 792 h. (les Rozéens) – Paris 52 km.

Cette vieille petite ville de la vallée de l'Yerres était jadis fortifiée. Un boulevard remplace les fossés, mais des vestiges de remparts subsistent.

Église. — La tour est du 12e s., le reste de l'édifice du 13e s., à l'exception de la façade, des deux premières travées de la nef, des travées du bas-côté Nord correspondantes et du bas-côté Sud refaits au 16e s. Le triforium est élégant. A signaler la tribune et le buffet d'orgues des 16e et 18e s., une Vierge en marbre du début du 18e s. et une peinture sur bois représentant saint Jérôme.

EXCURSION

Château de la Grange-Bléneau. — *3 km au Sud par le D 201. On ne visite pas.*

L'édifice est du 14e s. La Fayette y vécut bien plus souvent qu'à Paris, de 1799, après son retour d'exil, jusqu'à sa mort en 1834. Il n'en sortit guère qu'en 1824 pour son dernier voyage triomphal aux États-Unis et qu'en 1830 au cours des Journées de Juillet où il fut l'un des principaux artisans de l'installation de Louis-Philippe d'Orléans sur le trône de France.

Les appartements du général et de madame de La Fayette ont été remis dans l'état où ils se trouvaient à leur mort. La bibliothèque du général comprend plus de 3 000 volumes.

Entouré d'eau, le château comprend un corps de bâtiment avec deux ailes en retour dont l'une est percée par le portail d'entrée flanqué de deux tours. Deux autres tours s'élèvent aux angles de la seconde aile. Bâti en une pierre grise, sans décoration sculptée, cet austère château ne manque pas de grandeur.

ST-ARNOULT-EN-YVELINES – Carte Michelin n° 96 - pli 24 – 3 016 h. (les Arnoultiens) – *Schéma p. 149* – *Ressources et distractions p. 35* – Paris 54 km.

Ce bourg est situé dans la vallée de la Remarde, entre les forêts de Rambouillet et de St-Arnoult.

CURIOSITÉS visite : 1/2 h

Église. — C'est un intéressant édifice qui doit son importance au fait qu'il fut élevé à l'emplacement du tombeau de saint Arnoult. Bâtie au 12e s., l'église a été remaniée à la Renaissance, mais dans le style gothique flamboyant. Sa façade est un véritable échantillonnage architectural : le portail roman, avec son arc en plein cintre, est surmonté d'une grande fenêtre de style gothique rayonnant ; à gauche, une petite porte présente l'anse de panier du 15e s. et au-dessus s'ouvre une baie de style gothique flamboyant.

À l'intérieur, remarquer la belle charpente qui couvre la nef et le chœur. Le double bas-côté gauche a des voûtes flamboyantes.

Sous le maître-autel, dans la crypte (6e s.), se trouve le corps de saint Arnoult.

Maison Renaissance. — Au n° 9 de la Grande-Rue.

ST-CYR-L'ÉCOLE – Carte Michelin n° 101 - pli 22 – 2 km à l'Ouest de Versailles – 17 795 h. (les St-Cyriens) – Paris 26 km.

Le saint dont le village prit le nom est l'un des plus jeunes martyrs qui auraient existé ; car il aurait été supplicié, au 4e s., à l'âge de 3 ans...

En 1686, Mme de Maintenon fit bâtir à St-Cyr, par Mansart, sa Maison d'éducation destinée à 250 jeunes filles pauvres mais de familles nobles. Quarante dames professeurs formaient le corps enseignant et quarante sœurs converses assuraient les soins domestiques.

Racine écrivit, pour être représentées par ces élèves, ses deux dernières pièces : « Esther », en 1689, et « Athalie », en 1691. L'hymne que Lulli composa pour être chanté quand Mme de Maintenon pénétrait dans une classe est devenu le « God Save the Queen », l'hymne national anglais.

Après la mort de Louis XIV, sa veuve morganatique se retira à St-Cyr et y mourut quatre ans plus tard en 1719. La fondation, supprimée par la Révolution, fut transformée en école militaire par Napoléon Ier qui, en 1808, transféra l'école de Fontainebleau à St-Cyr. De 1803 à 1955, cette école a formé 49 250 officiers dont 9 700 sont morts au champ d'honneur.

En 1940 et 1944 de terribles bombardements, visant le camp d'aviation voisin, ont détruit l'École spéciale militaire, réinstallée depuis 1945 à Coëtquidan en Bretagne, et le quartier qui l'entoure.

ST-CYR-SOUS-DOURDAN – Carte Michelin n° 96 - plis 25 35 – 640 h. (les St-Cyriens) - Paris 45 km.

Ce village de la vallée de la Remarde offre un joli coup d'œil lorsque, venant de Dourdan par la N 838, on l'aperçoit, dans le fond du vallon, groupant ses maisons aux toits de tuiles brunes autour de son église du 16e s. et d'un ancien prieuré fortifié.

Les villes, sites et curiosités décrits dans ce guide
sont indiqués en **caractères noirs** sur les schémas.

ST-GERMAIN-EN-LAYE ** – Carte Michelin n° 101 - pli 12 – 40 471 h. (les St-Germanois) – *Ressources et distractions p. 35* – Paris 21 km.

C'est à la fois une villégiature élégante et un but d'excursion pour de nombreux touristes, attirés par le château, la terrasse et la forêt.

Le Château Vieux. — Au 12e s., Louis VI le Gros, voulant utiliser la forte position du coteau de St-Germain, construit un château fort à l'emplacement du château actuel. Saint Louis y ajoute, en 1230, une ravissante chapelle qui est encore debout. La forteresse, détruite pendant la guerre de Cent Ans, est restaurée par Charles V vers 1368.

En 1514, dans la chapelle, Louis XII marie sa fille, Claude de France, au duc d'Angoulême qui, l'année suivante, devient François Ier. Bientôt, le vieux château fort ne répond plus aux idées que le jeune souverain s'est fait, au contact de l'Italie, sur le confort d'une demeure royale. En 1539, il fait démolir, à l'exception du donjon de Charles V et de la chapelle de Saint Louis, tout ce qui s'élève au-dessus du soubassement féodal et confie la reconstruction à Pierre Chambiges. De ces travaux sortent les bâtiments que le touriste a aujourd'hui sous les yeux.

Le Château Neuf. — Même transformé, l'édifice est encore une forteresse à mâchicoulis, défendue par 3 000 hommes de garnison. Henri II, qui veut une véritable maison de plaisance, fait commencer, d'après les plans de Philibert Delorme sur le bord même du plateau, la construction du Château Neuf. Celui-ci, terminé par Henri IV, connaît une grande célébrité par suite de sa magnifique situation et des terrasses qui s'étagent au flanc du coteau dominant la Seine.

Sous les arcades des soubassements sont ménagées des grottes dans lesquelles des automates, mus hydrauliquement, présentent des scènes mythologiques. Orphée joue sur une viole avec un archet et les animaux accourent pour l'entendre, le char de Neptune se déplace, etc. Henri IV s'amusait à terminer les séances par un arrosage subit et complet des assistants en déclenchant des jets d'eau qui jaillissaient de tous les côtés. Ces merveilles étaient l'œuvre d'une famille d'ingénieurs italiens, les Francine, auxquels Louis XIV confiera plus tard l'hydraulique de Versailles.

Événements de Cour. — La Cour habite tantôt le Château Vieux, tantôt le Château Neuf. Elle y fait des séjours de plaisance ou s'y réfugie en cas de troubles à Paris.

Henri II, Charles IX et Louis XIV sont nés à St-Germain. Louis XIII y est mort. Marie Stuart, reine d'Écosse, a vécu là de 6 ans à 16 ans. Elle épouse, en 1558, le dauphin François qui a 15 ans. L'année suivante, elle est reine de France ; mais son mari meurt au bout d'un an et elle doit reprendre le chemin de l'Écosse où l'attend un romanesque destin qui la conduit à l'échafaud.

ST-GERMAIN-EN-LAYE★★

Les agrandissements de Mansart. — Louis XIV, élevé à St-Germain, s'est attaché au château. Devenu roi, il y séjourne très souvent.

Les locaux du Château Vieux s'avérant trop petits, le Roi-Soleil fait construire, par Jules Hardouin-Mansart, cinq gros pavillons qui remplacent les cinq tourelles d'angle des façades. Le Nôtre trace le parc, la terrasse, replante la forêt; en 1665, il met en place 5 millions et demi de pieds d'arbres. En 1682, la Cour quitte St-Germain pour Versailles. En 1689, Jacques II Stuart, roi détrôné d'Angleterre, vient occuper le Château Vieux où il meurt dans la gêne en 1701, en odeur de sainteté.

Derniers avatars. — En 1776, le Château Neuf, qui tombe en ruine, est cédé par Louis XVI à son frère le comte d'Artois. Le futur Charles X démolit l'édifice — à l'exception des pavillons Henri IV *(p. 155)* et Sully *(p. 156)* — dans l'intention de le reconstruire sur de nouveaux plans. Mais ayant acquis le château de Maisons *(p. 109)*, il abandonne les travaux de St-Germain. Ce qu'il en reste est vendu avec son parc à la Révolution.

Le Château Vieux est démeublé. Sous Napoléon Ier, il abrite une école de cavalerie; sous Louis-Philippe, un pénitencier militaire. Napoléon III le fait évacuer en 1855. Il est alors l'objet d'une restauration complète conduite par l'architecte Millet, auquel succède Daumet. Les constructions ajoutées par Mansart sont supprimées et l'édifice est rétabli tel qu'il se présentait sous François Ier.

En 1867, Napoléon III inaugure le musée des Antiquités nationales de la France qu'il y a fait installer. En 1919, le traité de paix avec l'Autriche a été signé dans le château.

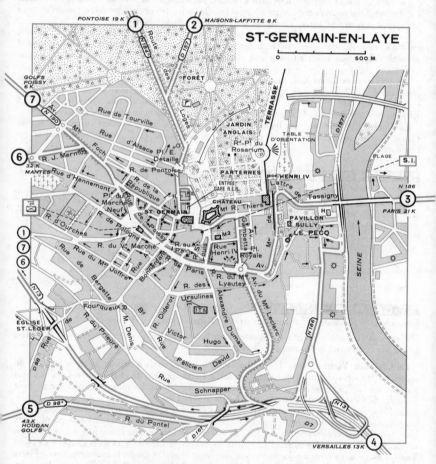

PRINCIPALES CURIOSITÉS *visite : 2 h 1/2*

Château★. — *Visite de 9 h 45 à 12 h et de 13 h 30 à 17 h 15. Fermé le mardi. Entrée : 5 F (2,50 F les dimanches et jours fériés).*

L'édifice a la forme d'un pentagone irrégulier. Les fossés étaient autrefois remplis d'eau. On distingue bien le soubassement féodal du château, avec son ancien chemin de ronde et ses mâchicoulis. Le toit en terrasse, bordé de vases et de balustres, dominé par les hauts corps de cheminée, fut une grande nouveauté : la couverture habituelle, au temps de la Renaissance française, était le toit très incliné, hérité du Moyen Age.

La porte d'entrée se trouve sur la place du Général-de-Gaulle. A l'extrémité gauche de cette façade se dresse le donjon de Charles V, surmonté d'un campanile sous François Ier. On y installa, sous Louis XIV, un observatoire astronomique d'où Cassini aurait découvert plusieurs planètes.

Au rez-de-chaussée logeaient des grands officiers, à l'entresol des princes du sang, des dames d'honneur, des favorites, des ministres, notamment Mazarin, Colbert, Louvois. Les appartements royaux se trouvaient au 1er étage : le roi et le dauphin dans l'aile qui regarde les parterres, la reine dans celle qui regarde Paris, les Enfants de France dans celle que longe aujourd'hui la rue Thiers. Sous Henri IV, les quatorze enfants du roi, légitimes ou légitimés, nés de cinq mères différentes, y prenaient ensemble leurs ébats.

Franchir le pont et traverser le vestibule où se prennent les tickets. Les trois tourelles d'angle de la cour intérieure contiennent des escaliers à vis. Dans la décoration de la balustrade supérieure apparaissent la salamandre et l'F de François Ier. Sur la droite, on aperçoit la chapelle de Saint Louis *(voir ci-dessous)*.

Musée des Antiquités nationales★★ (M¹). — *Visite de 9 h 45 à 12 h et de 13 h 30 à 17 h 15. Fermé le mardi. Entrée : 5 F (2,50 F les dimanches et jours fériés).*

Ses précieuses collections archéologiques constituent une saisissante évocation du passé lointain de la France, depuis les premiers signes de la présence de l'homme (au paléolithique) jusqu'aux temps mérovingiens.

A l'entresol, dont les neuf salles sont consacrées à la **préhistoire** *(consulter, à l'entrée, la mappemonde de référence)*, les objets exposés reflètent la lente évolution des techniques et du mode de vie de nos ancêtres, de la « pierre éclatée » primitive aux « tombes à chars » gauloises. Remarquer notamment : dans la section paléolithique, une figurine en ivoire, la « dame de Brassempouy », qui serait la plus ancienne représentation humaine connue (vers 25 000 ans av. J.-C.); dans la salle IV *(vitrine centrale)*, un sceau de bronze ouvragé, la « ciste de Magny-Lambert »; dans la dernière salle, une exceptionnelle série de bijoux gaulois en or *(vitrine centrale)*, et la maquette du siège d'Alésia.

Au 1er étage, sept salles présentent l'art original de l'**époque gallo-romaine**, magistralement illustré ici par la sculpture mythologique et funéraire, les objets de la vie quotidienne (vaisselle, verrerie, accessoires de toilette, poteries de céramique rouge sigillée), la décoration (mosaïque des « Travaux des Mois »). Les deux salles restantes abritent des vestiges de l'**époque mérovingienne**, provenant essentiellement de sépultures : francisques ou épées à lame damassée, bijoux d'or cloisonné, fibules en S et boucles de bronze à décor fantastique, parfois quelques motifs d'inspiration chrétienne.

Sainte-Chapelle★. — *Pour la visiter, s'adresser au gardien.* Construite par Saint Louis de 1230 à 1238, elle est antérieure d'une dizaine d'années à la Sainte-Chapelle de Paris et sans doute l'œuvre du même architecte, Pierre de Montreuil; mais ses hautes fenêtres sont privées de la parure de vitraux qui rend éblouissant l'édifice parisien. La belle rosace de la façade a été aveuglée par d'autres constructions.

Dans l'épaisseur des clefs de voûte sont sculptées des figures que l'on pense être celles de Saint Louis, de sa mère Blanche de Castille, de sa femme et d'autres proches. Ces précieuses images seraient les plus anciennes qu'on possède des familles royales.

Les toits. — *Visite en été, le dimanche, à partir de 15 h. Un gardien accompagne : il prend les touristes par groupes, au 1er étage, sauf en cas de mauvais temps.*

De ces toits le **panorama★** est remarquable sur les jardins du château, la ville, la forêt.

Parterres. — Entrer dans les jardins par la grille qui se trouve place du Général-de-Gaulle *(voir plan ci-dessous)*. La tranchée de chemin de fer, creusée en 1847 pour prolonger la ligne Paris-le Pecq inaugurée en 1837 *(voir p. 156)*, a saccagé les parterres dessinés par Le Nôtre.

Longer le château. On aperçoit, dans la façade, la loggia qui s'ouvre sur l'escalier d'honneur intérieur. Dans le fossé, monuments mégalithiques reconstitués et copies de monuments romains.

C'est sur l'esplanade que s'est déroulée la rencontre Jarnac-La Châtaigneraie, le dernier des duels judiciaires où l'on faisait appel au jugement de Dieu. Henri II et sa Cour se tenaient sur des estrades adossées au fossé. La Châtaigneraie, une des meilleures lames d'Europe et d'une force physique légendaire, se croyait sûr de la victoire. Mais Jarnac avait appris, d'un spadassin italien, un « coup » dont il usa : le jarret gauche tranché, son adversaire s'effondra. Fou de rage, il refusa les soins et se laissa mourir.

Pavillon Henri IV. — L'hôtel qui porte ce nom se trouve sur le bord du plateau. Il se termine par un pavillon en pierre et brique, surmonté d'un dôme. C'est, avec le pavillon Sully *(voir p. 156)*, tout ce qui subsiste du Château Neuf. Il renferme l'oratoire d'Anne d'Autriche où Louis XIV fut ondoyé, le jour de sa naissance, le 5 septembre 1638. Au-dessous se trouve une des grottes mythologiques, malheureusement privée de ses automates et de ses jeux d'eau. L'hôtel, créé en 1836, a toujours eu une clientèle d'hommes de lettres, d'artistes, d'hommes politiques. Alexandre Dumas y a composé « les Trois Mousquetaires » et « Monte-Cristo », Offenbach : « la Fille du Tambour-Major », Léo Delibes : le ballet de « Sylvia ». Thiers y est mort en 1877.

Terrasse★★. — A l'hôtel commence la Petite Terrasse qu'on suivra jusqu'au rond-point du Rosarium où est installée une table d'orientation du T. C. F.

Au-delà du rond-point s'étend la Grande Terrasse, un des chefs-d'œuvre de Le Nôtre. Sa réalisation fut achevée en 1673, après quatre années de travaux gigantesques. Longue de 2 400 m, bordée de tilleuls centenaires, elle compte parmi les plus fameuses curiosités des environs de Paris.

La vue ne changeant pas sensiblement le long de la terrasse, le touriste pressé peut revenir à la voiture en traversant le beau Jardin anglais★.

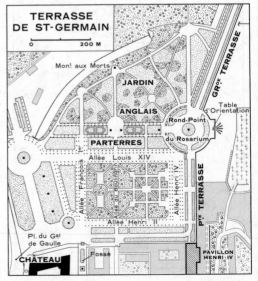

TERRASSE DE ST-GERMAIN

0   200 M

AUTRES CURIOSITÉS

Église St-Germain. — Elle est située sur la place du Général-de-Gaulle. De style classique, elle a été reconstruite, de 1766 à 1827, sur plan basilical. A l'entrée du bas-côté droit, mausolée de Jacques II Stuart. La chaire, en bois sculpté, donnée par Louis XIV, avait été destinée à la chapelle du château de Versailles. Adossée à un pilier du chœur, à gauche, belle Vierge du 14ᵉ s. qui a reçu le vocable de N.-D. de Bon-Retour.

Église St-Léger. — Elle se trouve à la sortie de la déviation, en direction de Fourqueux, en face de la sous-préfecture. De forme triangulaire, elle a été érigée en 1961. Sa charpente est entièrement doublée en pin.

Musée municipal (M²). — *Visite de 10 h à 12 h et de 14 h à 19 h. Fermé le mardi, et le dimanche après-midi.*

Ce petit musée possède une intéressante collection de toiles flamandes du 16ᵉ s., en particulier celle de Jérôme Bosch « L'Escamoteur », ainsi que des peintures françaises du 17ᵉ s., des terres cuites de Lemoyne, et des meubles du 18ᵉ s. Nombreuses gravures, aquarelles et maquettes concernant St-Germain et sa région.

Le Pecq. — 17 584 h. *A l'Est.* Sur les pentes du coteau qui porte le château de St-Germain et sur les deux rives de la Seine, le Pecq s'est appelé Aupec jusqu'au 18ᵉ s.

L'inauguration de la voie ferrée de Paris au Pecq, le 26 août 1837, a constitué, en quelque sorte, la « grande première » du chemin de fer en France. Le trajet s'effectuait en 25 mn. Dix ans plus tard, pour exploiter le dernier tronçon le Pecq-St-Germain, en très forte rampe et en tunnel, que les ingénieurs estimaient au-dessus des possibilités de la locomotion à vapeur, il est fait appel à l'étonnante technique du « chemin de fer atmosphérique ». La voiture motrice est solidaire d'un piston se déplaçant dans un tube placé entre les rails. A St-Germain, une énorme et tonitruante machinerie fait le vide dans ce tube et « aspire » le convoi... 1859 marque le retour à des procédés de traction plus éprouvés.

L'église, bâtie à flanc de coteau au 18ᵉ s., est curieuse par la quantité de tableaux des 17ᵉ et 18ᵉ s. accrochés aux murs et aux piliers. Belle statue de saint Wandrille.

Pavillon Sully. — *Visite interrompue pendant les travaux.* Le Pavillon Sully, qu'entoure un jardin à la française orné de statues, est, avec le Pavillon Henri IV *(voir p. 155)*, tout ce qui reste du Château Neuf *(voir p. 153)*.

Dans cinq salles en enfilade, on peut admirer un bel ensemble mobilier : tapis, tableaux de maîtres, argenterie, reliures, chinoiseries, etc.

La visite des jardins donne une idée de ce que pouvait être cet ensemble de jardins et de terrasses si célèbre en son temps. Par le jardin à l'italienne, que limite à gauche un mur de soutènement, on descend par degrés jusqu'à une terrasse qu'un grand escalier relie au potager. La remontée vers le pavillon s'effectue par le parc. Cette promenade est agrémentée de frais bassins, de grottes, de bustes souvent charmants, de beaux tilleuls.

Au-delà des cages abritant de magnifiques faisans, des grues couronnées et des paons en liberté, on a la charmante impression de pénétrer dans un coin du hameau de la Reine à Versailles.

LA FORÊT *schéma ci-dessous*

Cette ancienne forêt de Laye, enserrée par une boucle de la Seine, faisait partie de l'immense chasse royale de l'Yvelines *(p. 148)*. Amputée peu à peu (les champs d'épandage de la ville de Paris ont pris, au Nord, la place des tirés royaux ; en son centre, la gare d'Achères s'étend sur près de 100 ha), sa superficie (3 555 ha) n'est que le quart de celle de Fontainebleau. Heureusement, des pavillons de chasse, des croix de carrefour, des vieilles portes, des étoiles de routes forestières maintiennent, en certains points, l'aspect d'autrefois. On y rencontre des futaies de chênes, des charmes, des bouleaux, des pins, des hêtres, des châtaigniers *(voir : L'aménagement des forêts p. 13)*. Le terrain, relativement

FORÊT DE ST-GERMAIN

plat, est fait de graviers et de sables déposés par la Seine sur un socle calcaire qui affleure dans la partie Nord-Ouest.

La forêt est bien desservie par un réseau de routes. Des itinéraires de promenades goudronnés avec parcs de stationnement sont aménagés par l'Office National des Forêts. Des routes de terre sont réservées aux piétons.

Près de Maisons-Laffitte, il existe des pistes cavalières balisées et des pistes d'entraînement pour les chevaux de courses.

Grille royale. — Elle donne sur le rond-point qui termine la terrasse. C'est là que tournaient les carrosses pour revenir au château. La vue est plus champêtre qu'au début de la terrasse.

Château du Val. — En 1669, Mansart transforme un pavillon de chasse construit pour Louis XIII en château ; c'est aujourd'hui la maison de retraite des membres de la Légion d'honneur.

Mare aux canes. — Elle est entourée de charmes et de chênes.

Croix de Noailles. — Cette belle étoile est devenue un grand carrefour routier au centre de la forêt. La colonne fut dressée en 1751 par le duc de Noailles, gouverneur de St-Germain. La croix qui la surmontait, détruite en 1793, a été remplacée en 1953.

Croix St-Simon. — Sur la N 184, en direction de Pontoise, prendre un chemin à droite avant le pont de chemin de fer. Elle fut dressée par le père du célèbre mémorialiste qui fut gouverneur de St-Germain-en-Laye et capitaine des chasses sous Louis XIII.

Les Loges. — Saint Louis y consacra une chapelle à saint Fiacre, patron des jardiniers. Un couvent élevé sous Louis XIII fut acheté par Napoléon Ier en 1806 et transformé en maison d'éducation pour les filles des membres de la Légion d'honneur. Les élèves des Loges terminent leurs études à la maison de St-Denis. Les bâtiments sont sans intérêt.
La fête foraine des Loges est une survivance des fêtes qui suivaient le pèlerinage à saint Fiacre effectué par les jardiniers le 30 août. Elle débute le premier samedi du mois d'août et dure un mois.

Croix Pucelle. — Prendre la route forestière de St-Joseph s'embranchant sur la N 190.
Elle fut élevée en 1456 par Dunois, gouverneur de St-Germain, en mémoire de Jeanne d'Arc dont il avait été le compagnon d'armes et à l'occasion de sa réhabilitation par le pape. La croix de Malte qu'elle porte est le symbole de la chasteté.

Route des Loges. — N 184 E. Elle ouvre une longue perspective dans l'axe du château.

ST-LEU-D'ESSERENT ✦✦ – Carte Michelin n° 🆖🆖 - Nord du pli ⑦ – 4 474 h. (les Lupoviciens) – *Schéma p. 55* – Paris 48 km.

Saint Leu (ou saint Loup), archevêque de Sens, mort en 623, a donné son nom à plusieurs localités. St-Leu-d'Esserent, village des bords de l'Oise, possède une magnifique église, « modèle aussi pur, aussi frappant d'unité que le plus beau temple grec » (Renan), qui dépendait d'un prieuré bénédictin. Par sa situation sur une falaise qui domine la rivière, par la beauté de ses lignes, elle intéressera tous les touristes, qui doivent la voir du pont sur l'Oise.

ÉGLISE✦✦ *visite : 1/2 h*

L'édifice est bâti en une belle pierre tirée des carrières avoisinantes. Cette « pierre de St-Leu » a servi à la construction de nombreuses églises et cathédrales, du château de Versailles, etc.

Extérieur. — Flanquée d'une haute tour à flèche de pierre, la façade avec son porche à trois travées, surmonté d'une tribune, forme un ensemble roman datant de la 1re moitié du 12e s. Le pignon de la nef a été percé, quatre siècles plus tard, d'une rose de style gothique flamboyant.
Longer l'église sur la droite. Le long vaisseau n'a pas de transept. L'imposant chevet se termine tout près du rebord de la falaise. Le chœur est dominé par deux tours carrées à toits en bâtière. Un déambulatoire et cinq chapelles rayonnantes l'entourent. Ces constructions datent de la 2e moitié du 12e s. Les arcs-boutants ont été ajoutés après coup pour renforcer les contreforts qui étayaient le rond-point.

Intérieur. — Le vaisseau, de la fin du 12e s., offre une belle perspective. Le chœur, de la même époque gothique, produit une grande impression. Il avait été construit avec des tribunes selon la tradition romane. Au siècle suivant, quand les arcs-boutants sont venus épauler le chevet, la contrebutée qu'apportaient les tribunes étant devenue moins nécessaire, on leur a substitué un simple triforium. Les vitraux sont modernes; ceux du chœur — L'Annonciation et les 4 Évangélistes — ainsi que la rosace sont de Max Ingrand, ceux de la nef sont de Barillet, Godin et Le Chevallier.

Prieuré. — La porte d'entrée, fortifiée, s'ouvre dans la rue de l'Église.
Le **cloître** (12e s.), dont deux galeries subsistent, offre une vue remarquable sur l'église. Du prieuré, établi sur la falaise par les bénédictins de Cluny au 11e s., il subsiste une belle salle souterraine voûtée d'ogives; deux colonnes cylindriques surmontées de chapiteaux en supportent les nervures. On voit également une salle creusée plus profondément dans le sol et le départ de galeries qui sillonnent toute la falaise.

ST-LEU-LA-FORÊT – Carte Michelin n° 🄸🄾🄸 - pli ④ – 9 673 h. (les St-Loupiens) – *Schéma p. 126* – Paris 23 km.

Villégiature située à la lisière Sud de la forêt de Montmorency.

CURIOSITÉS *visite : 1/2 h*

Église. — Elle a été bâtie par Napoléon III en 1851, alors qu'il était Prince-Président, pour abriter le tombeau de son père, Louis Bonaparte, roi de Hollande, l'un des frères de Napoléon Ier. Le monument, sculpté par Petitot, se trouve derrière le maître-autel. Le roi Louis repose dans une crypte sous le maître-autel, ainsi que ses deux autres fils. Charles Bonaparte, père de Napoléon Ier, s'y trouvait aussi. Il a été exhumé en 1951 et transporté en Corse. A droite de l'autel, dans une chapelle, tombeau élevé par la reine Hortense, fille de Joséphine de Beauharnais, à sa dame d'honneur, Mme de Broc, qui se noya, sous ses yeux, dans une cascade près d'Aix-les-Bains. Deux sœurs de Mme de Broc, dont la maréchale Ney, reposent dans la même chapelle, ainsi qu'une nièce. Les trois sœurs étaient compagnes d'enfance de la reine qui repose à Rueil.

Ancien château. — Dans la rue du Château, qui part de la place de la Forge, après l'établissement de la source Méry, on aperçoit à droite, au bout d'une petite allée que ferment des chaînes, la croix du prince de Condé : elle marque l'emplacement du château de St-Leu.
Le roi Louis d'abord, puis, après leur séparation, sa femme, la reine Hortense, en furent propriétaires. Elle donna des spectacles très courus dans le théâtre que contenait l'édifice.
C'est là qu'en 1830, au lendemain de l'avènement de Louis-Philippe, après avoir testé en faveur du duc d'Aumale, le duc de Bourbon, prince de Condé *(voir p. 51)* fut trouvé pendu à l'espagnolette d'une fenêtre. On se trouvait au point où se dresse la colonne commémorative. Officiellement, on conclut au suicide. En fait, le septuagénaire semble avoir été étranglé. Sophie Daw, une aventurière qu'il avait connue en Angleterre en 1815 et qu'il avait gardée auprès de lui, bien qu'elle eût épousé en 1818 le baron de Feuchères, a joué un rôle prépondérant dans cette tragédie, qu'il s'agisse d'un suicide ou d'un assassinat.

ST-LOUP-DE-NAUD * – Carte Michelin n° **97** - pli ㉚ – 9,5 km au Sud-Ouest de Provins – 670 h. – Paris 79 km.

Ce pittoresque village se présente sur un éperon. Il possède d'anciennes murailles, une tour et surtout une église bien connue des archéologues.

Église*. — *Demander la clef en face de l'église.* C'est un des plus anciens édifices de la région parisienne. Commencé au début du 11ᵉ s., il faisait partie d'un prieuré bénédictin. Le porche et les deux travées de la nef qui s'y rattachent furent bâtis au 12ᵉ s. grâce aux dons de Henri le Libéral, comte de Champagne. Le **portail****, sous le porche, admirablement conservé, est l'œuvre maîtresse de l'église. Il présente par sa disposition une grande analogie avec le portail Royal de Chartres : Christ en majesté entouré des symboles des quatre Évangélistes au tympan, apôtres abrités sous des arcatures au linteau, statues-colonnes dans les ébrasements, personnages dans les voussures. Mais, à St-Loup, le Christ a moins de grandeur, les statues-colonnes, si l'on excepte l'admirable saint Loup du trumeau, sont moins hiératiques, la verve familière des scènes de la vie de saint Loup évoquées aux voussures est déjà loin des austères personnages de Chartres. Traitées néanmoins avec une réelle maîtrise, les sculptures de St-Loup, plus vivantes que celles de Chartres, marquent le début d'une transition qui aboutira au réalisme gothique.

A l'intérieur, les progrès de l'architecture aux 11ᵉ et 12ᵉ s. sont très nets. On passe du roman primitif du chœur au début de la technique gothique à l'entrée de la nef. Celle-ci comprend tout d'abord deux travées du 12ᵉ s. sur lesquelles ouvre la tribune du porche. Ces travées, qui se divisent chacune en deux arcades jumelles, sont voûtées sur croisée d'ogives. Les deux travées suivantes, plus anciennes, sont voûtées l'une en berceau et l'autre d'arêtes. Le carré du transept est couvert par une coupole, le transept non saillant, du début du 12ᵉ s., par un berceau. Le chœur, datant de la fin du 11ᵉ s., offre un berceau et son abside est voûtée en cul-de-four.

Les peintures du chœur, du 12ᵉ s., ont été refaites au 19ᵉ s. dans des tons arbitraires.

Dans l'absidiole droite, Vierge en pierre du 14ᵉ s. et, dans le bas-côté, boiseries du 15ᵉ s. et cuve baptismale du 12ᵉ s.

ST-MARTIN-AUX-BOIS * – Carte Michelin n° **97** - pli ⑥ – 15 km au Sud de Montdidier – 225 h. – Paris 83 km.

Dominant la plaine picarde de sa silhouette massive, l'abbatiale de St-Martin-aux-Bois est isolée dans les champs à la limite d'un village auquel elle a donné son nom.

Accès par la porte fortifiée de l'ancienne abbaye, fondée vers 1100 par les moines augustins, dont on longe un beau bâtiment à pignon en escalier, inclus dans une ferme.

Église*. — *Visite de 9 h à 12 h et de 14 h à 18 h.* Ce bel édifice, élevé au 13ᵉ s., jouait déjà de malheur dès le 15ᵉ s. puisque son premier abbé commendataire, Gui de Baudreuil, écrivait en 1521 : « Nostre dict monastère, par voye d'ostilité, a, par deux fois, esté bruslé et spolié entièrement de tous tiltres... », faisant allusion aux destructions dues à la guerre de Cent Ans et particulièrement à l'incendie de la façade et d'une partie de la nef en 1445. Il fait cependant de son mieux pour embellir ce qui reste de son église. On lui doit la porte de la sacristie et les stalles.

En entrant, on est frappé par l'envolée et la pureté du vaisseau presque aussi haut (27 m) que long (31 m) et par la clarté qui l'inonde. Les minces et élégants piliers de la nef reçoivent très haut la retombée des voûtes, tandis que de fines colonnes accolées supportent les grandes arcades. Sous chaque fenêtre haute, trois petites ouvertures tréflées percent le mur sans autre ornement.

Le chevet, chef-d'œuvre de gothique rayonnant, est ce qui surprend le plus. C'est une immense verrière à sept pans, commençant presque au ras du sol pour se terminer dans chaque intrados par un trèfle. Ses hautes fenêtres à trois meneaux sont séparées à mi-hauteur par un étrésillon.

Les stalles flamboyantes sont ornées d'amusantes miséricordes. Jeter un coup d'œil sur les statuettes du fond du chœur : un saint Martin, une jolie Vierge située au-dessus de la gracieuse porte Renaissance de la sacristie.

EXCURSION

Maignelay-Montigny. — 1 700 h. *5 km au Nord-Ouest par le D 73.*

L'église de Maignelay et celle de Montigny, sa voisine, méritent qu'on s'y arrête. Il est intéressant de comparer cet ensemble très orné à l'élégante simplicité de l'église de St-Martin-aux-Bois.

Église de Maignelay. — Un porche polygonal du 16ᵉ s., assez dégradé, la précède. Il est encadré de deux tourelles et abrite le portail décoré d'un tympan flamboyant. Un trumeau du 16ᵉ s. sépare les deux portes.

A l'intérieur, on remarque les belles voûtes ouvragées de la nef et du chœur.

Une petite cloche, placée près des fonts baptismaux, porte en lettres gothiques la Salutation Angélique « Ave Maria ».

Église de Montigny. — Elle fut édifiée aux 15ᵉ et 16ᵉ s. Son extérieur est remarquable par sa tour Renaissance, très abîmée, montée sur la première travée du collatéral Nord.

L'intérieur manque d'unité : le long chœur gothique à chevet polygonal est presque de même dimension que la nef Renaissance. L'unique bas-côté se prolonge en collatéral à gauche du chœur. Les sobres voûtes du chœur contrastent avec celles très variées du reste de l'église qui, avec leurs pendentifs, sont caractéristiques du gothique finissant.

ST-OUEN-L'AUMÔNE
– Carte Michelin n° 101 - plis ② ③ – 16 201 h. (les St-Ouennais) – Paris 31 km.

Cette petite localité, située aux portes de Pontoise, doit son nom à l'évêque de Rouen, mort en 683. Sur son territoire s'élève l'abbaye de Maubuisson.

Une abbaye royale. — L'abbaye cistercienne de Maubuisson *(voir : Les monastères en Ile-de-France p. 21)* a été fondée en 1236 par Blanche de Castille, mère de Saint Louis, qui prit l'habit de l'ordre. Elle y est enterrée.

C'est de Maubuisson que Saint Louis date l'ordonnance abolissant le duel judiciaire et lui substituant la preuve par témoins. La coutume n'en persistera pas moins durant des siècles.

C'est également à l'abbaye que se tient, sous Philippe le Bel, le conseil royal qui décide de l'arrestation des Templiers (1307).

Sous le règne de Philippe IV le Bel, Marguerite de Bourgogne, femme du futur Louis X le Hutin, et sa cousine Blanche, d'inconduite notoire, se rencontrent à l'abbaye avec Gauthier et Philippe d'Aunay. La vengeance du roi est terrible : Marguerite est emprisonnée dans le château Gaillard, aux Andelys, Blanche est enfermée à Maubuisson, les deux Aunay sont décapités sur la grand'place de Pontoise. Quand Louis X monte sur le trône, il fait étouffer Marguerite.

Une étonnante abbesse. — Au début du 17e s., Henri IV oblige la communauté, qui est en commende, à accepter comme abbesse Angélique d'Estrées, sœur de sa favorite. Angélique est mère de douze bâtards, de pères différents. Son comportement est tel que, sous Louis XIII, l'ordre de Cîteaux envoie des enquêteurs. Dès qu'ils se présentent, l'abbesse les fait saisir, fustiger et emprisonner. La force armée doit intervenir pour les délivrer et expulser l'irascible Angélique. Une autre Angélique, Angélique Arnauld, l'abbesse de Port-Royal *(p. 141)*, est chargée de ramener l'ordre et la ferveur à Maubuisson. Mais Angélique d'Estrées lève des troupes et déloge de vive force sa remplaçante avant d'être chassée définitivement.

CURIOSITÉS *visite : 1/2 h*

Église. — Bâtie au 12e s., elle a été restaurée au 19e. Le clocher est roman comme le portail.

Abbaye de Maubuisson★. — Dans St-Ouen-l'Aumône, prendre le chemin qui suit le talus de la voie ferrée puis tourner à droite pour franchir le passage à niveau. L'entrée de l'abbaye est au n° 4, en face d'une allée d'arbres.

Bâtiments conventuels. — *Visite suspendue.* L'église et une partie des bâtiments conventuels ont été détruits à la Révolution. Ce domaine, fortement amputé, est aujourd'hui occupé par un établissement pour enfants inadaptés.

Il ne subsiste qu'un des côtés du cloître, de belles salles voûtées, la **salle capitulaire★** du 13e s. et la salle des Religieuses. Un peu au-delà, on voit l'égout au fond duquel coule un ruisseau. Vingt arcs de pierre le dominent de 13 m ; ils supportaient les compartiments des latrines.

Derrière le château moderne, où vivent les enfants, se trouve la **grange dîmière★** du 13e s. couverte d'une belle charpente. Elle pouvait contenir 100 000 gerbes.

ST-QUENTIN-EN-YVELINES
– Carte Michelin n° 101 - pli ㉑ et 96 plis ⑭ ⑮ ㉔ ㉕ – 27 815 h. en 1975 – Paris 25 km.

La zone de 7 500 ha où, en 1973, a commencé de se construire l'une des cinq « villes nouvelles » de l'Ile-de-France *(voir p. 4)*, s'étend du Sud-Ouest de Versailles au versant Nord de la vallée de Chevreuse. Onze communes, dont Trappes et Maurepas, s'y trouvent englobées, ainsi que l'**étang de St-Quentin** (120 ha), où se situera la principale « base de loisirs » (650 ha), et plusieurs massifs forestiers (1 500 ha environ).

On prévoit que sa population globale pourrait atteindre 270 000 âmes vers 1985, dont 80 000 pour le seul centre-ville (autour de la gare).

De l'immense chantier en cours émergent déjà, terminées ou en finition, de nombreuses constructions, d'architecture très diverse : notamment à Coignières, la Plaine-de-Neauphle, et dans les futurs centres urbains (la Malmedonne, les Sept Mares) du « quartier » d'**Élancourt-Maurepas** (les autres quartiers étant, outre le « cœur de ville », ceux de Trappes - Plaine de Neauphle et Plaisir - Clé de St-Pierre).

Plus insolite encore, pourtant, au milieu de ce décor d'avant-garde, apparaît la silhouette restaurée de l'ancienne **chapelle de la Villedieu** (13e s.) désormais vouée, avec les bâtiments subsistants de la commanderie de Templiers dont elle dépendait, au rôle de centre culturel...

ST-SULPICE-DE-FAVIÈRES
★ – Carte Michelin n° 96 - pli ㊱ – 10 km au Sud-Ouest d'Arpajon – 261 h. (les St-Sulpiciens) – Paris 40 km.

Ce petit village, situé un peu en retrait de la gracieuse vallée de la Renarde, possède une église dont l'importance surprend. Elle est due à un pèlerinage à saint Sulpice, grand chapelain à la Cour des rois mérovingiens, qui mourut évêque de Bourges en 647. Selon la tradition il ressuscita, en ce lieu, un enfant noyé.

Église★. — *Visite : 1/2 h.* L'édifice actuel, commencé en 1260, a été bâti en soixante ans.

Le portail est très mutilé. Le tympan présente le Jugement dernier : au linteau supérieur, le Christ bénissant tient, ce qui est rare, un calice dans la main gauche. La nef, moins élevée que le chœur, est étayée par de simples contreforts ainsi que le rond-point du **chevet★★**, aux trois étages de fenêtres, et le clocher. Celui-ci, couvert d'un toit en bâtière, est remarquable.

Le chœur, vaste et lumineux, est plein d'élégance et de légèreté *(illustration p. 18)*.

Les quatre premières travées de la nef sont couvertes d'un berceau en bois. Les deux dernières ont des voûtes d'ogives, comme le chœur. Une arcature décore le bas des murs ; au-dessus règne une galerie de circulation qui traverse les contreforts.

On verra deux belles **verrières★** du 13e s. qui sont, l'une à la fenêtre au-dessus du maître-autel, l'autre à l'extrémité du bas-côté droit *(explications sur le pilier voisin)*. Les stalles, du 16e s., ont des accoudoirs sculptés avec humour. A l'extrémité du bas-côté gauche, intéressant retable en bois peint du 17e s. : il représente saint Sulpice guérissant le roi Clotaire II.

Par la porte qui donne sur le bas-côté gauche, on descend dans la chapelle des Miracles, reste d'une église du 12e s., où sont vénérées les reliques de saint Sulpice.

ST-SULPICE DE FAVIÈRES★

EXCURSIONS

Mauchamps. — 116 h. *2 km au Sud-Est*. Le village possède une petite église dont le chœur, entouré de boiseries, est curieux.

Château de Villeconin. — *5 km au Sud-Ouest par le D 82. Visite du 1ᵉʳ août au 10 septembre de 11 h à 19 h. Entrée : 3 F.*
Cette belle demeure de la vallée de la Renarde comprend d'importantes parties médiévales. Avec son ancienne entrée fortifiée du 14ᵉ s. précédée de douves et son donjon, le château ne manque pas d'allure. Un grand corps de logis, remanié sous Henri IV, garde intacte son ancienne charpente sur laquelle s'appuie une voûte de bois en forme de vaisseau renversé, ainsi que ses belles fenêtres entourées de grès taillé et ses œils-de-bœuf éclairant l'immense salle du rez-de-chaussée.

SAMOIS-SUR-SEINE ★ – Carte Michelin nᵒ 96 - pli 40 – 1 574 h. (les Samoisiens) – *Schémas p. 95 et 161 – Ressources et distractions p. 35 – Paris 63 km.*
Ce joli bourg s'étage sur le rebord du plateau de la forêt de Fontainebleau, entaillé par la Seine. La ville, qui comptait 5 000 habitants au 15ᵉ s. (Fontainebleau n'était alors qu'un hameau), commandait le pont fortifié traversant la Seine au pied du coteau. Tout le blé de la région passait dans les moulins qui garnissaient le pont. L'ouvrage fut détruit au cours des guerres et Samois périclita. Sous Louis XIV, il ne comptait plus que 700 habitants.
La promenade le long de la Seine est très agréable. De la tour située à la sortie Ouest du village, à gauche du D 137, belle vue sur la ville, la vallée de la Seine et la forêt de Fontainebleau.

SANTEUIL – Carte Michelin nᵒ 96 - pli 4 – 309 h. (les Santeuillais) – Paris 50 km.
Ce village de la vallée de la Viosne possède des sources lithinées dites de la Roche-Santeuil.
Église. — Le clocher roman est remarquable. Le chœur et le transept sont également romans; la nef est du 13ᵉ s. L'édifice n'a pas d'arcs-boutants, mais seulement des contreforts.

SARCELLES – Carte Michelin nᵉ 101 - pli 6 – 55 177 h. (les Sarcellois) – Paris 17 km.
Dans la vieille ville, l'église montre une façade Renaissance, un clocher roman, et, à l'intérieur, une nef gothique du 15ᵉ s., un chœur du 12ᵉ s., ainsi qu'un beau buffet d'orgues.
Sarcelles-Lochères. — Ce premier en date des « grands ensembles », réalisé de 1958 à 1961, vaut mieux que la réputation qui fut la sienne à ses débuts *(voir p. 4)*.
Des alignements d'immeubles bâtis alternativement en hauteur ou en longueur, de larges artères se coupant à angle droit, composent un paysage urbain moderne et agréable à l'œil. Deux éléments, bordant le côté Nord de la voie principale (Avenue du 8 mai 1945), sollicitent particulièrement le regard :
– le **Forum des Cholettes,** construction de cubes ocre rouge en terrasses, précédée de statues burlesques; l'extérieur fait office de terrain de jeu pour les enfants, et l'intérieur, compartimenté en petites salles (dont deux de spectacle) que relient des tunnels et des plans inclinés, sert aux expositions et manifestations culturelles;
– le **Centre commercial régional des Flanades,** immense quadrilatère *(réservé aux piétons)* abritant petites boutiques et grandes surfaces, banques, cafés, restaurants, etc., sur le pourtour et en sous-sol d'une vaste place à ciel ouvert (place de France) qu'orne, dans un angle, une fontaine monumentale.

SAUSSERON (Vallée du) – Carte Michelin nᵒ 96 - pli 6.
Le Sausseron, affluent de l'Oise, coule dans une charmante et fraîche vallée, parmi les prairies et les peupliers. Des coteaux boisés l'encaissent. La partie la plus intéressante est entre Valmondois et Nesles-la-Vallée.
Valmondois. — 970 h. La Fontaine y composa sa fable du «Meunier, son fils et l'âne». Les peintres Daubigny, Corot et Daumier y habitèrent.
Nesles-la-Vallée. — *Page 131.*

SEINE (Vallée de la) – Carte Michelin nᵒ 96 - plis 2, 3, 13 à 16, 28, 38 à 40.
Traversant Paris et quelques-unes des plus riches contrées de France, voie d'eau indolente au cours capricieux, la Seine offre, de Montereau aux Andelys, d'agréables buts de promenades. Ici, elle est enserrée entre des coteaux boisés; là, elle sinue en amples méandres dans une plaine monotone, tantôt envahie par les fervents de sports et de jeux nautiques, tantôt passant au pied d'un château en ruines, toujours animée par une active circulation batelière.

UN PEU DE GÉOGRAPHIE

Ce qui caractérise la Seine, c'est la régularité de son débit et la lenteur de son cours. Elle prend sa source dans la Côte-d'Or à 471 m d'altitude. A Troyes, elle n'est plus qu'à 101 m; à Paris, à 26 m et il lui reste encore 336 km à parcourir. Cette pente extrêmement douce explique sa lenteur et ses nombreux méandres, de plus en plus amples après Paris.
Fleuve de plaine, la Seine a des affluents aussi paisibles qu'elle. L'ensemble du Bassin Parisien étant, en général, composé de terrains perméables, soumis au même climat sans sécheresse ni humidité excessives, les variations du débit de la Seine sont modérées et régulières. Seule, l'Yonne, venue du Morvan, rapide et coulant sur les terrains granitiques qui ne retiennent pas les eaux, détonne par sa turbulence. Après avoir reçu l'Aube, la Seine, grossie de l'Yonne, double son débit. Le Loing arrive ensuite ; mais, sur la rive droite, avant de pénétrer dans Paris, l'apport de la Marne est plus sérieux. L'Oise absorbée, la Seine ne recevra plus de grands affluents : l'Epte, venue du pays de Bray, et l'Eure n'ayant plus d'influence sur son débit.
Si celui-ci est régulier, il est peu abondant : il n'atteint en moyenne que 500 m³ par seconde à Rouen. Sans évoquer les plus grands fleuves du monde, comme l'Amazone qui débite 120 000 m³, ni même d'Europe, comme le Danube et ses 9 000 m³, pour ne rester qu'en France, la Seine ne se classe pas à un rang glorieux; elle est le dernier des grands fleuves français, après la Garonne qui est le plus court et dont le bassin a une surface équivalente.

Cette pauvreté est due à l'absence de neiges abondantes qui, accumulées sur les montagnes en hiver, assurent un gros accroissement de débit au cours de leur fonte commencée au printemps et terminée au milieu de l'été.

Si la Seine n'est pas une de ces forces de la nature qui percent les montagnes comme le Rhin ou édifient des littoraux comme le Rhône, la régularité de son débit et la lenteur de son cours en font une voie navigable de premier ordre, surtout de Paris à son embouchure. Napoléon disait : « Le Havre, Rouen et Paris sont une seule ville dont la Seine est la rue. »

Aujourd'hui, à la suite de travaux d'approfondissement, les petits caboteurs étrangers, certains venant de loin : Scandinavie, Afrique, etc., remontent la Seine jusqu'au port de Gennevilliers.

Des excursions en vedette sur la Seine entre Melun et Veneux-les-Sablons (près de Moret-sur-Loing) sont organisées du 1ᵉʳ février au 30 novembre, pour des groupes d'au moins 20 personnes, au départ de Melun, Samois et Veneux. Se renseigner auprès de la Sté d'exploitation des Vedettes du Val de Seine, 3 quai du Loing, 77250 VENEUX LES SABLONS (☎ 423.52.73).

DE MONTEREAU A VILLENEUVE-ST-GEORGES
80 km – environ 2 h – schéma ci-contre

De Montereau *(p. 123)* à Melun, la vallée est suivie, sur la rive droite, par le D 39.

Champagne-sur-Seine. — 5 961 h. Dans l'église ancienne, voir, sur le côté gauche du chœur, une Vierge à l'Enfant en pierre du 14ᵉ s. et, vers le maître-autel, un retable en pierre, du 16ᵉ s., en forme de triptyque, et le bénitier formé d'une ancienne mesure à liquide, du 15ᵉ s. Au Sud de la localité, vue remarquable sur le confluent de la Seine et du Loing.

De Champagne-sur-Seine à Chartrettes, de l'autre côté du fleuve, la forêt de Fontainebleau offre un séduisant décor.

Héricy. — *Page 101.*

Melun. — *Page 119.*

De Melun à Corbeil, la route court tantôt à flanc de côteau, tantôt près de la rive, au pied d'escarpements boisés, et parfois abandonne franchement la vallée.

Ste-Assise. — Dans le parc de cet ancien château est installé un centre émetteur de l'administration des P. T. T. qui assure des liaisons avec le monde entier. *On ne visite pas.*

Corbeil-Essonnes. — *Page 75.*

Après Corbeil, la N 448 offre une agréable promenade jusqu'à Champrosay, au pied du plateau portant la forêt de Sénart.

Étiolles. — *Page 162.*

La route offre des vues sur la rive gauche, souvent agreste, ou sur des châteaux entourés de beaux parcs.

A partir de Champrosay, la route traverse des lotissements ; de vastes sablières transformées en étangs, la séparent du fleuve.

A Villeneuve-St-Georges, on entre dans l'agglomération parisienne.

EN AVAL DE PARIS : DE CORMEILLES-EN-PARISIS
A ST-GERMAIN-EN-LAYE
140 km – environ 3 h

Cormeilles-en-Parisis. — 14 309 h. La commune possède une carrière à ciel ouvert unique en Europe pour la diversité des matériaux extraits : pierres à bâtir, glaise, sables gras, gypse et marnes (rouges et bleues) à ciment, etc... Extraction annuelle : 1 500 000 t.

Quitter Cormeilles au Nord par la N 192.

La Frette. — 3 681 h. Église romane. Beau point de vue sur la boucle de la Seine.

A la sortie de la Frette, le D 48 se rapproche de la Seine.

SEINE (Vallée de la)

Herblay. — 16 426 h. Herblay est surtout une ville résidentielle. Sur un promontoire qui domine le fleuve s'élève l'église. Le clocher est du 12e s. ainsi que la nef et le transept. Le chœur du 16e s. offre, à gauche, ainsi que le collatéral, de beaux **vitraux**★ de cette époque. Du cimetière, contigu à l'église, jolie **vue**★ sur la boucle de la Seine, à l'intérieur de laquelle moutonne la forêt de St-Germain.

Conflans-Ste-Honorine. — *Page 74.*

Andrésy. — *Page 74.*

Les hauteurs de l'Hautil *(p. 120)* réservent quelques belles vues.

Triel★. — *Page 167.*

Meulan. — *Page 120.*

Limay. — *Page 112.*

Suivre le D 147. Il longe le fleuve puis s'élève et domine la boucle de Mantes. Après avoir traversé un moment la campagne, la route débouche, au-dessus de St-Martin-la-Garenne, sur le très beau méandre dominé par des falaises abruptes et couronné par le donjon de la Roche-Guyon.

Vétheuil★. — *Page 187.*

Prendre le D 913 qui suit le cours d'eau, dans un riant décor champêtre.

Haute-Isle. — *Page 151.*

La Roche-Guyon★. — *Page 151.*

La route s'élève en amples lacets et, en haut de la montée, offre sur le bourg et la vallée un magnifique **point de vue**★★.

Prendre à gauche le D 200. Rejoindre la rive gauche à Bonnières-sur-Seine.

Rolleboise. — *Page 152.*

Rosny-sur-Seine★. — *Page 151.*

Mantes-la-Jolie★. — *Page 111.*

Surnommée « route de Quarante-Sous », la N 13 devrait cette appellation, selon les uns à un ancien péage, selon d'autres à une très vieille dénomination déformée par l'usage, « route de cars (ou chars) en-dessous », qui la distinguait de la « route de cars en-dessus », par Pontoise, tracée sur le plateau du Vexin ; selon une troisième version, assez accréditée, ce nom rappellerait le salaire des ouvriers nationaux qui y travaillèrent vers 1848. Peu après Mantes, sur l'autre rive, s'élève la plus importante centrale thermique de France, Porcheville.

St-Germain-en-Laye★★. — *Page 153.*

SÉNART (Forêt de) – Carte Michelin n° 101 - plis 37 38.

La forêt domaniale de Sénart, d'une superficie de 2 800 ha, offre un grand choix de curiosités et d'aires de pique-nique. On y accède facilement, de Paris, par la N 5 qui la traverse de part en part.

Aire d'Accueil. — *Pour pénétrer en forêt, il est conseillé de prendre le premier chemin à droite de la N 5 après le carrefour de la pyramide de Brunoy.* On débouche sur une vaste zone composée de pelouses de jeux plantées de bouleaux, chênes ou pins.

Sentier éducatif. — Près du carrefour de la Mare aux Canes, un sentier éducatif présente sur 650 m les informations sur le peuplement, le sol et la vie animale de la forêt.

Hameau de la Faisanderie. — Cet ancien pavillon de chasse situé sur la route de la Poste aux Lièvres fut édifié en 1778 sur les plans de Chalgrin. Il abrite aujourd'hui un centre audio-visuel *(on visite)* consacré à la forêt. Son parc sert de « musée de plein air » à de monumentales sculptures modernes, œuvres d'artistes de tous pays *(entrée : 2 F).*

Arbres remarquables. — En suivant la route de Draveil on passe au carrefour du chêne Prieur où se dresse cet arbre magnifique et plus loin au carrefour du Chêne d'Antin.

Ermitage. — *1 km au Nord-Est de Champrosay.* Sa fondation est attribuée à Saint Louis qui venait chasser en forêt. Au 17e s., de nobles personnages, revenus des vanités de ce monde, y firent retraite. Il y eut jusqu'à trente-cinq de ces ermites, dont un prince de Transylvanie ; ils se livraient à la méditation et aux travaux manuels, surtout au tissage de la soie. La propriété fut transformée par Nadar, curieuse figure du Second Empire : photographe, homme de lettres, aéronaute.

Étiolles. — 1 613 h. Ce village, situé à la lisière Sud de la forêt trouve sa place dans la petite histoire. Là s'élevait le château d'un Lenormand dont le mari d'Antoinette Poisson, future marquise de Pompadour, était le neveu. Une tireuse de cartes a prédit à la jeune Antoinette, âgée de 9 ans, qu'elle serait aimée du roi. Avec persévérance, elle met tout en œuvre pour réaliser la prédiction. Louis XV chasse souvent dans la forêt de Sénart. Mme d'Étiolles provoque la rencontre et pique la curiosité du royal chasseur. Elle achève sa conquête sous le loup, lors d'un bal à l'hôtel de ville. Lenormand doit accepter la séparation : un important bénéfice panse la blessure.

Le clocher et le chœur de l'église sont du 12e s., la grande nef date de 1610. À l'intérieur, se voient plusieurs tableaux intéressants. L'enseigne de la corporation des vignerons, en bois doré, est du 18e s.

Vieille petite ville tranquille, d'un grand charme, riche en monuments. Elle fut siège d'évêché jusqu'en 1790 et son ancienne cathédrale est célèbre *(1)*.

L'élection de Hugues Capet. — Sur la première enceinte gallo-romaine, vainement opposée au flot barbare, les conquérants ont dressé un massif château fort où les rois des deux premières dynasties franques résident volontiers, attirés par le gibier des forêts avoisinantes. Un accident de chasse met fin, en la personne de Louis V, à la dynastie carolingienne. C'est à Senlis, en 987, dans le château, que l'archevêque de Reims propose aux barons assemblés de choisir pour roi le « duc des Francs », Hugues Capet.

Les rois de France abandonnent peu à peu la ville au profit de Compiègne et de Fontainebleau. Le dernier souverain qui séjourne au château est Henri IV.

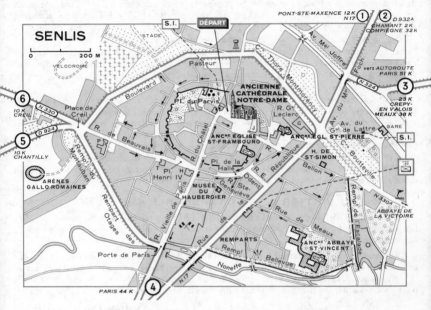

ANCIENNE CATHÉDRALE NOTRE-DAME★★ *visite : 3/4 h*

Sa construction commence en 1153 – seize ans après St-Denis, dix ans avant N.-D. de Paris – et se poursuit lentement, faute de fonds. La dédicace a lieu en 1191. Vers 1240, on ajoute un transept qui n'était pas prévu dans le plan primitif et on élève la flèche. La foudre incendie l'édifice en 1504. La reconstruction des parties hautes et des façades du transept, l'addition des seconds bas-côtés ont donné à la cathédrale son aspect actuel.

Extérieur. — Encadrée par une petite place et un petit jardin, l'ancienne cathédrale compose un charmant tableau provincial. Sa façade donne sur la silencieuse petite **place du Parvis**★, au charme anachronique. A gauche se trouve l'hôtel de Vermandois des 13e et 16e s.

Façade. — Elle a la sobriété du 12e s. Le grand portail est flanqué de deux petites portes surmontées d'un tympan dont les arcades forment une curieuse décoration. Une grande baie, au-dessus du portail central, des baies plus petites correspondent aux bas-côtés, une ligne de trois roses à l'étage supérieur atténuent la sévérité de la façade.

Les deux tours étaient semblables à l'origine. C'est au milieu du 13e s. que celle de droite fut surmontée de sa magnifique **flèche**★★ *(illustration p. 19)*. Son sommet est à 78 m du sol (Chartres 115 m). Elle a résisté aux intempéries, au feu, et a échappé aux obus allemands.

Le **grand portail**★★ est consacré à la Vierge. Ses dispositions ont été imitées dans les portails de Chartres, de N.-D. de Paris, d'Amiens, de Reims. Les deux bas-reliefs de son linteau, qui représentent à gauche la Mort de la Vierge, à droite la Résurrection, sont célèbres : leur sculpture présente une vérité et une liberté d'attitudes dont on trouve peu d'exemples au 12e s. Au tympan est placé le Couronnement de la Vierge.

Les huit personnages de l'Ancien Testament qui garnissent les ébrasements ont beaucoup de vie ; leurs têtes, brisées pendant la Révolution, ont été refaites au 19e s. Contre la porte, à gauche, Abraham se prépare à trancher la tête de son fils : un ange retient le glaive. Sur les socles des statues des ébrasements, les petits panneaux, qui constituent le Calendrier ou Travaux des mois, sont sculptés avec beaucoup de verve. Janvier est le premier à droite et près de la porte.

Flanc droit. — De la place Notre-Dame, on a sous les yeux la face Sud de la cathédrale. Ce qui attire surtout le regard, c'est la façade du **croisillon**★★, œuvre de Pierre Chambiges (16e s.). Elle contraste violemment avec la façade principale. On peut mesurer le chemin parcouru par l'art gothique depuis le 12e s., où sa sobriété et sa simplicité de lignes tiennent encore à l'art roman, jusqu'au 16e s. où la riche décoration flamboyante jette ses derniers éclats, déjà pénétrée par l'art de la Renaissance que les guerres d'Italie viennent de révéler. Les parties hautes du vaisseau, percées de grandes fenêtres flamboyantes, sont également du 16e s. Le chevet a conservé sa partie basse du 12e s. avec ses chapelles rayonnantes. Seule la chapelle axiale a été remplacée au 19e s. par une chapelle plus grande. Comme à N.-D. de Paris, les tribunes, héritage roman, étayent la nef et le chœur avec le renfort d'arcs-boutants gothiques.

(1) Pour plus de détails, lire : « Promenades par les rues et monuments de Senlis » (Édition de Senlis, 1972).

SENLIS★★

Intérieur. — Entrer par la porte du croisillon Sud. Le vaisseau est long de 70 m, large de 30 au transept, haut de 24. Au-dessus des grandes orgues, la voûte du 12ᵉ s., échappée à l'incendie de 1504, reste comme un témoin de la hauteur primitive : 17 m.

La nef et le chœur, étroits pour leur hauteur, donnent une impression d'envolée. Les tribunes qui surmontent les bas-côtés comptent parmi les plus belles de France.

La chapelle du croisillon droit possède une belle voûte à clefs pendantes et des vitraux du 16ᵉ s., les seuls vitraux anciens de la cathédrale, ainsi qu'une Vierge en pierre du 14ᵉ s.

Du bas-côté du chœur, on peut accéder à l'ancienne sacristie octogonale, terminée par une absidiole arrondie. *S'adresser au sacristain qui est soit dans la cathédrale, soit près de la tour Nord.* C'est une petite église pré-romane, antérieure d'un siècle et demi à la cathédrale. On la date des premières années du 11ᵉ s. Elle représente un rare spécimen des monuments de cette époque. Le plafond primitif en charpente a été remplacé au 14ᵉ s. par une voûte en pierre et les oculi (il en reste deux) par des fenêtres ogivales (15ᵉ s.). Dans deux arcatures, on a retrouvé, sous un badigeon, des fresques du 15ᵉ s. qui ont conservé toute leur fraîcheur.

Dans le déambulatoire, du côté droit, statue de Saint Louis, du 14ᵉ s.

Sur l'autel de la chapelle axiale est placée une Vierge du 14ᵉ s. Les vitraux modernes, à droite et à gauche, sont de Bony-Hébert-Stevens. Dans la chapelle du croisillon Nord, Christ du 16ᵉ s. en bois de mélèze. A l'extrémité du bas-côté Sud, Pietà du 15ᵉ s.

Accès aux tribunes et ascension de la flèche provisoirement interdits.

La salle capitulaire du 14ᵉ s., où se réunissaient les chanoines, a son entrée au début du 2ᵉ bas-côté gauche, en haut d'un petit escalier à la belle clef de voûte. Dans la salle, la colonne centrale, qui reçoit les arcs de la voûte, offre un très curieux chapiteau qui représente une fête des fous : deux personnages jouent de l'orgue, un autre frappe sur un tambourin, des figurants sont entraînés dans la danse. Sur les murs, beaux culs-de-lampe.

Sortir par le croisillon gauche. Sa façade est analogue à celle du croisillon droit, mais avec une décoration un peu moins riche. Le cadre qui entoure la cathédrale est ici tout différent de celui de l'autre face : moins solennel, égayé de verdure, il est très pittoresque.

QUARTIER DE LA CATHÉDRALE *visite : 1 h 1/4*

Longer le petit jardin qui borde l'ancien évêché du 13ᵉ s., remanié à la Renaissance. L'édifice s'appuie sur l'enceinte gallo-romaine dont subsiste une tour. Belle vue sur le chevet de Notre-Dame.

Ancienne église St-Pierre. — Élevée au début du 11ᵉ s. et très remaniée au 16ᵉ s., elle sert de marché. La tour de gauche est romane avec une flèche gothique, l'autre tour est de la Renaissance. La façade est de style gothique flamboyant *(illustration p. 19)*. Revenant sur la place Notre-Dame, on a, sur la droite, l'autre façade de l'ancien évêché (Tribunal civil).

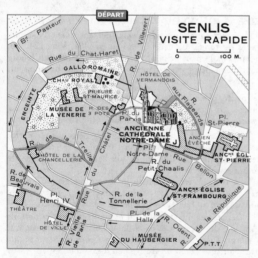

Château royal. — A gauche de l'entrée féodale, ancien hôtel des Trois Pots (vieille enseigne sculptée). Le coin a un charme vieillot.

Visite de 10 h à 12 h et de 14 h à 18 h (17 h d'octobre à mars). Fermé les mardi, mercredi matin, 25 décembre et 1ᵉʳ janvier.

Des fouilles ont mis au jour la base de la grosse tour du Prétoire, sur la date de laquelle les spécialistes discutent encore, et ont révélé à un niveau plus profond, d'une part, à l'intérieur de la tour, un fragment de rempart plus ancien que l'enceinte actuelle, d'autre part, un vaste monument gallo-romain dont il ne subsiste que le seuil et des bases de statues.

Du château subsistent des restes importants : un donjon carré, des bâtiments civils et religieux des époques romane et gothique, la chambre du roi, le cabinet de travail de Saint Louis.

Dans le parc, que délimite l'enceinte gallo-romaine, s'élèvent les bâtiments du prieuré St-Maurice (charpente du 14ᵉ s.) fondé par Saint Louis pour y recevoir les reliques des compagnons de saint Maurice qui formaient la légion thébaine massacrée dans les Alpes, sous Dioclétien, pour n'avoir pas voulu adorer les dieux de Rome.

Musée de la Vénerie. — *Visite accompagnée chaque demi-heure, durant les périodes d'ouverture du château. Entrée : 3 F.*

Installé dans l'un des bâtiments du prieuré du 18ᵉ s., c'est le seul musée de la chasse à courre existant en Europe.

On y voit des tenues de vénerie, boutons d'équipages, trompes et couteaux de chasse des 17ᵉ, 18ᵉ et 19ᵉ s.; des massacres et trophées; des estampes, des peintures de P. de Vos, Snyders, Desportes, Oudry (remarquable trompe-l'œil : Chien à la jatte), C. Vernet (série de gravures permettant de suivre les différentes phases d'une chasse à courre), etc.

Enceinte gallo-romaine. — Elle passe au pied du château. De l'ancien fossé transformé en jardin, on a une très belle **vue**★ sur la muraille et les tours, la cathédrale et le château.

L'enceinte mesurait 312 m au grand diamètre et 242 m au petit. Des vingt-huit tours qui garnissaient les murs, hauts de 7 m et épais de 4 m, seize subsistent plus ou moins bien conservées; on a retrouvé la trace de cinq autres.

Vieilles rues*. — *Suivre l'itinéraire indiqué sur le plan p. 164.*

La rue du Châtel a été la grande artère de Senlis. En 1789, elle fut le théâtre de l'attentat de l'horloger Billon. Chassé pour usure de la compagnie de l'Arquebuse, le jour de la fête de cette compagnie, l'une des plus courues de la ville, il s'embusque à une fenêtre de sa maison dont il avait fortifié les ouvertures et il attend le passage du défilé. Quand apparaît la compagnie, Billon ouvre le feu. Il tue le tambour, puis le commandant et continue à tirer sur la foule qui s'écrase dans la rue étroite. Traqué dans sa maison, il se défend pièce par pièce, puis fait sauter une mine. Vingt-six morts et quarante blessés sont restés sur le terrain.

Dans la charmante rue de la Treille, devant la poterne de l'ancienne enceinte gallo-romaine, on voit, à gauche, l'hôtel de la Chancellerie, flanqué de deux tours.

Dans la rue de Beauvais, le théâtre occupe l'ancienne église St-Aignan, sur la place Henri-IV s'élève l'hôtel-de-ville, reconstruit en 1495. Au centre de la façade, buste de Henri IV avec une inscription qui rappelle les sentiments très bienveillants du Béarnais pour Senlis.

Revenir places N.-Dame et du Parvis par les rues de la Tonnellerie et du Petit-Chaalis qui, bordées encore de leurs vieilles bornes de pierre, conservent un charme tout provincial.

AUTRES CURIOSITÉS

Remparts. — Les remparts du Moyen Age ont été partiellement transformés en boulevards, d'où la **vue*** du Vieux Senlis, étagé au pied de N.-Dame, est très pittoresque.

Musée du Haubergier (musée d'Art et d'Histoire locale de Senlis). — *Mêmes conditions de visite que le château. Entrée : 3 F.*

Installé dans un hôtel du 16ᵉ s. à tourelle d'escalier hexagonale. Des salles sont consacrées à l'archéologie préhistorique, gauloise, gallo-romaine, aux arts du Moyen Age et de la Renaissance, ainsi qu'à l'histoire régionale. Remarquable collection d'ex-voto du temple gallo-romain de la forêt d'Halatte et belle tête de prophète (début 13ᵉ s.). Peintures françaises du 19ᵉ s.

Arènes gallo-romaines. — *A la place de Creil, traverser la pelouse et prendre des tickets chez le gardien (maison de pierre voisine de l'entrée). Prix : 1 F.*

Découvertes en 1863, elles remontent au 1ᵉʳ s. L'ensemble, elliptique, mesure 42 m sur 35 m. Ces arènes pouvaient recevoir 10 000 spectateurs. On distingue bien la piste et les grandes entrées; les gradins se sont effrités.

Ancienne église St-Frambourg. — *Restauration en cours.* Édifice des 12ᵉ et 13ᵉ s.

Hôtel de Saint-Simon. — Les ancêtres du célèbre mémorialiste du Grand Siècle, qui furent gouverneurs de la ville, habitèrent cet hôtel maintenant occupé par un café.

Ancienne abbaye St-Vincent. — *Visite de 8 h 30 à 12 h et de 14 h à 19 h. Fermé en août.* Fondée en 1060 par Anne de Kiew, femme de Henri 1ᵉʳ, roi de France, peut-être en reconnaissance du fils qu'elle avait eu. Reconstruite au 17ᵉ s., c'est aujourd'hui un collège. Élégant clocher du 12ᵉ s. Le cloître est de style classique.

EXCURSIONS

Abbaye de la Victoire. — *2,5 km au Sud-Est par le D 330. Visite extérieure seulement. Fermée du 15 août au 15 septembre.* Une allée de marronniers, partant du D 330, conduit à la propriété. *Laisser la voiture à l'extérieur.*

Son nom vient de ce qu'elle a été fondée par Philippe Auguste pour commémorer la victoire de Bouvines en 1214.

Les ruines de l'église abbatiale, couvertes de lierre, apparaissent à gauche de la maison d'habitation et, dans leur cadre de verdure, sont très pittoresques. Cette église avait été rebâtie au 15ᵉ s. aux frais de Louis XI qui aimait séjourner à l'abbaye.

Chamant; Raray; Rully. — *Circuit de 26 km — environ 1 h.* Quitter Senlis par ② du plan, D 932ᴬ.

Chamant. — 720 h. Ce joli village, situé sur le bord de l'Aunette, possède une église (12ᵉ et 15ᵉ s.) qui a conservé un beau clocher roman. On y voit le cénotaphe de Christine Boyer, première femme de Lucien Bonaparte qui, président à St-Cloud le conseil des Cinq-Cents, assura le succès du coup d'État du 18 brumaire. Cependant, si aucun autre de ses frères ne rendit jamais à l'Empereur un service aussi grand, Lucien fut le seul à ne pas recevoir de couronne. Napoléon ne pardonnait pas à son frère de s'être remarié avec une belle veuve sans titre, Alexandrine Jouberthon.

Raray. — 144 h. Le village possède un château depuis le 13ᵉ s. Celui qui existe de nos jours, remarquable pour l'originale décoration de sa cour d'honneur, a servi de décor au film « La Belle et la Bête » de J. Cocteau.

Le **château** *(visite extérieure du 15 mars au 15 novembre les dimanches et jours fériés de 13 h à 19 h; entrée : 3 F)* date, en grande partie, du début du 17ᵉ s. La décoration est typiquement Renaissance. Au 18ᵉ s., un attique fut ajouté et diverses modifications furent faites pour compléter la symétrie de l'ensemble. La cour d'honneur est limitée, à droite et à gauche, par deux longues clôtures où alternent régulièrement arcades et niches contenant des bustes de dieux antiques et de personnages du 17ᵉ s. Deux « chasses » de pierre, l'une du cerf, l'autre du sanglier, accompagnées de chiens de meute, couronnent les clôtures. Au mur Nord-Ouest du parc, une porte monumentale, la Porte Rouge, présente sur son fronton l'allégorie, sculptée, de la « Vierge à la Licorne ».

Rully. — 587 h. L'église, des 12ᵉ et 13ᵉ s., possède un beau clocher avec clochetons incorporés, et des pierres tombales des 13ᵉ et 14ᵉ s.

Le D 113 puis la N 324 ramènent à Senlis.

Courteuil. — 613 h. *4,5 km à l'Ouest.* L'église, trapue, édifiée au 13ᵉ s. mais remaniée aux 15ᵉ et 16ᵉ s., a conservé intérieurement tout son cachet gothique et abrite une statue de la Vierge du 14ᵉ s. Dans l'angle formé par la rue venant de l'église et la N 324, à gauche, un calvaire indique l'endroit où l'abbé Prévost, l'auteur de « Manon Lescaut », tomba frappé d'apoplexie.

Où goûter dans un cadre agréable ?
Consultez le tableau p. 30 et 31.

SOIGNOLLES-EN-BRIE – Carte Michelin nº ⫿⫿⫿ - pli ⑳ – 940 h. (les Soignollais) – Paris 38 km.

Village situé sur les bords de l'Yerres.

Église. – A l'intérieur du chœur, protégé par des grilles, intéressantes **stalles**★ du 16ᵉ s. dont les miséricordes cachent d'amusantes sculptures. Dans le fond de l'église, un tableau représentant saint Jean-Baptiste est attribué à David.

TAVERNY ★ – Carte Michelin nº ⫿⫿⫿ - pli ④ – 17 179 h. (les Tabernaciens) – *Schéma p. 126* – Paris 26 km.

Situé à la lisière Sud-Ouest de la forêt de Montmorency *(p. 126)*, Taverny possède une église remarquable qui se dresse, à flanc de coteau, dans un joli cadre de verdure. Son nom qui vient de taberna, auberge d'un relais de route, est déjà mentionné dans un texte de 754.

ÉGLISE★ *visite : 1/2 h*

Au début du 13ᵉ s., la famille des Montmorency fit bâtir l'édifice actuel, près du château, aujourd'hui disparu. Blanche de Castille accorda son patronage. De pur style gothique, remanié au 15ᵉ s., il a été restauré par Viollet-le-Duc au siècle dernier. La rosace qui surmonte le portail latéral date de cette époque.

Le portail du croisillon droit, dit "du Roi Jean", date du 14ᵉ s. Le petit clocher de bois (15ᵉ s.), recouvert d'ardoises et entouré d'abat-vent, est curieux.

Dans le chœur, très beau **retable**★ Renaissance en pierre, offert par le connétable Anne de Montmorency. La frise porte les instruments de la Passion, le monogramme de Henri II et les croissants de Diane de Poitiers, l'aigle et les épées du connétable. Dans la niche inférieure gauche est exposée N.-D. des Fers, Vierge de pierre de la fin du 15ᵉ s. Dans la chapelle, à gauche de l'autel, Vierge à l'Enfant, sous le vocable de « N.-D. de Taverny », belle statue en bois du 14ᵉ s. Aux fonts baptismaux, Vierge en pierre de la fin du même siècle. A la tribune de l'orgue, panneaux de bois du 16ᵉ s. représentent des épisodes du voyage apostolique aux Indes de saint Barthélemy, patron de la cité. L'un de ces panneaux a été transporté au banc d'œuvre. Un grand crucifix du 16ᵉ s. est accroché à une colonne de la nef. Le lutrin de bois du 18ᵉ s. est surmonté d'un aigle. Au fond de l'église, voir de belles pierrestombales dont celles de Mathieu de Montmorency, mort en 1360, et de divers membres de sa famille.

De nombreux terrains de camping
offrent des commodités : magasins, bars, laveries,
et des distractions : salle de jeux, golf miniature, jeux et bassins pour enfants, piscine...
Consultez le **guide Michelin Camping Caravaning France** de l'année.

THÉRAIN (Vallée du) – Carte Michelin nº ⑨⑦ - plis ⑤ ⑥.

Le confluent de l'Oise et du Thérain est dominé par la colline qui porte Montataire.

La remontée de la vallée jusqu'à Beauvais constitue une agréable promenade dont l'intérêt est soutenu par la rencontre d'églises intéressantes.

DE MONTATAIRE A BEAUVAIS
39 km – environ 1 h 1/2 – schéma ci-dessous

A la sortie de Montataire *(p. 76)*, suivre le D 123 qui longe la rive gauche du Thérain.

Mello. — 514 h. L'église des 11ᵉ, 12ᵉ et 13ᵉ s. fut remaniée au 16ᵉ s.; le transept est Renaissance. Près de la place, que domine l'imposante masse du château, intéressante maison ancienne.

Bury. — 2 662 h. L'église est intéressante. La façade et la tourelle d'escalier sont du 12ᵉ s. La nef, de même époque, est un exemple de la transition romano-gothique. Les fenêtres sont encore en plein cintre, mais les grandes arcades sont en arc brisé. Leur décoration en bâtons brisés est une survivance du style roman. Le transept et le chœur, un peu postérieurs, sont du 13ᵉ s. L'architecture de l'église paraît complexe et on pourrait croire que le chœur, le transept et la première travée furent surélevés à une époque plus récente (nervures fondues des piliers à la croisée, corniches courant au-dessus des fenêtres basses en tiers-point du chœur semblant marquer un niveau ancien), ce qui est faux. On ne retrouve comme remaniements du 16ᵉ s. que la pile d'angle N.-O. du transept, sa voûte centrale, le remplage flamboyant des deux baies supérieures du transept et de la fenêtre de la première travée du chœur ainsi que le remplage de la rosace du chevet plat. Remarquer parmi les chapiteaux un peu lourds, deux hommes taillant la vigne et saint Lucien tenant sa tête entre saint Pierre et un bourreau.

VALLÉE DU THÉRAIN

Mouy. — 4 581 h. Bourg industriel (électronique, mécanique générale, machines agricoles, optique, matières plastiques, brosserie, chaussures, articles de bureau, etc.). Église des 12ᵉ, 13ᵉ et 16ᵉ s. Le D 12 et la N 31 mènent à Beauvais *(p. 41)*.

THOIRY – Carte Michelin n° 96 - pli ⑬ - 581 h. (les Thoirysiens) - Paris 46 km.

L'aménagement d'une réserve zoologique dans le parc du château a fait de ce village un but de promenade très fréquenté.

Réserve africaine★. — *Visite du 15 mars au 14 novembre de 9 h 30 à 18 h (18 h 30 les dimanches et jours fériés) ; du 15 novembre au 14 mars de 11 h 30 (9 h 30 les dimanches et jours fériés) à 17 h. Durée : 3/4 h environ. Entrée : 16 F : enfants : 10,50 F.*

On parcourt la réserve en voiture particulière fermée; les visiteurs en voiture décapotable devront laisser celle-ci au parking et emprunter le petit autocar mis à leur disposition (2 F). Se conformer aux consignes de sécurité données à l'entrée.

La route goudronnée qui serpente dans le parc permet de voir évoluer girafes, autruches, zèbres, éléphants, chameaux, ours, etc., et, séparément des autres animaux, lions et lionceaux.

Parc zoologique. — *Visite à pied du 15 mars au 14 novembre de 9 h 30 à 18 h 30 (19 h les dimanches et jours fériés) ; du 15 novembre au 14 mars de 11 h 30 (9 h 30 les dimanches et jours fériés) à 18 h. Entrée : 9,50 F (enfants : 6,50 F).*

Pénétrer dans le parc du château et suivre l'itinéraire fléché. Le parc abrite des animaux des différents continents. Une passerelle permet de se promener au-dessus des tigres en liberté.

Château. — Belle demeure du 16e s. On visite plusieurs salons où sont exposés des meubles, tapisseries et manuscrits intéressants.

Vivarium. — Les caves du château abritent un monde très varié de reptiles : des lézards aux dragons d'eau, alligators, pythons ou boas.

D'autres aménagements ou attractions sont proposés aux visiteurs ainsi qu'un tarif forfaitaire de 20 F (enfants : 12,50 F) pour la totalité des visites.

TOURY – Carte Michelin n° 97 - pli ㊲ - 2 497 h. (les Tourysiens) - Paris 81 km.

Cette petite cité beauceronne vit, à la fin du siècle dernier, s'installer près de la voie ferrée une des plus importantes sucreries de France alimentée en betteraves par les départements de l'Eure-et-Loir et du Loiret voisin.

C'est entre Toury et Artenay, au-dessus de cette « Plaine infinie... Plaine sans un creux et sans un monticule » ainsi que l'écrivait Péguy, choisie pour ces raisons mêmes, que Blériot effectua, en 1908, son premier voyage aérien aller et retour.

Église. — Des 12e et 14e s., elle est intéressante par son porche de pierre du 13e s. à arcades géminées. C'est un des rares porches subsistant dans la région, les autres, construits en bois selon la coutume du pays, ayant disparu. La nef, très large, aboutit à un chœur voûté qui se termine par un chevet plat.

TRIE-CHATEAU – Carte Michelin n° 97 - pli ④ - 4 km à l'Est de Gisors - 1 052 h. (les Trichatelains) – Paris 70 km.

Ce village est bâti sur la rive droite de la Troesne. L'hôtel de ville occupe l'ancien auditoire de justice qui a gardé ses fenêtres romanes.

Château. — *On ne visite pas.* Bâti au 11e s. pour défendre le Vexin français qui commence à 4 km de là, sur la rive gauche de l'Epte, il fut reconstruit au 17e s. Le prince de Conti y donna asile à J.-J. Rousseau en 1767. L'écrivain termina son autobiographie, les « Confessions », dans cette retraite. Du premier château, il ne reste qu'une tour ronde et les soubassements de deux autres, visibles de la route.

Église. — Elle possède une intéressante façade romane en partie restaurée. A l'intérieur, les premières travées de la nef jadis voûtée de charpente ont gardé de belles baies romanes élégamment décorées. Des poutres anciennes ont leurs extrémités sculptées en têtes grotesques. Le chœur est du début du 13e s.

Voir une statue en pierre de la Vierge, du 13e s.

TRIEL ★ – Carte Michelin n° 101 - pli ① - 6 964 h. (les Triellois) - *Schéma p. 121 - Ressources et distractions p. 35* – Paris 35 km.

Ce village est situé au bord de la Seine et sur les premières pentes de l'Hautil.

Église★. — A l'église primitive à trois nefs du 13e s. furent ajoutés, à la fin du 15e s., un second bas-côté, à droite, et 3 chapelles de Confrérie à gauche. Au 16e s., un vaste chœur avec déambulatoire fut enfin ajouté au chœur de l'ancien édifice. Le chevet enjambe la chaussée par une voûte en berceau. Les fenêtres rondes qu'on aperçoit à l'étage inférieur sont celles de la crypte. Le portail du flanc droit, de style gothique flamboyant, est du 15e s.; il est précédé d'un porche. Les vantaux de la porte ont une décoration Renaissance.

A l'intérieur, c'est surtout le chœur de style Renaissance qui retient l'attention. Il est surélevé de six marches afin de passer au-dessus de la rue à une hauteur suffisante. Ses chapiteaux de style antique contrastent avec ceux de la nef du premier style gothique, aux hautes corbeilles ornées de feuilles et de crochets; la même opposition existe entre le dessin des fenêtres du chœur et celui des fenêtres du bas-côté droit de la nef, de style flamboyant.

Ce chœur offre une très belle collection de **vitraux★** Renaissance, œuvre d'ateliers parisiens et de Beauvais.

EXCURSION

Vernouillet ; Villennes-sur-Seine. — *7,5 km, au Sud.* Traverser la Seine.

Vernouillet. — 6 171 h. En 1149, un comte de Meulan, qui revenait de Palestine, fut sauvé par miracle d'un naufrage. Pour remercier Dieu, il fit élever dix-sept églises sur ses domaines, notamment celle de Vernouillet.

Son **clocher★** à base carrée romane est remarquable. La flèche octogonale date du 13e s.; la belle ordonnance de ses lucarnes aux gâbles aigus, de ses pinacles, dissimule la souche de la pyramide. Le chevet plat original est percé de nombreuses baies et la niche de l'autel, en saillie, est encadrée par deux contreforts.

Prendre le D 154 vers le Sud.

Médan. — 968 h. *Ressources et distractions p. 35*. Médan évoque le souvenir d'Émile Zola qui y possédait une maison où il recevait ses amis dont Guy de Maupassant et J.-K. Huysmans. Là, furent écrits ses principaux ouvrages. Il en partit le 18 septembre 1902 pour coucher dans son appartement de Paris où il mourut dans la nuit, asphyxié par une fuite de gaz.

Sa veuve a fait don de la maison à la ville de Paris pour y créer une annexe de l'Assistance publique.

Villennes-sur-Seine. — 3 389 h. *Ressources et distractions p. 35*. Villégiature fréquentée qui occupe une heureuse situation, sur la rive gauche de la Seine et sur le coteau qui domine le fleuve. Elle englobe l'île qui lui fait face et se trouve prolongée par Médan, appréciée des pêcheurs et des amateurs de canotage.

VAUHALLAN

— Carte Michelin n° ▮▮▮-Sud-Ouest du pli ㉔ – 1 858 h. (les Vauhallanais) – *Schéma p. 44* – Paris 20 km.

Le plateau de Saclay, où se dresse Vauhallan, est une table de meulière creusée par les vallées de la Mérantaise, de l'Orge et de la Bièvre. Le Commissariat à l'Énergie Atomique a choisi ce site pour y construire, sur environ 175 ha, le **Centre d'Études Nucléaires de Saclay**, centre de recherche nucléaire le plus important de France destiné à la recherche fondamentale et expérimentale, ainsi qu'à la production de radio-éléments pour l'industrie et la médecine. *Pour visiter, s'adresser au C.E.N.-Saclay, bureau des visites, boîte postale n° 2, 91190 Gif-sur-Yvette ; téléphone : 941-80-00.*

Église. — Le premier édifice religieux érigé en ce joli site fut bâti au cours du 6e s. sous le règne de Childebert Ier. Reconstruit au 13e s., il a été remanié au 18e s.

Abbaye St-Louis-du-Temple. — *A Limon (2 km par le D 60 vers Saclay puis une route à gauche). Les amateurs de liturgie bénédictine pourront assister à 9 h 30 et 17 h 45 (10 h et 17 h le dimanche) aux offices de l'abbaye.* La sépulture de la princesse Louise de Bourbon-Condé et des souvenirs de la famille royale au Temple ont été transférés dans ce monastère de construction moderne.

Les VAUX DE CERNAY

** – Carte Michelin n° ▮▮-pli ㉔ – *Schémas p. 64 et 149* – Paris 40 km.

On appelle ainsi le vallon creusé, dans son cours supérieur, par un ruisseau affluent de l'Yvette. C'est la partie la plus pittoresque de l'excursion dite de la vallée de Chevreuse *(p. 64)*.

Une capture. — Le ru, coulant tout droit, rejoignait autrefois la Prédecelles, la rivière de Limours. Un coude brusque l'a rendu tributaire de l'Yvette. Un petit affluent de ce dernier cours d'eau, de direction perpendiculaire à celle du ru, par son érosion plus active, parvint à atteindre la vallée des Vaux de Cernay. Le ru s'engouffra dans ce nouveau lit dont l'aboutissement se trouvait à un niveau inférieur pour l'Yvette de 20 m à son propre niveau.

Bouillons de Cernay. — Le D 91 suit, au Sud de Dampierre, la vallée du ru des Vaux de Cernay. Il traverse ce ru sur la chaussée du moulin des Rochers qui maintient, en amont, une nappe d'eau encadrée de bois et de rochers formant des chaos analogues à ceux de la forêt de Fontainebleau. *Quitter la voiture. Suivre le sentier qui prend à droite de la chaussée (près de la terrasse d'un café) et remonte la rive gauche du ru.*

Promenade d'un 1/4 d'heure. — Le ruisseau coule au fond d'une gorge en formant des cascatelles ou bouillons. Sur les pentes, couvertes de beaux arbres, apparaissent de gros blocs de grès qui accidentent la marche. Les personnes possédant des qualités sportives peuvent franchir le ru en utilisant les blocs épars dans le lit et revenir à la chaussée du moulin par l'autre rive, dans un chaos de rochers.

LES VAUX DE CERNAY

Promenade d'une 1/2 heure. — Continuer de suivre le sentier jusqu'au monument élevé au peintre Pelouse, grand admirateur des Vaux de Cernay; à côté se dresse un chêne magnifique. Revenir en suivant la chaussée qui retient les eaux de l'étang de Cernay – créé par les moines de l'abbaye voisine, en vue de la pêche – puis en prenant le chemin qui rejoint le D 91.

Promenade de deux heures. — Pousser la marche, dans le sentier, jusqu'au mur du parc de l'abbaye des Vaux de Cernay; le suivre à gauche. On aboutit au D 24 (circulation intense des voitures le dimanche) qui ramène au D 91.

Ancienne abbaye des Vaux de Cernay. — *On ne visite pas.*

Fondée au début du 12e s., elle était soumise à la règle cistercienne. Abandonnée en 1791 par ses douze derniers religieux, elle fut vendue.

Ce château et les jardins qui l'entourent comptent parmi les plus grandes œuvres du 17e s.

UN PEU D'HISTOIRE

L'ascension de Fouquet. — D'une famille de robe, Fouquet, entré au Parlement de Paris
à 20 ans, est devenu procureur général de cette haute juridiction, puis surintendant des Finances
du Royaume sous Mazarin. Les habitudes de ce temps et l'exemple du cardinal lui font user,
sans retenue, pour son propre compte, des ressources de l'État. Il a des hommes à lui partout
et s'attache, par des services d'argent, les plus hauts personnages. Enivré de sa puissance, il
a pris comme devise : « Quo non ascendam » (jusqu'où ne monterai-je pas ?).

En 1656, Fouquet décide de faire bâtir, dans sa seigneurie de Vaux, un château qui atteste
sa réussite. Faisant preuve d'un goût excellent, il appelle auprès de lui trois grands artistes :
Le Vau, architecte, Le Brun, décorateur, Le Nôtre, jardiniste. Son choix n'est pas moins sûr
dans les autres domaines : Vatel est son majordome et il s'est attaché La Fontaine.

Les constructeurs ont reçu carte blanche. 18 000 ouvriers travaillent aux chantiers. Trois
villages sont rasés.

Le Brun crée un atelier de tapisserie à Vaux – transporté à Paris après la chute de Fouquet,
il deviendra la Manufacture royale des Gobelins. En cinq ans, tout est terminé. 18 millions ont été
dépensés, soit près de 50 millions de francs actuels; mais un chef-d'œuvre est né que
Louis XIV voudra surpasser à Versailles.

La fête imprudente. — Le 17 août 1661, Fouquet offre une grande fête à Louis XIV qui
séjourne à Fontainebleau. La réception est d'une splendeur inouïe. 80 tables et 30 buffets ont
été dressés. Il a fallu 120 douzaines de serviettes, 500 douzaines d'assiettes d'argent et 36 douzaines de plats du même métal. La table du roi est garnie d'un service d'or massif. Ce détail
l'irrite, car il a dû envoyer sa propre vaisselle à la fonte pour faire face aux derniers frais de la
guerre de Trente Ans.

Après un repas où Vatel s'est surpassé, les divertissements commencent dans les jardins
animés par 1 200 jets d'eau et des cascades. Ce sont des ballets champêtres, des concerts, des
joutes sur l'eau, des loteries dont tous les numéros sont gagnants. Dans un théâtre de verdure,
Molière et sa troupe jouent, pour la première fois, une comédie-ballet : « les Fâcheux ».

Le roi, ulcéré dans son orgueil par ce faste qui dépasse celui de la Cour, est sur le point de faire
arrêter Fouquet sur-le-champ. Anne d'Autriche l'en dissuade. Après le feu d'artifice, refusant
de coucher dans la chambre somptueuse qui lui a été préparée, il retourne à Fontainebleau.

La chute. — Dix-neuf jours plus tard, le surintendant est sous les verrous. Ses biens sont
séquestrés. Louis XIV prend à son service les artistes qui ont édifié Vaux et bâtiront Versailles.
Après trois ans de procès, Fouquet est condamné au bannissement. Le Roi change cette peine
en prison perpétuelle. Quelques rares amis sont restés fidèles à l'homme tombé : Mme de Sévigné,
La Fontaine qui écrit l'«Élégie aux Nymphes de Vaux ».

Mme Fouquet, créancière de son mari pour sa dot, recouvre le château. A la mort de son
fils, le domaine est acheté par le maréchal de Villars en 1701 et érigé en duché-pairie.

En 1875, un grand industriel, M. Sommier, acquiert Vaux, le restaure et remet le parc en
état. Ses héritiers ont continué son œuvre.

VISITE *environ 1 h 1/2*

*Visite du château et des jardins du 1ᵉʳ mars au 31 octobre, de 10 h à 12 h et de 14 h à 18 h ; les
dimanches et jours fériés, sans interruption de 10 h à 18 h. Le reste de l'année, visite des jardins seulement,
de 10 h à 17 h. Des jeux d'eau ont lieu les deuxième et dernier samedis de chaque mois d'avril à octobre
inclus de 15 h à 18 h. Entrée : 8 F (château et jardins) ou 5 F (jardins seulement).*

Château★★. — De la grille, dont les piliers se terminent par des dieux Termes adossés, on
aperçoit le château, précédé de deux cours. La première est bordée des restes des communs.
La façade, avec ses décrochements, est imposante sans monotonie. Les hauts toits d'ardoise sont
à la française, les colonnes, pilastres, frontons accusent un souci de grandeur : c'est le premier
grand édifice qui inaugure le style Louis XIV.

La façade sur les jardins, plus lourde que la façade d'arrivée, présente un corps central en
forme de rotonde ovale, surmonté d'une coupole portant une lanterne et, à ses extrémités, deux
larges pavillons, coiffés de toits à la française, dont la décoration rappelle celle de l'autre façade.

De majestueux degrés descendent jusqu'au jardin, réservant une perspective immense.

Les appartements d'apparat (quatorze pièces) que l'on visite, sont au rez-de-chaussée *(on ne
visite pas les appartements privés, au 1ᵉʳ étage).*

Du grand vestibule d'entrée, on passe dans la grande Chambre Carrée de style Louis XIII puis
dans le salon des Muses où joua Molière, le Cabinet des Jeux, le salon d'Hercule, le grand « Salon
ovale », haut de deux étages, qui occupe la rotonde et dont la coupole s'élève à 18 m du sol, la bibliothèque, la chambre du Roi, dont la somptueuse décoration annonce Versailles, la salle des Buffets,
la chambre de La Fontaine, etc.

Toute cette suite de salons est magnifiquement décorée et meublée : tapisseries des Gobelins, tapis de la Savonnerie, meubles et sièges d'époque, peintures de plafond par Le Brun,
sculptures de Girardon.

Les **sous-sols** font évoquer les aspects quotidiens de la vie du château d'autrefois : caves, office,
resserre à vaisselle, et surtout l'impressionnante cuisine dont Vatel avait la responsabilité...

Jardins★★★. — Ils s'étendent derrière le château. Le style de Le Nôtre s'y affirme, préparant
l'épanouissement des jardins de Versailles.

Les admirables jardins *(illustration p. 24)*, limités par les arbres du parc et le grand canal,
s'ordonnent logiquement de chaque côté de l'allée centrale en un ensemble parfaitement équilibré
de ronds-points, de broderies et de gazons ornés de statues, de pièces d'eau de toutes formes.

La terrasse qui termine les jardins au Sud domine le grand canal sur les rives duquel sont
installées les cascades justement célèbres qui faisaient l'admiration de Mlle de Scudéry.

Au-delà, l'Hercule Farnèse domine l'immense vertugadin en forte pente qui, trouant le parc,
complète cet ensemble, triomphe de l'art et de la raison.

Création de la royauté française à son apogée, Versailles *(1)* doit sa réputation à l'exceptionnel ensemble composé par le château, ses jardins et les Trianons. Construite pour compléter le château, en abritant tous les personnages vivant de la Cour, des ducs aux menus artisans, la ville a gardé, de sa consécration au service du roi, une allure solennelle et recueillie qui lui confère un charme un peu austère.

N'ayant pas subi de graves transformations, Versailles plaira au touriste désireux d'évoquer les fastes des Bourbons ou les premiers tumultes de la Révolution française.

UN PEU D'HISTOIRE

Le château de Louis XIII. — Une butte portant un château féodal transformé en ferme, un village au pied et, alentour, des marécages et des bois giboyeux, tel apparaît Versailles au 17e s. Louis XIII vient souvent chasser en ces lieux. En 1624, il y achète un terrain où il fait construire un pied-à-terre. En 1631, il acquiert de Gondi, archevêque de Paris, la seigneurie de Versailles. Le pied-à-terre devient un petit château, œuvre de Le Roy.

L'orgueilleux plaisir de forcer la nature. — En 1661, à 23 ans, Louis XIV commence son règne personnel et prend à son service les artistes qui ont créé Vaux-le-Vicomte *(p. 169)* pour leur confier la réalisation d'un château encore plus magnifique.

Comme il se méfie de Paris qui lui rappelle les humiliations de la Fronde, le roi cherche un emplacement dans ses environs. Attaché à Versailles par d'agréables souvenirs d'adolescence et grand chasseur, il choisit ce lieu. Tout y est à faire : étroite, la butte qui supporte le petit château Louis XIII n'en permet pas l'agrandissement; marécageux, le terrain environnant n'est pas propice aux cultures fragiles ; imprégné d'eau, il n'en fournira cependant jamais assez pour alimenter les jeux d'eau sans lesquels on ne conçoit pas de jardins à cette époque. Le roi décide de forcer la nature. De la terre sera apportée pour élargir la butte, des travaux de drainage et de captage des eaux seront entrepris dans toute la région.

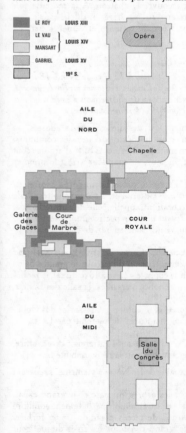

Cet ambitieux projet se réalise par étapes : tout d'abord, en 1668, Le Vau enveloppe le petit château d'une construction à l'italienne tandis que Le Nôtre trace les jardins.

Dès 1663, les fêtes se succèdent. Devenu résidence royale, le château ne suffit plus pour abriter la Cour.

Une œuvre gigantesque. — En 1678, Jules Hardouin-Mansart, qui n'a que 31 ans, prend la direction des nouveaux travaux d'agrandissement. Il la garde jusqu'à sa mort, trente ans plus tard. Le Brun, de 1661 à 1690, est le chef d'une armée de peintres, sculpteurs, ciseleurs, tapissiers, etc. Le Nôtre règne sur les jardins, collaborant avec les Francine, fils d'ingénieurs italiens, pour les installations hydrauliques.

Tous ces artistes travaillent sous l'étroit contrôle de Louis XIV qui confère fréquemment avec eux, ou leur écrit quand il est aux armées. Il coordonne les plans, suggère, améliore, et ne ménage pas ses inspections.

On a travaillé à Versailles pendant plus de cinquante ans. En 1685, trois ans après l'installation de la Cour, voisinant avec les élégances, 36 000 ouvriers et 6 000 chevaux travaillent activement Une colline a été créée pour porter les 500 m de longueur du château. Des forêts entières ont été transplantées 150 000 plantes florales sont produites chaque année par les jardiniers. L'orangerie abrite alors 3 000 arbustes : orangers, grenadiers, myrtes, lauriers-roses.

L'apport de l'eau a posé d'énormes problèmes. Il fallait alors alimenter 1 400 jets (600 aujourd'hui). En 1678, le puits de Versailles étant devenu insuffisant, la Bièvre est barrée, puis 15 000 ha de plateaux avoisinants drainés et la machine de Marly construite (1681-1684), qui puise l'eau dans la Seine *(p. 113)*. La dérivation de l'Eure est même envisagée *(voir p. 109)*.

---

(1) Pour plus de détails, lire les ouvrages sur Versailles par P. de Nolhac, (Paris, Conard), P. Morel (Grenoble, Arthaud), J. Levron (Paris, Alpina), E. Guillou (Plon), J. Levron et G. Van der Kemp (Grenoble, Arthaud), P. Verlet (Fayard), G. Van der Kemp (éd. d'Art Lys).

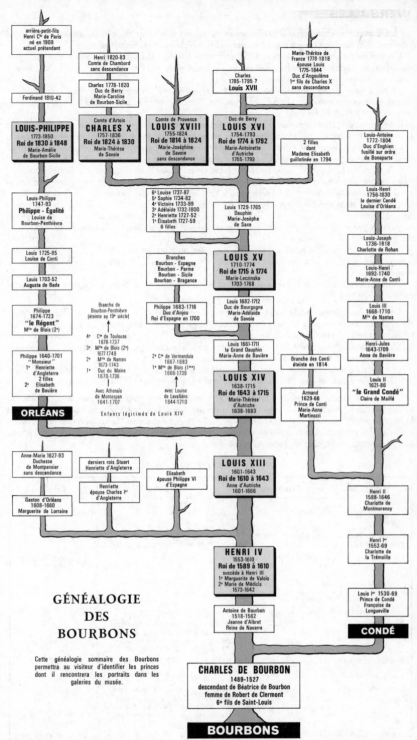

GÉNÉALOGIE
DES
BOURBONS

Cette généalogie sommaire des Bourbons permettra au visiteur d'identifier les princes dont il rencontrera les portraits dans les galeries du musée.

DE LOUIS XIII A LOUIS XVI quelques dates de référence pour faciliter la visite de Versailles :

1638	Naissance de Louis XIV à St-Germain-en-Laye.
1643	Mort de Louis XIII. **Règne de Louis XIV.** Régence d'Anne d'Autriche qui gouverne avec Mazarin.
1660	Mariage de Louis XIV avec Marie-Thérèse d'Autriche, Infante d'Espagne.
1661	Règne personnel de Louis XIV, début de la construction du palais, naissance du Grand Dauphin.
1667	Mme de Montespan, favorite de Louis XIV.
1682	La Cour et le Gouvernement s'installent à Versailles.
1683	Mort de Marie-Thérèse d'Autriche. Mariage secret de Louis XIV avec Mme de Maintenon.
1710	Naissance de Louis XV, arrière-petit-fils de Louis XIV.
1715	Mort de Louis XIV. **Règne de Louis XV.** Régence de Philippe d'Orléans. La Cour quitte Versailles.
1722	Retour de la Cour à Versailles. Le Régent meurt en 1723.
1725	Mariage de Louis XV avec Marie Leczinska.
1729	Naissance du Dauphin, père de Louis XVI, de Louis XVIII et de Charles X.
1745	Mme de Pompadour, favorite de Louis XV.
1754	Naissance de Louis XVI.
1768	Mort de Marie Leczinska. Mme Du Barry, favorite de Louis XV.
1770	Mariage de Louis XVI avec Marie-Antoinette d'Autriche.
1774	Mort de Louis XV. **Règne de Louis XVI.**
1789	Réunion des États Généraux dans la salle des Menus-Plaisirs. La famille royale quitte Versailles.

VERSAILLES ***

La Cour. — Environ 20 000 personnes se rattachent à la Cour dont 9 000 soldats casernés en ville et 5 000 serviteurs logés dans les dépendances (écuries, grand commun, etc.).

Un millier de grands seigneurs et 4 000 serviteurs habitent dans le château et un bon millier de moindres gentilshommes le fréquentent assidûment pour y être remarqués par le roi, source unique des faveurs et des pensions.

Le roi a voulu le rassemblement de la noblesse autour de lui pour n'avoir plus à en redouter d'oppositions compromettant l'unité du royaume. Il encourage le jeu, et le goût du faste, pour ruiner ces aristocrates et les tenir à sa merci.

Une sévère étiquette organise la vie de cette foule dorée et fait de la journée de Cour, suivant le mot de Saint-Simon, une « mécanique » soigneusement réglée où se succèdent réceptions, conseils et fêtes. Sous l'influence de la dévote Mme de Maintenon, à partir de 1684, les grandes occasions de divertissement se raréfient : la Cour joue davantage pour vaincre son ennui.

A la mort de Louis XIV, le nouveau roi n'est qu'un enfant; par réaction, et à la suite du véritable maître du moment, le libertin Régent Philippe d'Orléans, la Cour fuit Versailles pour Paris. En 1722, Louis XV revient définitivement à Versailles. Pour que l'étiquette ne gêne pas sa vie privée, il fait transformer les appartements intimes et la reine l'imite. Il rêve de modifier la façade du château vers la ville et confie à Gabriel le soin de la rendre homogène. Le manque de crédits ne permet pas d'accomplir des transformations sérieuses. Toutefois, le château du Petit Trianon est construit.

Louis XVI, homme de goûts simples, et Marie-Antoinette, qui ne se plaît qu'au Petit Trianon, dont le parc actuel et le hameau sont créés pour elle à partir de 1774, ne font pas effectuer d'autres grands travaux.

Le 6 octobre 1789, sous la pression de l'émeute, la famille royale regagne Paris. Jamais plus le château n'abritera de rois.

A toutes les gloires de la France. — Après l'exécution du roi, le 21 janvier 1793, le mobilier du château est vendu aux enchères et les collections royales transportées au Louvre. Après les remises en état effectuées par Napoléon et Louis XVIII, le château, abandonné, se dégrade de plus en plus. Sa démolition est envisagée sous le règne de Louis-Philippe qui le sauve en le transformant en musée, consacré « A toutes les gloires de la France ».

Une nouvelle remise en état est entreprise après la guerre de 1914-1918, grâce à une contribution des Beaux-Arts et à celle de particuliers, dont le mécène américain J.D. Rockefeller.

L'œuvre de restauration. — Depuis 1950 d'importants travaux ont permis la remise en eau de la pièce d'eau des Suisses, la réfection de la dorure des grilles, la résurrection de l'Opéra Royal, le nettoyage des marbres et des peintures des Grands Appartements, la restauration de certaines boiseries des cabinets royaux, l'installation du chauffage et de l'éclairage électrique en même temps que se poursuivait le plan de remeublement du château.

CONDITIONS DE VISITE (1)

Château - Parc - Trianons	Horaires	Tarifs
Tous les jours :		
Visite libre		
Cours et jardins (du château et des Trianons) (2)	*Du lever au coucher du soleil.*	
Parc (incluant celui des Trianons) . . .	*- id. -*	*4 F pour l'entrée en voiture*
Sauf le lundi :		
Visite généralement libre		
Chapelle	*Visible lors de la visite des Grands appartements et lors de la messe dominicale de 11 h 30.*	
Grands appartements	*10 h à 17 h 30 (17 h hiver).*	*5 F*
Salles du musée	*10 h à 17 h pour la salle 144, la salle de 1792 et la Galerie des Batailles ; 14 h à 17 h pour les autres salles (ouvertes par roulement).*	
Château du Grand Trianon	*14 h à 17 h 30 (17 h hiver).*	*5 F*
Musée des voitures - Château du Petit Trianon	*- id. -*	*3 F*
Visites-conférences possibles		
Chapelle - Grands appartements		
Château du Grand Trianon		
Visites-conférences seulement		
Cabinets intérieurs du Roi - Opéra		*Supplément par visite-conférence : 4,50 F*
Cabinets intérieurs du Roi	*Horaires variables : se renseigner auprès de la Conservation, tél. 950 58 32 - poste 320.*	*(8 F pour certaines visites jumelées).*
Opéra		
Cabinets intérieurs de la Reine - Appartement de Mme de Maintenon		
Petits appartements du Roi (appartements de Mme de Pompadour et de Mme Du Barry)		

(1) données à titre indicatif et sous réserve.
(2) pour les Grandes Eaux et les Fêtes de nuit, voir p. 180.

LE CHÂTEAU***

Tour extérieur *(plan ci-dessous)*

Partir de la place d'Armes et se diriger vers la grille du château ouverte du lever du jour à la tombée de la nuit.

Place d'Armes. — A cette immense esplanade aboutissent les avenues de St-Cloud, de Paris et de Sceaux que séparent les anciennes **écuries royales**★, œuvre de Hardouin-Mansart, aujourd'hui partiellement occupées par les très riches archives des Yvelines. Elles abritaient 2 500 chevaux et 200 carrosses. Celle du Sud, ou Petite Écurie, était utilisée pour les chevaux de trait et les voitures ; celle du Nord, réservée aux chevaux de selle, possédait un manège où furent données de grandes fêtes.

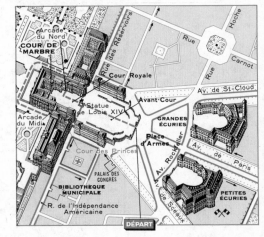

Cours d'entrée. — La grille du château franchie, trois cours successives s'ouvrent devant le visiteur. L'avant-cour ou **Cour des Ministres** est bordée par les deux ailes occupées par les appartements des ministres sous la Monarchie. La **Cour Royale** était séparée de la première, à hauteur de l'actuelle statue de Louis XIV, érigée en 1837, par une grille ouverte aux piétons, aux chaises à porteurs et aux chaises roulantes, mais qui ne pouvait être franchie en carrosse que par les membres de la famille royale, les princes du sang et les ducs et pairs. A droite, l'escalier des Ambassadeurs, démoli sous Louis XV, conduisait aux salons de réception ; à gauche, l'escalier de la Reine desservait les appartements royaux. Les bâtiments à colonnes de cette cour sont, à droite, l'œuvre de Gabriel ; à gauche, ils datent de la Restauration.

La **Cour de Marbre**★★, jadis pavée de marbre blanc et noir, surélevée de quelques marches, est entourée sur trois côtés par le château de Louis XIII, remanié par Le Vau et surtout par Mansart. Le rez-de-chaussée, divisé par des colonnes, servait, sous Louis XIV, de passage entre la Cour de Marbre et les jardins ; sous Louis XV il fut transformé en appartement pour la famille royale.

Façade sur le parc★★★. — *Illustration p. 22.* Franchir l'arcade Nord, contourner le corps central du château et prendre du champ. L'immense construction se développe sur 680 m. Pour éviter la monotonie, le corps central fait saillie sur les ailes, des avant-corps ornés de colonnes rompent la rigidité des lignes horizontales. Le toit plat, à l'italienne, est dissimulé par une balustrade portant des trophées et des vases. Les statues d'Apollon et de Diane, entourées par les Mois de l'année, surmontent les avant-corps de la partie centrale où vivait la famille royale. Les Enfants de France, certains membres de la famille royale logeaient dans l'aile du Midi, les princes du sang dans les ailes du Midi et du Nord.

Revenir à la Cour de Marbre par l'arcade donnant sur la Cour des Princes.

Visite intérieure libre *(voir page 172)*

Dans l'ordre normal du parcours, au 1ᵉʳ étage (plan p. 174)

De l'entrée, on pénètre dans un vestibule dont le mur principal porte un grand bas-relief des Coustou : Louis XIV passant le Rhin. Par un escalier en colimaçon ou bien en traversant les salles de l'aile Nord (Musée du 17ᵉ s. - *voir p. 177*), monter au vestibule supérieur.

① CHAPELLE***

Du seuil des superbes portes en bois sculpté qui donnent accès à la tribune royale, on découvre la plus grande partie du sanctuaire *(pour la visite complète, voir p. 172)*.

Dédiée à Saint Louis, la chapelle séduit par son harmonieux décor blanc et or. Chef-d'œuvre de Mansart, elle fut terminée en 1710 par son beau-frère, Robert de Cotte. Les sculptures des piliers et des arcades, très remarquables, sont de Van Clève, Le Lorrain, Coustou, etc.

La place habituelle de l'orgue étant prise par la tribune royale, l'instrument, de Clicquot, aux fines sculptures exécutées d'après les dessins de Robert de Cotte, a été placé dans la tribune du chevet. L'autel, de Van Clève, est en marbre et son devant orné par Vassé d'un bas-relief de bronze doré représentant une Pietà. La peinture de l'abside, par La Fosse, représente la Résurrection.

La tribune recevait la famille royale mais, lors d'une cérémonie ou pour communier, le roi descendait siéger près de l'autel ; le roi et la reine pouvaient aussi se recueillir dans des oratoires aménagés aux extrémités de la balustrade et qui se présentaient comme des lanternes faites de carreaux de verre disposés dans des montures de bronze. Les courtisans étaient au rez-de-chaussée. Louis XIV et ses successeurs entendaient la messe tous les jours ; n'importe qui pouvait leur remettre une supplique tandis qu'ils se rendaient à la chapelle.

② GRANDS APPARTEMENTS***

Les Grands appartements comprennent : d'une part les pièces de réception composées du Salon d'Hercule, des six salons en enfilade connus sous le nom de « Grand Appartement » et de la célèbre Galerie des Glaces ; d'autre part, les pièces d'habitation royales parmi lesquelles on distingue l'appartement du Roi et l'appartement de la Reine.

Ces appartements, outre les souvenirs qu'ils évoquent, retiendront l'attention des visiteurs par leur splendide décoration.

SALON D'HERCULE★★

Il a été commencé en 1712 à la place d'une ancienne chapelle quand fut ouverte la chapelle St-Louis. La décoration a été terminée par Robert de Cotte sous Louis XV, en 1736. Le plafond, de Lemoyne, représente Hercule admis au rang des dieux. Pour peindre ces 315 m², l'artiste travailla trois ans. Son œuvre provoqua une vive admiration ; mais épuisé, devenu neurasthénique, il se suicida quelques mois après l'avoir achevée.

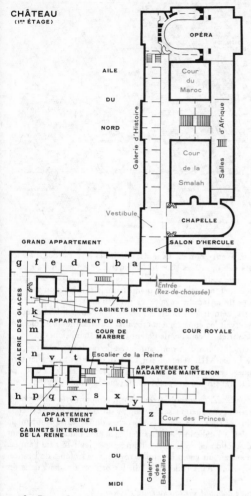

CHÂTEAU
(1ᵉʳ ÉTAGE)

Deux tableaux de Véronèse occupent leur emplacement primitif. « **Le repas du Christ chez Simon le Pharisien** » immense toile offerte à Louis XIV par la République de Venise — et pour laquelle, en fait, a été créé le salon —, a regagné son somptueux cadre doré tandis que la toile représentant « Eliézer et Rebecca » retrouvait sa place au-dessus de la cheminée sculptée aux riches ornements de bronze doré.

LE « GRAND APPARTEMENT » ★★★

On y accédait autrefois, depuis la Cour Royale, par l'escalier des Ambassadeurs (disparu).

C'est un somptueux exemple du premier style Louis XIV qui utilise surtout les matières nobles : marbres multicolores, bronzes, cuivres ciselés ou dorés.

D'ordinaire le « Grand Appartement » n'était meublé que de quelques tabourets, guéridons et consoles ; mais des lustres de cristal l'éclairaient. A la suite du salon d'Hercule, l'homme doté d'une force divine, et se terminant à celui d'Apollon, le fils de Jupiter et de Latone, il illustre le mythe solaire duquel le roi se réclamait. Il comprend six salons en enfilade bâtis par Le Vau en 1668 et décorés par Le Brun. Ceux-ci portent les noms des sujets traités sur les plafonds. Trois fois par semaine, de 6 h à 10 h du soir, se déroulait ici la réception que le roi offrait à sa Cour. Il y avait alors « Appartement ». Le jeu et la danse étaient les grandes distractions.

Salon de l'Abondance (a). — Les soirs «d'Appartement», du temps de Louis XIV, il contenait trois buffets, l'un pour les boissons chaudes et les deux autres pour les froides : vins, eaux-de-vie, sorbets, jus de fruits dits alors « eaux-de-fruits ». Il a recouvré la tenture de velours vert frappé qui, en hiver, tapissait ses murs au temps du Grand Roi ; l'été, ces murs étaient tendus de soieries. Des bustes de bronze, des meubles Boulle et 4 portraits, par Rigaud et Vanloo, des descendants mâles de Louis XIV y ont été placés.

Salon de Vénus (b). — Son décor de marbre s'explique par le rôle de vestibule que jouait ce salon au débouché de l'escalier des Ambassadeurs démoli en 1752. Son plafond, comme celui des salons suivants, est divisé en compartiments peints qu'encadrent des bordures de stuc doré *(illustration p. 23)*. Dans la niche qui fait face aux fenêtres, statue de Louis XIV en pied, par Jean Warin ; entre les fenêtres, effigies de Méléagre et Atalante peintes en trompe-l'œil.

Salon de Diane (c). — Salle de Billard au temps de Louis XIV. Un billard, couvert d'un grand tapis de velours cramoisi à franges d'or, était entouré par des banquettes montées sur une estrade d'où les spectateurs pouvaient suivre les parties. Admirer le buste de Louis XIV par Bernin, étourdissant de virtuosité baroque, et, sur la cheminée, une « Fuite en Egypte », charmant bas-relief attribué à Jacques Sarrazin. Remarquer aussi 8 bustes antiques et le plafond de Blanchard.

Salon de Mars (d). — Louis XIV, mélomane, y avait concert tous les soirs ; de part et d'autre de la cheminée, deux tribunes, supprimées en 1750, recevaient les musiciens. A leur emplacement – *occupé provisoirement par des tapisseries* – on pourra voir deux tableaux, de Véronèse (Les Pèlerins d'Emmaüs) et de Le Brun (La Famille de Darius aux pieds d'Alexandre). Admirer aussi le tapis de la Savonnerie. Aux murs, Louis XV de Rigaud, et Marie Leczinska de Vanloo occupent toujours leurs places d'origine.

Salon de Mercure (e). — L'horloge à automates offerte à Louis XIV en 1706 dont les personnages s'animaient aux heures y est exposée. Ce salon servait de salle de jeux les jours d'«Appartement». Il servit aussi de chambre de parade. En 1715 le cercueil de Louis XIV y fut exposé une semaine entière, veillé par 72 ecclésiastiques se relayant pour que quatre messes à la fois soient célébrées sans interruption de 5 h à midi.

Salon d'Apollon (Salle du Trône) (f). — *Restauration en cours*. C'est l'aboutissement somptueux du « Grand Appartement ».

Le trône était placé sur une estrade disposée sous un dais au milieu du grand mur. On y distingue les trois crochets qui soutenaient le dais.

C'est ici qu'étaient reçus les ambassadeurs. Les jours « d'Appartement », cette salle était dévolue à la danse et à la musique.

Au plafond, La Fosse a peint le Char du Soleil.

SALON DE LA GUERRE★ (g)

Ce salon n'appartient pas au « Grand Appartement » mais fait transition entre ce dernier et la Galerie des Glaces qu'il précède. Il est orné d'un grand médaillon sculpté, par Coysevox, représentant le roi triomphant de ses ennemis.

GALERIE DES GLACES★★★

La Galerie des Glaces ou « Grande Galerie », terminée par Mansart en 1687, couvre la terrasse que Le Vau avait aménagée face aux jardins. Longue de 75 m et large de 10, elle est éclairée par dix-sept grandes fenêtres auxquelles correspondent dix-sept panneaux de glace sur le mur opposé. Les 578 glaces qui composent ces panneaux sont les plus grandes que l'on sût couler à l'époque. Elle reçoit les derniers feux du soleil couchant.

Les peintures du plafond, aux teintes feu et or, exécutées par Le Brun, glorifient les 17 premières années du règne de Louis XIV de 1661 à 1678 (paix de Nimègue).

La galerie a recouvré quatre de ses huit statues antiques dont les deux plus célèbres, la Vénus d'Arles et Diane chasseresse sont actuellement au Louvre. On doit y installer des copies des 24 torchères dorées dont Louis XV l'avait pourvue.

Dans cette galerie se déroulaient les fêtes de la Cour, les grandes cérémonies et les réceptions d'ambassadeurs extraordinaires. Le trône était alors installé contre l'arcade du Salon de la Paix. Il faut imaginer la Galerie des Glaces un jour de fête, pleine d'une foule en costumes d'apparat constellés de pierreries. Trois rangs de lustres, des girandoles de cristal, des torchères en arbres de lumière, illuminaient la salle de leurs milliers de lueurs, reflétées par les glaces. Partout, des fleurs. Tout le mobilier, caisses des orangers et luminaires, dix ans durant (sous Louis XIV) fut d'argent massif.

En 1715, lors de la réception de l'Ambassade de Perse, Louis XIV, à quelques semaines de sa mort, portait « un habit d'étoffe or et noir... garni des plus beaux diamants de la couronne ».

Le mobilier mis en place à l'occasion du mariage du Dauphin et de Marie Antoinette est en cours de reconstitution.

C'est ici que fut proclamé l'Empire allemand le 18 juin 1871 et que les plénipotentiaires de l'Allemagne vaincue signèrent le traité de Versailles, le 28 juin 1919.

SALON DE LA PAIX★ (h)

Prolongement de la Galerie des Glaces dont on le séparait, en certaines occasions, par une cloison amovible.

Une peinture de Lemoyne, « Louis XV donnant la paix à l'Europe », surmonte la cheminée qui a retrouvé les « feux » ciselés par Thomire en 1786.

Sous les règnes de Marie Leczinska et de Marie-Antoinette, le salon de la Paix, rattaché à leurs appartements, servait au « jeu de la reine » ou de salon de musique.

Revenir dans la Galerie des Glaces. Au milieu de la galerie, entrer par la 2e porte ouverte à droite pour visiter l'Appartement du Roi.

APPARTEMENT DU ROI★★★

L'itinéraire de la visite fait parcourir cet appartement dans le sens inverse de celui qui conviendrait.

Le roi avait ses appartements, la reine avait les siens. Ils comprenaient des pièces de parade et des cabinets intérieurs.

L'Appartement du Roi se distribue autour de la Cour de Marbre. Aménagé de 1684 à 1701 par Mansart dans le château de Louis XIII, sa décoration marque une nette évolution du style Louis XIV. Les plafonds ne sont plus compartimentés mais entourés par une frise ; des lambris remplacent les revêtements de marbre ; de grandes glaces surmontent les cheminées.

Cabinet du Roi (ou du Conseil) (k). — Il se présente dans son décor de 1755, refait sous Louis XV qui fit agrandir la pièce en supprimant le cabinet des perruques ; de somptueuses boiseries rocaille remplacèrent alors les glaces du temps de Louis XIV.

La tenture bleue brochée d'or, retissée à Lyon, la table du Conseil (reconstituée), les tabourets des ministres, la pendule, les chenêts de la cheminée, deux grands vases de porcelaine bleue commandés pour Louis XVI, le buste d'Alexandre le Grand en porphyre aux draperies de bronze doré exécuté par Girardon et placé là sous Louis XV et celui en marbre (tête noire et draperie blanche) de Scipion l'Africain par Coustou, permettent d'évoquer l'atmosphère des Conseils du Roi ou les réceptions officielles.

Dans un angle, une porte en glace ouvre sur les Cabinets intérieurs du Roi *(p. 178)*.

Chambre du Roi (m). — Elle donne sur la Cour de Marbre.

Le lit du roi se trouvait dans l'axe du château et de son parc, la ligne Est-Ouest marquant la course du soleil. La pièce fait donc face au soleil levant. C'est dans cette chambre que mourut Louis XIV, le 1er septembre 1715, d'une gangrène à la jambe.

De 1701 à 1789, c'est là que se déroulaient, le matin, et le soir vers minuit, les cérémonies du lever et du coucher du roi.

Durant la journée, quiconque passait dans la chambre saluait le lit, symbole de la majesté royale.

Les boiseries et la balustrade dorée en avant du lit, les portraits en ovale de Van Dyck et les peintures de Valentin datent du Roi-Soleil ; les cheminées ont été refaites sous Louis XV et portent à droite un buste étonnamment expressif, œuvre de Coysevox représentant Louis XIV, à gauche la pendule-baromètre de Louis XIV par Thuret. Une maquette montre l'état de la chambre, en été, au début du règne de Louis XV *(les travaux de restauration visent à restituer cet état à la pièce)*.

Salon de l'Oeil-de-Bœuf (ou Seconde antichambre) (n). — Il tient son nom de la baie pratiquée en face de la cheminée. C'était la fameuse antichambre où la Cour attendait le lever du roi et où se chuchotaient les potins, mais c'est là aussi que Louis XIV annonçait les traités de paix, et là qu'il félicita Villars. Une très belle frise représentant des jeux d'enfants en fait le tour. Il est décoré de trois bustes : Louis XIV par Coysevox, Louis XV par Gois et Louis XVI par Houdon.

Première antichambre (v) ; **Salle des Gardes du Roi** (t). — *On ne visite pas.* Ces deux dernières pièces aboutissant à l'escalier de la Reine précédaient l'Appartement du Roi.

C'est dans la Première antichambre que Louis XIV prenait ordinairement son repas du soir, seul, en public.

Revenir au Salon de la Paix qui précède l'Appartement de la Reine.

APPARTEMENT DE LA REINE★★

L'itinéraire de la visite fait parcourir cet appartement dans le sens inverse de celui qui conviendrait.
L'Appartement fut créé pour la reine Marie-Thérèse, femme de Louis XIV, qui y mourut ; il fut ensuite occupé par deux Dauphines, Marie Leczinska durant 43 ans puis Marie-Antoinette. Deux de ses pièces ont été remaniées sous les règnes de Louis XV et de Louis XVI.

Chambre de la Reine★★★ (p). — Cette pièce vient de retrouver son état d'octobre 1789. Faite pour Marie-Thérèse, femme de Louis XIV, elle a été habitée ensuite par la femme du Grand Dauphin, fils du roi, par la duchesse de Bourgogne, femme du petit-fils du Roi-Soleil, qui y donna naissance à Louis XV, par Marie Leczinska, femme de Louis XV, enfin par Marie-Antoinette, épouse de Louis XVI. Dix-neuf enfants royaux dont Louis XV et Philippe V d'Espagne sont nés dans cette chambre.

Le décor des boiseries et du plafond a été fait par les Gabriel pour Marie Leczinska ; la cheminée, le coffre à bijoux, le tapis, les feux à décor de sphinx, l'écran de cheminée, la pendule et la courtepointe brodée pour Marie-Antoinette, dont le buste en marbre est de Lecomte.

Salon des Nobles de la Reine (q). — Il a été restauré avec sa cheminée, sa tenture vert pomme et le mobilier commandé par Marie-Antoinette (commode et encoignures de Riesener) qu'il contenait en 1789. Le plafond est celui de l'époque de Louis XIV. Grand portrait tapisserie de Louis XV, pendule du comte d'Artois, beaux candélabres. Dans cette pièce avaient lieu les présentations à la reine.

Antichambre, dite du Grand Couvert (r). — *Restauration en cours.* Elle est décorée de deux paravents en tapisserie de Beauvais (fin du 17e s.) et, sur le mur de gauche, du célèbre tableau, peint par Mme Vigée-Lebrun, de Marie-Antoinette et ses enfants (1787) : on reconnaît de gauche à droite, Mme Royale, le duc de Normandie (futur Louis XVII) et le dauphin qui mourra en 1789 ; ce dernier désigne un berceau vide symbolisant une petite princesse morte peu de temps auparavant.

Salle des Gardes de la Reine (s). — Elle a gardé son décor Louis XIV et son plafond de Noël Coypel consacré à Jupiter. On y voit un buste en porphyre de Vitellius.

Dans cette salle, le matin du 6 octobre 1789, un meurtrier corps à corps opposa les gardes de Marie-Antoinette aux émeutiers qui tentaient d'envahir l'appartement.

Escalier de la Reine. — C'était l'entrée normale du château pour ceux qui se rendaient dans les appartements royaux. On admirera l'effet procuré par la juxtaposition des marbres polychromes. C'est par cet escalier que, le 6 octobre 1789, les émeutiers envahirent le château.

③ MUSÉE★★

Riche de plusieurs milliers de tableaux et de sculptures, présentés dans des décors de leur époque, le musée fait assister au déroulement de l'histoire de France, du 17e et 19e s.

DE LA SALLE DU SACRE A LA GALERIE DES BATAILLES *1er étage*

Salle du Sacre (x). — D'abord chapelle, de 1676 à 1682, puis Grande salle des Gardes jusqu'en 1789, Louis-Philippe la fit modifier pour y placer les vastes tableaux commandés lors du sacre de Napoléon 1er. On voit ainsi, à gauche de l'entrée, le célèbre « Sacre de Joséphine » d'où la salle tire son nom, deuxième version, peinte par David de 1808 à 1822, de l'œuvre qui est au Louvre et se trouvait ici primitivement ; en face, une autre composition (1810) du même auteur, la « Distribution des aigles au Champ-de-Mars » ; au fond, « Murat à la bataille d'Aboukir », par Gros (1806).

Au-dessus des portes, quatre autres toiles plus petites, de Gérard, représentent les vertus attribuées à l'empereur (Courage, Génie, Générosité, Constance...).

Au plafond, grande peinture de Callet, « l'Allégorie du dix-huit Brumaire », qu'entourent des médaillons en camaïeu illustrant des épisodes glorieux de la vie de Napoléon.

Salle 144 (y). — Cette petite salle garde un beau mobilier Empire qui avait été commandé pour les Tuileries : trois cabinets d'ébène de Jacob-Desmalter à bronzes de Thomire, deux grands candélabres de bronze ciselés par le même Thomire, deux pendules à colonnettes de porphyre évoquant l'Arc de Triomphe. Au fond, buste de Pie VII par Canova.

Salle de 1792 (z). — Cette grande pièce, non meublée, située à la charnière du corps de bâtiment central et de l'aile du Midi, a ses murs couverts par les portraits des généraux de la Révolution, et, aux extrémités, vis-à-vis, les toiles représentent la bataille de Valmy et celle de Jemmapes.

Galerie des Batailles★. — Aménagée en 1836 dans les anciens appartements des princes de l'Aile du Midi, elle fit sensation par ses dimensions : 120 m de longueur sur 13 m de largeur. Son nom est dû aux 33 grandes compositions militaires dont Louis-Philippe fit orner ses murs pour évoquer les principales victoires françaises, aussi bien celles de l'Ancien Régime que celles de la République et de l'Empire, depuis Tolbiac *(1re à gauche de l'entrée)* jusqu'à Wagram *(1re à droite de l'entrée)* due à Horace Vernet comme Bouvines, Fontenoy, Iéna, Friedland ; on relève encore les noms de Delacroix (Taillebourg) et du baron Gérard (Austerlitz), ainsi que celui, insolite ici, de Fragonard (Marignan) : mais il s'agit d'Évariste, fils du grand peintre...

80 bustes alignés entre les peintures, ou contre les piliers de marbre soutenant les deux extrémités et le milieu de la voûte, ainsi que 16 panneaux de bronze muraux, rappellent le souvenir de princes du sang, amiraux, connétables, maréchaux ou autres guerriers illustres, morts au champ d'honneur.

Le grandiose plafond en berceau, qu'éclairent deux longues verrières médianes encadrant celle, ronde, de la coupole centrale, est décoré de caissons à semis de fleurons dorés, et percé, à sa base, d'oculi surmontés chacun des initiales de Louis-Philippe et d'une couronne.

SALLES DU 17ᵉ SIÈCLE

Elles occupent la plus grande partie de l'aile Nord du château ; consoles, bustes agrémentent la suite des appartements.

Galerie du rez-de-chaussée. — Par le vestibule de la chapelle on accède à cette enfilade de onze salles dont les six premières furent l'appartement du duc du Maine, fils de Louis XIV et de Mme de Montespan, et les quatre dernières celui des princes de Bourbon-Conti.

La 1ʳᵉ salle est consacrée à Henri IV qui déjà appréciait le site de Versailles et à Louis XIII, le fondateur du château. On y voit une série de **portraits★** dont deux furent commandés à Rubens par Marie de Médicis.

Des œuvres de Vouet, Philippe de Champaigne, Deruet, Le Brun, évoquent les évènements et les hommes du règne de Louis XIII et du début de celui de Louis XIV. On s'arrêtera dans la salle consacrée à Port-Royal avec ses portraits par Philippe de Champaigne et les gouaches de Magdeleine de Boullogne, et dans la salle de Versailles où de précieux tableaux évoquent la construction du château.

Galerie du 1er étage. — La famille du roi (célèbre portrait en cire, de Louis XIV, par Benoist), les héros des grandes dates de son règne et de la Cour, Mme de Maintenon, les enfants légitimés, peuplent ces salles qui furent des appartements de princes. Dus à Le Brun, à Mignard, à Van der Meulen, à Coypel, à Rigaud, à Largillière, les tableaux ont en partie conservé leurs cadres magnifiques datant du siècle de Louis XIV.

Au cours de la visite, l'attention sera retenue par les portraits d'hommes illustres (Colbert, Racine, Molière, La Fontaine, Le Nôtre, Couperin), les grandes scènes de batailles peintes par Van der Meulen avec une minutie qui n'exclut pas le sens de la nature, les portraits du duc et de la duchesse de Bourgogne, petits-enfants très aimés du Roi-Soleil, morts de la « petite vérole » (variole) à six jours d'intervalle.

Magnifique vue sur les jardins.

SALLES DU 18ᵉ SIÈCLE★★★
Voir plan ci-dessous

Elles occupent au rez-de-chaussée du corps central du château les pièces autrefois affectées au Dauphin, fils de Louis XV, à la Dauphine Marie-Josèphe de Saxe et à Mesdames, filles de Louis XV. Ayant partiellement gardé leur décor du milieu du 18ᵉ s., elles ont été retapissées et parfois remeublées. L'intérêt historique des peintures et des bustes exposés se double d'un plaisir d'art : on retrouve là les œuvres des plus grands artistes du 18ᵉ s.

Pour suivre le cours de l'histoire, il faut pénétrer par le vestibule bas de l'escalier de la Reine et visiter successivement les appartements donnant sur les parterres du Midi, sur la terrasse, sur les parterres du Nord et revenir par les appartements donnant sur la cour de Marbre.

Appartement de la Dauphine. — Dans la salle des Gardes (a), plusieurs tableaux évoquent la succession de Louis XIV : portraits du Régent par Santerre, son buste par Lemoyne, **portrait de Louis XV** à 5 ans par Rigaud. Dans l'antichambre (b), remarquer le grand paravent à 6 feuilles de la Savonnerie. Le grand cabinet de la Dauphine (c) est plus spécialement consacré au mariage de Louis XV et Marie Leczinska. Dans la chambre de la Dauphine (d) apparaît la marquise de Pompadour peinte par Nattier. Le cabinet intérieur (e) a été orné en 1748 de boiseries en vernis Martin vert *(en cours de restauration).*

Appartement du Dauphin. — Le premier cabinet (f), qui servit de bibliothèque, a reçu un exquis décor de boiseries safran à rechampis turquoise encadrant des marines de Vernet en dessus-de-portes. Commodes en vernis Martin.

Le grand cabinet d'angle (g) contient une série de portraits de Nattier représentant Marie Leczinska et ses filles, ainsi qu'un très beau mobilier - en particulier un **bureau** de Bernard van Risenburgh (BVRB) -. **L'ancienne chambre du Dauphin** (h) fils de Louis XVI a conservé le décor exécuté en 1747 ; une chambre complète y a été reconstituée à l'aide de forts beaux meubles de l'époque, dont un lit « à la polonaise ». La cheminée, ornée de bronzes de Caffieri, est une des plus belles du château. Précédant la Galerie Basse, une antichambre est ornée de portraits et de tableaux de batailles illustrant l'aspect militaire du règne de Louis XV.

Galerie Basse. — Dans cette pièce aux nobles proportions aménagée par Louis-Philippe sous la Galerie des Glaces, ont été placés de grands portraits de la famille royale (de Louis XV), pour la plupart de Nattier.

Appartement de Madame Victoire. — L'ancien Cabinet des Bains de Louis XIV (j), qui contenait deux cuves de marbre, fut transformé plusieurs fois avant de devenir antichambre de Madame Victoire. Il abrite une série de tableaux de batailles.

Dans le Salon des Nobles (k), autre antichambre, sont présentés des tableaux évoquant la vie de la noblesse dans les châteaux et hôtels princiers, ainsi que deux très belles commodes.

Dans le **Grand cabinet** (m), magnifique pièce d'angle *(en cours de restauration)*, qui a retrouvé sa cheminée, subsistent les boiseries et la corniche sculptées par Verberckt.

L'ancienne chambre à coucher de Madame Victoire (n) réunit les portraits de tous les grands artistes du temps : peintres comme Boucher, Vanloo, sculpteurs comme Lemoyne, Coustou, l'architecte Soufflot, le ciseleur Caffieri, etc.

Les salles qui suivent, après avoir constitué le second appartement de la marquise de Pompadour, qui y mourut, furent attribuées à Madame Adélaïde. Elles contiennent des portraits du Dauphin Louis, père de Louis XVI, et de la Dauphine Marie-Antoinette.

Les fêtes et les cérémonies du règne de Louis XVI occupent les dernières salles avant le Salon des Ambassadeurs.

Salon des Ambassadeurs (p). — Il servait d'« annexe » à l'escalier du même nom, démoli en 1752, mais dont on verra une maquette très précise dans l'un des vestibules attenants. Les belles proportions de la pièce, son décor architectural en trompe-l'œil, son dallage de marbre, donnent une idée de la splendeur de l'escalier disparu. Une **pendule*** monumentale (1754) de Passemant, aux bronzes signés Caffieri, dont le motif est la Création du Monde, y a été placée.

La **Salle des Gardes**, où est évoquée la guerre de l'Indépendance américaine et où Louis XV reçut en 1757 le coup de couteau de Damiens, conduisait aux Cabinets intérieurs du Roi.

Les dernières salles, donnant sur la Cour de Marbre, sont consacrées aux derniers jours heureux du règne de Louis XVI, puis à la Révolution. On y admire deux toiles impressionnantes de David : l'esquisse du « Serment du Jeu de Paume » et « la Mort de Marat », plus une série de portraits et de scènes historiques, ainsi qu'un tapis terminé par Marie-Antoinette et Mme Elisabeth durant leur captivité au Temple.

SALLES DU CONSULAT ET DE L'EMPIRE* 2ᵉ *étage*

Elles sont situées dans l'aile Sud du château : au-dessus de l'Appartement de la Reine, dans l'attique Chimay (Directoire et Consulat), et au-dessus de la Galerie des Batailles, dans l'attique du Midi (Empire).

Présentés avec un soin extrême, dans un décor de meubles et de tentures de chaque époque évoquée, un nombre considérable de documents, dessins, gravures, aquarelles, peintures, font revivre les scènes historiques ou anecdotiques, les batailles, les cérémonies, toutes les grandes figures de l'épopée napoléonienne et les membres de la famille Bonaparte.

On remarque, dans la salle 174, sur les pupitres, les grandes aquarelles de Bagetti, précises comme des miniatures, retraçant toutes les étapes de la campagne d'Italie, et le célèbre « Bonaparte au Pont d'Arcole » de Gros. Dans un petit cabinet, deux grands dessins d'Isabey (Napoléon à Rouen et à Jouy) d'une extrême finesse. Dans la salle 177, le « Bonaparte gravissant le Saint-Bernard » de David.

Salle 168, le portrait de Pie VII par David retient l'attention.

SALLES DU 19ᵉ SIÈCLE 2ᵉ *étage*

Salles de la Restauration, de la Monarchie de Juillet, du Second Empire. — *Salles non encore ouvertes, situées dans l'attique Nord.*

Visite intérieure accompagnée *(voir p. 172)*

1 CABINETS INTÉRIEURS DU ROI**

Louis XIV avait ici quelques pièces particulières ; il y conservait ses tableaux et objets d'art actuellement au Louvre. Louis XV, à partir de 1738, fit réaménager par Gabriel cet appartement privé dont l'accès était interdit aux courtisans, pour ne plus dormir dans la chambre glaciale de son prédécesseur et vivre dans une installation et un décor de boiseries plus conformes au goût de l'époque.

Antichambre des chiens. — Boiseries Louis XIV dessinées par Mansart.

Salle à manger des cabinets. — Elle servait à Louis XV les jours de chasse après 1750. Beau décor de plaques de porcelaine de Sèvres peinte commandé par Louis XVI pour le Salon des Porcelaines *(p. 179)*.

Chambre de Louis XV. — Le roi regagnait chaque matin le lit de parade avant le « lever » et le quittait chaque soir après le « coucher ». Il y mourut de la « petite vérole » (variole) le 10 mai 1774. Par la fenêtre de droite, Marie-Antoinette regarda, le 6 octobre, la foule qui réclamait sa mort.

Le mobilier et les étoffes en faisaient l'une des pièces les plus somptueuses de Versailles.

Cabinet de la Pendule. — La célèbre pendule astronomique de Passemant *(voir ci-dessus)* fut apportée ici en janvier 1754. On remarque aussi la statue équestre de Louis XV, réplique par Vassé de celle de Bouchardon qui se trouvait sur l'actuelle place de la Concorde ; 4 consoles rocaille, montrant l'évolution du style Louis XV, supportent les plans en stuc des principaux domaines royaux d'Ile-de-France. Baromètre de bois doré fait en 1773 pour Louis XVI. Boiseries de Verberckt sur un dessin de Gabriel.

Cabinet intérieur de Louis XV*. — C'est un chef-d'œuvre de l'art décoratif et de l'ébénisterie française du 18ᵉ s. La somptuosité du mobilier y répond à celle du décor rocaille. Ce cabinet, aux boiseries de Verberckt d'après Gabriel, a retrouvé en effet son célèbre bureau à cylindre (1769), chef-d'œuvre d'Oeben et Riesener, ses chaises (1774) dues à Foliot, son médaillier, par Gaudreaux (1739), et deux encoignures de Joubert (1755). Deux vases de porcelaine et bronze doré encadrent le candélabre (1785) de l'Indépendance Américaine.

Dans ce cabinet de travail le roi abritait ses dossiers politiques (les dossiers diplomatiques secrets étant enfermés dans un arrière-cabinet).

Cabinet de Madame Adélaïde. — C'est le « cabinet doré » qui fut occupé par Mme de Montespan et plus tard par Madame Adélaïde, fille préférée de Louis XV.

Belles boiseries de Verberckt sur un dessin de Gabriel, les plus remarquables peut-être du style Louis XV.

C'est dans cette pièce que Mozart, âgé de 7 ans, joua du clavecin en 1763, et que Beaumarchais donna des leçons de chant à Madame Adélaïde.

Bibliothèque de Louis XVI. — Trés belle décoration de style Louis XVI par Gabriel (1774).

Le roi y étudiait ses dossiers sur un petit bureau et y compulsait ses livres sur une grande table ronde en acajou.

Salon des Porcelaines. — *En cours de restauration.* C'était la salle à manger des « retours de chasse » de Louis XVI.

Salon des Jeux de Louis XVI. — C'est l'ancien Cabinet des Médailles ou des Raretés de Louis XIV. Encoignures de Riesener, chaises de Boulard, extraordinaires tissus en brocart de Lyon, gouaches de Van Blarenberghe.

② CABINETS INTÉRIEURS DE LA REINE★★

Ces pièces de dimensions modestes et s'éclairant sur une cour intérieure ont reçu leur décoration actuelle sous Marie-Antoinette. Les boiseries, très belles, sont l'œuvre des frères Rousseau.

Cabinet doré. — La reine y recevait ses amis, posait pour ses peintres, jouait de la musique avec Grétry, Gluck ou son rival Piccinni.

Splendide lustre ; sur la commode de Riesener, buste de Marie-Antoinette dauphine, par Boizot ; superbe décor de Richard Mique.

Bibliothèque. — Elle servait surtout de passage, car Marie-Antoinette ne lisait guère. Les rayons ont été regarnis de livres aux armes de la famille royale. On remarque les portes dissimulées par de fausses reliures, et les poignées des tiroirs en forme de l'aigle à deux têtes, emblème des Habsbourg.

Méridienne. — Ce petit boudoir octogonal fut la pièce de repos de Marie-Antoinette. Aménagée par Mique en 1781 à l'occasion de la naissance du Dauphin, elle rappelle, dans sa décoration, l'attente d'un Dauphin. La pièce, remeublée, a retrouvé les soieries de grenadine bleue de ses rideaux et son ottomane.

Remarquer la pendule à cadran animé, cadeau de la Ville de Paris à Marie-Antoinette, et une table en bois pétrifié offerte par sa mère Marie-Thérèse d'Autriche.

③ GRANDE SALLE DE SPECTACLE (Opéra royal)★★

L'Opéra, commencé par Gabriel en 1768, fut inauguré en 1770 pour les fêtes du mariage du dauphin, le futur Louis XVI, avec Marie-Antoinette.

Première salle de forme ovale en France, il constituait en plein règne de Louis XV une des premières manifestations du style qu'on appellera Louis XVI ; la décoration étonnamment moderne, inspirée de l'Antiquité, a été sculptée par Pajou. Il fut, d'autre part, doté de moyens techniques exceptionnels : pour les fêtes et les festins, les planchers de la corbeille et du parterre pouvaient être mis au niveau de la scène.

En raison du peu de temps imparti à l'architecte pour sa construction, cette salle a été entièrement bâtie en bois ; elle offre une résonnance d'une rare qualité, et peut contenir environ 750 personnes.

Au centre du balcon, sous une demi-coupole d'un effet très réussi, s'ouvre la loge particulière du roi munie d'une grille amovible. Tout en haut, dans les cintres, d'autres loges, fermées par des grilles, achèvent l'ordonnance des volumes intérieurs.

Les bas-reliefs des balcons, exécutés par Pajou, représentent, aux premières loges, les dieux de l'Olympe, aux secondes loges, des enfants et les signes du zodiaque.

De l'ensemble, se dégage une étonnante harmonie de couleurs, magnifiée par l'éclat des lustres et des glaces : vert et rose des faux marbres, ors des bas-reliefs traités en trompe-l'œil, bleus lapis-lazuli des médaillons et des vases, bleus de roi des tentures frangées d'or s'accordant avec les tonalités du plafond de Durameau montrant Apollon, les Muses et les Grâces. Au bleu profond des banquettes répond le bleu léger du rideau de scène portant, brodées d'or, les Armes de France dans un poudroiement de lys.

Cette salle initialement réservée à la Cour connut des réceptions somptueuses à l'occasion de la visite du roi de Suède, de l'empereur d'Autriche Joseph II, de la reine Victoria en 1855. L'Assemblée Nationale y tint ses séances en 1875, et le 30 janvier de cette même année, l'adoption de l'amendement Wallon y jetait les bases de la IIIᵉ République.

④ APPARTEMENT DE Mme DE MAINTENON (Musée : 16e-17e s.)★

Dans ce modeste « quatre-pièces sur cour », à présent transformé en musée, l'épouse morganatique du Roi-Soleil vécut les 33 dernières années du règne...

Les deux plus petites salles, anciennes antichambres, tapissées à l'imitation du damas cramoisi, bordé de brocatelle blanche, qui recouvrait jadis leurs murs, exposent des tableaux et tableautins du 16ᵉ s., exquisement encadrés, ayant appartenu, pour la plupart, à la collection Gaignières (léguée à Louis XIV en 1711) : originaux ou copies d'époque parfaites, ils représentent des portraits ou des scènes où l'on reconnaît de nombreux personnages historiques (ducs de Bourgogne, Henri III, etc.).

L'ancienne chambre, tendue de tissu vert pomme, s'orne de précieuses œuvres du 17ᵉ s., parmi lesquelles 12 gouaches sous verre de Jean Cotelle montrant les jardins de Versailles tels qu'ils étaient en 1693, un superbe lapis-lazuli de Jacques Stella (Triomphe de Louis XIII), deux magnifiques cartels de bronze doré et un petit « bureau Mazarin » en marqueterie, de Boulle.

Un étroit passage livre accès au Grand cabinet, tapissé de rouge, salon où Mme de Maintenon recevait les membres de la famille royale et où Racine vint déclamer ses tragédies les plus édifiantes : on y voit quelques beaux meubles (armoire de jeu, table de la reine Marie-Thérèse) et surtout les portraits de femmes illustres du temps (la Grande Mademoiselle, Ninon de Lenclos, etc.).

⑤ PETITS APPARTEMENTS DU ROI★

Louis XV, incapable de supporter la vie en public telle que se l'était imposée Louis XIV, reprit pour son usage personnel et celui de ses favorites et familiers une partie des petites pièces donnant sur les cours intérieures ou situées sous les combles ; on y accède par un dédale de petits escaliers et couloirs.

Louis XV fit aménager là des cabinets et salons où il pouvait se retirer pour lire, étudier, tourner l'ivoire, prendre ses repas au milieu des volières et des jardins suspendus sur les toits, à proximité immédiate de ses intimes. Ces pièces changèrent d'ailleurs plusieurs fois de destination ou d'occupants. Quatre d'entre elles constituèrent, durant cinq ans, l'appartement de Mme de Pompadour.

Le décor restauré et les meubles d'époque qui y ont été replacés font revivre un Versailles insoupçonnable de l'extérieur, d'un raffinement et d'une délicatesse intacts. Tout aussi surprenants sont les points de vue sur les toits et les parterres.

Appartement de Mme de Pompadour. — *1ᵉʳ étage. Restauration prévue.* Ce fut le premier appartement attribué à la favorite.

Appartement de Mme Du Barry. — *2ᵉ étage.* Ses boiseries ont retrouvé leurs teintes d'origine à rechampis dorés ou ton sur ton. L'ensemble s'ordonne autour de la Cour des Cerfs et sur la Cour de Marbre.

On visite la salle de bains, la salle à manger, la chambre à coucher, la bibliothèque, le salon d'angle d'où Louis XV aimait à contempler la perspective sur la ville et les coteaux, et la bibliothèque.

LES JARDINS★★★
Visite : voir p. 172

La surface des jardins de Versailles est d'environ 100 ha et la distance du château à leur limite Ouest : 950 m. Ces jardins sont le type du jardin français qui est une conception savamment ordonnée. La terrasse et les parterres donnent son assiette à la colossale façade du château. Au-dessous, la perspective du Tapis Vert et du Grand Canal, selon l'Axe du Soleil, divise le terrain par le milieu et, pour les habitants du château, dégage la vue jusqu'à l'horizon. De chaque côté de cet axe sont distribuées des allées symétriques et des bosquets. Ceux-ci, par leur architecture, leurs bassins, leurs sculptures, apportent l'élément de variété qui égaie la majesté de l'ensemble.

Autrefois, les grands arbres bordant les allées ne formaient pas une voûte. Les arbres étaient en retrait et les bordures formées par de hautes charmilles ou par des treillages fleuris, que précédaient par endroits des orangers ou des grenadiers en caisses. Les plombs des bassins furent dorés. Aux fêtes de nuit, des milliers de lampions illuminaient les jardins.

Sous Louis XV et Louis XVI, le bosquet d'Apollon et les jardins du Petit Trianon sont aménagés dans le style paysager.

Grandes Eaux★★★. — *De 16 h 30 à 18 h les 1ᵉʳ et 3ᵉ dimanches de chaque mois de mai à septembre. Entrée : 5 F. Suivre l'itinéraire du plan, p. 182.*

Ce merveilleux spectacle fait revivre pendant une heure les jeux d'eau de tous les bassins et bosquets. Il est recommandé de commencer le circuit dès le début du spectacle et de le suivre sans perdre de temps de crainte de trouver, à l'arrivée, les derniers jets d'eau fermés.

Les jours de Grandes Eaux sont les seuls où on pourra admirer les deux bosquets de la Salle de Bal (p. 182) et des Bains d'Apollon (p. 181).

Fêtes de nuit★★★. — *Dates fixées chaque année pour la saison. Renseignements et réservations au Syndicat d'Initiative, 7 rue des Réservoirs, ℡ 950-36-22.* Elles ont lieu deux fois par été, en soirée, au bassin de Neptune *(qui est alors fermé au public durant les heures précédentes de la journée)*, et se terminent par un feu d'artifice.

① L'AXE DU SOLEIL
Visite : 1 h 1/2

La terrasse (1) qui s'étend devant le château domine toutes les perspectives du parc. Elle porte à ses extrémités les magnifiques **vases géants★** de la Guerre (au Nord) par Coysevox, de la Paix (au Sud) par Tuby, placés respectivement sous les baies du Salon de la Guerre et du Salon de la Paix.

Parterres d'eau★★. — Dans le prolongement du corps central du château, deux vastes bassins en reflètent les lignes majestueuses et font une sorte de parvis où convergent les perspectives du grand axe des jardins et des parterres du Nord et du Midi. Les margelles de ces bassins portent à leurs extrémités les **statues★** des fleuves français et de leurs affluents et sur leur longueur des groupes d'enfants séparés par des nymphes couchées. Ces chefs d'œuvre ont été fondus dans le bronze par les frères Keller.

De vastes degrés et une double rampe bordée d'ifs et de statues imitées de l'antique conduisent des parterres d'eau vers le bassin de Latone. Du haut des marches on jouit de l'admirable **perspective★★★** des jardins et de l'Axe du Soleil.

Les deux fontaines (2). — De part et d'autre des degrés conduisant au bassin de Latone, ces deux ensembles méritent de retenir l'attention. Naguère appelées « Cabinet d'Animaux », ces fontaines sont actuellement désignées par la plus remarquable des statues qui les entourent : fontaine du Point du Jour (statue surmontée d'une étoile, située sur le côté droit de l'ensemble) et **fontaine de Diane★**, qui brandit son arc à gauche du bassin, face au château. La margelle des bassins est ornée de groupes de fauves et de chiens combattant.

Bassin de Latone★. — Œuvre de Marsy, il représente Latone, mère de Diane et d'Apollon, venant d'obtenir de Jupiter, père de ses enfants, qu'il transforme en animaux les paysans qui l'ont insultée. Dans les parterres, bassins des Lézards. A droite, au bas de la rampe : statue de la **Nymphe à la Coquille★** (3), réplique de l'original par Coysevox, actuellement au Louvre.

Tapis Vert★★. — *Descendre le Tapis Vert par la droite.* Cette longue pelouse, offrant des perspectives magnifiques sur le château et sur le Grand Canal, est bordée de vases et de statues composant une merveilleuse décoration. Sur la droite, les œuvres les plus intéressantes sont : une statue antique de Junon (4) - en face de laquelle on aperçoit Vénus (5), copie d'une statue antique par Le Gros -, la copie de la Vénus de Médicis (6) et Artémise (7) par Desjardins.

Bassin d'Apollon★. — Au centre, un groupe, œuvre de Tuby, représente le char d'Apollon, maître du Soleil, sortant de l'onde, parmi les monstres marins, pour éclairer la Terre.

L'esplanade qui lui fait suite, bordée de statues d'après l'antique, se termine sur le Grand Canal.

Le Grand Canal★★. — *On peut louer des canots à la station, à droite, en tête du canal. Une allée carrossable en fait le tour.* Les bâtiments voisins sont ceux de la Petite Venise où étaient logés les matelots vénitiens, pilotes des embarcations de la Cour. Composé de deux bras en croix, il mesure 1 650 m de long sur 62 m de large pour le grand bras et 1 070 m sur 80 m pour le petit.

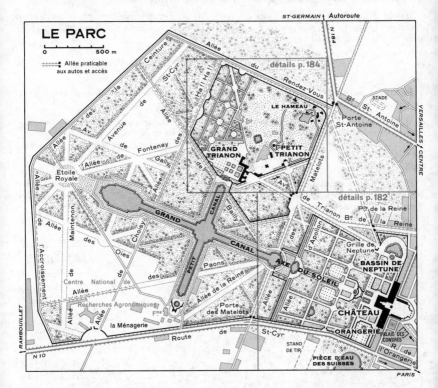

② PARTERRES DU NORD ET BASSIN DE NEPTUNE
Visite : 1 h

Parterres du Nord. — A l'entrée des marches qui descendent vers les plates-bandes se trouvent le **Rémouleur★** à droite, superbe bronze copié de l'antique, et la **Vénus à la Tortue★** (moulage en fonte d'une des plus belles œuvres de Coysevox, actuellement au Louvre).

Les bassins des Couronnes ornent les parterres. Adossées aux bosquets, groupe de statues allégoriques. Au milieu de l'allée, la **fontaine de la Pyramide★** (8), œuvre de Girardon, est en plomb.

Bassin des Nymphes de Diane (9). — Autour du bassin, beaux **bas-reliefs★** de Girardon qui donnent leur nom au bassin et inspirèrent maints peintres du 18e s.

Allée d'Eau ou des Marmousets★. — De vingt-deux petits bassins de marbre blanc en double file sortent des groupes de trois enfants de bronze portant une vasque de marbre rose.

Bassin des Dragons (10). — Allégorie de la Fronde vaincue. Jet d'eau de 27 m.

Bassin de Neptune★★. — C'est le plus vaste bassin des jardins, et celui où a lieu l'apothéose finale des Grandes Eaux *(p. 180)*. Achevé en 1740, il offre une grandiose décoration de plomb. Adossés au mur de soutènement : au centre, Neptune, dieu de la Mer, et Amphitrite, son épouse ; à leur gauche, l'Océan enlaçant une licorne ; à leur droite, Protée, dieu des animaux marins. De part et d'autre du bassin, dragons montés par des amours. Sur le mur de soutènement, vingt-deux vases de plomb d'une remarquable variété de décoration.

③ BOSQUETS DU NORD
du bassin de Neptune au bassin d'Apollon *visite : 3/4 h*

Carrefour des Philosophes (12). — De beaux termes de marbre de style antique le cantonnent.

Allée des Trois-Fontaines (13). — Son élégance discrète est due à son isolement et à la grâce de ses statues.

Bosquet des Bains d'Apollon★ (14). — *Visible les jours de Grandes Eaux (p. 180).* Il date du début du règne de Louis XVI et fut dessiné par Hubert Robert.

Sous un grand rocher creusé d'une grotte, un groupe de marbre représente **Apollon★**, sa course terminée, servi par des nymphes (œuvre de Girardon et de Regnaudin). De chaque côté, les chevaux du dieu sont pansés par des tritons (œuvre de Marsy et Guérin).

Ile des Enfants (15). — Charmants groupes d'enfants sculptés par Hardy (1710).

Bassin de Cérès (ou de l'Été) (16). — Oeuvre de Regnaudin.

VERSAILLES★★★

Bassin de l'Obélisque. — Dessiné par Mansart, ce bassin surélevé est entouré de marches de pierre et de glacis de gazon. Aux grandes eaux, les nombreux jets qui jaillissent du motif central forment un obélisque liquide.

Bassin de Flore (ou du Printemps) (17). — Oeuvre de Tuby.

Bosquet des Dômes★ (18). — Dessinés par Mansart, les deux pavillons, qui avaient donné leur nom au bosquet, furent démolis en 1820. Beau décor de marbre et de statues. Ce bosquet que l'on aperçoit à travers la grille ne s'anime que les jours de Grandes Eaux.

Bassin d'Encelade★ (19). — Cette œuvre de Marsy, d'un réalisme puissant, contraste avec les autres groupes qui ornent le jardin. Seuls la tête et les bras du titan Encelade émergent des rochers qui vont l'ensevelir et qu'il avait accumulés pour escalader le ciel.

④ PARTERRES DU MIDI ET ORANGERIE
Visite : 1/2 h

Parterres du Midi★. — Ils sont constitués par des broderies de buis entourant deux bassins. De leur extrémité, **vue★★** remarquable jusqu'aux hauteurs de Satory.

Orangerie★★. — Oeuvre de Mansart, l'Orangerie se prolonge par deux ailes en retour qui portent les escaliers cyclopéens des **Cent-Marches** (20). Sous Louis XIV, elle abritait 3 000 arbustes en caisses dont 2 000 orangers. Aujourd'hui, 1 200 arbustes y prennent place ; quelques-uns remontent au Grand Siècle. L'été, les orangers et palmiers (il n'y en avait pas sous Louis XIV) sortis sur les parterres, le coup d'œil est splendide.

Pièce d'eau des Suisses. — Longue d'environ 700 m, elle créait au Sud une perspective d'eau. Un premier bassin octogonal fut creusé en 1664 par le régiment des Suisses du Roy. Il fut agrandi à ses extrémités en 1682 pour obtenir la pièce d'eau telle qu'elle est actuellement.

La statue équestre de Louis XIV par Bernin ferme la perspective.

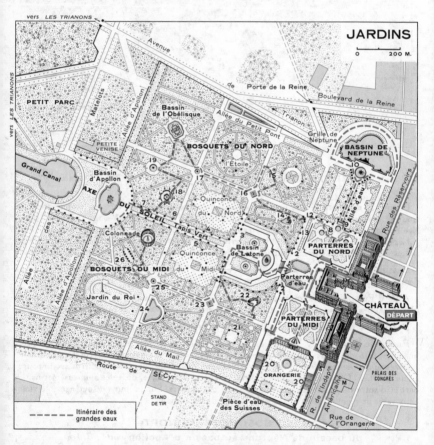

⑤ BOSQUETS DU MIDI
Visite : 1 h

Bosquet de la Reine (21). — *Fermé en hiver.* Créé en 1775 sur l'emplacement de l'ancien Labyrinthe, la petite Histoire y situe l'entrevue nocturne que le cardinal de Rohan eut avec une aventurière qu'il prit pour la reine Marie-Antoinette, lors de la scandaleuse Affaire du Collier.

Très ombragé, il s'orne en son centre de bustes et de statues parmi lesquelles l'Aphrodite capitoline (bronze), le Gladiateur combattant (bronze), copies d'antiques, une Minerve d'après Coustou (marbre polychrome),

Bosquet de la Salle de Bal★ (22). — *Visible les jours de Grandes Eaux (p. 180).* C'est l'un des plus gracieux vestiges de la décoration primitive. Il forme un amphithéâtre composé de rampes, de banquettes de gazon et de gradins de rocailles où ruisselaient des cascatelles. Les Grands de la Cour, ou un corps de ballet, dansaient au centre de ce petit théâtre en plein air.

Bassin de Bacchus (ou de l'Automne) (23). — Oeuvre de Marsy. Les quatre saisons sont ainsi représentées par des bassins aux carrefours des grandes allées *(voir à : Bassin de Cérès p. 181, Bassin de Flore p. 182, Bassin de Saturne ci-dessous).*

Bassin du Miroir d'eau (24). — Deux bassins entouraient ici « l'Ile Royale ». Louis XVIII remplaça le plus grand, qui s'envasait, par un jardin de style anglais *(voir ci-dessous : le Jardin du Roi).* Seul subsiste le bassin du Miroir, ou Vertugadin, entouré de statues.

Jardin du Roi★. — *Fermé en hiver.* Ce ravissant jardin à l'anglaise, très fleuri en saison, voisin du Miroir d'Eau, est plus remarquable par sa plantation d'arbres, dont plusieurs essences se mêlent harmonieusement, et sa belle pelouse centrale, que par son ornementation sculptée, réduite ici à une colonne supportant une petite statue de Flore et à deux vases, ces derniers placés dans les angles les plus proches de l'entrée. Deux grandes statues, extérieures au jardin, d'Hercule et de Flore, en bordent toutefois les angles postérieurs.

Bassin de Saturne (ou de l'Hiver) (25). — Oeuvre de Girardon.

Salle des Empereurs (ou des Marronniers) (26). — Cette allée bordée de huit bustes antiques et ornée d'une fontaine à chaque extrémité n'a conservé qu'une de ses statues (Méléagre). Elle doit surtout son intérêt à la proximité de la Colonnade qui se profile à travers les arbres.

Colonnade★★. — *Ce bosquet est habituellement fermé mais se voit bien à travers la grille.* Le péristyle circulaire fut élevé en 1685, par Mansart. Son charme vient du jeu des nuances du marbre : bleu, rouge, mauve, blanc, qui le compose. De beaux masques en bas-relief ornent les clefs et séparent les arcades.

6 PETIT PARC

Au-delà des jardins, autour du Grand Canal, s'étend le Petit Parc. C'était un terrain de chasse qu'entourait le Grand Parc qui allait jusqu'à Marly, Toussus-le-Noble.

De l'**Étoile Royale**, à l'extrémité du Grand Canal, la **perspective★★★** vers le château, distant de près de 3 km, est admirable.

A l'extrémité Sud du petit bras, face au Grand Trianon, subsistent les vestiges de la **ménagerie de Louis XIV**. Sous le Roi-Soleil, ce coin du parc était des plus animés.

Près de la ménagerie, sur la route de St-Cyr, s'élève le charmant **pavillon de la Lanterne** *(on ne visite pas)*, transformé en 1787 pour le prince de Poix, gouverneur de Versailles.

TRIANON★★
Visite : voir p. 172

Accès pour les piétons. — L'avenue de Trianon (1 km) conduit directement de la grille de Neptune aux Trianons. Une autre avenue, également directe, part de la tête du Grand Canal.

Accès pour les automobilistes. — *Voir plan p. 181.*

1 GRAND TRIANON
Visite : 2 h

De 1670 à 1687 exista d'abord un « Trianon de Porcelaine » revêtu extérieurement et intérieurement de plaques de faïence de Delft, et qui servait uniquement pour des collations que Louis XIV venait y prendre avec Mme de Montespan. Trop fragile, le « Trianon de Porcelaine » se détériora, cependant que la favorite tombait en disgrâce. On bâtit alors, en 6 mois, le « Trianon de Marbre » où Louis XIV venait, avec Mme de Maintenon, mais auquel Louis XVI et Marie Antoinette s'intéressèrent peu, préférant le Petit Trianon et son « hameau ».

Il est dépouillé de ses meubles à la Révolution, Napoléon 1er le fait remettre en état et remeubler lors de son mariage avec Marie-Louise. Louis-Philippe le fait restaurer.

CHÂTEAU★★

En traversant la cour en hémicycle, fermée par une grille basse, on a devant soi deux corps de bâtiments couverts en terrasse, reliés par un péristyle. L'ensemble, d'une délicate harmonie de marbres multicolores à dominante rose, est infiniment gracieux. Invisible de la cour, une aile de pierre, dite « Trianon-sous-Bois » *(on ne visite pas)*, s'étend perpendiculairement à la galerie qui prolonge l'aile droite en équerre.

Le péristyle, ouvert à la fois sur la cour et sur les jardins, est dû à Robert de Cotte dont Louis XIV adopta le dessin malgré l'avis de Mansart. On y donnait soupers et réceptions.

Toutes les pièces visitables sont au rez-de-chaussée, ouvrant sur les jardins ou la cour par des portes-fenêtres séparées par des pilastres de marbre.

Les appartements. — L'architecture intérieure se présente comme au temps de Louis XIV. Le mobilier est Empire et Restauration, tel que l'ont connu Napoléon 1er et Louis-Philippe qui y logèrent leur famille.

Aile gauche. — Un des premiers salons abrite une table, datant de Charles X, en bronze doré, dont le plateau de mosaïque italienne reproduit le bouclier d'Achille tel qu'il est décrit par Homère. Le Salon des Glaces servit de Cabinet du Conseil.

La chambre est meublée d'un lit commandé par Napoléon pour les Tuileries et remanié pour Louis-Philippe.

Le Salon des Seigneurs présente une table au remarquable plateau de teck d'un seul morceau (1823).

Aile droite. — Louis-Philippe aménagea les pièces principales en salons de réception et logea ses filles dans l'ancien appartement de l'Empereur.

Dans le grand salon sont placés des tables aux tiroirs numérotés dans lesquels chaque princesse conservait son ouvrage de broderie.

A côté, le Salon des Malachites est ainsi nommé à cause des pièces diverses, vasques, candélabres, consoles en malachite verte, offertes par le tsar Alexandre à Napoléon après l'entrevue de Tilsitt.

VERSAILLES★★★

Joignant le corps central du château à l'aile de Trianon-sous-Bois, la **Galerie**★ est ornée de cinq grands lustres Empire en cristal et de vingt-quatre tableaux de Cotelle (1642-1708) représentant les jardins de Versailles et ceux de Trianon au 17e s.

Une série de cabinets réaménagés comme ils étaient sous Napoléon Ier permet de passer dans la chambre, la salle de bains, la salle à manger, etc., qui ont également recouvré l'aspect que leur connut l'Empereur.

JARDIN★

Moins vaste que les jardins de Versailles, ce parc a beaucoup de charme. Au temps de Louis XIV il était paré de fleurs méditerranéennes, très parfumées. Louis XVI, par souci d'économie, fit simplifier les parterres.

La terrasse (a), dominant l'escalier en fer à cheval descendant vers le bassin (b) du même nom, offre une belle vue sur la partie transversale du Grand Canal.

Dans l'axe du château, le Plat-Fond (c) et, à droite le Rond-d'Eau (d), le **Buffet d'Eau**★ (e) et le **bosquet des Marronniers**★ (f) rappellent le Trianon du Grand Siècle.

Le jardin du Roi, à droite de la cour d'honneur, ouvre directement sur l'esplanade où aboutissent l'avenue de Trianon et l'allée des Deux Trianons, et conduit au Petit Trianon par un pont (dit de Réunion) que fit établir Napoléon Ier.

MUSÉE DES VOITURES★

Un peu à l'étroit dans un ancien corps de garde sont rassemblés là, en plus du somptueux carrosse du sacre de Charles X, des berlines et calèches du 19e s. et les traîneaux pleins de fantaisie qui servirent à des grandes dames de la Cour au siècle précédent.

[2] PETIT TRIANON
Visite : 1 h 1/2

Louis XV fit successivement aménager dans le parc du Petit Trianon : une ménagerie détruite par la suite, un jardin botanique créé par Jussieu puis un pavillon pour les collations, le Pavillon Français, œuvre de Gabriel à qui il commanda, vers la fin de son règne, le château du Petit Trianon.

Marie-Antoinette, à qui Louis XVI l'offre peu après son avènement, y vient presque chaque jour - souvent avec ses enfants et sa belle-sœur Madame Elisabeth -, fuyant l'étiquette et les intrigues de la Cour. Pour elle Mique et Hubert Robert, bousculant le jardin de Jussieu, transforment le paysage et créent le Hameau. Le 5 octobre 1789, dans le parc où elle se reposait près d'une grotte, un page l'ayant averti de la marche des Parisiens sur Versailles, elle quitte précipitamment Trianon qu'elle ne reverra plus.

Sous Napoléon, sa sœur Pauline, puis Marie-Louise, ne feront qu'y passer.

L'impératrice Eugénie, très attachée à la mémoire de Marie-Antoinette, y rassembla en 1867 des souvenirs de la malheureuse reine. Les meubles du château ayant été dispersés, ceux-ci sont remplacés par des meubles d'époque.

CHÂTEAU

La façade sur la cour par laquelle on pénètre dans le château, est très sobre ; c'est celle qui donne sur le jardin qui montre tout le talent de Gabriel : rythmée par quatre colonnes en péristyle, couronnée d'une légère galerie, soulignée par deux belles rampes qui conduisent de la terrasse au jardin, c'est un chef-d'œuvre de l'art néo-classique du 18e s.

A l'intérieur, l'escalier de pierre, avec sa rampe en fer forgé portant le chiffre, croit-on, de Marie-Antoinette, et sa lanterne, est d'une noble élégance. Les appartements, à l'étage *(dont la restauration et le remeublement se poursuivent)*, ont conservé leurs boiseries Louis XV. Ils comprennent une antichambre (tableaux de Natoire), une salle à manger (chaises 18es.), un grand salon (table « à l'Astronomie » par Riesener, clavecin de 1790), et des pièces plus petites : salle de billard (console par Riesener), chambre de la Reine, boudoir et cabinet.

JARDIN★★

Il s'agit ici d'un parc à l'anglaise, avec ses pelouses, sa « rivière », ses « lacs », orné de très beaux arbres et de ravissantes constructions. L'ensemble, à l'exception du Pavillon Français, a été créé pour Marie-Antoinette *(voir p. 172)*.

Temple de l'Amour. — Bâti par Mique, il se dresse dans une île. Derrière ses colonnes on voit une réplique de la statue de Bouchardon (l'original est au Louvre) : l'Amour se taillant un arc dans la massue d'Hercule.

Le Hameau★★. — *On ne visite pas l'intérieur des bâtiments.* Il rassemble autour du Grand Lac une dizaine de charmantes maisonnettes en torchis, à toits de chaume ou de tuiles plates, plus le curieux belvédère de la tour dite de Marlborough (ou de la Pêcherie). Au 18e s., des potagers, du bétail paissant dans les prés donnaient à ce décor une allure vraiment rustique.

Belvédère. — Le Belvédère ou salon de Musique, qui domine le Petit Lac, est un élégant pavillon dû à Mique dont la décoration intérieure est d'une grâce raffinée.

Pavillon Français★. — Dans une perspective pleine de charme, entre le Grand et le Petit Trianon, ce petit chef-d'œuvre de Gabriel édifié pour Louis XV et la Pompadour dessine ses lignes pures entre les masses des feuillages. Par les baies vitrées on admire la finesse de la décoration intérieure *(restauration en cours)*.

A quelques pas se trouve le **théâtre de la Reine** *(on ne visite pas)*. Devant des intimes, Marie-Antoinette y joua la comédie et de petits opéras-comiques.

LA VILLE★

Dès 1671, pour faciliter le développement du village qui s'est construit autour du château, Louis XIV donne des terrains à tous ceux qui en font la demande, moyennant un impôt de 5 sous par arpent (3 194 m2), et à condition de bâtir suivant les consignes du Service des Bâtiments du Roi pour assurer l'unité architecturale de la ville. Pour que le château se détache de toute sa masse au-dessus de l'agglomération, le toit des maisons ne doit pas dépasser le niveau de la Cour de Marbre. A la mort de Louis XIV, Versailles compte 30 000 habitants et le double en 1789 pour tomber à 25 000 en 1793.

CURIOSITÉS *visite : 2 h 1/2 (plan p. 186)*

Musée Lambinet★. — *Visite accompagnée les mardis, jeudis, samedis et dimanches de 14 h à 18 h. Fermé les jours fériés. Entrée au n° 54, boulevard de la Reine.*

Ce musée, installé dans vingt-sept petites salles, aux boiseries et décoration d'origine, du charmant hôtel Lambinet (18es.), contient d'intéressantes collections, d'âge et de genre très variés.

On y remarque en particulier, au rez-de-chaussée : une salle de faïences et porcelaines anciennes, et une autre salle évoquant une actrice de la Belle Époque, Julia Bartet. Au 1er étage : d'importants souvenirs révolutionnaires (Marat, Charlotte Corday), le « Salon Doré », le célèbre tableau « L'Escarpolette » de Fragonard et un joli petit bronze du sculpteur versaillais Houdon, « La Frileuse » ; salle consacrée à l'œuvre du peintre et graveur contemporain Dunoyer de Segonzac ; une salle exposant des productions de la manufacture d'armes Boutet *(détails ci-dessous)*. Au 2e étage des objets d'art religieux dont deux riches crosses d'abbesses du 13e s. en cristal de roche ; du 18e s., une harpe sculptée et, surtout, une vitrine de précieux éventails en nacre ou ivoire. Au 3e étage : les plaques de cuivre gravées ayant servi à l'impression des premières toiles de Jouy *(voir p. 104)*.

A cet ensemble s'ajoutent de nombreux tableaux, meubles anciens, documents sur Versailles, souvenirs napoléoniens, etc., ainsi que plusieurs bustes dus à Houdon.

Hôtel de ville. — De beaux parterres fleuris bordent ce bâtiment. A gauche du hall d'entrée à l'entresol, se trouve le « Voltaire assis », statue en marbre, de Houdon. Au 1er étage, la salle des Fêtes et celle des Mariages sont décorées de plafonds et boiseries Louis XV.

Rue de l'Indépendance-Américaine. — Au n° 1 est l'ancien Grand Commun construit par Mansart en 1682 et orné de hauts-reliefs sur les quatre façades. Il comprenait 1 000 pièces qui abritaient environ 1 500 officiers et et gens de service. Dans les cuisines se préparait la nourriture de tous ceux qui avaient « bouche à la Cour ». Transformé par la Convention en une manufacture d'armes dirigée par le célèbre armurier Boutet, le bâtiment devint hôpital militaire en 1832. Le nom d'hôpital Dominique Larrey lui fut donné en souvenir du chirurgien en chef de la Grande Armée.

La belle porte située au n° 3 est celle de l'ancien ministère de la Guerre construit en 1759 par Berthier, père du maréchal-prince de Wagram.

Bibliothèque municipale★. — Au n° 5 *(ouverte en semaine de 14 h à 17 h)*. Le bâtiment est l'ancien ministère de la Marine et des Affaires étrangères. Il fut édifié par Berthier sous Louis XV. C'est là que fut préparé le traité de 1783 consacrant l'indépendance des États-Unis. Porte d'entrée intéressante. Au 1er étage, sept **salons★**, en enfilade, offrent une très heureuse décoration du 18e (boiseries, panneaux peints, dessus de porte, portrait en pied de Louis XV par Van Loo). Belle collection d'ouvrages rares, de gravures et de reliures des 16e, 17e et 18e s.

∼hédrale St-Louis. — D'architecture assez froide, cette église, promue cathédrale en 1802, ∼evée de 1743 à 1754 par le petit-fils de Mansart. A l'intérieur, dans la chapelle St-Charles ∼oisième à droite de l'entrée), se trouve le mausolée de marbre du duc de Berry, sculpté ∼lier. Le beau dossier du banc d'œuvre, en face de la chaire, est d'époque Louis XV ainsi que ∼orgues (1760) ; le reste du mobilier est Restauration ou Louis-Philippe. Intéressants tableaux ∼s 17e et 18e s., surtout dans la sacristie où se voit aussi une vitrine d'objets religieux du 19e s. ∼émaux ; étole, mitres et crosses épiscopales ; épées de bedeaux).

Carrés St-Louis. — Louis XV fit construire près de l'église St-Louis (de part et d'autre des actuelles rues Royale et d'Anjou) un « centre commercial » avant la lettre, où des boutiques surmontées d'un comble mansardé et revêtu d'ardoises étaient alignées autour de 4 placettes carrées : « carrés » au Puits, à l'Avoine, à la Fontaine, à la Terre. Nombre de ces maisons subsistent, certaines encore occupées par des marchands (d'antiquités principalement).

Potager du Roi. — Aujourd'hui domaine de l'École Nationale d'Horticulture. *On peut l'observer à travers les grilles donnant sur la rue Maréchal-Joffre qui le sépare de la cathédrale St-Louis.*

Il fut créé sous Louis XIV par l'agronome La Quintinie (1626-1688) pour assurer l'approvisionnement de la Cour en fruits, légumes et fleurs. Orné de statues et bordé de bâtiments d'époque, il est formé, sur 8 ha, de 16 jardins dont les espaliers de poiriers et pommiers s'étendent, les uns à la surface du sol, les autres en tranchées.

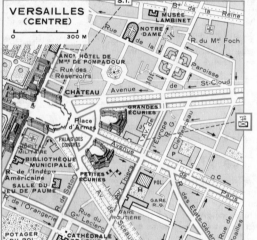

Salle du Jeu de Paume. — *On ne visite pas.* C'est la seule salle de ce genre qui soit restée encore en état.

Construite en 1686, elle servait au roi et à la Cour. La paume était une sorte de jeu de tennis. Des filets protégeaient les fenêtres contre les balles. Une galerie recevait les spectateurs.

Chassés des Menus-Plaisirs *(voir ci-dessous)*, sous prétexte de travaux dans la salle, les députés du Tiers-État et du Bas-Clergé se réunissent ici, le 20 juin 1789, sous la présidence de l'astronome Bailly. Tous les députés, sauf un, prêtent le fameux serment de ne pas se séparer avant d'avoir doté le royaume d'une Constitution.

Le lendemain, le comte d'Artois (frère de Louis XVI et futur Charles X) retient la salle pour y jouer. Les députés se transportent alors à l'église St-Louis aujourd'hui cathédrale. Le 23, la séance plénière des États les ramène aux Menus-Plaisirs.

Les Menus-Plaisirs. — Au n° 22 de l'avenue de Paris, se trouvaient les magasins et ateliers des Menus-Plaisirs du Roi. On y abritait tout ce qui était utilisé dans les fêtes et divertissements.

Pour la réunion des Notables, en 1787, on construisit dans la cour une salle qui prit le nom des Menus-Plaisirs. Les États généraux s'y ouvrirent le 5 mai 1789. Tous les grands événements du début de la Révolution l'ont eue pour cadre : Constitution de l'Assemblée Nationale par le Tiers-État (17 juin), de l'Assemblée Constituante (9 juillet), abandon des privilèges par la Noblesse et le Clergé (4 août), déclaration des Droits de l'Homme (20 août). Le Tiers-État entrait dans la salle des séances par la porte du n° 17 de la rue des États-Généraux.

Église N.-Dame. — Elle a été bâtie par Mansart, de 1684 à 1686, pour les grandes cérémonies religieuses requérant la présence effective du roi. L'extérieur, agrandi par l'adjonction à l'abside, au 19e s., de la chapelle du Sacré Cœur, présente une façade sculptée avec avant-corps et baies flanquées de colonnes doriques et ioniques.

A l'intérieur *(consulter le tableau de visite à l'entrée, à droite)*, dont on remarque les gros piliers carrés à pilastres et la coupole à lanterne coiffant la croisée du transept, la première chapelle à gauche abrite le cœur du général Hoche et le cénotaphe du ministre Vergennes. Le buffet d'orgues et la chaire sont d'époque Louis XIV. Parmi les tableaux exposés, curieuse Pietà (1632) où figure Louis XIII agenouillé, et dans la sacristie, « Le Grand Dauphin et sa famille » par Mignard.

Ancien Hôtel de Mme de Pompadour. — Il abrite le Syndicat d'Initiative. Une porte de la cour donnait directement sur le parc du château.

Théâtre Montansier. — Il est encore tel que l'inaugurèrent en 1777 Louis XVI et Marie-Antoinette. *Des spectacles y sont régulièrement donnés.*

Centre commercial de Parly II. — *A 4 km au Nord par ⑦ du plan, N 184, ou ⑧, N 331^A. Laisser la voiture sur le parking de 3 000 places qui entoure le centre et pénétrer dans l'enceinte par une des six entrées aux noms de quartiers.*

A l'abri de la circulation automobile aussi bien que des intempéries, le centre commercial, très fréquenté, de ce moderne quartier du Chesnay annonce déjà ceux, construits depuis, d'Évry *(p. 86)* et Cergy-Pontoise *(p. 140)*.

Dans un décor contemporain, sur deux niveaux, les commerces de luxe, les magasins de grande diffusion, les boutiques sont disposés autour d'un « mail » offrant des cafés-terrasses, des coins de repos et de lumineux jeux d'eau.

VÉTHEUIL ★ – Carte Michelin n° 96 - pli ③ – 687 h. (les Vétheuillais) – Paris 69 k

Ce village, très fréquenté, est joliment situé sur le bord de la Seine, au débouché d'un vallo
En ce point, le D 913 s'engage dans l'étroite bande de terrain que le fleuve a laissée entre so
lit et les hautes falaises calcaires qui le dominent; il ne s'en écarte qu'après la Roche-Guyon

Église★. — Elle s'élève sur une petite terrasse, au-dessus de la rive. On peut y monter par
un escalier. Cette église, qui date du 12e s., fut considérablement remaniée à la Renaissance.
La construction fut en effet entreprise par Henri II d'Angleterre et terminée par François Ier.

Extérieur. — Élégamment érigée à flanc de coteau, elle a souvent inspiré les peintres, surtout
les impressionnistes. La façade Ouest est du 16e s.; deux tourelles carrées encadrent trois
étages de galeries; le portail a de beaux vantaux et une statue de la Charité au trumeau; le
fronton est orné, à hauteur de la 1re galerie, de sculptures ajoutées au 19e s.

Sur le flanc droit s'ouvre un portail précédé d'un porche, également Renaissance et fermé par
de beaux vantaux ; une statue polychrome de la Vierge est adossée au trumeau. La nef et les
bas-côtés ont été refaits à la Renaissance; une galerie flamboyante court à la base du toit. Le
chœur, gothique, de la fin du 12e s., présente des oculi (petites ouvertures rondes), au-dessus
des fenêtres, et des contreforts d'arcs-boutants à ressauts. Les piliers du clocher sont du début
du 13e s., la partie supérieure de la tour est du début du 12e s.

Intérieur. — *Visite possible le dimanche de 15 h à 17 h.* Nombreuses et intéressantes statues
anciennes, polychromes pour la plupart, contre les piliers et dans les chapelles latérales. Dans le
croisillon droit : Vierge à l'Enfant assise, du 14e s.; dans le chœur, stalles du 17e s.,
crédence du 14e s. et porte flamboyante (à droite); entre le croisillon gauche et l'entrée du
chœur, statue du Christ (Ecce Homo) et tableau primitif français du 15e s. La 1re chapelle à
gauche, celle de l'ancienne confrérie de la Charité, est ornée de peintures murales et fermée
par une boiserie sculptée de la seconde moitié du 16e s. Dans la 2e chapelle à gauche, fonts
baptismaux du 13e s. Les vitraux, détruits au cours de bombardements, sont remplacés par
des vitraux modernes.

VEZ ★ – Carte Michelin n° 97 - plis ⑧ ⑲ – 7 km à l'Ouest de Villers-Cotterêts – 254 h. (les
Véziens) – *Schéma p. 39* – Paris 71 km.

Pittoresquement bâti à flanc de coteau, ce village de la vallée de l'Automne *(p. 39)* a
donné son nom au Valois, dont il fut le premier centre. Vez viendrait du latin Vadum : le gué.

Château★. — *Visite du 15 septembre au 15 juin, le dimanche seulement, de 10 h à 12 h et de
14 h à 18 h. Entrée : 2 F.*

Il se dresse au sommet d'une colline boisée qui domine la vallée. Pour l'atteindre, en arrivant de
Villers-Cotterêts, prendre à droite une route qui s'élève en lacet. 50 m après avoir dépassé
une tour bordant la route, garer la voiture à l'entrée du parc qui précède le château.

D'origine très ancienne, le château fut reconstruit au 14e s. L'enceinte carrée est dominée
à gauche par un beau donjon.

Au milieu de la cour, la chapelle contient le musée du Valois. On y voit des antiquités
gallo-romaines et des objets préhistoriques provenant en grande partie de Champlieu *(p. 48)*.
Du haut de la chapelle, belle vue sur la vallée de l'Automne.

À l'angle droit de la courtine, une tourelle porte une plaque rappelant que Jeanne d'Arc
est passée dans ce château en 1430, au cours de son voyage vers Compiègne. Derrière la chapelle,
à laquelle elles sont attenantes, se trouvent les ruines de l'ancien logis du châtelain (13e s.).

En 1918, Vez abrita le général Mangin et son état-major, avant l'offensive de l'armée française
qui, en juillet, assura la victoire des Alliés.

Église. — La façade et le clocher sont du 12e s. et le chœur du 13e s. La nef est couverte en
charpente (16e s.). Dans le bas-côté gauche, tableaux primitifs du 16e s. Les boiseries du chœur
sont du 17e s.

EXCURSION

Abbaye de Lieu-Restauré★. — *2 km à l'Ouest.* En allant vers Fresnoy, à gauche de la route, se
dressent les vestiges d'une ancienne abbaye des Prémontrés. Construite au 12e s. et rebâtie au
16e s. – d'où son nom – après avoir été détruite lors des guerres de Religion, elle devait être par
la suite transformée en ferme et menaçait finalement de s'écrouler. En 1962, des travaux furent
entrepris qui permirent à la fois de sauver la nef et le transept gothiques et de dégager les
fondations du chœur et du cloître. Remarquer la belle rose flamboyante dont s'orne la façade.

VIGNY (Château de) ★ – Carte Michelin n° 96 - pli ④ – 13 km à l'Ouest de Pontoise
– Paris 45 km.

Construit par le cardinal Georges d'Amboise, ministre de Louis XII, et remanié de nos jours,
il évoque les châteaux du Val de Loire. C'est un bon exemple de la Renaissance française.
Les formes extérieures des forteresses médiévales sont conservées : tours en poivrière, créneaux
et mâchicoulis; mais elles n'ont plus de rôle militaire et sont devenues des éléments de décoration. Les fenêtres ont beaucoup plus d'importance qu'au Moyen Age.

De la grille, on voit bien la façade du château.

*Le parc et les jardins sont ouverts du 15 mars au 15 novembre les samedis, dimanches, jours fériés
et lundis (tous les jours en avril). Entrée : 4 F.*

VILLARCEAUX ★ – Carte Michelin n° 96 - pli ③ – 10 km au Nord-Est de la Roche-
Guyon – Paris 70 km.

Agréablement situé dans un paysage verdoyant, Villarceaux possède deux châteaux au milieu
d'un beau parc qui leur est commun.

L'édifice le plus imposant *(on ne visite pas)*, élevé au 18e s. au sommet d'une éminence, est
le type du château Louis XV plus confortable que grandiose, plus gracieux que majestueux :
il est construit et aménagé pour le plaisir de ses hôtes et non pour témoigner de leur puissance. La décoration intérieure achève d'en faire une belle demeure du 18e s., toujours vivante.

De beaux jardins à la française, ornés de statues, descendent vers des parterres d'eau.

second château, dit de Ninon de Lenclos, date du 15e s. *(visite les jeudis, samedis et ... ches de 14 h au coucher du soleil; entrée : 3 F)* ; ses dépendances du 16e s. (qui abritent ... tenant un restaurant) mirent leurs tourelles dans les anciens bassins. De plaisants souvenirs ... oriques s'y attachent : c'est ici, dans la tourelle reliée au corps de bâtiment par un arc en ... in cintre, que la belle et légère Ninon de Lenclos abrita ses amours avec Louis de Mornay, ... arquis de Villarceaux.

Les chambres ont gardé le décor du temps de Ninon, tout au moins de sa jeunesse car, mourant à 90 ans, Ninon avait vécu le règne de Louis XIII et le siècle de Louis XIV. Au cours de sa longue vie, elle connut toutes les célébrités : à Villarceaux, par exemple, elle accueillit la jeune Françoise d'Aubigné, qui devint l'année suivante Mme Scarron et, trente-deux ans plus tard, l'épouse de Louis XIV ; sur la fin de sa vie, elle reçut même Voltaire, alors enfant.

VILLEROY (Mémorial de) – Carte Michelin nº 96 - pli ⑳ – 7 km au Nord-Ouest de Meaux – *Schéma p. 134* – Paris 41 km.

Il se trouve au bord du D 129, sur le lieu des premiers combats de la bataille de l'Ourcq qui se déclencha le 4 septembre 1914 *(détails p. 133).*

La grande tombe contient les corps de 133 officiers et soldats tombés dans les champs environnants. Charles Péguy fut enterré, avec ses compagnons d'armes, à l'extrémité droite de la tombe. En face de la sépulture collective, une croix a été élevée à la mémoire du célèbre écrivain, tué le 5 septembre 1914, d'une balle au front alors que, debout au milieu de ses hommes qu'il avait fait coucher, il examinait les positions ennemies.

VILLERS-COTTERÊTS – Carte Michelin nº 97 - plis ⑧ ⑲ – 8 978 h. (les Cotteréziens) – *Schéma p. 39* - *Ressources et distractions p. 35* – Paris 85 km.

Presque entièrement entourée par la forêt de Retz, Villers-Cotterêts est une tranquille petite ville dont on visitera le château et le parc.

Naissance de l'état civil. — Dès le 12e s., les rois de France possèdent ici un château. Les Anglais le détruisent en 1429. François Ier le remplace par une demeure de style Renaissance (1532). C'est là qu'il promulgue la célèbre « ordonnance de Villers-Cotterêts » (1539) prescrivant que les naissances seront inscrites, en français et non en latin, sur les registres tenus à l'église de la paroisse : ce sont là les premiers fondements de l'état civil. Auparavant, sauf dans les familles nobles où se tenait un « chartrier », il fallait dans le peuple recourir à la mémoire de témoins pour justifier son état civil. C'est seulement en 1792 que le soin de tenir les registres de l'état civil a été confié aux municipalités.

La jeunesse d'Alexandre Dumas. — Le fameux romancier est né à Villers-Cotterêts en 1802. Son père était le fils d'un colon de St-Domingue, le marquis Davy de la Pailleterie, et d'une fille de couleur. Au titre de son père, le jeune homme préférera le nom roturier de sa mère : Dumas. Entré dans la carrière des armes, il devient général. Ses opinions républicaines le font disgracier par Napoléon Ier. Il se retire à Villers-Cotterêts, pays de sa femme, et y vit modestement. Sa mort survient quatre ans après la naissance du futur écrivain.

Les années passent, très dures pour la veuve et son fils. Alexandre entre à l'étude d'un notaire de la ville et y grossoie jusqu'à 20 ans. Sa mère lui annonce un jour qu'elle ne dispose plus que de 253 F. Dumas prélève 53 F, laisse le reste à sa mère et part pour Paris. Il joue au billard

VILLERS-COTTERÊTS

le prix de sa place dans la diligence avec le maître de poste et gagne la partie, ce qui lui permet de débarquer dans la capitale avec un pécule intact. Sa belle écriture le fait entrer au secrétariat du duc d'Orléans, futur Louis-Philippe. Sa prodigieuse carrière littéraire va s'ouvrir.

CHÂTEAU
visite : 1/2 h

Pour visiter, s'adresser au concierge, à gauche sous la voûte d'entrée. Visite de 8 h 30 à 10 h 30 et de 14 h à 17 h.

Après la Révolution, le château royal, devenu la propriété des ducs d'Orléans, fut transformé en asile de mendiants. C'est aujourd'hui une maison de retraite.

On pénètre dans une cour limitée au fond par un bâtiment de la Renaissance.

La sobre façade est ornée d'un avant-corps dont l'étage s'ouvre sur une loggia peu profonde.

À l'intérieur, on accède au 1er étage par le **grand escalier*** dont la voûte Renaissance, divisée en caissons finement sculptés, est ornée des symboles de François Ier : les « F » et les salamandres.

Une jolie frise, mêlant les guirlandes de fleurs, les « F » et les salamandres, court autour de la salle des États. Un plafond moderne cache l'ancien berceau de bois.

Une galerie ornée de sceaux, d'aquarelles, de gravures anciennes, mène à l'**escalier du Roi,** élégamment décoré.

Le parc. — On y accède par l'impasse du Marché, qui passe entre l'église et l'extrémité du château constituée, de ce côté, par un pavillon construit sous Henri II par Philibert Delorme.

Louis XIV avait fait dessiner ce parc par Le Nôtre ; il ne reste plus rien de ces jardins que remplace une immense pelouse. Du milieu de ce tapis vert, on est en face de la perspective de l'allée Royale qui perce la forêt sur une longueur de 3 km.

De beaux chênes et des hêtres, mêlés à de grands sapins, entourent la pelouse.

AUTRES CURIOSITÉS

Église. — Datant du 12e s., elle fut remaniée au 16e s. Le portail date du 17e s. Bel
de la Renaissance italienne et remarquables statues de pierre des Évangélistes à l'entrée d

Musée Alexandre-Dumas. — *Pour visiter, sonner sous le porche. Ouvert le dim*
9 h à 12 h et de 14 h à 17 h, et seulement de 14 h à 17 h en semaine. Fermé le mar
4e dimanche de chaque mois.

Des souvenirs relatifs aux trois Dumas : tableaux, gravures, manuscrits, etc. y sont grou

En ville, une plaque signale la maison natale d'Alexandre Dumas père. Le romancier, m
en 1870, est inhumé dans le cimetière de Villers-Cotterêts.

LA FORÊT DE RETZ★

Située au Sud-Est de la forêt de Compiègne, et presque aussi vaste (13 000 ha), cette forêt domaniale *(1)* se présente comme un croissant très aplati qui entoure étroitement Villers-Cotterêts et
encadre, sur plus de 10 km, la vallée de l'Automne. Le massif couronne le sommet du plateau
du Valois ; les crêtes ont une altitude maximum de 241 m. Le sol est très plissé, les vallées sont
profondes. De nombreuses sources émergent de la couche d'argile qui se trouve au-dessous du sable.

La forêt, aménagée en futaie, possède encore de très beaux arbres, des hêtres principalement,
qui peuvent atteindre 45 m. Elle fait actuellement l'objet d'aménagements touristiques.

Une charge héroïque. — Dans la nuit du 9 au 10 septembre 1914, le 2e escadron du 16e dragons
(5e Division de Cavalerie), envoyé en découverte sur Soissons et encerclé, s'est refugié à la ferme
Vauberon, située au Nord de Villers-Cotterêts, à l'Est du croisement des D 81 et D 94. Hommes
et chevaux sont affamés et harassés. Le lieutenant De Gironde, qui les commande, apprenant
qu'une escadrille allemande s'est posée à proximité, décide de la détruire. Soutenue par des
cavaliers à pied, la moitié de l'escadron, à cheval, charge contre les avions. Après un corps à
corps très meurtrier, la plupart des avions sont détruits. Un monument au bord du D 81, à
1 km au Sud du carrefour D 81-D 94, commémore ce fait d'armes.

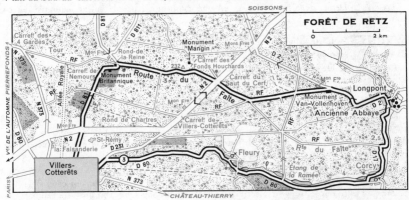

Le tremplin de la victoire. — En 1918, la forêt joue un rôle capital. Jusqu'en mai, elle est
séparée du front de l'Aisne, où l'ennemi s'est établi après la première victoire de la Marne, par
une quinzaine de kilomètres. Les 27 et 28 de ce mois, les Allemands lancent une formidable
attaque, franchissent l'Aisne puis la Vesle et progressent sur les plateaux au Sud de cette
rivière. Le 31, ils parviennent aux lisières de la forêt. L'armée Mangin leur barre la route et
résiste à tous les assauts qui se succèdent jusqu'au 12 juin. L'ennemi réussit cependant à atteindre
la Marne à Château-Thierry. Mais la poche ainsi constituée entre Reims et Soissons ne peut
s'étendre et disloquer le système de défense allié.

Le 12 juillet, Foch ordonne une grande attaque sur le flanc Ouest de la poche de Château-
Thierry. La concentration de l'armée Mangin s'opère en trois nuits sous le couvert de la forêt.
L'armée Degoutte prolonge la ligne au Sud. Le général Fayolle mène l'ensemble de l'opération.

Le 18 au matin, les deux armées, précédées de centaines de chars, s'élancent sur un front de
45 km. Un formidable barrage roulant d'artillerie s'est déclenché en même temps que l'attaque.
La surprise est foudroyante : la ligne allemande est enfoncée. Mangin, du haut de l'observatoire
(tour de bois, de sept étages) qu'il a fait élever en forêt par le génie militaire, dirige cette poussée
décisive, prélude de la grande offensive qui rejettera l'ennemi hors de France et le contraindra
à signer l'armistice du 11 novembre 1918.

CIRCUIT AU DÉPART DE VILLERS-COTTERÊTS
24 km – environ 1 h – schéma ci-dessus

Quitter Villers-Cotterêts au Nord par le D 81 qui pénètre rapidement en forêt.

Monument britannique. — Élevé aux soldats britanniques tombés le 1er septembre 1914, au cours
de la retraite vers la Marne.

200 m après le monument, prendre à droite la route du Faîte.

Monument du général Mangin. — Il marque l'emplacement où s'élevait l'observatoire utilisé
durant la bataille des 18-19 juillet 1918, qui s'est écroulé en 1925.

Traverser la N 2 au carrefour du Saut du Cerf ; suivre la route du Faîte jusqu'au premier carrefour
de routes goudronnées où prendre à gauche la route forestière de Chavigny qui rejoint le D 2.

Monument Van-Vollenhoven★. — Ce monument est élevé à la mémoire de l'ancien gouverneur
général de l'Afrique Occidentale Française, tombé en 1918.

Longpont★. — *Page 106.*

Rejoindre Villers-Cotterêts par Corcy et Fleury.

*(1) Pour plus de détails : lire « Par monts et par vaux en forêt de Villers-Cotterêts » et « Par futaies et taillis »,
par J. Chauvin (Reims, Matot-Braine).*

VILLERS-ST-PAUL – Carte Michelin n° 97 - pli ⑥ – 4 km au Nord-Est de Creil – 2 h. (les Villersois) – Paris 53 km.

Cette petite localité possède une belle église romane.

Église. — La façade occidentale et la nef datent du 13e s. Le porche est remarquable pour sa décoration géométrique. Le chœur et le chevet, plus élevé que la nef, sont gothiques. Contre le chœur s'élève une belle tour gothique.

A l'intérieur, intéressants chapiteaux sculptés et belles pierres tombales des 14e, 15e et 16e s. A gauche du chœur, un vitrail représentant la Vierge noire date du 14e s.

VILLIERS-LE-BEL – Carte Michelin n° 101 - pli ⑥ – 22 042 h. (les Beauvilérois ou Beauvilésois) – Paris 21 km.

Situé dans la plaine de France, en contrebas de la butte d'Écouen, ce petit bourg possède une église des 13e, 15e et 16e s., reste d'un prieuré disparu.

Église. — Deux gros contreforts Renaissance très ornés attirent le regard. A l'intérieur, remarquer les orgues et leur buffet, un retable et des fonts baptismaux du 17e s. Les bases des piliers du transept, vestiges de l'édifice du 13e s., révèlent, par leur inclinaison, les perturbations subies au 15e s.

EXCURSION

Arnouville-lès-Gonesse. — 11 195 h. *6 km au Sud-Est.* L'église N.-D.-de-la-Paix est une réalisation moderne à soubassement de pierre et toit de bois en forme de proue qui s'avance en auvent au-dessus de la façade composée d'un grand mur-vitrail aux teintes bleues.

VIRY-CHATILLON – Carte Michelin n° 101 - pli ㊱ - 32 493 h. - (les Viry-Châtillonnais) - *Ressources et distractions p. 35* - Paris 22 km.

La réalisation la plus intéressante de l'ensemble sportif de Viry-Châtillon est son centre de nautisme et de voile installé sur le plan d'eau de 160 ha, à l'emplacement d'anciennes sablières.

L'église St-Denis, de la fin du 12e s., est une charmante église de village, entourée de son cimetière.

YERRES – Carte Michelin n° 101 - pli ㊲ – 5 km à l'Est de Villeneuve-St-Georges – 23 448 h. (les Yerrois) – *Schéma p. 161* – Paris 23 km.

Cette jolie localité borde l'Yerres de ses belles propriétés et s'étage sur la pente des coteaux. Elle a possédé une abbaye de Bénédictines ; le clos de l'Abbaye en perpétue le souvenir.

CURIOSITÉS *visite : 1/2 h*

Église. — Jolie chaire Louis XV et retable du 17e s.

Manoir de Guillaume Budé. — Sur la place du Taillis, près de l'église, subsiste la porte d'entrée, flanquée de deux tours en briques, du manoir que possédait cet érudit fameux de la Renaissance, fondateur du Collège de France.

Pont sur l'Yerres. — Jolie vue★ sur la rivière bien ombragée.

Ancienne abbaye. — Les touristes qui empruntent le D 94 donneront un coup d'œil, au passage, à l'usine qui se trouve à la sortie d'Yerres, vers Brunoy. On y voit un vaste bâtiment des 16e-17e s. qui appartenait à l'abbaye.

EXCURSION

Crosne. — 6 069 h. *2 km.* Yerres est prolongé, vers l'Ouest, par Crosne qui a donné son nom à un tubercule importé du Japon et acclimaté dans un champ d'expérience de la localité. Le père de Boileau, né à Crosne, y avait une maison de campagne appelée « les Préaux », actuellement située 9 rue Boileau. De là vient le nom du poète, Boileau-Despréaux, pour le distinguer de ses frères.

YÈVRE-LE-CHATEL – Carte Michelin n° 97 - pli ㊳ – 6 km à l'Est de Pithiviers – 195 h. (les Yèvres) – Paris 88 km.

Jusqu'en 1112, date à laquelle Louis le Gros met définitivement la main sur Yèvre, cette châtellenie est un sujet de discorde incessante entre les évêques d'Orléans, seigneurs de Yèvre-le-Châtel, et les moines de la puissante abbaye de Fleury (aujourd'hui St-Benoît-sur-Loire), propriétaires de Yèvre-la-Ville, à 2 km au Sud.

Château fort★. — *Visite de 9 h à 12 h 30 et de 13 h 30 à 19 h en été ; de 9 h à 12 h et de 14 h à 16 h en hiver. Fermé le vendredi après-midi. Entrée : 2 F.*

De la cour dans laquelle on pénètre par une belle porte fortifiée, on accède à l'intérieur du château par un escalier moderne et une porte ouverte à mi-hauteur de la muraille.

Reconstruit plusieurs fois, le château réuni à la Couronne royale est presque en ruines à l'avènement de Philippe Auguste. C'est vraisemblablement durant le règne de ce souverain que fut élevé le puissant édifice dont nous voyons aujourd'hui les ruines.

Il se présente comme un vaste losange flanqué, à chacun de ses angles, de tours reliées entre elles par le chemin de ronde des courtines. Les tours sont desservies par des escaliers à vis à l'exception de celle du Nord-Ouest qui est munie d'un escalier droit aménagé dans l'épaisseur des murs. Leurs salles hexagonales sont voûtées d'ogives rayonnantes. Le logis, dont la façade regarde la cour, s'adosse à la courtine Ouest dont il occupe toute la largeur.

Du sommet de la tour principale, la vue sur la Beauce est immense.

Église St-Lubin. — A la limite de la localité, elle présente sa fine silhouette revêtue de lierre.

Destinée à être église paroissiale, elle fut, semble-t-il, construite au 13e s. par les soins des habitants au centre de ce qui était alors une cité fortifiée. Son ampleur était justifiée par le droit d'asile dont cette église est un exemple célèbre. La perfection, l'élégance et la rapidité certaine de son exécution font supposer une intervention royale. Elle est cependant restée inachevée.

De l'élégant portail en tiers-point, on a la meilleure vue d'ensemble sur la nef unique, le transept qui présente encore quelques départs de voûtes, l'arc triomphal fin et pur, le chœur à chevet plat percé d'un beau triplet et son pignon presque intact.

Bièvres. . . . . Villes, sites, curiosités, régions touristiques.

Chantemesle. . . . . . Autres localités citées dans le guide.

Barbizon . . . . { Le souligné rouge indique que la localité est citée dans
Esbly. . . . . { le guide Michelin France.

Bossuet. . . . . { Personnages historiques ou célèbres et termes faisant
{ l'objet d'un texte explicatif.

A

Abbaye : voir au nom propre.
Ablis (Yvelines) 38
Acy-en-Multien (Oise). . . 83
Agnetz (Oise) 65
Alincourt (Château d') . . 108
Ambleville (Val-d'Oise). . 108
Aménagement des forêts (L') 13
Andilly (Val-d'Oise) 126
Andrésy (Yvelines). 74
Anet (E.-et-L.) 37
Angennes (Rochers d'). . . . 150
Apremont
(Chaos et gorges d'). . . . 97
Arbres (Les) 12
Arc-boutant (L') 17
Architecture civile (L') . . 22
Armainvilliers (Forêt d') . . 38
Armistice (Clairière de l') . 71
Arnauld (Angélique) 141
Arnouville-lès-Gonesse
(Val-d'Oise). 190
Arpajon (Essonne) 38
Art classique (L'). 19
Art des jardins (L') . . . 24
Art en Ile-de-France (L') . 16
Art gothique (L') 17
Art Renaissance (L') . . . 19
Art roman (L') 16
Asnières (Val-d'Oise) . . . 132
Aubette de Magny
(Vallée de l'). 108
Aubigné (Françoise d'). . . 108
Aumale (Duc d') 51
Aumont (Butte d') 100
Aunay-sous-Auneau (E.-et-L.) 38
Auneau (E.-et-L.). 38
Autodrome de Montlhéry . 124
Automne (Vallée de l') . . 39
Auvers (Val-d'Oise). . . . 39
Avon (S.-et-M.). 94

B

Ballancourt (Essonne). . . . 30
Bara (Joseph) 136
Barbizon (S.-et-M.). 25
Barbizon (École de). . . . 25
Baron (Oise). 40
Bassin parisien (Le). . . . 10
Bazoches-sur-Guyonne
(Yvelines). 30
Beauce (La) 15
Beaumont-sur-O. (Val-d'Oise) 40
Beaune-la-Rolande (Loiret) . 40
Beauregard (Rocher de). . 131
Beauvais (Oise). 41
Beauvaisis (Le) 15
Beaux Monts (Les) 72
Belloy-en-France (Val-d'Oise). 44
Béthisy (Oise) 39
Beynes (Yvelines) 34
Bierville (Esssonne). . . . 86
Bièvre (Vallée de la) . . . 44
Bièvres (Essonne). 45
Blandy (S.-et-M.). 45
Boësse (Loiret). 146
Bois Belleau 62
Bois-le-Roi (S.-et-M.). . . . 34
Bonnevault (S.-et-M.). . . 106
Bonnières-sur-Seine (Yvelines) 34
Boran-sur-Oise (Oise). . . . 132
Bossuet 117
Bougival (Yvelines). 116

Bouillons de Cernay 168
Bouligny (Rocher) 98
Braille (Louis). 75
Breteuil (Château de). . . . 64
Bréviaires (Les) (Yvelines) . 34
Brie champenoise (La) . . 15
Brie-Comte-Robert (S.-et-M.). 45
Brie française (La). 15
Briis-sous-Forges (Essonne). 45
Britannique (Monument) . . 189
Brunoy (Essonne). 46
Buc (Arcades de). 44
Bury (Oise) 166

C

Capet (Hugues) 163
Carnelle (Forêt de). . . . 46
Celle-les-Bordes
(Château de la). 150
Cergy (Val-d'Oise) 140
Cergy-Pontoise (Val-d'Oise). 140
Chaalis (Abbaye de). . . . 46
Chailly-en-Bière (S.-et-M.). 40
Chaintréauville (Rochers de). 131
Chalmont (Butte de) . . . 47
Châlo-St-Mars (Essonne). . 85
Chalou (Essonne). 86
Chalouette (Vallée de la). . 85
Chamant (Oise). 165
Chamarande (Essonne) . . 85
Chambly (Oise). 48
Chamigny (S.-et-M.). . . . 116
Champagne (La) 15
Champagne-sur-Oise
(Val-d'Oise). 48
Champagne-sur-Seine
(Seine-et-Marne) 161
Champeaux (S.-et-M.). . . 48
Champlâtreux (Château de). 107
Champlieu (Oise). 48
Champrosay (Essonne). . . 34
Champs (Château de) . . . 49
Chanteloup-les-Vignes
(Yvelines). 121
Chantemesle (Val-d'Oise) . . 34
Chantilly (Oise). 50
Chantilly (Forêt de). . . . 54
Chapelle-en-Serval (La) (Oise) 30
Chapelle-sur-Crécy (La)
(S.-et-M.). 99
Chars (Val-d'Oise) 55
Chartres (E.-et-L.). 56
Château : voir au nom propre.
Châteaufort (Yvelines) . . . 64
Château-Landon (S.-et-M.). . 60
Château-Thierry (Aisne). . . 61
Chatou (Yvelines) 28
Chaumes-en-Brie (S.-et-M.). 62
Chaumontel (Val-d'Oise). . 62
Chaumont-en-Vexin (Oise). . 62
Chelles (S.-et-M.). 63
Chêne à l'Image 101
Chêne Couttolenc. 72
Chennevières-sur-Marne
(Val-de-Marne) 30
Cheverchemont (Yvelines). . 120
Chevreuse (Yvelines) . . . 63
Chevreuse (Vallée de). . . 64
Chézy-sur-Marne (Aisne). . 117
Clermont (Oise) 65
Cléry-en-Vexin (Val-d'Oise). 66
Cocteau (Jean). 121
Combattants français de la
Marne (Monument aux). . 134
Commanderie (Bois de la). . 131

Commelles (Étangs de) . . . 55
Compiègne (Oise). 66
Compiègne (Forêt de). . . . 71
Condé. 50
Condé-Ste-Libiaire (S.-et-M.). 75
Conflans-Ste-Honorine
(Yvelines) 74
Corbeil-Essonnes (Essonne). 75
Cormeilles-en-Parisis
(Val-d'Oise). 161
Cormeilles-en-Vexin
(Val-d'Oise) 141
Corniche de Rolleboise . . . 152
Corot (Camille) 25
Cote 204. 62
Couilly (S.-et-M.). 75
Coulombs (E.-et-L.) 131
Coulommiers (S.-et-M.) . . 76
Coupe-Gorge (Étang du). . . 150
Couperin (Famille des) . . . 62
Coupvray (S.-et-M.). . . . 75
Courances (Château de). . . 76
Courpalay (S.-et-M.) . . . 34
Courteuil (Oise) 165
Coye-la-Forêt (Oise) . . . 30-34
Crécy-la-Chapelle (S.-et-M.). 99
Creil (Oise). 76
Crépy-en-Valois (Oise). . . 77
Crèvecœur-en-Brie
(Seine-et-Marne) 34
Croissy-Beaubourg
(Seine-et-Marne) 34
Croix de Noailles (Yvelines) . 157
Croix Pucelle 157
Croix St-Simon 157
Crosne (Essonne). 190
Crouy-sur-Ourcq (S.-et-M.). 135
Cuvier-Châtillon (Rocher). . 98

D

Dame Jehanne (Rocher). . . 106
Dammarie-lès-Lys (S.-et-M.). 28
Dampierre (Yvelines). . . . 78
Delorme (Philibert). 37
Demoiselles (Rocher des) . . 98
Denecourt (Tour). 96
Désert (Le). 47
Deuil-la-Barre (Val d'Oise) . 126
Diane de Poitiers. 37
Domont (Val-d'Oise) 126
Donnemarie-Dontilly
(S.-et-M.). 78
Doue (S.-et-M.). 78
Dourdan (Essonne) 78
Dreux (E.-et-L.). 79
Dumas (Alexandre). 188
Du Pont de Nemours . . . 130

E

École de Barbizon 25
Écouen (Val-d'Oise) 80
Écuelles (S.-et-M.). 128
Églises gâtinaises (Les) . . 60
Égreville (S.-et-M.). 81
Éléphant (Rocher de l') . . . 106
Enghien-les-Bains
(Val d'Oise) 81
Ennery (Val-d'Oise) 141
Épernon (E.-et-L.). 81
Ermenonville (Oise). . . . 82
Ermenonville (Zoo d'). . . . 47
Esbly (S.-et-M.) 34

...mont (Château d') . . . 83
...rts-le-Roi (Les)
  ...velines) 30
...mes (Aisne) 83
...nne (Vallée de l') 110
...mps (Essonne) 83
...ang : voir au nom propre.
...tiolles (Essonne) 162
Étrépilly (Monument d'). . . 134
Éure (Vallée de l') 86
Ève (Oise) 83
Évecquemont (Yvelines) . . 120
Évry (Essone) 86

F

Fabriques (Les) 24
Farcheville (Château de). . . 85
Fère (Château de) 87
Fère-en-Tardenois (Aisne) . . 87
Ferrières (Loiret) 87
Ferrières-en-Brie (S.-et-M.) . 87
Ferté-Alais (La) (Essonne) . . 87
Ferté-Gaucher (La)
  (S.-et-M.) 99
Ferté-Milon (La) (Aisne) . . . 88
Ferté-sous-Jouarre (La)
  (Château de) 104
Fleury-en-Bière
  (Château de) 88
Fontainebleau (S.-et-M.) . . . 89
Fontainebleau (Forêt de) . . 94
Fontaine-le-Port (S.-et-M.) . 34
Fontenay-en-Parisis
  (Val-d'Oise) 98
Forêt (La) 12
Forêt : voir au nom propre.
Fouquet 169
Franchard (Gorges de) 97
François Ier 146
Frette (La) (Val-d'Oise) . . . 161
Futaie (La) 13

G

Gaillon (Église de) 120
Gallardon (E.-et-L.) 98
Gallieni (Monument) 134
Gambaiseuil (Yvelines) . . . 149
Gâtinais (Le) 15
Gif-sur-Yvette
  (Essonne) 30-34
Gironde (Lieutenant De) . . 189
Gonesse (Val-d'Oise) 98
Gorges : voir au nom propre.
Goussainville (Val-d'Oise) . . 98
Grand Connétable (Le) . . . 50
Grand Morin (Vallée du) . . . 99
Grange-Bléneau
  (Château de la) 152
Granges (Musée Nal des) . . . 143
Gréau (Rochers) 130
Grez-sur-Loing (S.-et-M.) . . 128
Groslay (Val-d'Oise) 126
Gruyer (Étang de) 150
Gué-des-Grues (E.-et-L.) . . 30
Guermantes (Château de) . . 99
Guernes (Yvelines) 30
Guignecourt (Oise) 100
Guillaume le Conquérant . . . 111
Guiry-en-Vexin
  (Val-d'Oise) 100
Guyancourt (Yvelines) . . . 34

H

Halatte (Forêt d') 100
Haute-Isle (Val-d'Oise) . . . 151
Hautil (Hauteurs de l') . . . 120
Henri IV 111
Herblay (Val-d'Oise) 162
Héricy (S.-et-M.) 101
Hez (Forêt de) 65
Hollande (Étangs de) 149
Houdan (Yvelines) 101
Houx (Gorge du) 98
Hugo (Victor) 44-104
Hurepoix (Le) 15

I – J

Ile-de-France (L') 14
Impressionnisme (L') 25
Ingeburge de Danemark . . . 83
Isle-Adam (L') (Val-d'Oise) . 101
Isle-Adam (Forêt de l') . . . 102
Jansénistes (Les) 142
Jarcy (Moulin de) 103
Jardin à la française. 24
Jardin paysager 24
Jaulgonne (Aisne) 116
Jeanne d'Arc. 66
Jeanne Hachette 41
Jean sans Peur. 123
Jeurre (Château de) 85
Jossigny (Château de). . . . 103
Jouarre (S.-et-M.) 103
Jouy (E.-et-L.) 86
Jouy-en-Josas (Yvelines) . . 104
Jouy-le-Moutier (Val-d'Oise) . 141
Jouy-sous-Thelle (Oise) . . . 104
Jouy-sur-Morin (S.-et-M.) . . 99
Juine (Vallée de la) 86

L

Laffitte 109
La Fontaine. 61
Lagny-sur-Marne (S.-et-M.) . . 104
Larchant (S.-et-M.) 105
Largny-sur-Automne (Aisne) . 39
La Rochefoucauld. 151
Lavacourt (Val-d'Oise) . . . 28
Lavilletertre (Oise) 55
Le Brun. 170
Le Nôtre 170
Le Vau 170
Lèves (E.-et-L.) 86
Levesville-la-Chenard
  (Eure-et-Loir) 38
Lévis-St-Nom (Yvelines) . . . 65
Liancourt (Oise) 106
Liancourt (Montagne de) . . . 106
Lieu-Restauré (Abbaye de) . . 187
Limay (Yvelines) 112
Linas (Essonne) 124
Lizy-sur-Ourcq (S.-et-M.) . . 135
Loges (Les). 157
Loing (Vallée du). 128
Longpont (Aisne). 106
Longpont-sur-Orge (Essonne) . 106
Longueil (Président de) . . . 109
Lorrez-le-Bocage (S.-et-M.). . 107
Loups (Gorge aux) 98
Louveciennes (Yvelines) . . . 115
Louvres (Val-d'Oise) 107
Lunain (Vallée du) 107
Luzarches (Val-d'Oise) . . . 107
Lys (Abbaye du) 120
Lys-Chantilly (Oise) 54

M

Madeleine (Château de la) . . 63
Maffliers (Val-d'Oise) 102
Magny-en-Vexin (Val-d'Oise). 107
Magny-les-Hameaux
  (Église de) 143
Maignelay-Montigny (Oise). . 158
Maincourt (Yvelines) 65
Maintenon (E.-et-L.) 108
Maisons-Laffitte (Yvelines) . 109
Malesherbes (Loiret) 110
Mangin (Mont du général) . . 189
Mansart (Jules Hardouin). . . 170
Mantes-la-Jolie (Yvelines) . . 111
Mantois (Le) 15
Marais (Château du) 113
Marcoussis (Essonne). . . . 113
Mare aux canes 156
Marly-le-Roi (Yvelines) . . . 113
Marly (Forêt de) 115
Marly (Machine de) 113
Marne (Bataille de la) 118
Marne-la-Vallée (S.-et-M.,
  Seine-St-Denis,
  Val-de-Marne) 105
Marne (Vallée de la) 116
Mary-sur-Marne (S.-et-M.). . 34
Maubuisson (Abbaye de) . . 159

Mauchamps (Essonne) . . . 160
Maule (Yvelines). 117
Maurepas (Yvelines) 34
May-en-Multien (S.-et-M.). . 135
Meaux (S.-et-M.) 117
Médan (Yvelines) 168
Mello (Oise) 166
Melun (S.-et-M.) 119
Melun-Sénart (Essonne,
  S.-et-M.). 120
Mérantaise (Vallée de la) . . 64
Mer de Sable. 47
Méréville (Essonne). 86
Méru (Oise) 48
Méry-sur-Oise (Val-d'Oise) . 120
Mesnil-Amelot (Le) (S.-et-M.). 107
Mesnil-Aubry (Le) (Val-d'Oise) 80
Mesnil-St-Denis (Le)
  (Yvelines) 64
Mesnuls (Château des) . . . 149
Meulan (Yvelines) 120
Mez-le-Maréchal (Chât. de) . 121
Mézy (Aisne) 116
Milly-la-Forêt (Essonne). . . 121
Monastères en Ile-de-
  France (Les) 21
Moncel (Ancienne abbaye du). 141
Moncourt (S.-et-M.) 30
Mondreville (S.-et-M.) . . . 60
Mont : voir au nom propre.
Montagny-Ste-Félicité (Oise). 83
Montargis (Loiret) 121
Montataire (Oise) 76
Montceaux (Château de). . . 119
Montchauvet (Yvelines) . . . 122
Montépilloy (Château fort de). 122
Montereau (S.-et-M.) 123
Montereau-Surville (S.-et-M.) 123
Montfort-l'Amaury (Yvelines) 123
Montigny-sur-L. (S.-et-M.). . 128
Montjavoult (Oise) 108
Montlhéry (Essonne) 124
Montmélian (Butte de) . . . 129
Montmorency (Famille de). 50-124
Montmorency (Val-d'Oise) . . 124
Montmorency (Forêt de) . . 126
Monument : v. au nom propre.
Morainvilliers (Yvelines) . . 30
Moret-sur-Loing (S.-et-M.). . 127
Morienval (Oise) 128
Morigny (Essonne) 85
Mormaire (Château de la) . . 149
Mortefontaine (Oise) 128
Moulineux (Essonne) 86
Moutiers (Eure-et-Loir) . . . 38
Mouy (Oise) 166
Mureaux (Les) (Yvelines) . 28-35

N

Nangis (S.-et-M.) 129
Nanteau (Bois de) 131
Nanteau (Château de) 107
Nanteuil-le-Haudouin (Oise) . 83
Nantouillet (S.-et-M.) 129
Neauphle-le-Chât. (Yvelines) 139
Nemours (S.-et-M.) 129
Nesles-la-Vallée (Val-d'Oise) 131
Neuf (Étang) 149
Neuville (Val-d'Oise) 141
Neuville-en-Hez (La) (Oise) . 65
Nogent-l'Artaud (Aisne). . . 117
Nogent-le-Roi (E.-et-L.). . . 131
Nogent-sur-Oise (Oise). . . 76
Nointel (Château de) 40
N.-D.-de-la-Marne
  (Monument de) 134
N.-D. de la Roche. 64
Noyonnais (Le) 15
Nucourt (Val-d'Oise) 108

O

Oberkampf 104
Ocquerre (S.-et-M.). 135
Oise (Boucle de l') 140
Oise (Vallée de l'). 132
Omerville (Val-d'Oise). . . . 108
Orgeval (Yvelines) 31
Orléanais (L') 15
Orléans (Louis d') 88

Orrouy (Oise) 39
Orsay (Essonne) 132
Othis (S.-et-M.). 83
Ouarville (Eure-et-Loir) . . 38
Ourcq (Vallée de l') 133
Ourcq (Bataille de l') . . . 133
Ourscamps (Abbaye d'). . . 135
Ozoir-la-Ferrière (S.-et-M.) . 35
Ozouer-le-Voulgis (S.-et-M.) . 62

P

Pagnotte (Mont) 101
Palaiseau (Essonne) 136
Parisis (Le) 14
Parly II. 186
Parnes (Oise) 108
Pays(Les) 14
Pecq (Le) (Yvelines) 156
Péguy (Charles) 188
Peintres et l'Ile-de-
 France (Les) 25
Penthièvre (Duc de) . . . 147
Perray-en-Yvelines (Le)
 (Yvelines). 31-35
Petit Morin (Vallée du) . . . 136
Picardie (La) 15
Pierrefonds (Oise) 136
Pierre Turquaise 46
Piscop (Val-d'Oise). . . . 31
Pithiviers (Loiret) 137
Poigny-la-Forêt (Yvelines). 150
Poincy (S.-et-M.). . . . 31-35
Poissy (Yvelines). 138
Pont-aux-Dames
 (Seine-et-Marne) . . . 75
Pontchartrain (Yvelines) . . 139
Pontoise (Val-d'Oise). . . . 139
Pontpoint (Oise) 141
Pont-Ste-Maxence (Oise). . 141
Porte Baudet (Étang de la) . 149
Port-Royal-des-Champs
 (Abbaye de). 141
Praslines (Les) 121
Presles (Val-d'Oise). 103
Preuilly
 (Ancienne abbaye de). . 78
Provins (S.-et-M.) 143
Puiseaux (Loiret) 146
Puiset (Le) (E.-et-L.) 146

Q

Quarante-Sous (Route de) . 162
Quatre-Routes
 (Monument des) 134

R

Racine (Jean) 88
Rambouillet (Yvelines) . . . 146
Rambouillet (Forêt de) . . . 148
Rambouillet (Marquise de). 146
Rampillon (S.-et-M.) 150
Raray (Oise) 165
Ravenel (Oise) 150
Rebais (S.-et-M.) 99
Reine Blanche
 (Château de la) 55
Retz (Forêt de). 189
Rhodon (Vallée du). . . . 64
Richebourg (Yvelines) . . . 101
Robinson (Hauts-de-Seine). 31
Rochefort-en-Yvelines
 (Yvelines). 150
Roche-Guyon (La)
 (Val-d'Oise). 151
Rochers : voir au nom propre.
Roches (Château des). . . . 44
Rolleboise (Corniche de) . . 152
Rolleboise (Yvelines). . . . 152
Rosny-sur-Seine (Yvelines). 151
Rousseau
 (Jean-Jacques) 82-125
Rousseau (Théodore) . . . 39
Roustan 78
Route de Quarante-Sous. . 162
Route des Crêtes. 151
Route des Loges. 157

Route Ronde (La) 95
Rouville (Château de). . . . 110
Royallieu (Oise) 67
Royaumont (Abbaye de). . 152
Rozay-en-Brie
 (Seine-et-Marne) . . . 152
Rû des Vaux de Cernay
 (Vallée du) 64
Rully (Oise) 165

S

Sablonnières (S.-et-M.) . . . 136
Saclay (Centre d'Études
 Nucléaires de). 168
St-Arnoult-en-Yvelines
 (Yvelines). 153
St-Augustin (Seine-et-Marne) 29
St-Christophe (Prieuré de). 100
St-Crépin-Ibouvillers (Oise) . 62
St-Cyr-l'École (Yvelines). . 153
St-Cyr-sous-Dourdan
 (Essonne) 153
St-Cyr-sur-Morin
 (Seine-et-Marne) . . . 136
St-Firmin (Oise) 55
St-Germain-en-Laye
 (Yvelines). 153
St-Germain-en-Laye
 (Forêt de) 156
St-Gervais (Val-d'Oise) . . . 108
St-Gratien (Val-d'Oise) . . . 81
St-Hubert (Yvelines) 149
St-Jean-aux-Bois (Oise) . . 73
St-Lambert (Yvelines). . . . 143
St-Léger-en-Yvelines
 (Yvelines). 149
St-Leu-d'Esserent (Oise) . . 157
St-Leu-la-Forêt (Val-d'Oise) . 157
St-Louis-du-Temple
 (Abbaye) 168
St-Loup-de-Naud
 (Seine-et-Marne) . . . 158
St-Marc (Mont). 73
St-Martin-aux-Bois (Oise) . . 158
St-Nicolas-de-Courson (Oise). 73
St-Nom-la-Bretèche
 (Yvelines). 31-35
St-Ouen (S.-et-M.) 136
St-Ouen-l'Aumône
 (Val-d'Oise) 159
St-Piat (E.-et-L.). 86
St-Pierre (Étangs de) . . . 73
St-Prest (E.-et-L.) 86
St-Prix (Val-d'Oise) 126
St-Quentin-en-Yvelines
 (Yvelines). 159
St-Quentin (Étang de) . . . 159
St-Rémy-lès-Chevreuse
 (Yvelines). 64
St-Sulpice-de-Favières
 (Essonne). 159
St-Symphorien (E.-et-L.) . . 83
St-Thibaut (Église). 115
St-Vaast-de-Longmont
 (Oise). 39
St-Vrain (Parc d'animaux de) 88
Ste-Assise (S.-et-M.). 161
Ste-Geneviève-des-Bois
 (Essonne). 107
Saintines (Oise). 39
Samois-sur-Seine (S.-et-M.). 160
Santeuil (Val-d'Oise) 160
Sarcelles (Val-d'Oise). . . . 160
Sausseron (Vallée du). . . . 160
Seine-Port (S.-et-M.) 28
Seine (Vallée de la) 160
Sénart (Forêt de). 162
Senlis (Oise). 163
Senlisis (Le) 14
Senlisse (Yvelines). 31
Serans (Oise). 108
Soignolles-en-Brie
 (Seine-et-Marne). . . . 166
Solle (Hauteurs de la). . . . 96
Soulès (Rocher) 131
Sucy-en-Brie (Val-de-Marne) 31
Sully 151
Sycomore (Carrefour du) . 149
Sylvie. 50

T

Taillis (Le) . . . .
Taillis sous futaie (Le) . .
Taverny (Val-d'Oise) . . . 16
Thérain (Vallée du) 166
Thoiry (Yvelines). 167
Thourotte (Église de). . . 135
Toury (E.-et-L.) 167
Toussus-le-Noble
 (Essonne). 35
Toutevoie (Oise). 31
Trianon. 183
Trie-Château (Oise) . . . 167
Triel (Yvelines) 167
Trilport (S.-et-M.). . . . 35
Trois-Pignons (Les) . . . 97

V

Vaires (S.-et-M.) 28-35
Val (Château du) 156
Val (Abbaye du). 103
Vallée :
 voir au nom propre.
Vallière (Parc de). 128
Valmondois (Val-d'Oise). . 160
Valois (Le) 15
Valvins (Pont de). 101
Van Gogh. 39
Van-Vollenhoven
 (Monument) 189
Vatel. 51
Vauboyen (Moulin de). . . 44
Vaudrampont (Oise) . . 31-35
Vauhallan (Essonne) . . . 168
Vaux de Cernay (Abbaye des) 168
Vaux de Cernay (Les) . . 168
Vaux-le-Vicomte (S.-et-M.) . 169
Vente-des-Charmes
 (Futaie de la). 97
Verneuil-en-Halatte
 (Oise). 35
Vernouillet (Yvelines) . . . 167
Versailles (Yvelines). . . . 170
Vésinet (Le) (Yvelines) . 31-35
Vétheuil (Val-d'Oise). . . . 187
Vexin français (Le) . . . 15
Vez (Oise) 187
Viarmes (Val-d'Oise) . . . 46
Victoire (Abbaye de la) . . 165
Vieux-Moulin (Oise) . . . 73
Vigny (Château de). . . . 187
Villarceaux (Val-d'Oise). . . 187
Villeconin (Château de) . . 160
Villemeux-sur-Eure
 (E.-et-L.) 131
Villeneuve-le-Comte
 (S.-et-M.) 99
Villeneuve-sur-Fère
 (Aisne) 87
Villennes-sur-Seine
 (Yvelines) 168
Villeroy (Mémorial de) . . 188
Villers-Cotterêts (Aisne) . . 188
Villers-St-Paul (Oise) . . . 190
Villes nouvelles (Les) . . 4
Villiers-le-Bel
 (Val-d'Oise). 190
Villiers-sur-Morin
 (S.-et-M.). 99
Viosne (Vallée de la) . . . 141
Viry-Châtillon (Essonne) . . 190
Vitraux (Les) 20
Vivier (Château du). . . . 62
Voie de la Liberté 83
Voisins-le-Bretonneux
 (Yvelines). 35
Voulton (S.-et-M.). . . . 146

Y – Z

Yerres (Essonne) 190
Yèvre-le-Châtel (Loiret) . . 190
Yvelines
 (Parc animalier des). . 150
Yvette (Vallée de l'). . . . 64
Zola (Émile) 168

Toward Chantilly;
before we get there, head for Creil → then
Clermont. Take the turn for Soissy,
then Étouy. Enter town, a left on
1st street (rue de la gare); cross bridge,
first on the left.

Hotel de la fôret
16   4   450   11   18

MANUFACTURE FRANÇAISE DES PNEUMATIQUES MICHELIN
© Michelin et Cⁱᵉ, propriétaires-éditeurs, 1976.
Société en commandite par actions au capital de 500 millions de francs.
R.C. Clermont-Fd 55-B-50. - Siège Social : Clermont-Ferrand, place des Carmes-Déchaux.
ISBN 2 06 100 351 - 6

3133 - Imprimerie KAPP & LAHURE, 92600 Asnières - Printed in France 7-76-60 - Dépôt légal 3ᵉ trim. 1976.